中医名家医案选注

ZHONGYI MINGJIA YI'AN XUANZHU

主　编　朱建坤

副主编　张立环　顾秀琰

编　委（按姓氏音序排列）

顾秀琰　寇顺平　梁玉杰　万生芳

杨维杰　张立环　张元澧　朱建坤

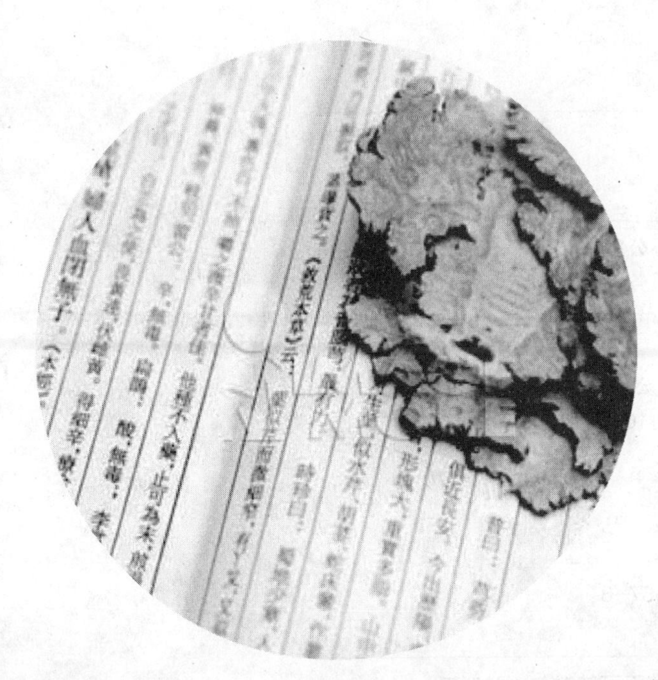

蘭州大學出版社

图书在版编目（CIP）数据

中医名家医案选注 / 朱建坤主编. -- 兰州 : 兰州大学出版社, 2014.9
ISBN 978-7-311-04567-8

Ⅰ. ①中… Ⅱ. ①朱… Ⅲ. ①医案－汇编－中国
Ⅳ. ①R249.1

中国版本图书馆CIP数据核字(2014)第213641号

策划编辑　梁建萍
责任编辑　钟　静
封面设计　张馨月

书　　名　中医名家医案选注
作　　者　朱建坤　主编
出版发行　兰州大学出版社　(地址:兰州市天水南路222号　730000)
电　　话　0931-8912613(总编办公室)　0931-8617156(营销中心)
　　　　　0931-8914298(读者服务部)
网　　址　http://www.onbook.com.cn
电子信箱　press@lzu.edu.cn
印　　刷　兰州奥林印刷有限责任公司
开　　本　787 mm×1092 mm　1/16
印　　张　21.75
字　　数　481千
版　　次　2014年10月第1版
印　　次　2014年10月第1次印刷
书　　号　ISBN 978-7-311-04567-8
定　　价　42.00元

序　言

中医道艰，唯思深远；目中医界，偻背接踵。瞭医旨合尊生之渺，哀吾切念辙于禄尘。此诚中医境况矣！

中医发展至今，成就与缺憾并见，究其因有中医本身思维的难解性，但主要还在于中医教育方法理念的落后与痼化。诚如叶氏《医衡·自序》所言："不肯留心前人论病论脉论治诸说，遂至越规矩，弃绳墨，师心自用。若欲脱去陈方旧论，而独辟新奇，殊不知仲景而下，如河间、丹溪、东垣、洁古、海藏诸贤，衡证衡脉，用药立方，丝丝入扣，不偏不倚，如物之有衡焉。"中医教学方法需要建设和完善，中医入门必须的一步离不开医案研读，通过医案才能感受到中医的风貌，认识到中医大体的规矩，并从中领悟出一些深入钻研中医的具体方法。

治疗疾病的本质，在于借助药物或外界干预条件，消除病理因素、纠正病理状态。医学发展至今，在经验汇通、简单方法论取得学术成果的发展基础上，需要在学术思想上不断拓展深究。任何一门学科发展到一定程度，就会出现理论上的一些瓶颈，这时就需要借助其他学科的思路来启发、引导本学科的理论思路。现代医学是严谨的科学理论体系，但不能否认中医的价值，即使中医方法体系缺乏"科学性"特质，但它也是医学科学先验的知识前体，而且蕴含了理论发展的质变性前景。

推倡中医医案的研究，是发展中医的关键环节，这是此书出版的价值所在。诚祝研究者逐步深入到中医理论核心发展点，为推动中医发展做出应有的贡献！

2014年9月

前　言

本书内容采自名家医案类书籍，从中录取有益的内容，加以编排与编注而成。以病类案，主要以常见病为选录医案的提要。

全身之疾，以五脏、皮肤、肢体等系统分而统之。其中伤寒类疾病，症见多端，涉及多脏，实属于全身性、体质性、传经流变性疾病；病位不限定，不似五脏病，实质属于五脏筋骨之病，是病因与病理反应逐渐稳定之后的状态，所以可以另列一伤寒目条；由于温病可视为伤寒病中的一个特殊范围，所以把温病类也包罗于内。此义同晋朝葛洪《肘后备急方》中所述，其言："伤寒、时行、温疫，三名同一种。"

重视在病案中的分析辨理。医学思想的许多精髓就留存于病案中，医学思想讲求的不是凝固的概念，而是流动的思辨，在医案中显露的是医者临证时的思考过程，展示医案中灵动的思维过程，启发医学者学习中医需要的方法性认识。

按病情区别，有重危急症、慢性病、常见病等病案，但在本辑收录病案时不依据此加以分析。在中医理论体系形成与发展中，病案内容蕴含的是：在中医概念累积构成的象医学理论的基础上，形成解剖、生理、病理的医学观念，集识名家治疗方法、参合典籍治疗原则，形成临症治疗方法理论。

本书旨要在于展现先哲医学家在临床上的睿智深见，从中可以体味到临证胸有成竹的定见，对我们学习中医起到启发和引导的作用。当然，其中具体的临床治疗经验也可以直接应用于我们临床实践中去。这是编者的初衷与期望！

目　录

肺　病

祝味菊咳喘三案

【案一】

赵君,年届五十,体质素弱,患肺结核后,体重大为减轻,低热不退,形销骨立,不思饮食,四肢无力。当时无抗结核特效药,经西医诊治,不见起色。后改请中医诊治,某医诊之,按脉虚细而数,舌光红无苔,颧骨高而发红,两眼目光锐利。即对赵曰:"肺虚损之病,肾阴亏竭,肾为生命之源,值此春阳生长,将以何物以助其升发哉,清明一到,甚虞甚虞。"勉处一方:

南北沙参9克,玄参9克,太子参12克,百部9克,甜杏仁9克,生地9克,石斛9克,阿胶9克,紫菀9克,枇杷叶9克,生谷芽12克,青蒿9克,嫩白薇9克,地骨皮9克。

连服5剂不见效果,驯致精神更加委顿,纳食更少。医曰:"肺结核为顽固之疾,能平安渡过,已非易事,所虑者冬至耳。冬至一阳生,于你疾病大为不利,现勉力图维,实无把握。"赵自思生命仅有数月,悲观失望。亲友来望病,赵以实告。亲友曰:"余之同事亦患肺病,经祝医生医好,可往诊之。"遂前往求诊。祝师按脉问症,细为检查。对赵说:"保汝冬至不死,不要听信不负责的无稽之谈,相信对路药物可以起死回生。"处方以大剂温补为主:

附片12克,大熟地18克,桂枝9克,炒白芍12克,当归9克,黄芪18克,党参18克,炒白术12克,仙灵脾9克,紫河车粉3克,炒麦芽15克,淮山药12克,炙紫菀9克,炙百部9克,光杏仁9克。

连服6帖,精神稍振,思食。续服6帖,病情逐渐好转。再加鹿角12克,菟丝饼12克,以巩固疗效,连续服20余帖,咳少热退,体重得增,冬至到时,赵君不仅健在,而且已能做日常工作。嗣后每年冬季服紫河车粉100克,十余年健康如常人。

【案二】

钱女,年方4岁,骤患咳嗽痰多气急不得卧。请专科诊治曰:"肺为痰浊所阻,气机抑塞,实非轻症也。"用葶苈子、沉香、莱菔子等泻肺理气化痰之品,病情未减,而反增重。另医诊治,呼吸48次/分,脉搏132次/分,热度反低,体温36℃。于原方加麻黄、党参,未见效果。束手无策。邀请祝师诊治，祝曰："药尚对症，唯剂量较轻，不能达到病所，吾当尽力为儿挽回生命。"处方：

黄厚附片（先煎）9克，蜜炙麻黄、葶苈子各3克，川桂枝4克，白芍6克，活磁石（先煎）30克，顶沉香（后下）2克，白芥子4克，莱菔子（包）、川贝母各6克，白杏仁9克，炙苏子（包）6克，姜半夏9克。

1剂后，病女咳嗽较爽，痰能吐出。气急渐平，能卧。再服1剂，手足俱温，呼吸亦平。以后去葶苈、沉香，再服3剂而康。

【案三】

应君，五十余岁，哮喘有十余年之久，医药杂投，有谓冬令夏治，贴膏药散宿寒，又于冬令调理，服补药等等均鲜效果，此类病人赴祝医生诊所求治者不少。应君亦趋前求治，祝据其病史，断为阳气不足，痰浊内阻，用温化之法病渐缓和，遇天寒又发，如此发作不息。祝认为哮喘为阴阳俱虚，痰浊为祟，肺分泌痰涎愈虚，则阴愈虚，阳虚用温，阴虚不能用甘寒始克有济，即效张仲景当归生姜羊肉汤之法。补阴用血肉有情之品，处方如下：

生姜30克，绵羊肉一具，洗净在水中浸二小时，再加黄厚附片50克，生麻黄15克，鹅管石30克。

共同煎煮，俟肉烂后去滓，分3天食完，间歇3天，再服如上法，病人觉胸腹有热感，痰易出，哮喘大为轻减，精神得振，发后再服，逐渐痊愈。

（《祝味菊名医类案回忆录》）

【编按】

祝味菊医生常论中医之治疗疾病，除增加人体正气力量以鼓舞其自然疗能外，就是博采众方以治病，不论药之寒热温凉，如有效果者，均应采用，因中医不像西医那样有特效药，是多年累积出来的宝贵用药经验，而作为有效药，张仲景医方，为其所习方，温药为附子、肉桂，凉药为石膏、知母，补药如黄芪、人参，攻药如大黄、芒硝，按病用之，用后辄效其他唐宋之方、千金方、外台秘要方、局方等亦不断使用，颇有满意之收获。

丁甘仁痰饮咳嗽案

屈某，痰饮咳嗽已有多年，加之遍体浮肿，大腹胀满，气喘不能平卧，腑行溏薄，谷食衰少，舌苔淡白，脉象沉细。此脾肾之阳式微，水饮泛滥横溢，上激于肺则喘，灌溉肌腠则肿，凝聚膜原则胀，阳气不到之处，即是水湿盘踞之所，阴霾弥漫，真阳埋没，恙势至此地步，已入危险一途。勉拟振动肾阳，以驱水湿，健运太阴，而化浊气，真武、肾气、五苓、五皮合黑锡丹，复方图治，冀望离照当空，浊阴消散，始有转机之幸。

熟附子块（二钱）、生白术（三钱）、连皮苓（四钱）、川桂枝（八分）、猪苓（二钱）、泽泻（二

钱)、陈皮(一钱)、大腹皮(二钱)、水炙桑皮(二钱)、淡姜皮(五分)、炒补骨脂(五钱)、陈葫芦瓢(四钱)、黑锡丹(一钱,吞服),济生肾气丸(三钱,清晨另吞)。

二诊　前方已服5剂,气喘较平,小溲渐多,肿亦见消,而大腹胀满,纳谷不香,咳嗽夜盛,脉象沉弦,阳气有来复之渐,水湿有下行之势,既见效机,率由旧章。

原方去黑锡丹,加冬瓜皮二两,煎汤代水。

三诊　又服5剂,喘已平,遍体浮肿减其大半,腹胀满亦松,已有转机。唯纳谷不香,神疲肢倦,脉左弦右濡,舌虽干,不欲饮,肾少生生之气,脾胃运输无权,津液不能上潮,犹釜底无薪,锅盖无气水也,勿可因舌干而改弦易辙,致反弃前功。仍守温肾阳以驱水湿,暖脾土而化浊阴。

熟附块(五钱)、连皮苓(四钱)、生白术(三钱)、川桂枝(六分)、猪苓(二钱)、福泽泻(五钱)、陈皮(一钱)、大腹皮(二钱)、水炙桑皮(五钱)、淡姜皮(五分)、炒补骨脂(五钱)、冬瓜子皮各(三钱)、陈葫芦瓢(四钱),济生肾气丸(三钱,清晨吞服)。

四诊　喘平肿消,腹胀满亦去六七,而咳嗽时轻时剧,纳少形瘦,神疲倦怠,口干欲饮,舌转淡红,脉象左虚弦,右濡滑。脾肾亏而难复,水湿化而未尽也。今拟平补脾肾,顺气化痰。

炒潞党参(五钱)、连皮苓(四钱)、生白术(三钱)、陈广皮(一钱)、仙半夏(二钱)、炙远志(一钱)、炙白苏子(五钱)、旋复花(五钱,包)、水炙桑皮(五钱)、大腹皮(二钱)、炒补骨脂(五钱)、冬瓜子皮各(三钱)、陈葫芦瓢(四钱),济生肾气丸(三钱,清晨吞服)。

五诊　喘平肿退,腹满亦消,唯咳嗽清晨较甚,形瘦神疲,纳谷不香,脉濡滑无力,脾肾亏虚,难以骤复,痰饮根株,亦不易除也。今以丸药缓图,而善其后。

六君子丸每早服三钱,济生肾气丸午后服三钱。

(《丁甘仁医案·咳嗽案》

【编按】

《医碥》云:"火刑肺金,燥痒不能忍因咳。咳因痒,痒因火燥,是咳必有火,然有虚实之分,不可概用寒凉。嗽因于痰,痰本脾湿,脾热则湿蒸为热痰,脾寒则湿泛为寒痰。"丁氏取法"振动肾阳,以驱水湿,健运太阴,而化浊气",取方以"真武、肾气、五苓、五皮合黑锡丹,复方图治"。治法之象在于复真气而生"化"气。辨证施治,一难在辨,一难在治之法。凡一病,需注意多方面的事宜,才可能把握住病机。诚如程钟龄《医学心悟·医中百误歌》所言:"病家误,早失计,初时抱恙不介意,人日虚兮病日增,纵有良工也费气;病家误,不直说,讳疾试医工与拙,所伤所作只君知,纵有名家猜不出;病家误,性躁急,病有回机药须吃,药既相宜病自除,朝夕更医也不必;病家误,在服药,服药之中有窍妙,或冷或热要分明,食后食前皆有道;病家误,最善怒,气逆冲胸仍不悟,岂知肝木克脾元,愿君养性须回护;病家误,好多言,多言伤气最难痊,劝君默口存神坐,好将真气养真元;病家误,染风寒,风寒散去又复还,譬如城郭未完固,那堪盗贼更摧残;病家误,不戒口,口腹伤人处处有,饮食相宜中气和,鼓腹含哺天地久。"

丁甘仁痰湿咳嗽案

肺为五脏之华盖，肾为元气之根本，肺气不降，肾气不纳，痰饮随气上泛。谢某，咳嗽多年，迩来尤甚，气喘难于平卧，面浮肢肿，脉沉细，苔淡白，痰饮盘踞，水湿泛滥。经云："诸气贲郁，皆属于肺，诸湿肿满，皆属于脾。"肺脾两虚，喘肿重症。勉拟扶土化痰，降气纳气。

炒潞党参(三钱)、制半夏(二钱)、五味子(三分)、炙甘草(五分)、川桂枝(三分)、橘红(八分)、补骨脂(一钱五分)、炙苏子(一钱五分)、连皮苓(三钱)、旋复花(包，一钱五分)、浓杜仲(二钱)、冬瓜子皮(各三钱)、鹅管石(四钱)，济生肾气丸(包煎，二钱)。

(《丁甘仁医案·咳嗽案》)

【编按】

《医学见能》外感咳嗽，吐痰清白而涎者，伤寒有水气也，宜小青龙原方。桂枝二钱、半夏三钱、麻黄七分、甘草一钱、干姜一钱、细辛五分、白芍二钱、五味一钱。歌曰：伤寒咳嗽吐痰清，五味姜辛一剂烹；夏芍麻黄同桂草，长沙遗法贵研精。案中用小青龙汤加减方治疗咳嗽，皆有奇效。顾必审其咳而属于水气者，然后用之，非以之尽治诸咳也。水气者何？言邪气之属于水者也，如多食冷饮、触冒雨露、夙饮伤于风寒等。凡此种水气之咳，本汤皆优治之。顾药量又有轻重之分。其身重，头痛，恶寒甚者，当重用麻桂。其身微热微恶寒者，当减轻麻桂，甚可以豆豉代麻黄，苏叶代桂枝。其痰饮水气甚者，当重用姜、辛、半、味，因此四者协力合作，犹一药然。师用五味，尝多至三钱，勿畏其酸收，其咳久至腹皮挛急而痛者，当重用芍草以安之。否则轻用或省除之，奏效如一。

丁甘仁风寒袭肺胃案

闻某，外感风寒，袭于肺胃，膏粱浓味，酿成痰浊，血瘀凝滞，壅结肺叶之间，致成肺痈。是以咳嗽气粗，痰秽如脓，胁痛难于转侧，振寒发热，舌苔白浓而腻，脉象浮紧而滑。病来涌急，非猛剂不为功，急仿金鉴射干麻黄汤合金匮皂荚丸，一以散发表邪，一以荡涤痰浊。

净麻黄(四分)、嫩射干(八分)、甜葶苈(炒研，八分)、光杏仁(三钱)、象贝母(三钱)、生甘草(五分)、苦桔梗(一钱)、嫩紫菀(一钱)、生苡仁(四钱)、冬瓜子(四钱)、川郁金(五钱)、皂荚末(蜜为丸吞服，五分)。

二诊 前投发散肺邪，荡涤痰浊之剂，得汗寒热已解，咳嗽气急亦见轻减，而痰稠腥秽依然，胸闷胁痛，不思饮食，小溲短赤，苔腻，脉滑数，胶黏之痰浊，蕴蓄之瘀湿，结于肺叶之间，一时难以整肃。今宜制小其剂，蠲化痰浊，清肃肺气，毋使过之，伤其正也。

净蝉衣(八分)、嫩前胡(八分)、嫩射干(五分)、生甘草(六分)、桔梗(一钱)、光杏仁(三钱)、象贝母(三钱)、炙紫菀(一钱)、生苡仁(四钱)、冬瓜子(四钱)、橘红络(各一钱)、桃仁泥(包,一钱)。

(《丁甘仁医案·肺痈案》)

【编按】

药性与病性须相合,则病可因药之导趋向愈。《汤液本草·药类法象》提出"风升生(味之薄者,阴中之阳,味薄则通,酸苦咸平是也)、热浮长(气之浓者,阳中之阳,气浓则发热,辛甘温热是也)、湿化成(戊,湿,其本气平,其兼气温凉寒热,在人以胃应之。己,土,其本味咸,其兼味之)、燥降收(气之薄者,阳中之阴,气薄则发泄,辛甘淡平寒凉是也)、寒沉藏(味之浓者,阴中之阴,味浓则泄,酸苦咸气寒是也)"的药性特点,与引发疾病的六淫邪气之意相符合。依据二者的特性关联,在选择用药时就有了理论根据,案中"一以散发表邪,一以荡涤痰浊"治疗方案,与选用方药药性特点的一致性,是药病相合的体现。

丁甘仁痰饮哮喘上气不下案

申某,咳嗽气喘,卧难着枕,上气不下,必下冲上逆,脉象沉弦,谅由年逾花甲,两天阴阳并亏,则痰饮上泛,饮与气涌,斯咳喘矣。阅前方叠以清肺化痰,滋阴降气,不啻助纣为虐。况背寒足冷,阳气式微,藩篱疏撤,又可知也。仲圣治饮,必以温药和之,拟桂苓甘味合附子都气,温化痰饮,摄纳肾气。

桂枝(八分)、云苓(三钱)、炙甘草(五分)、五味子(五分)、生白术(五钱)、制半夏(二钱)、炙远志(一钱)、炒补骨脂(五钱)、熟附块(五钱)、淮山药(三钱)、大熟地(炒松,三钱)、核桃肉(二枚)。

(《丁甘仁医案·痰饮哮喘案》)

【编按】

《证治准绳》云:"痰之生,由于脾气不足,不能致精于肺,而淤以成者也。治痰宜先补脾,脾复健运之常,而痰自化矣。"临床又常见咳喘久伤肾精,肾阴不濡于上,肾阳不足以牵引肺气流转于下而为喘之一因,故治喘常需顾肾。

丁甘仁肺痈痰臭脓血案

沈某,外感风温,内蕴湿热,熏蒸于肺,肺脏生痈,咳嗽胸膺牵痛,痰臭脓血,身热口干,脉滑数,苔黄,重症也。急拟辛凉清温,而化痰瘀。

薄荷叶（八分）、冬桑叶（二钱）、粉丹皮（二钱）、桃仁（一钱）、生甘草（八分）、桔梗（一钱）、银花（五钱）、连翘壳（三钱）、光杏仁（三钱）、象贝母（三钱）、生苡仁（五钱）、冬瓜子（四钱）、活芦根（去节，二尺）、鲜金丝荷叶（去背上白毛，十张）。另单方：金丝荷叶（一两，去毛打汁）、陈酒（一两）、杏仁粉（五钱）、川贝粉（五钱），炖温服之。

前方连服3剂，咳嗽脓血均减，身热亦退大半。原方去桃仁及薄荷叶，加轻马勃八分、通草八分。

（《丁甘仁医案·肺痈案》）

【编按】

肺痈症常见于肺脏感染性疾病，近年出现的“非典”、禽流感疾病，起病急，肺部损伤严重，如从此类治疗肺痈医案中总结出疫病性、肺损伤性疾病的治疗规范，则是防治流感型疫病的有效途径。

丁甘仁肺痈痰秽如脓案

闻某，外感风寒，袭于肺胃，膏粱浓味，酿成痰浊，血瘀凝滞，壅结肺叶之间，致成肺痈。是以咳嗽气粗，痰秽如脓，胁痛难于转侧，振寒发热，舌苔白浓而腻，脉象浮紧而滑。病来涌急，非猛剂不为功，急仿金鉴射干麻黄汤合金匮皂荚丸，一以散发表邪，一以荡涤痰浊。

净麻黄（四分）、嫩射干（八分）、甜葶苈（炒研，八分）、光杏仁（三钱）、象贝母（三钱）、生甘草（五分）、苦桔梗（一钱）、嫩紫菀（一钱）、生苡仁（四钱）、冬瓜子（四钱）、川郁金（五钱）、皂荚末（蜜为丸吞服，五分）。

二诊 前投发散肺邪，荡涤痰浊之剂，得汗寒热已解，咳嗽气急亦见轻减，而痰稠腥秽依然，胸闷胁痛，不思饮食，小溲短赤，苔腻，脉滑数，胶黏之痰浊，蕴蓄之瘀湿，结于肺叶之间，一时难以整肃。今宜制小其剂，蠲化痰浊，清肃肺气，毋使过之，伤其正也。

净蝉衣（八分）、嫩前胡（八分）、嫩射干（五分）、生甘草（六分）、桔梗（一钱）、光杏仁（三钱）、象贝母（三钱）、炙紫菀（一钱）、生苡仁（四钱）、冬瓜子（四钱）、橘红络（各一钱）、桃仁泥（包，一钱）。

（《丁甘仁医案·肺痈案》）

丁甘仁上吐血下便血案

包某，仲秋，上失血下便血，治愈之后，季冬又发，吐血盈盆，便血如注，发热形寒，头痛骨楚，咳嗽胁肋牵疼，艰于转侧，舌苔罩白，脉象浮滑芤数，良由阴分大伤，肝火内炽，蓄瘀留恋，

复感新邪，蕴袭肺胃，引动木火上炎，损伤血络，血不归经，邪不外达。书云："夺血者不可汗。"然不汗则邪无出路，病已入险，用药最难着手。暂拟轻剂解表，以透其邪，清营祛瘀，引血归经，冀其应手为幸。

炒黑荆芥（一钱五分）、桑叶（二钱）、丹皮（二钱）、清豆卷（四钱）、薄荷叶（八分）、茜草根（二钱）、炙柏炭（一钱五分）、川象贝（各二钱）、马勃（八分）、鲜竹茹（三钱）、白茅根（去心，二扎）、白茅花（包，一钱）、参三七（另研末冲，三分）、藕汁（冲服，二两）。

二诊 服药后，烦躁得汗，表热头痛均已减轻，温邪虽有外解之势，而吐血不止，咳呛胁肋牵痛，寐不安，便血依然，舌苔转黄，脉弦芤而数。此阴分素亏，君相之火内炽，逼冲任之血妄行，假肺胃为出路。肺受火刑，肺炎叶举，清肃之令，不得下行，颇虑血涌暴脱之险！亟拟养阴凉荣，清肺降气，冀水来制火，火降气平，气为血帅，气平则血自易下行。然乎否乎？质诸高明。

西洋参（一钱五分）、粉丹皮（二钱）、炙白苏子（二钱）、玄参（二钱）、桑叶（二钱）、茜草根（二钱）、羚羊片（煎冲，四分）、川贝母（三钱）、侧柏叶（二钱）、甜杏（三钱）、犀角尖（煎冲，四分）、鲜竹茹（三钱）、茅芦根（去心节，各一两）。

三诊 投养阴凉营清肺降气之剂，吐血大减，咳呛依然，里热口干，内痔便血，舌边红苔黄，脉芤数不静。此坎水早亏，离火上亢，肺金受制，清肃之令不得下行，肺与大肠为表里，肺移热于大肠，逼血下注，内痔便血，所由来也，虽逾险岭，未涉坦途。既见效机，仍守原意扩充。

西洋参（一钱五分）、羚羊片（煎冲，四分）、生石决（八分）、冬桑叶（二钱）、丹皮（二钱）、茜草根（二钱）、侧柏炭（一钱五分）、槐花炭（三钱）、川贝（三钱）、甜杏（三钱）、鲜竹茹（三钱）、冬瓜子（三钱）、枇杷叶露（后入，四两）、蚕豆花露（后入，四两）、活芦根（去节，一尺）。

四诊 吐血渐止，便血亦减，而咳呛内热，胁肋牵痛，动则气逆，舌质红苔黄，脉芤数不静，血去阴伤，木扣金鸣，肺炎络损，清肃无权。再以凉肝清肺，养阴生津，冀阴平阳秘，水升火降，始能出险入夷。

西洋参（一钱五分）、川石斛（三钱）、桑叶（二钱）、丹皮（二钱）、生石决（八钱）、茜草根（二钱）、侧柏炭（一钱五分）、川贝（二钱）、甜杏（三钱）、槐花炭（三钱）、鲜竹茹（三钱）、冬瓜子（三钱）、活芦根（去节，一尺）、枇杷叶露（后入，四两）。

五诊 吐血、便血均止，里热亦减，唯咳呛依然，痰多而稠，动则气逆，脉数较缓，舌质红苔黄，阴液难复，木火易升，肺受其冲，不能输布津液，而反化为稠痰也。今拟补肺阿胶汤合清燥救肺汤意，滋养化源，而清木火。

蛤粉炒阿胶（二钱）、川贝（二钱）、甜光杏（三钱）、生石决（八钱）、川石斛（三钱）、粉丹皮（一钱五分）、桑叶（二钱）、茜草根（二钱）、生甘草（五分）、大麦冬（二钱）、鲜竹茹（三钱）、冬瓜子（三钱）、活芦根（去节，一尺）、北秫米（包，三钱）、枇杷叶露（后入，四两）。

六诊 投补肺阿胶清燥救肺以来，咳呛已见轻减，肺获滋润之力也。脉濡软而数，胁肋痛亦止，木火有下降之势。再守原法，加入培土生金之品，取虚则补母之意。

蛤粉炒阿胶（二钱）、川贝（二钱）、甜光杏（三钱）、左牡蛎（四钱）、大麦冬（二钱）、茜草根（二钱）、桑叶（二钱）、抱茯神（三钱）、淮山药（三钱）、鲜竹茹（三钱）、冬瓜子（三钱）、北秫米（包，三钱）、干芦根（去节，一两）、枇杷叶露（后入，四两）、另琼玉膏（三两），每日用三钱，分早晚两次开水冲服。

（《丁甘仁医案·吐血案》）

丁甘仁风湿浮肿案

金童，初病春温寒热，经治已愈，继因停滞，引动积湿，湿郁化水，复招外风，风激水而横溢泛滥，以致遍体浮肿，两目合缝，气逆不能平卧，大腹胀满，囊肿如升，腿肿如斗，小溲涩少，脉象浮紧，苔白腻，此为风水重症。急拟开鬼门，洁净府。

紫苏叶（一钱）、青防风（一钱）、川桂枝（五分）、连皮苓（四钱）、福泽泻（一钱五分）、陈广皮（一钱）、大腹皮（二钱）、水炙桑叶（二钱）、淡姜皮（五分）、鸡金炭（一钱五分）、莱菔子（炒研，二钱）。

二诊 遍体浮肿，咳嗽气急，难于平卧，大腹胀满，小溲不利，囊肿腿肿如故，苔白腻，脉浮紧而弦。良由脾阳不运，积滞内阻，水湿泛滥横溢，灌浸表里，无所不到也。恙势尚在重途，还虑易进难退。再拟汗解散风，化气利水，俾气化能及州都，则水湿斯有出路。

净麻黄（四分）、川桂枝（六分）、连皮苓（四钱）、生白术（一钱五分）、猪苓（二钱）、泽泻（一钱五分）、陈皮（一钱）、大腹皮（二钱）、水炙桑叶（二钱）、汉防己（二钱）、莱菔子（炒研，三钱）、淡姜皮（五分）。

三诊 连投开鬼门，洁净府之剂，虽有汗不多，小溲渐利，遍体浮肿不减，咳嗽气逆如故，大腹胀满，苔白腻，脉浮紧。良由中阳受伤，脾胃困顿。阳气所不到之处，即水湿灌浸之所，大有水浪滔天之势，尚在重险一途。今拟麻黄附子甘草汤合真武、五苓、五皮，复方图治，大病如大敌，兵家之总攻击也。然乎否乎？质之高明。

净麻黄（四分）、熟附块（一钱）、生甘草（五分）、猪云苓（各三钱）、川椒目（二十粒）、川桂枝（六分）、生白术（一钱五分）、福泽泻（一钱五分）、陈广皮（一钱）、大腹皮（二钱）、水炙桑皮（二钱）、淡姜皮（五分）、汉防己（二钱）。外以热水袋熨体，助阳气以蒸汗，使水气从外内分消也。

四诊 服复方后，汗多小溲亦畅，遍体浮肿渐退，气逆咳嗽渐平，大有转机之兆。自觉腹内热气腾腾，稍有口干，是阳气内返，水湿下趋之佳象，不可因其口干，遽谓寒已化热，而改弦易辙，致半途尽废前功也。仍守原法，毋庸更张。原方加生熟苡仁（各三钱）。

五诊 遍体浮肿，十去五六，气逆亦平，脉紧转和，水湿已得分消。唯脾不健运，食入难

化，易于便溏，口干欲饮，脾不能为胃行其津液，输润于上，不得据为热象也。今制小其剂，温肾助阳，运脾利水，去疾务尽之意。

熟附块（一钱）、生白术（二钱）、生甘草（五分）、茯猪苓（各三钱）、炒补骨脂（一钱五分）、川桂枝（五分）、福泽泻（一钱五分）、陈广皮（一钱）、大腹皮（二钱）、水炙桑皮（二钱）、淡姜皮（五分）、生熟苡仁（各三钱）、冬瓜子皮（各三钱）。

六诊 遍体浮肿，已退八九，气逆咳嗽亦平，饮食亦觉渐香。诸病已去，正气暗伤，脾土未健，神疲肢倦，自汗蒸蒸，有似虚寒之象。今拟扶其正气，调其脾胃，佐化余湿，以善其后。

炒潞党参（二钱）、熟附片（八分）、生白术（二钱）、云茯苓（三钱）、清炙草（五分）、陈广皮（一钱）、大砂仁（研，八分）、炒补骨脂（一钱五分）、炒谷麦芽（各三钱）、生熟苡仁（各三钱）、冬瓜子皮（各三钱）、福泽泻（一钱五分）、生姜（二片）、红枣（四枚）。

（《丁甘仁医案·肿胀案》）

【编按】

《素问·汤液醪醴论》云：“气拒于内，而形施于外……平治于权衡，去菀陈芟，微动四极，温衣，缪刺其处，以复其形，开鬼门，洁净府，精以时服，五阳已布，疏涤五脏，故精自生，形自盛，骨肉相保，巨气乃平。”王冰释“开鬼门、洁净府”为“启玄府、泻膀胱”，后世论治水肿为发汗、利水两原则。仲景则提出“腰以上肿当发汗，腰以下肿当利小便”的治法。介宾言：“鬼门，汗空也，肺主皮毛，其藏魄，阴之属也，故曰鬼门。净府，膀胱也，上无入孔，而下无出窍，滓秽所不能入，故曰净府。”《太素》将“开鬼门”注为“五神通之者也”、“洁净府”注为“心之不浊乱”。《素问·皮部论》：“百病之始生也，必先于皮毛，邪中则腠理开，开则入客于络脉，留而不去，传入于经，留而不去，传入于府。”“其有不从毫毛而生”指病不在皮肤，即病已深入脉络；外邪从皮毛而入于络脉，则络脉阳气运行受阻，故“五脏阳以竭也”，“竭”有郁闭不通之意，治疗当以“平治于权衡，去菀陈芟，微动四肢，温衣，缪刺其处”。治法是“缪刺”，缪刺之后，则“鬼门开、净府洁”，如此鬼门可释为缪刺之穴门，“净府”则为脉络。《脉经精微论》云：“夫脉者，血之府也。”《素问·经脉别论》又云：“毛脉合精，气行于府。”脉络为气血之府，耐不得一丝邪气和糟粕，故为净府，当之无愧。此亦异说，以启人思维、究经典意蕴。

张锡纯白痰腥臭案

津埠宋氏妇，年将四旬，身体羸弱，前二年即咳嗽吐痰，因不以为事未尝调治。今春证浸加剧，屡次服药无效。诊其脉，左部弦细，右部微弱，数近六至。咳嗽，吐痰白色，气腥臭，喘促自汗，午后发热，夜间尤甚，胸膈满闷，饮食减少，大便秘结，知其已成痨瘵而兼肺病也。从前所服药十余剂，但以止嗽药治其肺病，而不知子虚补母之义，所以无效，为疏方用资生汤加减。

生山药(八钱),玄参、大生地、净萸肉各(六钱),生牡蛎、生杭芍、生赭石各(四钱),白术、生鸡内金、甘草各(二钱)。

煎服2剂,汗止喘轻,发热咳嗽稍愈。遂将前方去牡蛎,加蒌仁、地骨皮各三钱,山药改用一两,赭石改用六钱。

连服10剂,诸病皆愈,为善后计,用生山药细末八钱煮粥,调白糖服之,早晚各一次。后月余。与介绍人晤面,言此时宋氏妇饮食甚多,身体较前健壮多矣。

(《医学衷中参西录·资生汤》)

【编按】

案属肺痈病,此用资生汤为主方。若病加重,咳吐脓血他药不效者,张氏喜以犀黄丸配入汤药。《外科全生集》犀黄丸方:犀黄(三分),麝香(一钱半),乳香、没药(各去油,各一两,各研极细末),黄米饭(一两),捣烂为丸,忌火烘,晒干,陈酒送下三钱;患生上部临卧服,下部空心服;治乳岩、横、瘰、痰核、流注、肺痈、小肠痈等症。

张锡纯身热劳嗽案

一妇人,年近五旬。身热劳嗽,脉数几至八至。先用六味地黄丸加减作汤服不效,继用左归饮加减亦不效。愚忽有会悟,改用生黄芪六钱、知母八钱为方,数剂见轻,又加丹参、当归各三钱,连服10剂痊愈。

以后凡遇阴虚有热之证,其稍有根底可挽回者,于方中重用黄芪 、知母,莫不随手奏效。始知叔和脉法谓数至七八至为不治之脉者,非确论也。盖人禀天地之气以生,人身之气化即天地之气化,天地将雨之时,必阳气温暖上升,而后阴云会合大雨随之。黄芪温升补气,乃将雨时上升之阳气也;知母寒润滋阴,乃将雨时四合之阴云也。二药并用,大具阳升阴应云行雨施之妙。膏泽优渥烦热自退,此不治之治也。况劳瘵者多损肾,黄芪能大补肺气,以益肾水之源,使气旺自能生水,而知母又大能滋肺中津液,俾阴阳不至偏胜,即肺脏调和,而生水之功益普也(黄芪、知母虽可并用以退虚热,然遇阴虚热甚者,又必须加生地黄八钱或至一两,方能服之有效)。

十全育真汤:野台参(四钱)、生黄(四钱)、生山药(四钱)、知母(四钱)、玄参(四钱)、生龙骨(四钱,捣细)、生牡蛎(四钱,捣细)、丹参(二钱)、三棱(钱半)、莪术(钱半)。气分虚甚者,去三棱、莪术,加生鸡内金三钱;喘者,倍山药,加牛蒡子三钱;汗多者,以白术骨、牡蛎、萸肉各一两煎服,不过两剂其汗即止。汗止后再服原方。

愚于破血药中,独喜用三棱、莪术者,诚以其既善破血,尤善调气。补药剂中以为佐使,将资生纳谷为宝。无论何病,凡服药后饮食渐增者易治,饮食渐减者难治。三棱、莪术与参、术诸药并用,大能开胃进食,又愚所屡试屡效者也。用三棱、莪术以消瘀血,而即用丹参以化

瘀血之渣滓。至龙骨、牡蛎，若取其收涩之性，能助黄芪以固元气；若取其凉润之性，能助知母以滋真阴；若取其开通之性（《神农本草经》龙骨主癥瘕，后世本草亦谓牡蛎消血），又能助三棱、莪术以消融瘀滞也。至于疗肺虚之咳逆、肾虚之喘促，山药最良。治多梦之纷纭，虚汗之淋漓，龙骨、牡蛎尤胜。此方中意也，以寻常药饵十味，汇集成方，而能补助人身之真阴阳、真气血、真精神，故曰“十全育真也”。尝用三棱、莪术各三钱，治脏腑间一切瘕积聚，恐其伤气，而以黄芪六钱佐之，服至数十剂，病去而气分不伤，且有愈服而愈觉强壮者。若遇气分甚虚者，才服数剂，即觉气难支持，必须加黄芪，或减三棱、莪术，方可久服。

（《医学衷中参西录·十全育真汤》）

【编按】

张锡纯论肺病治疗时提出：“药以胜病为准，其分量轻重不可预为限量。”对此把握的依据应该在三个方面：脉、舌、症。给药后与治疗前在这三方面作一对比，以效为度。

张锡纯咳吐腥臭失音二案

【案一】

一妇人，年四十，上焦发热，咳吐失音，所吐之痰自觉腥臭，渐渐羸瘦，其脉弦而有力。投以清火润肺之药，数剂不效。为制此汤。

于清火润肺药中，加生黄芪一味以助元气，数剂见轻，十余剂后，病遂痊愈。

或问：“脉既有力矣，何以复用补气之药？”答曰：“脉之有力，有真有假。凡脉之真有力者，当于敦浓和缓中见之，此脾胃之气壮旺，能包括诸脏也（脾胃属土能包括金木水火诸脏腑）。”其余若脉象洪而有力，多系外感之实热。若滑而有力，多系中焦之热痰。若弦而有力，多系肝经之偏盛，尤为有病之脉，此证之脉是也。盖肺属金、肝属木，金病不能镇木，故脉现弦而有力之象。此肝木横恣，转欲侮金之象也。凡肺痿、肺痈之病，多有胁下疼者，亦系肝木偏胜所致。

【案二】

一人，年三十余，肺中素郁痰火，又为外感拘束，频频咳嗽，吐痰腥臭。恐成肺痈，求为延医。其脉浮而有力，关前兼滑。

遂先用越婢汤，解其外感，咳嗽见轻，而吐痰腥臭如故。次用葶苈（生者三钱纱袋装之）、大枣（七枚擘开）汤，泻其肺中壅滞之痰，间日一服。又用三七、川贝、粉甘草、金银花为散，鲜地骨皮煎汤，少少送服，日三次。即用葶苈大枣汤之日，亦服一次。

如此调治数日，葶苈大枣汤用过三次，痰涎顿少，亦不腥臭。继用清金益气汤，贝母、牛蒡子各加一钱，连服十余剂，以善其后。

清金益气汤：生黄（三钱）、生地黄（五钱）、知母（三钱）、粉甘草（三钱）、玄参（三钱）、沙参（三钱）、川贝母（二钱去心）、牛蒡子（三钱炒捣）。此方亦治虚羸少气，劳热咳嗽，肺痿失音，频吐痰涎，一切肺金虚损之病。

（《医学衷中参西录·清金益气汤》）

【编按】

前证辨证深入清晰、条理分明，引人至明于幽晦病境。后证治法细腻，每一法即合于一种病机，治法复繁却一一对应，有的之矢故见有效之功。

张锡纯伏气化热肺劳咳嗽案

沈阳高某，三十二岁。因伏气化热伤肺，致成肺劳咳嗽证。

腊底感受寒凉，未即成病，而从此身不见汗。继则心中渐觉发热，至仲春其热加甚，饮食懒进，发生咳嗽，浸成肺劳病。其咳嗽昼轻夜重，时或咳而兼喘，身体羸弱，筋骨酸疼，精神时昏愦，腹中觉饥而饮食恒不欲下咽。从前唯心中发热，今则日时身恒觉热。大便燥，小便短赤，脉左右皆弦长，右部重按有力，一息五至。病之原因，实由伏气化热久留不去。不但伤肺而兼伤及诸脏腑也。按此证自述，因腊底受寒，若当时即病，则为伤寒矣。乃因所受之寒甚轻，不能即病，唯伏于半表半里三焦脂膜之中，阻塞气化之升降流通，是以从此身不见汗，而心渐发热。迨时至仲春，阳气萌动，原当随春阳而化热以成温病，《内经》谓："冬伤于寒，春必病温。"乃其所化之热又非如温病之大热暴发能自里达表，而唯缘三焦脂膜散漫于诸脏腑，是以胃受其热而懒于饮食，心受其热而精神昏愦，肾受其热而阴虚潮热，肝受其热而筋骨酸疼，至肺受其热而咳嗽吐痰，则又其显然者也。治此证者，当以清其伏气之热为主，而以滋养津液药辅之。

生石膏（一两捣碎）、党参（三钱）、天花粉（八钱）、玄参（八钱）、生杭芍（五钱）、甘草（钱半）、连翘（三钱）、滑石（三钱）、鲜茅根（三钱）、射干（三钱）、生远志（二钱）。共煎汤一大盅半，分两次温服。若无鲜茅根，可以鲜代之。

方中之义，用石膏以清伏气之热，而助之以连翘、茅根，其热可由毛孔透出；更辅之以滑石、杭芍，其热可由水道泻出；加花粉、玄参者，因石膏但能清实热，而花粉、玄参兼能清虚热也；用射干、远志者，因石膏能清肺宁嗽，而佐以射干、远志，更能利痰定喘也；用甘草者，所以缓诸凉药之下趋，不欲其寒凉侵下焦也；至加党参者，实仿白虎加汤之义，因身体虚弱者，必石膏与并用，始能逐久匿之热邪外出也。

复诊 将药连服4剂，热退三分之二，咳嗽吐痰亦愈强半，饮食加多，脉象亦见缓和。知其伏气之热已消，所余者唯阴虚之热也，当再投以育阴之方，俾多服数剂自能痊愈。

生怀（一两）、大甘枸杞（八钱）、玄参（五钱）、生怀（五钱）、沙参（五钱）、生杭芍（三钱）、生远志（二钱）、川贝母（二钱）、生鸡内金（钱半，黄色的捣）、甘草（钱半）。共煎汤一大盅温服。

（《医学衷中参西录·医案·肺劳咳嗽由于伏气化热所伤证》）

【编按】

案中有论“三焦脂膜散漫于诸脏腑，是以胃受其热而懒于饮食，心受其热而精神昏愦，肾受其热而阴虚潮热，肝受其热而筋骨酸疼，至肺受其热而咳嗽吐痰”，论腹腔对五脏产生的病理影响，形之有象；对伏气化热致肺咳在解剖组织层面的机制作了清晰的解释。

张氏对治疗有所补足说明：方中加鸡内金者，不但欲其助胃消食，兼欲借之以化诸药之滞也。将药连服5剂，病遂痊愈。而夜间犹偶有咳嗽之时，俾停服汤药，日用生怀山药细末煮作粥，调以白糖当点心服之以善其后。

张锡纯肺劳喘咳案

天津罗某，年三十四岁，得肺劳喘嗽病。数年之前，曾受肺风发咳嗽，治失其宜，病虽暂愈，风邪锢闭肺中未去，致成肺劳喘嗽证。其病在暖燠之时甚轻，偶发喘嗽一半日即愈，至冬令则喘嗽连连，必至天气暖和时始渐愈。其脉左部弦硬，右部濡滑，两尺皆重按无根。

此风邪锢闭肺中，久而伤肺，致肺中气管滞塞，暖时肌肉松缓，气管亦随之松缓，其呼吸犹可自如；冷时肌肉紧缩，气管亦随之紧缩，遂至吸难呼易而喘作，更因痰涎壅滞而嗽作矣。其脉左部弦硬者，肝肾之阴液不足也。右部濡滑者，肺胃中痰涎充溢也。两尺不任重按者，下焦气化虚损，不能固摄，则上焦之喘嗽益甚也。欲治此证，当先宣通其肺，俾气管之郁者皆开后，再投以滋阴培气，肺肾双补之剂以祓除其病根。

麻黄（钱半）、天冬（三钱）、天花粉（三钱）、牛蒡子（三钱，捣碎）、杏仁（二钱，去皮捣碎）、甘草（钱半）、苏子（二钱，炒捣）、生远志（二钱，去心）、生麦芽（二钱）、生杭芍（二钱）、细辛（一钱）。共煎汤一大盅，温服。

复诊　将药煎服2剂，喘嗽皆愈，而劳动时仍微喘。其脉左部仍似弦硬，右部仍濡，不若从前之滑，两尺犹虚，此病已去而正未复也。宜再为谋根本之治法，而投以培养之剂。

野台参（三钱）、生赭石（八钱，轧细）、生怀山药（一两）、熟怀地黄（一两）、生怀地黄（一两）、大云苓片（二钱）、大甘枸杞（六钱）、天冬（六钱）、净萸肉（五钱）、苏子（三钱，炒捣）、牛蒡子（三钱，捣碎）。

煎一大盅温服，将药连服十余剂，虽劳动亦不作喘。再诊其脉，左右皆调和无病，两尺重按不虚，遂将赭石减去二钱，俾多服以善其后。人参为补气主药，实兼具上升之力。喻嘉言谓：“气虚欲上脱者专用之转气高不返。”是以凡喘逆之证，皆不可轻用人参，唯重用赭石以引之下行，转能纳气归肾，而下焦之气化，遂因之壮旺而固摄。此方中人参、赭石并用，不但欲导引肺气归肾，实又因其两尺脉虚，即借以培补下焦之气化也。

（《医学衷中参西录·医案·肺劳喘咳》）

【编按】

案中“凡喘逆之证，皆不可轻用人参”句，深有启发。临证之际，喘证多可见虚，补益治法首为所虑，往往对补益之味对喘证的不利作用考虑不周，这是张氏提出喘逆之证不可轻用人参的原因。

张锡纯大气下陷小便不禁案

天津陈某，35岁，于孟冬得大气下陷兼小便不禁证。禀赋素弱，恒觉呼吸之气不能上达，屡次来社求诊，投以拙拟升陷汤，即愈。后以出外劳碌过度，又兼受凉，陡然反复甚剧，不但大气下陷，且又小便不禁。自觉胸中之气息下坠，努力呼之犹难上达，其下坠之气行至少腹，小便即不能禁，且觉下焦凉甚，肢体无力，其脉左右皆沉濡，而右部寸关之沉濡尤甚。

此胸中大气下陷之剧者也。此证因大气虚陷，心血之循环无力，是以脉象沉濡而迟，肺气之呼吸将停，是以努力呼气外出而犹难上达。不但此也，大气虽在膈上，实能斡旋全身统摄三焦，今因下陷而失位无权，是以全身失其斡旋，肢体遂酸软无力，三焦失其统摄，小便遂泄泻不禁。其下焦凉甚者，外受之寒凉随大气下陷至下焦也。此证之危已至极点，当用重剂升举其下陷之大气，使复本位，更兼用温暖下焦之药，祛其寒凉庶能治愈。

第一方：野台参（五钱）、乌附子（四钱）、生怀山药（一两），煎汤一盅温服。又第二方：生箭（一两）、生怀山药（一两）、白术（四钱，炒）、净萸肉（四钱）、萆薢（二钱）、升麻（钱半）、柴胡（钱半），共煎药一大盅，温服。先服第一方，后迟一点半钟即服第二方。

将药如法各服2剂，下焦之凉与小便之不禁皆愈，唯呼吸犹觉气分不足，肢体虽不酸软，仍觉无力。遂但用第二方，将方中柴胡减去，加桂枝尖钱半，连服数剂，气息已顺。又将方中升麻、桂枝，皆改用一钱，服至5剂，身体健康如常，遂停药勿服。

（《医学衷中参西录·医案·大气下陷兼小便不禁》）

【编按】

张氏对治疗方法作了深入分析，或问：“此二方前后相继服之，中间原为时无多，何妨将二方并为一方？”答曰：“凡欲温暖下焦之药，宜速其下行，不可用升药提之。”若将二方并为一方，附子与升、柴并用，其上焦必生烦躁，而下焦之寒凉转不能去。唯先服第一方，附子得人参之助，其热力之敷布最速，是以为时虽无多，下焦之寒凉已化其强半；且参附与山药并用，大能保合下焦之气化，小便之不禁者亦可因之收摄，此时下焦受参附山药之培养，已有一阳来复，徐徐上升之机。已陷之大气虽不能因之上升，实已有上升之根基。遂继服第二方，黄芪与升、柴并用，升提之力甚大，借之以升提下陷之大气，如人欲登高山则或推之，或挽之，纵肢体软弱，亦不难登峰造极也。且此一点余钟，附子之热力已融化于下焦，虽遇升、柴之升提，必不至上升作烦躁，审斯则二方不可相并之理由，及二方前后继服之利益不昭然乎。

姚贞白虚痨咳烧案

金某，女，53岁，家住昆明市。1943年。

初诊 患咳，烧数年不瘥，时作时止。余视其形瘦肌消，唇干，颧红，声嘶不扬。询悉孀居多年，操劳过甚，素常极易伤风感冒。病发时胸闷气促，痰凝不爽，且痰中有血丝夹带，潮烧自汗，口中干燥。自述生平不喜辛燥、温补之药，而清热之品已服多剂，罔然无效。所幸者食欲善佳，夜能安卧。脉象乍取弦滑而数，重候则虚，舌质红，苔白燥少津。此因过劳，精气有伤，外邪入侵，肺先受病，兼因肝郁化热，木火刑金，久则血弱阴亏娇脏失润，至成虚痨之疾。金匮云："脉大为劳。脉极虚亦为劳。"此之谓也。亟宜清燥救肺，养肝调理。

炙麻黄根6克、苏梗片9克、光杏仁9克、广橘络6克、京半夏9克、炒杭芍9克、茯苓神15克、生甘草3克、藕干4.5克、竹茹6克、冬瓜子9克（冲）、白茅根12克、净杷叶2片。

二诊 上方3剂，咳嗽略减，气促稍平。余症仍然，便秘溺黄。续用原方化裁。

白元参9克、大寸冬9克、炒杭芍9克、茯苓神15克、瓜蒌壳9克、光杏仁9克、冲苏子9克、生甘草3克、竹茹6克、白茅根12克、藕干4.5克、浮小麦15克、薏苡仁12克、净杷叶2片。

三诊 上方连进5剂，潮烧、自汗已减，痰中血丝减少。咳时偶感胁痛，尚觉口干。便秘渐润，溺色转淡。脉细弦而滑，舌红，苔薄较润。仍守原意，酌加滋润之品。

甜桔梗6克、川贝母9克、白茅根15克、生杭芍9克、炙紫菀9克、炙冬花9克、瓜蒌壳9克、大寸冬9克、生甘草3克、冬桑叶9克、银柴胡9克，新鲜梨、藕汁每服调兑各一匙。

四诊 上方续进5剂，潮烧已退，痰血已止，口燥渐除。时咳嗽，头昏神倦。此燥邪得清，气阴渐调润。

空沙参9克、麦门冬9克、冲苏子6克、光杏仁9克、川贝母9克、炙冬花9克、炒杭芍9克、京半夏9克、广橘络6克、生甘草3克、冬桑叶9克、茯苓神15克、白茅根15克、生苡仁12克、净杷叶2片。

五诊 上方服用10剂，诸症消失，脉象转为缓弱，舌苔红润。病势向愈，赓续滋益脾肺，调血养肝。

空沙参9克、白元参9克、淮山药12克、茯苓神15克、京半夏9克、广橘络6克、炒杭芍9克、黑小豆15克、净杷叶2片、莲子15克、炙冬花6克、炙甘草3克，二冬羔、雪梨羔每服各调兑一小匙为引。

（《姚贞白医案·虚痨咳烧》）

【编按】

虚痨既成，而肺燥气郁，痰热之势嚣张，攻补皆误。以清燥救肺法出入变化，缓症缓治，看之平淡，行之实难。

姚贞白虚痨(童子痨)案

董某,男,5岁,住昆明市西郊,时在1940年。

初诊 患儿已病数月,卧床不起,形容枯槁,肌肤消瘦。干咳声嘶,痰中带血。渴饮食少,日晡潮烧,夜间烦躁,自汗盗汗,溺黄便稀。脉虚数无力,左关稍大,右寸兼滑,舌淡红,苔薄少津。病属气弱阴虚,肝旺肺燥,脾不健运,日久症势纠缠。法当养阴清热,润肺、健脾平肝,不宜克散,拟方缓缓调治。

银柴胡6克、醋炒青蒿6克、白茯苓9克、地骨皮9克、空沙参9克、炒杭芍6克、京半夏6克、光杏仁6克、炙冬花6克、生甘草3克、浮小麦9克、小红枣7枚。

二诊 上方服5剂,潮热盗汗略减,他症同前。脉、舌尚无变化,仍守原意出入。

广玉竹9克、天门冬9克、炒杭芍6克、白茯苓9克、炙冬花6克、银柴胡6克、醋炒青蒿4.5克、炙枇杷叶2片、黑小豆9克、甘草3克、炙桑皮4.5克、浮小麦12克、小红枣9枚、白茅根9克。

三诊 上方服用10剂,痰血已止。潮烧、盗汗、咳嗽减轻,他症亦有显著好转,但易怒,脉细弦,舌淡红,是阴虚肺燥渐润,脾弱肝旺。再拟滋阴润肺,健脾平肝。

银柴胡6克、苏条参9克、广玉竹9克、天门冬6克、炒杭芍9克、炙冬花6克、百合6克、浮小麦12克、烧乌梅2个、小红枣7枚。

上方连服10余剂,潮热全退,其他症状均渐消失。饮食增加,二便正常。面色转润,肌肤渐充,能下床活动,脉弱缓,舌红润。再为拟方,滋养肝脾,调补气血。

苏条参9克、空沙参6克、广玉竹6克、天门冬6克、百合6克、淮山药9克、白茯苓9克、炒杭芍9克、京半夏9克、广陈皮6克、炙甘草3克、莲子9克(去心)、小红枣7枚。

(《姚贞白医案·虚痨》)

【编按】

肺病治疗,本之于肺相关联的脏器与感受的邪气,治病务求其本,不可偏执一法。如姚按有云:"这种症候,不宜骤用温补,更不可专事寒凉,燥者濡之、损者益之,先用滋润调达,然后平和补益。"具体方法就是平肝、润肺,化痰止咳,养阴清热,健脾固中,后再补益气血。用药不宜过急过猛,须缓缓调治,方能获得预期疗效。患儿脏腑娇嫩,况因素日少于荣养,感邪之后,治疗失机,其气留连,而致内伤。一脏先病,累及其他,脾弱阴虚,精气受损,而肝旺肺燥,虚热羁缠,形体羸瘦,即民间俗称"童子痨"也,治之难许速效。是案谨守清润调达,平和补益,乃治虚损之要领。

姚贞白风寒夹饮喘咳案

孙某，男，36岁。1950年7月。

初诊 患者素有喘疾，加感表邪，恶寒发热，咳逆气促，痰吐泡沫。胸满脘闷，时作干呕，不思饮食。头目眩晕，小便不利。脉象浮紧而兼滑数，舌苔白腻而润。此小青龙证也，自宜辛温解表，化饮降逆，祛痰止咳。

麻黄9克、桂枝9克、光杏仁9克、杭芍9克、法夏9克、北细辛3克、五味3克、陈皮6克、炒厚朴9克、干姜9克、甘草3克。

二诊 上方服2剂，寒热解，喘咳大减。脉细弦而滑，舌苔白润。痰多头眩，干呕气逆，小便不利。此表解，饮停于中，当以温阳蠲饮，化痰利湿。

茯苓15克、桂枝9克、白术12克、甘草3克、法夏9克、陈皮6克、厚朴9克、杏仁9克、生姜2片、大枣3枚。

三诊 上方连服3剂，咳喘已平，心下舒畅，痰少。食增，小便通利。神倦自汗，脉缓舌润。此病退而脾肺不足。转投六君，以治其源。

苏条参15克、白术12克、茯苓15克、甘草3克、法夏9克、陈皮6克、五味3克、生姜2片、大枣3枚。

（《姚贞白医案·风寒夹饮喘咳》）

【编按】

本案散表寒、蠲停饮，治法有序，正合于《伤寒论》中“病痼疾，加以卒病，当先治其卒病，后乃除其痼疾也”条文之意。这样法与证合的原则，就是应在临床中遵守的中医法则，整理陈列并加以阐释，就能够体现中医方法学中的一些理论实质。所谓理论实质，是指以解决临床问题为导向的

姚贞白痰厥案

袁某，男，46岁。1948年9月。

初诊 咳嗽多日，夜间尤甚。曾服“清燥救肺”“百合固金”等方，反痰凝不爽，质稠黏，色黄白，不易咯出。继而胸闷喘促，睡卧不宁，时有神迷，肢冷，汗出。口唇夹青，肌肤消瘦，便秘溺赤。脉象沉而细滑，舌质红，苔黄白厚腻。此脾湿痰聚，胆肺伏热，气机壅滞，发为痰厥。治宜豁痰理气，清胆祛湿。

光杏仁9克、陈皮6克、胆炒半夏9克、生苡仁12克、甜桔梗4.5克、炒枳壳6克、甜葶苈子

9克、冬瓜仁12克(冲)、竹茹6克、生甘草3克、全瓜蒌1枚(打碎)。

二诊 上方服2剂,咳嗽稍减,痰凝未涤。便秘,溺短赤。仍时作惊厥,脉弦滑而数,舌苔黄厚且腻。此湿痰尚重,气机不利,肺失肃降,胆火熏灼。

胆炒半夏9克、化橘红6克、炒知母9克、光杏仁9克、醋煅青礞石12克、白苏子9克(冲)、甘草3克、甜葶苈子6克、金瓜蒌一枝(打碎)、竹沥二匙(兑服)。

三诊 上方服3剂,大便畅下,夹黏液风沫甚多。咳嗽轻减,痰凝渐化。患者自感气爽神清。此多日蕴结之痰湿郁热,已得豁达疏通。脉弦、滑均减,舌苔退薄,病趋向愈。再拟下方,赓续清理。

胆炒半夏9克、广陈皮6克、瓜蒌壳9克、光杏仁9克、白茯苓12克、炙桑皮9克、炒枳壳9克、生苡仁12克、净竹茹6克、生甘草3克、冬瓜仁9克(冲)、净杷叶2片。

(《姚贞白医案·痰厥》)

【编按】

湿痰甚重,胆火郁热,误于阴寒收敛,遂致气机壅塞而为厥,遵从“结者散之”、“留者攻之”之法,三诊而病趋向愈。凡中医治病,总在平复阴阳、调畅气机,治疗原则的提出,基于顺从生理特点的缘故。顺应生理活动,就是顺应气机。气之运行通畅,气化就能骤疾滑利而不瘀滞,身体机能处于易于祛除病邪的状态,这是临床治疗疾病时主要的因素,与支持疗法的含义是相通的。

许恩普受寒气隔案

工部正郎杨枢孙暴受寒邪,上下气隔,汗出如珠,腹胀如鼓,诸药罔效,用稀涎散吐出两大盆痰涎遂愈。此医道所以有汗吐下和四要法也。

(《许氏医案》)

【编按】

感寒而见腹胀之症,若滞于外感六经之辨,易泥于调达化邪之见,则忽于寒邪化为痰涎在上焦储痰之器中作患的病理枢要。案例虽简,但识见至当。祛痰邪去而气机畅达,邪大利去是见效如桴鼓。

邓老小儿哮喘案

60年代,在某医院会诊一男孩,7岁。病哮喘,连续哮喘不停已2天,病孩辛苦甚,医生说:“这是哮喘持续状态,已用尽西医治法未效。”诊其面色尚泽,唇红,舌红无苔,脉细数而两

尺弱，此肾阴虚甚，肾不纳气所致，乃予：

六味地黄汤，加蛤蚧9克（1只）。

1剂而哮喘停止。此方以六味地黄汤治其本，蛤蚧补肺益肾、定喘止嗽，既能治标又治其本，故其效出乎我的意料之外。当然，蛤蚧治哮喘是有效的。曾见一中医用蛤蚧两对（活蛤蚧去内脏）浸酒服，治疗断根。可见哮喘并非不治之症，不过一般要治断根还是不那么容易。

哮喘西医都认为是过敏所致，我发现不少患者因睡竹席而起。对那些夏天哮喘发作的患者，必须问其睡什么席，如睡竹席或藤席，若不换席，必难治愈。物理因素往往是发病的主要因素，不可不知。

（《诊余医话》）

【编按】

治病最高标准就是治根，中医治根，不离基于医道的治法、与切合病理机制的药物特性两条途径。辨证识机准确，用药精当切要，治病合于证机则效著，甚而达到治疗病之根本的良好效果。

范中林少阴证咳嗽案

安某，女，54岁。北京某部队家属。

病史 1966年因受风寒，咳嗽迁延12年。每年入秋则发，冬季加剧，甚则不能平卧。××医院诊断为慢性支气管炎。发作时服药虽可暂时缓解，但经常反复，日益加重。1978年8月来诊，按少阴证水寒内结论治，三个月基本治愈。

初诊 每日阵发性剧咳，痰清稀，量多，头晕心累，气短，昼夜不能平卧。畏寒恶风，面足浮肿，脸色萎黄。舌质淡暗有瘀斑，舌体畔嫩而边缘多齿痕，苔白滑，根部厚腻。此为少阴阳虚水泛，寒痰阻肺咳嗽。法宜温阳化气行水，以真武汤加减主之。

茯苓24克、生姜30克、白术20克、制附片60克（久煎）、桂枝10克，6剂。

辨证：患者每年秋冬外感，咳必复发，神疲身倦，恶寒肢冷，气短倚息难卧，面色晦滞，舌质暗淡无华，皆肾阳衰微之明证。因肾为水脏，肾中真阳衰微不能化气，则水饮内停。水寒之气上泛，则头眩、心累。水气停于胸肺，则咳嗽不已，痰涎清稀量多，气短难卧。水气溢于肌表，故面足浮肿沉重。舌质胖嫩，兼有齿印与瘀斑，舌苔白而厚腻，皆为水泛寒凝之象。同时年逾半百，阳虚益甚。多年前，初感寒邪病咳，正气未衰，逐风寒之邪从外而解，或可速愈；今则迥然不同，断不可舍本求标。综上所述，此属少阴肾阳衰微，水寒射肺，故投以温阳散寒、化气行水之真武汤为宜。上方真武汤加减，以附子之辛热，壮肾之元阳，则水有所主；白术之苦燥，建立中土，则水有所制；兼生姜之辛散，佐附子以补阳；茯苓之淡渗，佐白术以燠土，并寓散水渗湿之意；以芍药易桂枝者，加速温经敞寒，化气行水之功。

二诊 原方连服6剂,咳嗽明显好转,痰亦减少过半,呼吸较前通畅,渐能平卧。面已不觉肿,舌质稍转红润,厚腻苔减。多年之患,已获初效。宜守原法,以干姜易生姜,加强温中补脾之效。

三诊 上方续服6剂,诸证显著减轻。尚有轻微咳嗽,清痰少许。舌质转为淡红,乌暗瘀斑与白腻苔渐退,舌边齿痕已不明显。有时尚觉气短,心累。病有从阴出阳之势。须适应转机,通阳和中,燥湿涤饮。以苓桂术甘汤加味,缓缓服之。

茯苓20克、桂枝10克、白术20克、法夏15克、生姜20克、甘草3克,12剂。

诸证基本痊愈,入冬以来,再未重犯。1979年5月4日至患者家中追访,自觉始终良好。

(《范中林六经辨证医案》)

【编按】

咳嗽病因,有内外邪气之不同,皆可按六经辨证。案例属少阴阳虚,水泛成痰,水寒袭肺,肾阳虚而累及于肺。治以真武汤,壮元阳以消阴翳、逐寒痰以清水源,肺得温养、邪干之患得肃,则咳嗽自平。

程杏轩幼女外感咳嗽误药酿成肺痹急证案

歙俗信神,无知之徒,将神庙签诗,混编药名,乡愚患病,辄往求之,呼为神药,贻害甚多。靖兄外贸,幼女在襁褓中,时值冬寒,感冒外邪,发热咳嗽。其妻误听人言,往求神签。药用贝母三钱,女流不谙药性,即市煎灌,咳嗽顿止,以为神验。少顷忽痰涌气促,头仰胸高,彻夜搅扰。

次早迓予,视其儿身热肢冷,口张鼻扇,啼声如鸦,乃姑告其所以。予曰:此肺痹大证,危期甚速。夫肺主皮毛,皮毛受邪,肺气闭塞,因而发热咳嗽,不为疏解,反投寒敛之品,且单味重用,为害更烈。经云:“风寒客于人,使人毫毛毕直,皮肤闭而为热,病入舍于肺,名曰肺痹。”孩提弱质,焉能堪乎?辞不举方。友人谭萃升翁,代恳试施一匕,以图侥幸。予思病既濒危,药非精锐,料难应效。方用:

麻黄、桂枝、杏仁、桔梗、橘红、半夏、姜汁。

并嘱服药竖抱,旋走,勿令卧倒。如此一昼夜,始得咳嗽出声,痰喘略定。知其痹象稍宽,但病势过重,药虽见效,未便骤松,麻黄昨用三分,令其减半,余照原制,再进一剂,汗出肤润,热退喘平。

更用六安煎,加桔梗,卧稳嗽稀。

予曰:“痹开病去,大局无虞。”古云“小儿勿多服药”,盖儿质薄弱,脏腑娇嫩,药多恐伤真气,今可停药,乳哺调之,自然恢复。果如予言,识此为乡愚信求神药者戒。

(《程杏轩医案》)

【编按】

分析准确，内景作观而确然。分步治病恰当，故挽难于困。古代庸医以神药牟利而致贻误怠害性命，不可胜道；鉴于当代，医理不精而自诩中医神医者，炫技以为获利亦处处多矣！

蒲辅周冬温案（重症小儿肺炎）

王某某，女，3岁，因发热于1958年12月22日住某医院。住院检查摘要：发育营养中等，体温39.7℃，左肺后下浊音，呼吸音低，全肺很多喘鸣音，有散在中、小水泡音，心跳160～170次/分，肝在右肋下4公分，因不合作，未作神经反射检查。血化验：白细胞总数18650/立方毫米，中性59%，淋巴41%。病程与治疗：昨晚开始发烧，今天喘息烦躁，呼吸困难，面部发青，谵语鼻煽，神识半不清，当即给氧气吸入，及毛地黄毒甙0.04克肌注，另在十宣穴放血。并予链霉素。

蒲老会诊见患儿高烧烦躁，妄语若狂，面赤额汗，身无汗，腹满不实，气喘息促，脉浮数，舌苔白腻微黄，此属内热外寒，肺气郁闭，因昨日在旅途火车上受热兼感风寒所致。类属冬温。其治在表，宜辛凉透表之法。急开肺闭。主以麻杏石甘汤加味。

生麻黄（生煎去沫，一钱）、杏仁（二钱）、生石膏（先煎，四钱）、甘草（一钱）、僵蚕（二钱）、桔梗（一钱）、前胡（一钱五分）、莱菔子（一钱五分）、葱白（二寸）。煎取120毫升，分3次热服，4小时1次。

夜半以后，喘促渐缓，体温也降至37.5℃，神识完全清醒。至23日再诊时，热已全退，腹亦不满，舌苔减少，脉静身和，唯有微咳，此寒散热越，表里俱解，继以调和肺胃以善其后。

鲜苇根（五钱）、桑皮（二钱）、杏仁（二钱）、瓜蒌仁（三钱）、橘红（一钱）、苦桔梗（一钱五分）、浙贝（一钱五分）、苏叶（一钱）、莱菔子（一钱五分）、枇杷叶（二钱），煎取同前。

药后肝大已缩小在右肋下只剩2公分，至25日痊愈出院。

（《蒲辅周医案》）

【编按】

案中病机重在肺气之闭，治疗则以宣为主，因于外感，病且不深，故论“其治在表，宜辛凉透表之法，急开肺闭”。证机明晰，治法确立，用药轻灵宣畅而热解。案属冬温重证，治以宣透之法，外寒内热一剂而解；续以调和肺胃而安。治若失宣透之机，可见烦躁若狂；早用苦寒冰伏，可致变证峰起；误用单纯辛温，可变癫狂衄血之症。治当其机，应该是中医治疗急危重症应遵循的一条原则。

蒲辅周寒喘(重症小儿肺炎)

薛某,女,2个月,1961年3月15日因发热、烦躁、喘促住入某医院。住院检查摘要:两肺满布水泡音,体温39℃,脉搏180次/分,呼吸80次/分,面青,口唇青紫。临床诊断:重症肺炎。病程与治疗:会诊时,患儿身热无汗,烦躁不安,喘促而面青黯,舌淡,苔白微腻,脉浮数,属感受风寒,肺卫郁闭,治宜辛温解表。

麻黄(三分)、杏仁(八分)、甘草(二分)、前胡(五分)、桔梗(五分)、僵蚕(一钱)、葱白(连须,一寸)。

复诊 患儿体温微降,手心润,面已红润,微烦躁,喘促减,舌质微红,腻苔减,脉细数,原方加生石膏一钱,再服一剂。

三诊 热退,喘平,烦止,微咳有痰,舌淡无苔,脉滑,此表邪已解,肺胃未和,宜以调和肺胃,清气化痰善其后。

法半夏(一钱)、化橘红(八分)、甘草(三分)、川贝(一钱)、杏仁(一钱)、竹茹(一钱)、枇杷叶(二钱)。

服后,诸证悉愈,观察二日出院。

(《蒲辅周医案》)

【编按】

身热无汗,喘促而面青黯,诊为风寒闭肺之寒喘。微辛微温之剂解散风寒,适中病机;若用辛凉,则表不解而肺卫愈闭,延误病机。

蒲辅周温热病后阴虚液涸(重症迁延性肺炎)

张某,女,1岁。因发热咳嗽已五日于1959年1月24日住某医院。住院检查摘要:体温38℃,皮肤枯燥,消瘦,色素沉着,夹有紫癜,口四周青紫,肺叩浊,水泡音密聚,心音弱,肝大3公分。血化验:白细胞总数4200/立方毫米,中性61%,淋巴39%,体重4.16公斤。诊断:(1)重症迁延性肺炎;(2)三度营养不良;(3)贫血。病程与治疗:入院表现精神萎靡,有时烦躁,咳嗽微喘,发热,四肢清凉,并见拘紧现象,病势危重,治疗一个半月,虽保全了生命,但褥疮形成,肺大片实化不消失,体重日减,使用各种抗菌素已一月之久,并多次输血,而病儿日沉困,白细胞总数高达38400/立方毫米,转为迁延性肺炎,当时在治疗上非常困难。

蒲老会诊见肌肉消瘦,形槁神呆,咽间有痰,久热不退,脉短涩,舌无苔,属气液枯竭,不能荣五脏,濡筋骨,利关节,温肌肤,以致元气虚怯,营血消烁,宜甘温咸润生津,并益气增液。

干生地(四钱)、清阿胶(三钱,另烊)、麦门冬(二钱)、炙甘草(三钱)、白芍药(三钱)、生龙骨(三钱)、生牡蛎(四钱)、制龟板(八钱)、炙鳖甲(四钱)、台党参(三钱)、远志肉(一钱五分),浓煎300毫升,鸡子黄一枚另化冲,童便一小杯先服,分二日服。

连服三周后,大便次数较多。去干地、童便,加大枣三枚(劈),浮小麦三钱。

再服二周痰尚多,再加胆星一钱,天竺黄二钱。

自服中药后,病情逐渐好转和恢复,体温逐渐复;肺大片实化逐渐消失。用药一周后,褥疮消失,体重增加,咳嗽痰壅消失。于同年5月8日痊愈出院。

(《蒲辅周医案》)

【编按】

此案可联想及一些肺部癌症病患者。肺癌病进期实际处于正邪交争状态,一般西医治疗不离抗癌,它其实是一种无意义且陷于"虚虚"之误的治疗措施。当此之际,条畅肺部气血、减缓肺脏功能受损程度,减轻患者当前病程问题也许是合理的治疗选择。而一般"虚虚"之误正好相反,以极虚之体任克伐而无功之治,实际在加速病情的恶化,于理不合。案中重在养肺,协调气血运行与平衡,肺得养则证减而病有向愈之机。当然肺损达到一定限度的病情则应另论。吴鞠通有言:"温病后,一以养阴为主,饮食之坚硬浓厚者,不可骤进,间有阳气素虚之体质,热病一退,即露旧亏,又不可固执养阴之说,而灭其阳火,故本论(《温病条辨》)中焦篇,列益胃、增液、清燥等汤,下焦篇,列复脉、三甲、五汁等复阴之法,乃热病调理之常理,下焦篇,又列建中、半夏、桂枝数法,以为阳气素虚,或误伤凉药之用,乃其变也。"温热病后调理,重在养阴复阳,遵以"阳不足者温之以气,阴不足者补之以味"的治疗方法,气液渐充、形神始复而向愈。

蒲辅周热闭包络(腺病毒肺炎)

张某,女,1岁半。因高烧喘急5天于1960年6月13日住某医院。入院检查摘要:肺部叩诊有浊音,听诊有水泡音,并有大片实化。血化验:白细胞总数6250/立方毫米,中性44%,淋巴56%,肝大2.5公分,体重7.6公斤。急性病容。病程与治疗:入院后曾用清热寒凉之剂治疗。

蒲老会诊,患儿已呈深度昏迷状态,面色黯黄,痰壅咽间,咳嗽无力,高度喘急,并见下颌颤动及抬肩呼吸,四肢发凉,体温反降为37.8℃,而脉速达200次/分,呼吸72次/分。唇焦、舌干、齿躁,舌质绛,苔老黄无津,脉细数无力,据此乃热厥,邪入包络闭证,肺之化源欲竭之象,虚实互见,治宜祛邪扶正并用,清热开窍,益气生津,并紧密配合西医抢救措施。

西洋参(二钱)、安宫牛黄散(一钱),先将西洋参煎水,分5次将牛黄散送下,2小时一服。

抢救措施有:(1) 随时吸出稠痰,硬如烂肉球;(2)持续给氧气吸入;(3)静脉点滴血浆与毒毛旋花子K，并且在点滴器中段的小壶内加入1毫升（0.25克）洛贝林；（4）鼻饲，每日三次米汤或水，每2～3小时徐徐灌入中药；（5）肌注冬眠灵2号合剂。中药服半剂后，而患儿之反应性加大，渐见咳痰松活，皮肤转红润，手心潮汗，体温再度升高，达41℃。辅以热水擦浴，使全身微汗徐出。至次日原方再服一剂，患儿之神识渐清，病情遂趋稳定。

复诊 6月17日。体温已近正常，喘减，神清，仍有咳痰，舌色正苔减少，脉右滑左数，此热闭已开，正气渐复，余邪未净，治以养阴清热。

玉竹（二钱）、麦冬（一钱五分）、天冬（二钱）、玄参（二钱）、细生地（二钱）、石斛（二钱）、稻芽（三钱）、荷叶（一钱），服一剂，次日以原方加减，续进一剂。

三诊 6月20日。除尚有咳嗽及散在性肺部水泡音存在外，余证悉除，脉亦缓和。遂改用保和丸加减调和肺胃，兼化湿痰，以善其后，越5日痊愈出院。

（《蒲辅周医案》）

【编按】

吴鞠通言："邪陷脉虚，人参汤下安宫牛黄丸。"患儿热闭包络，昏迷痰阻，脉细数无力，是邪盛正虚之象，治法以扶正祛邪为要。牛黄散开其热闭，西洋参益气生津；不待尽剂，而皮肤红润，体温反升，是正邪相争的剧烈表现。此正盛邪退之际，不可妄用退热之法，只是以热水擦浴，促进皮肤血液循环，而闭开汗出，热亦随之自然下降。若强行退热，可致正亏而邪盛，邪气内闭而正气外脱之危象。

徐大椿痰喘案

松江王孝贤夫人，素有血证，时发时止，发则微嗽，又因感冒变成痰喘，不能着枕，日夜俯几而坐，竟不能支持矣。是时有常州名医法丹书，调治无效。

延余至，余曰："此小青龙证也。"法曰："我固知之，但弱体而素有血证，麻桂等药可用乎？"余曰："急则治标，若更喘数日，则立毙矣。且治其新病，愈后再治其本病可也。"法曰："诚然。然病家焉能知之，治本病而死，死而无怨；如用麻桂而死，则不咎病本无治，而恨麻桂杀之矣。我乃行道之人，不能任其咎。君不以医名，我不与闻，君独任之可也。"余曰："然，服之有害，我自当之，但求先生不阻之耳。"遂与服。饮毕而气平就枕，终夕得安。然后以消痰润肺养阴开胃之方以次调之，体乃复旧。

法翁颇有学识，并非时俗之医，然能知而不能行者。盖欲涉世行道，万一不中，则谤声随之。余则不欲以此求名，故毅然用之也。凡举世一有利害关心，即不能大行我志，天下事尽然，岂独医也哉。

（《洄溪医案》）

【编按】

血虚咳喘，喘合于小青龙汤证，然病体素虚，似难任此攻伐；然药合于证，其克伐之应自不显著。这是用药中的一特点，掌握之自可在临床用药中胸有定见。王世雄评之曰："风寒外束，饮邪内伏，动而为喘嗽者，不能舍小青龙为治。案中云感冒是感冒风寒，设非风寒之邪，麻桂不可擅用。读者宜有会心也。"

徐大椿痰喘亡阴案

苏州沈母，患寒热痰喘，浼其婿毛君延余诊视。先有一名医在座，执笔沉吟曰："大汗不止，阳将亡矣。奈何？非参、附、熟地、干姜不可。"书方而去。余至不与通姓名，俟其去乃入。诊脉洪大，手足不冷，喘汗淋漓。余顾毛君曰："急买浮麦半合，大枣七枚，煮汤饮之可也。"如法服而汗顿止，乃为立消痰降火之方二剂而安。

盖亡阳亡阴，相似而实不同，一则脉微，汗冷如膏，手足厥逆而舌润。一则脉洪，汗热不黏，手足温和而舌干。但亡阴不止，阳从汗出，元气散脱，即为亡阳。然当亡阴之时，阳气方炽，不可即用阳药，宜收敛其阳气，不可不知也。亡阴之药宜凉，亡阳之药宜热，一或相反，无不立毙。标本先后之间，辨在毫发，乃举世更无知者，故动辄相反也。

（《洄溪医案》）

【编按】

痰有寒热，寒须温以化之，热须清以解之。其辨识之难在于寒热症象驳杂，故知病位亦须明病性方不致有失。

雄按：吴馥斋令姐体属阴亏，归沈氏后，余久不诊，上年闻其久嗽，服大剂滋补而能食肌充，以为愈矣。今夏延诊云：嗽犹不愈。及往视，面浮色赤，脉滑不调，舌绛而干，非肉不饱。曰：此痰火为患也。不可以音嘶胁痛，遂疑为损怯之未传。予清肺化痰药为丸噙化，使其廓清上膈，果胶痰渐吐，各恙乃安。其形复瘦，始予养阴善后。病者云：前进补时，体颇渐丰，而腰间疼胀，略一抚摩，嗽即不已，自疑为痰。而医者谓为极虚所致，补益加峻，酿为遍体之痰也。

徐大椿痰喘劳发案

毛公裕，年届八旬，素有痰喘病，因劳大发，俯几不能卧者七日。举家惊惶，延余视之。余曰："此上实下虚之证。"用清肺消痰饮，送下人参小块一钱。二剂而愈。

毛翁曰："徐君学问之深，固不必言，但人参切块之法，此则聪明人以此玄奇耳。"后岁余，病复作，照前方加人参煎入，而喘逆愈甚。后延余视，述用去年方，曰："前几死，我以一剂救之，何以蹈搜辙。众论纷纷，谓补药一定不错，直至临死时欲来敦请，已无及矣。呜呼！岂而病有加。"余曰："莫非以参和入药中耶？"曰："然。"余曰："宜其增病也。"仍以参作块服之，亦二剂而愈。

盖下虚固当补，但痰火在上，补必增盛，唯作块则参性未发，而清肺之药已得力，迨过腹中，而人参性始发，病自获痊。此等法古人亦有用者，人自不知耳，于是群相叹服。

（《洄溪医案》）

【编按】

案中应用人参的方法实为关键，如其所云："参块服之，盖下虚固当补，但痰火在上，补必增盛，唯作块则参性未发，而清肺之药已得力，迨过腹中，而人参性始发，病自获痊。"是灵活运用方药而独具匠心的案例。

雄按：痰喘碍眠，亦有不兼虚者。黄者华年逾五旬，自去冬因劳患喘，迄今春两旬不能卧，顾某作下喘治，病益甚。又旬日，迓余视之，脉弦滑，苔满布，舌边绛，乃冬温薄肺，失于清解耳。予轻清肃化药治之而痊。至参不入煎，欲其下达，与丸药喻化，欲其上恋，皆有妙义，用药者勿以一煎方为了事也。又有虚不在阴分者，余治方啸山今秋患痰喘汗多，医进清降药数剂，遂便溏肢冷，不食碍眠，气逆脘疼，面红汗冷。余诊之，脉弦软无神，苔白不渴，乃寒痰上实，肾阳下虚也。以真武汤去生姜，加干姜、五味、人参、厚朴、杏仁，一剂知，二剂已。又治顾某体肥白，脉沉弱，痰喘易汗，不渴痰多，啜粥即呕，以六君去甘草，加厚朴、杏仁、姜汁、川连，盖中虚痰滞也，投七日果痊。

痰吐成盆案

户部万锡珩夫妇咳嗽昼夜不止，痰吐成盆，时医用人参鹿茸等药，痰咳逾甚。延余诊视，脉洪数，知系风寒闭于肺中，拟以二陈导痰汤加麻黄一服而愈。

（《许氏医案》）

【编按】

肺病宜宣不宜敛，宣之意一在畅达肺气，一在宣散客于肺脏或肺经的邪气。案中原为肺有客邪，久恋不去，克伐正气；又意其体必素不健壮，故虚象丛生。医以参茸补虚，虽有所及，而治不中的，补以滋腻，邪祟生痰，生痰有因而痰源不绝，是以"痰吐成盆"。二陈化痰而麻黄畅肺宣邪，效则见著。

叶氏久嗽神衰肉消案

仲某,久嗽,神衰肉消。是因劳倦内伤,医不分自上自下损伤,但以苦寒沉降,气泄汗淋,液耗夜热,胃口得苦伤残,食物从此顿减,老劳缠绵,讵能易安。用建中法:

黄芪建中汤去姜。

又,照前方加五味子。

又,平补足三阴法。

人参、炒山药、熟地、五味、女贞子、炒黑杞子。

(《临证指南医案·虚劳》)

叶氏肺痹案

【案一】

王某,脉搏劲,舌干赤,嗳气不展,状如呃忒,缘频吐胃伤,诸经之气上逆,填胸聚脘,出入几逆,周行脉痹,肌肉着席而痛转加,平昔辛香燥药不受。先议治肺经,以肺主一身之气化耳。

枇杷叶汁、杏仁,共煎汤,冲桔梗枳实汁。

【案二】

朱某,风温不解,邪结在肺,鼻窍干焦,喘急腹满,声音不出。此属上痹,急病之险笃者。急急开其闭塞,方用:

葶苈大枣合苇茎汤。

又,风温喘急,是肺痹险症,未及周岁,脏腑柔嫩,故温邪内陷易结。前用苇茎汤,两通太阴气血颇验,仍以轻药入肺,昼夜竖抱,勿令横卧为要。用泻白散法:

桑白皮、地骨皮、苡仁、冬瓜仁、芦根汁、竹沥。

(《临证指南医案·肺痹》)

【编按】

华岫云论曰:肺为呼吸之橐,位居最高,受脏腑上朝之清气,清肃之体,性主乎降,又为娇脏,不耐邪侵。凡六淫之气,一有所着,即能致病。其性恶寒恶热,恶燥恶湿,最畏火风,邪着则失其清肃降令,遂痹塞不通爽矣。今先生立法,因于风者,则用薄荷桑叶牛蒡之属;兼寒则用麻黄杏仁之类,若温热之邪,壅遏而痹者,则有羚羊、射干、连翘、山栀、兜铃、竹叶、沙参、象贝;因湿则用通草、滑石、桑皮、苡仁、威喜丸;因燥则梨皮、芦根、枇杷叶、紫菀;开气则蒌皮、香豉、苏子、桔梗、蔻仁，其苇茎汤、葶苈大枣汤，一切药品，总皆主乎轻浮，不用重浊气味，是所谓微辛以开之，微苦以降之，适有合乎轻清娇脏之治也。肺主百脉，为病最多，就其配合之脏腑而言，肺与大肠为表里又与膀胱通气化，故二便之通闭，肺实有关系焉。其他如肺痿、肺痈、哮喘、咳嗽、失音，各自分门，兹不重赘。

叶天士中阳困顿浊阴凝冱胸痹案

【案一】

浦某，中阳困顿浊阴凝冱，胃痛彻背，午后为甚，即不嗜饮食，亦是阳伤。温通阳气，在所必施（胸脘清阳不运）。

薤白（三钱）、半夏（三钱）、茯苓（五钱）、干姜（一钱）、桂枝（五分）。

【案二】

华某，46岁，因劳，胸痹，阳伤，清气不运。仲景每以辛滑微通其阳。

薤白、栝蒌皮、茯苓、桂枝、生姜。

【案三】

王某，胸前附骨板痛，甚至呼吸不通，必捶背稍缓，病来迅速，莫晓其因。议从仲景胸痹症，乃清阳失展，主以辛滑。

薤白、川桂枝尖、半夏、生姜，加白酒一杯同煎。

（《临证指南医案·胸痹》）

【编按】

华玉堂认为胸痹与胸痞不同。胸痞有暴寒郁结于胸者，有火郁于中者，有寒热互郁者，有气实填胸而痞者，有气衰而成虚痞者，亦有肺胃津液枯涩，因燥而痞者，亦有上焦湿浊弥漫而痞者。若夫胸痹，则但因胸中阳虚不运，久而成痹，内经未曾详言，唯金匮立方，俱用辛滑温通，所云寸口脉沉而迟，阳微阴弦，是知但有寒症，而无热症。先生宗之加减而治，亦唯流运上焦清阳为主，莫与胸痞、结胸、噎膈、痰食等症混治。

叶氏哮证四案

【案一】

王某，受寒哮喘，痰阻气，不能着枕（寒）。

川桂枝（一钱）、茯苓（三钱）、淡干姜（一钱）、五味（一钱同姜捣）、杏仁（一钱半）。

【案二】

徐某同，41岁，宿哮廿年沉痼之病，无奏效之药，起病由于惊忧受寒。大凡忧必伤肺，寒入背俞，内合肺系，宿邪阻气阻痰，病发喘不得卧，譬之宵小，潜伏里巷，若不行动犯窃，难以强执。虽治当于病发，投以搜逐，而病去必当养正，今中年谅无大害，精神日衰，病加剧矣，肾气去桂膝；病发时，葶苈大枣汤或皂荚丸。

【案三】

某人，13岁，哮喘久咳。

桂枝木、杏仁、橘红、浓朴、炒半夏、炒白芥子。

【案四】

邹某，7岁，宿哮肺病，久则气泄汗出，脾胃阳微，痰饮留着，有食入泛呕之状。夏三月，热伤正气，宜常进四君子汤以益气，不必攻逐痰饮（气虚）。

人参、茯苓、白术、炙草。

（《临证指南医案·哮》）

【编按】

案中数例为不同证机见症，主症为哮，治法不同，其治之要是温通肺脏，豁痰破气则需视可否而施。华玉堂云："哮与喘，微有不同，其症之轻重缓急，亦微各有异。盖哮症多有兼喘，而喘有不兼哮者，要知喘症之因。若由外邪壅遏而致者，邪散则喘亦止，后不复发；此喘症之实者也，若因根本有亏，肾虚气逆，浊阴上冲而喘者，此不过一二日之间，势必危笃，用药亦难奏功，此喘症之属虚者也。若夫哮症，亦由初感外邪，失于表散，邪伏于里，留于肺俞，故频发频止，淹缠岁月；更有痰哮咸哮醋哮，过食生冷，及幼稚天哮诸症。案虽未备，阅先生之治法，大概以温通肺脏，下摄肾真为主，久发中虚，又必补益中气，其辛散苦寒豁痰破气之剂，在所不用，此可谓治病必求其本者矣。此症若得明理针灸之医，按穴灸治，尤易除根。噫！然则难遇其人耳。"

叶氏哮证论析二案

【案一】

徐某，42岁，色痿腠疏，阳虚体质，平昔喜进膏粱。

上焦易壅，中宫少运，浓味凝聚蒸痰，频年咳嗽，但内伤失和，薄味自可清肃。医用皂荚搜攒，肺伤气泄，喷涕不已，而沉痼胶浊，仍处胸背募俞之间。玉屏风散之固卫，六君子汤之健脾理痰，多是守剂，不令宣通；独小青龙汤，彻饮以就太阳，初服喘缓，得宜通之意，夫太阳但开，所欠通补阳明一段工夫，不得其阖，暂开复痹矣；且喘病之因，在肺为实，在肾为虚，此病细诊色脉，是上实下虚，以致耳聋鸣响。治下之法，壮水源以熄内风为主，而胸次清阳少旋,浊痰阻气妨食,于卧时继以清肃上中二焦,小剂守常,调理百日图功;至于接应世务,自宜节省,勿在药理中也(肾气不纳)。

熟地(砂仁制)、萸肉、龟甲心、阿胶、牛膝、茯苓、远志、五味、磁石、秋石蜜丸,早服,卧时另服威喜丸,竹沥姜汁泛丸。

【案二】

伊芳,先寒后热,不饥不食,继浮肿喘呛,俯不能仰,仰卧不安。

古人以先喘后胀治肺,先胀后喘治脾;今由气分痹郁,以致水道阻塞,大便溏泄,仍不爽利,其肺气不降,二肠交阻,水谷蒸腐之湿,横趋脉络,肿由渐加,岂乱医可效。粗述大略,与高明论证。肺位最高(肺郁水气不降),主气,为手太阴脏,其脏体恶寒恶热,宣辛则通,微苦则降,若药气味重浊,直入中下,非宣肺方法矣,故手经与足经大异,当世不分手足经混治者,特表及之。

麻黄、苡仁、茯苓、杏仁、甘草。

(《临证指南医案·哮》)

【编按】

老年久喘,宿根在肺,宿根久伏,所伤在肺之细窍微管。肺为通行气血一身中上位之大脏,肺窍或伤或窒塞,以其伤为要。案中治法或论虚或论实,是依症索机,旨在求气血之和,然而组织病理损伤,有些可以在气血和畅的条件下得到很快的恢复,有些即使能恢复也需要较长的时间,而气血和畅状态的保持,在一般生活条件下是很难保障的。条畅气血自然是中医治疗的基本原则和方法,但怎么进一步糅合简捷直达病所的治法,综合地进行调和、攻伐、弥补,是值得进一步探究的。

邵新甫云:喘症之因有四,大凡实而寒者,必挟凝痰宿饮,上干阻气,如小青龙桂枝加朴杏之属也。实而热者,不外乎蕴伏之邪,蒸痰化火,有麻杏甘膏、千金苇茎之治也;虚者,有精伤气脱之分,填精以浓浓之剂,必兼镇摄,肾气加沉香,都气入青铅,从阴从阳之异也。气脱则根浮,吸伤元海,危亡可立而待,思草木之无情,刚柔所难济,则又有人参、河车、五味、石英之属,急续元真,挽回顷刻,补天之治,古所未及。更有中气虚馁,土不生金,则用人参建中。案集三十,法凡十九,其层次轻重之间,丝丝入扣,学人宜深玩而得焉。

叶氏痰饮四案

【案一】

某人,21岁,新凉外束,肺受寒冷,气馁不降,宿饮上干,而病发矣。法当暖护背心,宿病可却。

淡生姜粉、半夏、蛤蜊粉、茯苓、桂枝木、苡仁,煎汤。

【案二】

某人,50岁,背寒咳逆,此属饮象,先当辛通饮邪,以降肺气(饮上逆肺气不降)。

鲜枇杷叶、杏仁、茯苓、橘红、生姜、半夏。

【案三】

某人,52岁,脉右大弦,气喘,咳唾浊沫,不能着枕,喜饮汤水,遇寒病发。此属饮邪留于肺卫,如见咳,投以清润,愈投愈剧矣。葶苈子、山东大枣。

【案四】

徐某,痰饮上吐,喘不得卧。乃温邪阻蔽肺气,气不下降,壅滞不能着右。议用宣通开气分方法。

小青龙去细辛、麻黄,加苡仁、白糖、炒石膏。

(《临证指南医案·痰饮》)

【编按】

肺病痰饮为常见证机,痰喘病症相似,病机则多异。如宿饮束寒、饮邪留于肺卫、温邪阻肺生痰、伏饮上泛、气阻浊凝胸背等,不一难备。四诊合参,识证而合机,辨证论治义备矣。

叶氏幼儿咳嗽如疟案

翁姓子,方数月,秋燥潮热,咳嗽如疟。幼科用发散药,二日不效,忙令禁乳;更医用泻白散,再加芩连二日。昼夜烦热,喘而不咳,下痢黏腻,药后竟痢药水。延余诊之,余曰:"稚年以乳食为命,饿则胃虚气馁,肺气更不爽矣。"与玉竹、甘草、炒广皮、竹叶心,一剂热缓。继与香粳米、南枣、广皮、甘草、沙参,二剂,与乳少进,令夜抱勿倒,三日痊愈。

(《临证指南医案·幼科要略·秋燥》)

俞震咳嗽二案

【案一】

一人,年十九,面白质弱,因劳思梦遗,遂吐血碗余,自是微咳倦弱;后忽身发大热,出疹;疹愈,阴囊痒甚,搓擦水流。敷以壁土,囊肿如盏大,遂去土,以五倍子涂少蜜,炙燥为末敷之,遂愈。复感风寒,其嗽尤甚,继以左右胁痛。

石山诊其脉,虚而数;外证畏风寒,呕恶,倦动,粪溏气促。曰:"此金极似火也,夫心属火而藏神,肾属水而藏志,二经俱属少阴,而上下相通,今劳思则神不宁而梦,志不宁而遗,遗则水不升而火独亢也。"肝属木,主藏血,其象震,震为雷,心火既亢,同类相应,引动龙雷之火载血而溢出于上窍矣；肝脉环绕阴器，亦因火扰而痛痒肿胀也；火胜金，故肺经虚而干咳；皮毛为肺之合，更因火郁而发疹；大肠为肺之府，故亦传导失宜而粪溏；金虚不能平木，木火愈旺而凌脾，脾虚则呕恶食减。经曰："壮火食气。"脾肺之气为壮火所食，故倦于动作，而易感风寒也。经言："两胁者，阴阳往来之道路也。"为火阻碍，则气不利而痛矣，然火有虚有实，有似火而实非火。经言："有者求之，无者求之，虚者责之，实者责之。"此治火大法。前证之火，皆虚火也，非水湿所能折，唯甘温之剂可以祛除。且经言："形寒饮冷则伤肺。"又谓："脾胃喜温而恶寒。"当用甘温健其脾，则肺经不虚，而咳嗽气促自愈；肝木有制，而咳嗽吐血自除，虚妄之火亦自息矣。

人参、黄芪（各四钱），神曲、山楂（各七分），白术、麦冬、贝母（各一钱），甘草五分，炒干姜四分。

服十余帖，脉数减，嗽渐平。

【案二】

吴佩玉次女，伤风咳嗽，先前自用疏风润肺止嗽之药，不应，转加呕渴咽痛。石顽诊之，六脉浮滑应指。因与半夏散，三啜而病如失。

或问："咳嗽咽痛而渴，举世咸禁燥剂，今用半夏辄效，何也？"曰："用药之权衡，非一言而喻也，凡治病必求其本；此风邪挟饮上攻之暴嗽，故用半夏、桂枝，开通经络，迅扫痰涎，兼甘草之和脾胃，而致津液、风痰散，营卫通，则咽痛燥渴自已；设泥其燥渴而用清润，滋其痰湿，经络愈壅，津液愈结，燥渴咽痛，愈无宁宇矣。"

不独此也，近世治风寒咳嗽，虽用表药，必兼桑皮、黄芩、花粉，甚则知柏之类，少年得之，必种吐血虚损之根，中年以后得之，多成痰火喘嗽之患。然此辈之妙用，在于预为地步，诊时泛谓阴虚，防变不足之证。初时元气未衰，服之邪热暂伏，似觉稍可，久之真气渐伤，转服转甚，安虑其不成虚损耶。及见吐血，则不问何经腑脏，属火属伤，血之散结，色之晦鲜，瘀之有无，概以犀角地黄寒凉止截之剂投之，致血蓄成根，向后或二月、一月一发，虽日服前药不应矣。

凡此之类，未遑枚举，尝见一人患项肿发热，延伤寒家视之，则曰："大头伤寒。"以表药发之，并头亦胀，确然大头无疑矣。病家以其治之益甚，又延杂证家视之，则曰："湿热痰火。"以里药攻之，则头与项前左半皆消，但项后右侧偏肿，则又确乎非大头而为杂证矣。病家又以肿在偏旁，疑为痈毒，更延痈疽家视之，则曰："对口偏疽。"以托里敷外药治之，则气血益滞，热不得泄，郁遏竟成溃疡矣。本一病也，治之迥异，证亦屡迁，可见其病随药变之不诬耳。第末俗所趋，非此不足以入时，何怪乎圣人性命之学，沦胥不返，遂至若是耶。

（《古今医案按·咳嗽》）

尤怡咳嗽案三则

【案一】

秋冬咳嗽，春暖启安，是肾气收纳失司，阳不潜藏，致水液变化痰沫，随气射肺扰喉，喘咳不能卧息，入夜更重，清晨稍安。盖痰饮乃水寒阴浊之邪，夜为阴时，阳不用事，故重也。

仲景云："饮病当以温药和之。"金匮饮门，短气倚息一条，分外饮治脾，内饮治肾，二脏阴阳含蓄，自然潜藏固摄。当以肾气丸方，减牛膝、肉桂，加骨脂以敛精气。若以他药发越阳气，恐有暴厥之虑矣。

肾气丸减牛膝、肉桂，加补骨脂。

【案二】

久遗下虚，秋冬咳甚，气冲于夜，上逆不能安卧，形寒足冷，显然水泛而为痰沫。当从内饮门治，若用肺药则谬矣。

桂枝、茯苓、五味、炙草、白芍、干姜。

【案三】

久嗽，脉不数，口不干，未必即成损证。此为肺饮，郁伏不达故也。

厚朴、煨姜、桑皮、杏仁、广皮、甘草、半夏。

（《评选静香楼医案》）

【编按】

诒(柳宝诒)按：此属饮寒伤肺，乃内因之实证也。

尤怡痰饮喘嗽案

往昔壮年，久寓闽粤，南方阳气易泄。中年以来，内聚痰饮，交冬背冷喘嗽，必吐痰沫，胸脘始爽。年逾六旬，恶寒喜暖，阳分之虚，亦所应尔。不宜搜逐攻劫，当养少阴肾脏。仿前辈水液化痰阻气，以致喘嗽之例。

肾气丸减牛膝、肉桂，加北五味、沉香。

（《评选静香楼医案·上卷》）

【编按】

诒按：议论明确，立方亦极精当。

邓评：牛膝本能纳降肾气，今反减去者，想为肾气失固，嫌其有滑泄之力耳。

孙评：喘不得卧，徐批叶案，桂、膝二味是最要之药，细按亦是有理。此二案均去之未用，想因痰沫甚多，恐温摄则痰束于内，而喘反甚也。后遗精门有喘而危坐者加桂、膝，可知也。凡读书总须彼此对勘，方有进境，若徒恃高唱遥吟无益也。

尤怡体虚邪滞肺络案

体虚邪滞，肺络不清，脉弦而细，幸不数耳。

沙参、桑叶、杏仁、茯苓、马兜铃、贝母、甘草、粳米。

（《评选静香楼医案·上卷》）

【编按】

诒按：按语得看病之窍，最宜留意。

邓评：养肺不留邪，疏风不碍虚，用补肺阿胶法而剪裁之也。

柳宝怡言“得看病之窍”，实值得体悟其蕴。其意一，案中言简意赅，“体虚邪滞，肺络不清”，是言大体证机，病象著而证机显；其意二，指邪滞肺窍为患，是病因之重，故治以清肃化痰为要，兼及补益而用草米。“看病之窍”之义，实是察其象而执机柄的中医原则的含义。

尤怡肝气冲肺干咳无痰案

干咳无痰，是肝气冲肺，非肺本病。仍宜治肝，兼滋肺气可也。

黄连、白芍、乌梅、甘草、归身、牡蛎、茯苓。

（《评选静香楼医案·上卷》）

【编按】

诒按：方中少润肺之品。拟加北沙参、桑白皮。再肝之犯肺，必挟木火，栀丹亦应用之药也。

邓评：原方已属切实，柳师加味尤觉尽善。

孙评：木火刑金。咳而无痰为干咳，须究其因而治之。如郁火有用加味逍遥散者。

症象多杂，欲于此中把握机要，一从于五脏气机，一从于经络气血之运，一从于八纲病性。有机枢，方能归纳病象，有条不紊地辨析出病机，据此才能够进行施治，这是辨证施治之意的清晰思路。人体是一个疾病自愈或者治愈疾病所必须依靠的环境系统，气是功能，血是基质，以气血为中心，调整其质量与机能以期达成治疗目的，是中医存在的根本依据。

尤怡上实下虚中滞咳喘案

久咳喘不得卧，颧赤足冷，胸满上气，饥不能食。此肺实于上，肾虚于下，脾困于中之候也。然而实不可攻，姑治其虚，中不可燥，姑温其下。且肾为胃关，火为土母，或有小补，未可知也。金匮肾气丸。

（《评选静香楼医案·上卷》）

【编按】

诒按：拟再用旋覆代赭汤送下，则上中两层，亦可关会矣。

邓评：肾气丸内有温中逐饮之意，再合旋赭汤光能上下同治，虚实兼到。

孙评：议论岂浮泛者能道。

此治当为一稳定和固基之方，仅此不足以疗疾，当待基固而气生发上温，方可理脾行气、温化肺脏邪气。

刘渡舟久病咳喘案（慢性支气管炎）

柴某某，男，53岁。1994年12月3日就诊。患咳喘十余年，冬重夏轻，经过许多大医院均诊为“慢性支气管炎”或“慢支并发肺气肿”，选用中西药治疗而效果不显。就诊时，患者气喘憋闷，耸肩提肚，咳吐稀白之痰。每到夜晚则加重，不能平卧；晨起则吐痰盈杯盈碗。背部恶寒。视其面色黧黑，舌苔水滑，切其脉弦，寸有滑象。断为寒饮内伏，上射于肺之证。为疏小青龙汤，内温肺胃以散水寒。

麻黄9克、桂枝10克、干姜9克、五味子9克、细辛6克、半夏14克、白芍9克、炙甘草10克。

服7剂而咳喘大减，吐痰减少，夜能卧寐，胸中觉畅。后以《金匮》之桂苓五味甘草汤加杏仁、半夏、干姜正邪并顾之法治疗而愈。

（《刘渡舟医案》）

【编按】

小青龙汤治疗寒饮咳喘，用治“伤寒表不解，心下有水气”“咳逆倚息不得卧”等症。案中咳喘吐痰、痰色清稀、背部恶寒、舌苔水滑，为寒饮扰肺，肺失宣降之证。方中麻黄、桂枝发散寒邪，兼以平喘；干姜、细辛温肺胃，化水饮，兼能辅麻桂以散寒；半夏涤痰浊，健胃化饮；五味子滋肾水以敛肺气；芍药养阴血以护肝阴，而为麻桂辛三药之监，使其祛邪而不伤正；炙甘草益气和中，调和诸药。使寒邪散、水饮去，肺气通畅而咳喘自平。本方为发汗之峻剂，临床运用须注意几个关键：

（一）辨气色：寒饮为阴邪，易伤阳气，胸中阳气不温，使荣卫行涩，不能上华于面，患者可见面色黧黑，称为"水色"；或见两目周围有黑圈环绕，称为"水环"；或见头额、鼻柱、两颊、下巴的皮里肉外之处出现黑斑，称为"水斑"。

（二）辨咳喘：可见几种情况，或咳重而喘轻，或喘重而咳轻，或咳喘并重，甚则倚息不能平卧，每至夜晚则加重。

（三）辨痰涎：肺寒金冷，阳虚津凝，成痰为饮。其痰涎色白质稀，或形如泡沫，落地为水，或吐痰为蛋清状，触舌觉凉。

（四）肺寒气冷，水饮凝滞不化，故舌苔多见水滑，舌质一般变化不大。但若阳气受损时，则可见舌质淡嫩，舌体胖大。

（五）辨脉象：寒饮之邪，其脉多见弦象，因弦主饮病。如果是表寒里饮，则脉多为浮弦或见浮紧。若病久日深，寒饮内伏，其脉则多见沉。

（六）辨兼证：水饮内停，往往随气机运行而变动不居，出现许多兼证。如水寒阻气，则兼噎；水寒犯胃，则兼呕；水寒滞下，则兼小便不利；水寒流溢四肢，则兼肿；若外寒不解，太阳气郁，则兼发热、头痛等症。

本方加茯苓、杏仁、射干等药，可增强疗效。小青龙汤虽为治寒饮咳喘的有效方剂，但毕竟发散力大，能上耗肺气，下拔肾根。虚人误服，可出现手足厥冷，气从少腹上冲胸咽，其面翕热如醉状等副作用。因此，本方应中病即止，不可久服。一旦病情缓解，即改用苓桂剂类以温化寒饮。此即《金匮要略》"病痰饮者，当以温药和之"之意。

刘渡舟小儿咳喘案（过敏性哮喘）

赵某某，男，5岁半。1993年5月20日初诊。有过敏性哮喘史，每闻异味后先嚏后咳，继之则发气喘。近两个月病情加重，咳喘不能平卧。西医检查：两肺有哮鸣音，并伴有细小的湿啰音，血液白细胞及嗜酸性细胞均有增高，体温37.8℃。诊断：过敏性哮喘合并肺部感染。给予抗菌素及扑尔敏、氨茶碱等药治疗，然气喘不见缓解。喉中痰鸣，痰不易咳出，并伴有纳呆、胸闷、腹胀、烦躁不安、小便短赤、大便不调等症。舌质偏红，苔白厚腻，脉来滑数。辨为湿热羁肺，积而生痰，痰湿上痹，肺气不宣，因而发生喘咳。拟芳香化浊，清热利湿，宣肺平喘为急务。

浙贝12克、菖蒲10克、射干10克、白蔻仁10克、茵陈10克、滑石12克、藿香8克、杏仁10克、苡米12克、黄芩6克、栀子8克、通草10克、桔梗10克、厚朴12克、前胡10克、紫菀10克，嘱服7剂。

服药后，咳喘明显减轻，夜能安卧，胸满不发。再服7剂，咳止喘平，两肺哮鸣音及湿啰

音全部消失，血象恢复正常，诸恙皆瘥。

《刘渡舟医案》

【编按】

肺为相傅之官，有治节之能，为五脏之华盖，主一身之气；火、痰、湿等邪气可致肺气宣降不利。案中气喘、身热不扬、纳呆、胸闷、小便短赤、舌苔厚腻、脉来滑数，反映了湿热挟痰浊之邪上痹肺气之象。治疗之法，清利肺挟湿热，芳香化浊为主。用方为甘露消毒丹和三仁汤加减，宣利肺气，化痰平喘，以除湿热壅盛之症。

刘渡舟久病咯血案（支气管扩张）

方某，女，39岁。患支气管扩张，咯血十年，屡治不效。每至春天，咯血频发、吐痰黄稠、口不渴，时常胸胁疼痛，动则短气，情绪激动之时咯血每易发作。纳食，睡眠、二便尚可。颜面憔悴、舌质暗淡、无苔、脉弦细数。根据脉证反映，属木火刑金，肝火犯肺，治以清金平木。疏方：

青黛6克、蛤粉6克、花蕊石12克、鹅管石12克、侧柏炭10克、芦根30克、苡仁30克、冬瓜仁30克、桃仁6克、红花6克、川贝6克、马勃6克。

以此为基本方加减，或佐清化痰热，或佐益气养阴，或佐健脾益肾。服药半年，诸症平稳，次年春天咯血未发。

(《刘渡舟医案》)

【编按】

支气管扩张咯血较为难治，治疗棘手且易复发，中医多从肺、肾论治。本案咯血时间与诱发因素的特点，与肝火犯肺、损伤肺络、热迫血行有关。肝火能灼炼肺津成痰，离经之血有上积于肺内，故本案又有痰、瘀交阻的病机为患。所以在咯血的同时，伴见咳痰黄稠、胸胁疼痛等症。木来侮金，金叩则鸣；热扰血淖，故痰中带血。治应泻火平肝，清肺凉血化痰为主；治方既清金制木以治本，又清化痰瘀以治标，标本兼顾，而获良效。

心 病

张锡纯季春不寐案

天津徐某，年66岁，于季春得不寐证。

因性嗜吟咏，暗耗心血，遂致不寐。自冬令间有不寐之时，未尝介意，至春日阳生病浸加剧，迨至季春恒数夜不寐，服一切安眠药皆不效。精神大为衰惫，心中时常发热，懒于饮食，勉强加餐，恒觉食停胃脘不下行。大便干燥，恒服药始下。其脉左部浮弦，右脉尤弦而兼硬，一息五至；左脉浮弦者，肝血虚损，兼肝火上升也，阴虚不能潜阳，是以不寐。其右脉弦而兼硬者，胃中酸汁短少更兼胃气上逆也。酸汁少则不能化食，气上逆则不能息息下行传送饮食，是以食后恒停胃脘不下。而其大便之燥结，亦即由胃腑气化不能下达所致。治此证者，宜清肝火、生肝血、降胃气、滋胃汁，如此以调养肝胃，则夜间自能安睡，食后自不停滞矣。

生怀山药（一两）、大甘枸杞（八钱）、生赭石（六钱轧细）、玄参（五钱）、北沙参（五钱）、生杭芍（五钱）、酸枣仁（四钱，炒捣）、生麦芽（三钱）、生鸡内金（钱半，黄色的捣）、茵陈（钱半）、甘草（二钱）。共煎一大盅，温服。

复诊 将药煎服2剂，夜间可睡两三点钟，心中已不发热，食量亦少加增，大便仍滞，脉象不若从前之弦硬，遂即原方略为加减俾再服之。

生怀山药（一两）、大甘枸杞（八钱）、生赭石（六钱，轧细）、玄参（五钱）、北沙参（五钱）、酸枣仁（四钱，炒捣）、龙眼肉（三钱）、生杭芍（三钱）、生鸡内金（钱半，黄色的捣）、生远志（钱半）、茵陈（一钱）、甘草（钱半）。共煎汤一大盅，温服。

将药连服3剂，夜间安睡如常，食欲已振，大便亦自然通下。唯脉象仍有弦硬之意，遂将方中龙眼肉改用八钱，俾多服数剂以善其后。

（《医学衷中参西录·医案心虚不寐》）

【编按】

张氏论曰：人禀天地之气化以生，是以上焦之气化为阳，下焦之气化为阴。当白昼时，终日言语动作，阴阳之气化皆有消耗，实赖向晦燕息以补助之。诚以人当睡时，上焦之阳气下

降潜藏与下焦之阴气会合，则阴阳自能互根，心肾自然相交。是以当熟睡之时，其相火恒炽盛暗动（得心阳之助），此心有益于肾也。至睡足之时，精神自清爽异常（得肾阴之助），此肾有益于心也。由斯知人能寐者，由于阳气之潜藏，其不能寐者，即由于阳气之浮越，究其所以浮越者，实因脏腑之气化有升无降也。是以方中重用赭石以降胃镇肝，即以治大便燥结，且其色赤质重，能入心中引心阳下降以成寐，若更佐以龙骨、牡蛎诸收敛之品以镇安精神，则更可稳睡。而方中未加入者，因其收涩之性与大便燥结者不宜也。又《内经》治目不得瞑，有半夏秫米汤原甚效验，诚以胃居中焦，胃中之气化若能息息下行，上焦之气化皆可因之下行。半夏善于降胃，秫米善于和胃，半夏与秫米并用，俾胃气调和顺适不失下行之常，是以能令人瞑目安睡。方中赭石与山药并用，其和胃降胃之力实优于半夏秫米，此乃取古方之义而通变化裁，虽未显用古方而不啻用古方也。

张锡纯癫狂失心案

都某某，年三旬，得癫狂失心证。心郁生热，因热生痰，遂至癫狂失心。言语错乱，精神昏瞀，时或愤怒，时或狂歌，其心中犹似烦躁，夜不能寐，恒以手自挠其胸，盖自觉发闷也。问之亦不能答，观其身形似颇强壮，六脉滑实，两寸尤甚，一息五至。

人之元神在脑，识神在心，心脑息息相通，其神明自湛然长醒。生理学家谓心有四支血管通脑，此即神明往来于心脑之路也。此证之脉其关前之滑实太过，系有热痰上壅将其心脑相通之路堵塞，遂至神明有所隔碍，失其常性，此癫狂失心之所由来也。治之者当投以开通重坠之剂，引其痰火下行，其四支血管为痰所瘀者，复其流通之旧，则神明之往来自无所隔碍，而复湛然长醒之旧矣。

生赭石（两半，轧细）、川大黄（八钱）、清半夏（五钱）、芒硝（四钱）。药共四味，先将赭石半夏煎十余沸，加入大黄煎两三沸，取汤一大盅，入芒硝融化温服。

复诊 三日服药一次（凡降下之药不可连服，须俟其正气稍缓再服），共服三次，每次服药后通下大便两三次，似有痰涎随下，其精神较前稍明了，诊其脉仍有滑实之象，身体未见衰弱，拟再投以较重之剂，盖凡癫狂之甚者，非重剂治之不能愈也。

生赭石（二两，轧细）、川大黄（一两）、芒硝（四钱）、甘遂（钱半，细末）。药共四味，先煎赭石十余沸，入大黄煎两三沸，取汤一大盅，入芒硝融化，将服时再调入甘遂末。

三诊 将药如法煎服一剂，下大便五六次，带有痰涎若干，中隔两日又服药一次（药中有甘遂，必须三日服一次，不然必作呕吐），又下大便五六次，中多兼痰块挑之不开，此所谓顽痰也。从此精神大见明了，脉象亦不复滑实矣，拟改用平和之剂调治之。

生怀山药（一两）、生杭芍（六钱）、清半夏（四钱）、石菖蒲（三钱）、生远志（二钱）、清竹沥（三钱）、镜面砂（三分，研细）。

药共七味，将前五味煎汤一大盅，调入竹沥送服朱砂细末。将药如法煎服数剂，病遂痊愈。

（《医学衷中参西录·医案·癫狂失心》）

【编按】

癫狂失心证病机在于心郁生热、因热生痰，在清热涤痰用药之余，张氏认为须重用赭石者，以其重坠之性引血管中瘀痰下行而得治疗之功。

张锡纯虚劳兼劳碌过度案

天津宁氏妇，年近四旬，素病虚劳，偶因劳碌过甚益增剧。处境不顺，家务劳心，饮食减少，浸成虚劳，已病倒卧懒起床矣。又因讼事，强令公堂对质，劳苦半日，归家病大加剧。卧床闭目，昏昏似睡，呼之眼微开不发言语，有若能言而甚懒于言者。其面色似有浮热，体温38.8℃，问其心中发热乎？觉怔忡乎？皆颔之。其左脉浮而弦硬，右脉浮而芤，皆不任重按，一息六至。两日之间，唯少饮米汤，大便数日未行，小便亦甚短少。

其脉之左弦右芤，且又浮数无根，知系气血亏极有阴阳不相维系之象。是以阳气上浮而面热，阳气外越而身热，此乃虚劳中极危险之证也。所幸气息似稍促而不至于喘，虽有咳嗽亦不甚剧，知尤可治。斯当培养其气血，更以收敛气血之药佐之，俾其阴阳互相维系，即可安然无虞矣。

野台参（四钱）、生怀山药（八钱）、净萸肉（八钱）、生龙骨（八钱，捣碎）、大甘枸杞（六钱）、甘草（二钱）、生怀地黄（六钱）、玄参（五钱）、沙参（五钱）、生赭石（五钱，轧细）、生杭芍（四钱）。共煎汤一大盅，分两次温饮下。

复诊 将药连服三剂，已能言语，可进饮食，浮越之热已敛，体温度下降至37.6℃，心中已不发热，有时微觉怔忡，大便通下一次，小便亦利，遂即原方略为加减俾再服之。

野台参（四钱）、生淮山药（一两）、大甘枸杞（八钱）、净萸肉（六钱）、生怀地黄（五钱）、甘草（二钱）、玄参（五钱）、沙参（五钱）、生赭石（四钱，轧细）、生杭芍（三钱）、生鸡内金（钱半，黄色的捣）。共煎汤一大盅，温服。

方中加鸡内金者，因虚劳之证，脉络多瘀，《金匮》所谓血痹虚劳也。用鸡内金以化其血痹，虚劳可以除根，且与台参并用，又能运化参之补力不使作胀满也。

将药连服4剂，新得之病痊愈，其素日虚劳未能尽愈。俾停服汤药，日用生淮山药细末煮粥，少加白糖当点心服之。每服时送服生鸡内金细末少许以善其后。

（《医学衷中参西录·医案·虚劳兼劳碌过度》）

丁甘仁水亏木亢癫狂案

倪某，诊脉左尺沉濡，寸关弦滑而数，右寸郁涩，右关软滑，舌质红，苔淡白。此乃少阴水亏，水不涵木，厥阳独亢，引动中焦素蕴之痰浊，上蒙清窍，堵塞神明出入之路，上焦清旷之所，遂成云雾之乡，是以神机不灵，或不语而类癫，或多言而类狂，经所谓重阴则癫，重阳则狂是也。重阳者，乃风乘火势，火借风威，则痰悉变为火，故云重阳。重阴者，乃火渐衰而痰浊弥漫，类乎阴象，究非真阴可比。据述大便通则神识稍清，胃络通于心包，胃浊下降，痰亦随之而下也。小溲短少而黄，气化不及州都也。恙久根深，非易速功，拙拟滋肺肾以柔肝木，涤痰浊而清神智，冀水升火降，阴平阳秘，则肺金有输布之权，痰浊有下降之路，伏匿虽深，可望其整肃耳。

北沙参（三钱）、全栝蒌（四钱）、朱茯神（三钱）、鲜竹茹（一钱五分）、枳壳（一钱，同炒）、川贝母（八钱）、珍珠母（八钱）、酒炒黄连（三分）、生甘草（四分）、仙半夏（三钱）、青龙齿（三钱）、酒炒木通（七分）、远志（一钱）、鲜石菖蒲（七分）、保心丹（开水吞服，三分）。

二诊　心为君主之官，神明出焉；肝为将军之官，谋虑出焉；脾为谏议之官，思想出焉。曲运神机，劳伤乎心；谋虑过度，劳伤乎肝；持筹握算，劳伤乎脾。心肝之阴已伤，暗吸肾阴，水不涵木，厥阴独亢，脾弱不能为胃行其津液，水谷之湿生痰。阳升于上，痰浊随之，蒙蔽清窍，堵塞神机，神呆不语，类乎癫也，时或多言，类乎狂也。前哲云，阴并于阳则狂，阳并于阴则癫，癫则如醉如痴，皆由顽痰积热，阻于上中二焦，神明无出入之路。夫痰为火之标，火为痰之本，痰得热而色应黄，今反白而黏腻者何也？盖肺津不能输布，聚液为痰，津液之痰，与湿浊之痰，互结为援，肺色属白，故痰色白而黏也。腑气五日不行，痰浊不得下达也；小溲短少而黄，肺为水之上源，源不清则流不洁也。脉尺部沉濡，左寸关弦滑而数依然如昨，右部寸涩关滑，舌质红，苔薄黄，本虚标实，显然可见，况素有肢麻腿足无力等症，非本虚之明证乎；今脉数便秘，非标实之明证乎。治本宜补，治标宜攻，颇有顾此失彼之虑。进药后尚属平平，兹拟七分攻三分补，祛其顽痰，存其津液，俾腑气通则顽痰可以下降，阴液存则浮火不致上扰，窃恐根株已深，难图近功耳。

北沙参（四钱）、生甘草（五分）、陈胆星（八分）、生石决（八钱）、玄参（一钱五分）、小生地（四钱）、仙半夏（三钱）、天竺黄（一钱五分）、川贝母（八钱）、炙远志（一钱）、鲜竹茹（一钱五分）、枳壳（一钱，同捣）、保心丹（三分）、礞石滚痰丸（包煎，三钱）、九节石菖蒲（八分）、淡竹油（一两）、生姜汁（一二滴，二味同冲）。

三诊　昨进祛痰浊，养津液，系养正攻邪，增水行舟之意。脉寸略小，右关脉流利，余部平平。腑气得通，痰浊虽有下行之势，唯顽痰郁闭心包，依然不化。痰而曰顽，是梗而不化也。譬如盗贼焉，伏匿深藏，扰乱莫测，搜逐甚艰，苟欲直捣巢穴，绝其种类，当初病时，正气尚充,不妨出偏师以制胜,荡然整肃。尊恙之来,由乎谋虑过度,深思气结,心神过用,暗吸肾阴,坎水亏于下,坤土困于中,脾不能为胃行其津液,致所入水谷,不能化生精液,悉变为痰。涎渍于肺则咳嗽,沃于心包则神呆,蔽障神明,灵机堵塞,始而语无次序,继则默默不言,其来也渐,其去也亦不易。夫寇不除,则党类日众;病不去,则枝节横生。张石顽先生曰:"癫症既久,面色萎黄,时多疑惑,或吐白沫,默默不言,虫积为患。"审色辨证,有类乎是。为今之计,拟十味温胆汤,扶正涤痰为君;以妙功丸,杀其虫积为佐;以秘方甘遂丸,搜内窜之痰涎,祛痰下降为使。犹兵家深沟高垒,先立于不败之地,而后出奇兵以制敌也。然乎否乎?请质高明!

北沙参(四钱)、姜半夏(三钱)、川贝母(八钱)、炙远志(五分)、小生地(四钱)、枳实炭(五分)、陈胆星(八分)、竹油(冲,一两)、生草(六分)、炒竹茹(五钱)、天竺黄(三钱)、生姜汁(冲,一二滴)。

(《丁甘仁医案·神志案》)

【编按】

妙功丸:丁香、木香、沉香(各五分),乳香(研)、麝香(另研)、熊胆(各二分五厘),白丁香(三十粒,即雄雀屎,但直者为雌屎),鹤虱(天名精子,勿误胡萝菔子),陈皮(去白,各一钱),轻粉(四分五厘),大黄(酒浸,一钱五分),赤小豆(三十粒,即杜赤豆,择其细者,勿误认半赤半黑者名相思子也),巴豆(一粒,去皮,研压去油净),朱砂(一钱,水飞,一半为衣)。鄙意加制黄精(三钱)、明天冬(三钱),烘燥研入,以监制其香燥,而助杀虫之用。上药为末,荞麦粉三钱做糊为丸,每丸约重一钱,朱砂为衣,阴干,间日服一粒,温水浸一宿,去水,再用温水化开,空心服之。

治癫症秘方甘遂丸:甘遂二钱为末,以猪心管血和药入心内缚定,湿纸裹煨熟取药,用辰砂末(一钱),分四丸,每服一丸,以猪心煎汤下,大便利下恶物为效,未下,再服一丸。如下后,缓一二日再服。此方治验多人,唯心虚怔忡、脾虚便溏者,不可服。

姚贞白风湿心悸案

孙某,女,17岁,学生,住昆明市。1960年9月。

初诊 患者幼年感受风湿,每当气候转变,或遇寒饮冷,则关节疼痛,迄未彻底治疗,病情逐渐加重。面目肢体出现浮肿,经候不调,常三四月始一行,色暗红有块状,腹痛腰楚,胸胁不适,常见头晕神倦,食少乏力,口干溺黄,阵作心悸,夜烦失眠,梦境纷纭。经某医院诊断为"风湿性心脏病"。诊脉沉细微弦,舌边尖红,苔薄白。此属风湿阻络、气血失调、心神不足之候。治宜祛风除湿,调和气血,舒达肝脾。拟方如下:

炒柴胡9克、炒杭芍9克、全当归15克、川芎片6克、炒苍术9克、川独活6克、桑枝木15

克、桂枝木9克、炙香附6克、粉丹皮4.5克、茯苓神12克、生姜2片、小枣11枚。

二诊　服上方5剂后，诸证稍减，脉弦涪，仍有风湿阻络血虚气滞。续以调经、舒络、除湿。

全当归15克、川芎6克、炒杭芍9克、紫丹参15克、桑枝木15克、川独活9克、伸筋草15克、粉丹皮4.5克、焦栀子3克、茯苓15克、生三七4.5克(研细末分次兑服)。

三诊　上方服7剂，经汛遂通，腹痛、腰楚减除，面目浮肿渐消，关节痛减，夜能安卧，心悸较平。饮食略增，小便淡黄。脉细弦，舌淡红。此风湿渐化，气血得舒。续拟养心安神、舒筋活络之剂。

柏子仁12克、白檀香3克、全当归12克、茯神木15克、桑寄生15克、川独活6克、炙远志6克、紫丹参9克、炒苍术9克、竹茹4.5克、炒苡仁15克、桂圆11个。

上方服7剂后，病愈出院。

(《姚贞白医案·风湿心悸》)

【编按】

风湿痹于筋络，血脉凝泣，汛期停滞，而致心悸。内经云："必伏其所主，而先其所因。"若但见动悸，即纯滋补，心使风湿内闭，后患无穷。方以祛风除湿，活血通经，兼调肝脾。风湿化除，经汛得通，再进养益，心神即安。

姚贞白痰热内蕴心胆受扰不寐案

外宾某，男，40岁。1964年3月。

初诊　久患失眠之疾，每日午睡及夜间，必服用安眠药方能勉强入睡，然睡而不熟，多梦易醒，甚或彻夜难眠。入睡前又必咯出多量黄白浓痰，而后胸膈舒畅，始能入睡。日常有乏力、气短、自汗、头昏、心烦、口苦或口淡、手足心热、尿频等症状。适度假来昆，邀余会诊。诊脉细弦，舌红，苔白腻。此系脾虚湿邪不化，痰热内蕴，心胆受扰。《内经》云："阳气不得入于阴故目不瞑。"法当祛痰除湿，滤胆清热，养心安神。宜日午进温胆涤痰之剂，夜服养心安神之方，标本并治，俾阴阳交合，自能安卧入寐。处方：

第一方：法半夏9克、茯苓15克、细枳实3克(炒冲)、广化红6克、生甘草3克、竹茹6克、川贝母6克(冲)、光杏仁9克、瓜蒌壳1个(碎)。

第二方：枣仁15克、茯神15克、川芎6克、炒知母4.5克、柏子仁9克、炙远志6克、法半夏9克、广橘络9克、浮小麦16克、小红枣11枚、净杷叶3片、夜交藤15克、生甘草3克。

以上二方日夜服用。一周后，患者咯出大量痰浊，渐感神清气爽，胸膈舒畅，睡前已不吐痰。减少或停用安眠药亦能入睡，梦境减少，自汗、头昏诸症渐失。脉象调和，舌红，苔薄白。此痰热、湿邪涤后，心胆安宁。续以第二方加减调治，诸症痊愈。

枣仁15克(冲)、茯神15克、川芎6克、炒知母6克、夜交藤15克、广橘络9克、荷叶顶3个、炙远志6克、浮小麦15克、炙甘草3克、小枣11枚。

(《姚贞白医案·不寐》)

【编按】

一病两方交替治疗,即补方剂对病之不足,又避免药味掺杂失其专攻之力。日午进温胆涤痰之加味温胆汤,涤痰化浊,以升清阳;夜服安神宁心之加味酸枣仁汤,以滋真阴。如此治疗可使气机调畅、阴阳交合,病可得痊。

邓老点舌法治昏迷案

1985年9月我附属医院收治一例严重昏迷(一氧化碳中毒)之患者,经用西医常规方法抢救一昼夜,病情继续恶化,高热神昏,痰涎壅盛,四肢抽搐,戴眼反折(瞳仁瞧下瞧内,仅见瞳仁之边沿)面目及全身浮肿,喘促,张口,口臭难闻,二便不通,舌瘀黯、苔厚浊,脉洪大而数。

急用安宫牛黄丸1枚冷开水10毫升,化开不停点舌于上。另用大黄、崩大碗各30克,苏叶15克,煎水取汁再溶化紫金锭3片,保留灌肠1日2次。3天内共用安宫牛黄丸5枚,再加上前后6次灌肠之后,病者体温降至37.5℃,痰涎明显减少,解除心电监护。病者由深昏迷转为浅昏迷,改用牛黄粉1克点舌,灌肠同前。尿常规发现真菌,灌肠药改为:(1)千金苇茎汤加红花、丹参煎汁保留灌肠;(2)用生大黄、崩大碗、车前草如法灌肠;二方上、下午分用。自9月17日开始用上法治疗至23日,患者已有吞咽反射,开始用下方鼻饲:

陈皮、枳壳、菖蒲、远志各6克,法半夏、竹茹、郁金各10克,胆星、桃仁各12克,羚羊角骨25克(先煎)。

每天1剂,灌肠法同前,前后共治疗9天,患者体温降至正常,并从昏迷中苏醒过来。1985年11月又用安宫牛黄丸点舌法加灌肠法抢救1例脑出血较危重之患者,使其度过了危险,将之从死亡线上抢救过来。

(《诊余医话》)

【编按】

证相符用一药一法可治不同疾病,点舌法固能速达心经,医治神明之证。若病人痰涎多而不利点舌,有胃管安置时,化饲安宫或紫雪亦不失为一救治神志急证的方法。

邓评曰:对于出现昏迷、吞咽反射消失的危重病人,往往采用点舌之法救治。点舌之法,就是用紫雪丹、安宫牛黄丸、苏合香丸,或含有冰片、麝香、牛黄的丸散点放舌上,从舌上吸收,对于重症昏迷、吞咽反射消失的病人,有时能起到醒脑、恢复吞咽之作用。用时将药丸水溶后用棉签蘸点舌上,不停地点。当丸药厚铺舌面,则用开水点化之,化薄后继续点药。

20世纪80年代搞急症研究，我校附属医院曾收治1例心肌梗塞合并心律失常、心衰、感染的患者，病人已昏迷，吞咽反射消失，我诊断为真心痛合并暑入心包之证，急用至宝丹1枚按上述方法点舌。约半小时，病人已有吞咽反射，为口服中药治疗打开了大门。口服处方：①高丽参炖服；②清暑热兼活血之剂。第二天病人清醒但突然腹胀甚，经用冬清油外擦及置放肛管排气等处理无效，急用大黄30克煎水灌肠而解，证明患者既有心脏之本病又有暑热食滞之标证，其后连用5枚至宝丹，曾用生脉散注射液1次及西医治心肌梗塞之常法，结果抢救成功，步行出院。

点舌法是以"心主神明""舌为心之苗窍"的理论作指导的，这是中医的脏象学说，过去认为不科学，有了控制论、信息论，中医的理论体系和中医的脏象学说才逐步被理解。心为君主之官，神明出焉，肺为相辅之官，治节出焉，用过去的解剖生理学是不能揭示其奥秘的，也就被认为是不科学的，但新近的研究知道肺还有不少非呼吸功能，肺的内分泌素的确能助心调整血压及其他作用。我早就认为心不单单是个血泵的作用，70年代我就认为心脏一定有内分泌素足以调节大脑的作用。虽然至今未得证实，但心脏有内分泌素已于1984年得到证实，据报道，黎巴嫩学者娜莫尔博士（女）发现心脏分泌一种直接进入血液的激素，能减轻动脉血管压力，并命名此激素为ANF。我国80年代也有人发现心脏分泌一种能影响消化功能的内分泌素。1983年3月24日外电报道，第一个植入人工心脏患者于3月23日死亡。外电引述为克拉克植入人工心脏外科医生德夫里斯的话说："虽然塑料心脏不断泵血，但克拉克的血管变得松弛无力，发生膨胀，他的循环系统不能保持把带氧的血推向全身器官所需要的压力。他的结肠功能丧失了，接着他的肾功能丧失了，然后大脑功能丧失了。"我估计心脏被置换之后，"心激素"的分泌停止了，当肺脏代替心的部分功能维持超过了一定的限度，"心激素"在体内的储存用尽之时，生命便终止了。我初步认为，当人工心脏广泛应用之后，将会发现其影响大脑及其他内脏的内分泌素，从而证实与提高"心主神明论"，而且只有到了那时人工心脏的置换才能真正成功。

经将点舌法写成文章发表在《新中医》1986年第3期的"耕耘医话"里，引起了同行的共鸣，广西靖西解放军54261部队医院周永辉医生也撰文说"点舌"抢救危症确有良效。现录其病例以兹佐证。农某，男，76岁，农民。1978年9月16日晚饭后洗脚时，突然神志昏迷，坠地，左侧上下肢随即僵硬，呼之不应，其家人邀余诊治。查：舌绛、苔黄，脉弦清。血压32/26.7kPa，诊为中风。遂以"点舌"法施治，即取麝香、冰片少许，开水溶化，不断以棉签蘸药点于舌上。30分钟后，患者左侧上下肢变软，神志略清，血压亦降至26.7/24kPa，同时投入人参、生半夏、沙参、地龙各10克，生南星6克，生附子5克煎服调理，次日下午病人能坐起进食，神志清楚，5天后竟能外出放牛而告愈。

邓老五灵止痛散治胸痹案

吴某，男，53岁，干部。1983年3月23日上午以“心前区闷痛”为主诉入院。

患者曾于1982年6月在广东省某医院住院诊断为下壁心肌梗塞，经抢救后好转出院，一直靠服用消心痛维持。但近4天来心前区闷痛反复发作，伴心悸、气短、汗多、作呕、口干苦。检查：脉搏92次/分，血压13.3/10.7kPa，精神倦乏，短气懒言，形体肥胖，心率92次/分，律整，心音低钝。心电图：慢性心肌缺血。舌瘀暗，苔黄腻，寸口脉弱，关脉弦。中医诊断：胸痹证。（西医诊断：冠心病、心绞痛、陈旧性心肌梗塞）处理：

五灵止痛散0.3克舌上含服。

服后30分钟心前区疼痛消失，且无既往服西药消心痛后头发胀之感觉。留观期间以五灵止痛散0.3克每日3次常规口服，并停用消心痛等西药，3月27日心电图复查结果：心肌供血改善，属正常心电图。

（《诊余医话》）

【编按】

方简而药专，药专则力宏。单味药物功效与具体病症对应治疗关系，是临床应用药物首先考虑的问题，其次，才应该考虑到方剂。中医药发展的原始培基，就是单味药的治疗作用，所以简方实际更多地体现了中医药本质的一面，正如武艺的本质在于功力而不在花架子，中药组方正求于主要药物的作用，而不是杂味纷呈漫失药力之主流，这就是配方原理中君药之意。

邓注曰：五灵止痛散即由失笑散（五灵脂、蒲黄）合冰片（梅片）组成。是邓老之父邓梦觉先生所拟的止痛药散，用以治疗各种急性痛症。失笑散止痛，偏重于血瘀方面，而对气滞、邪闭所致的痛证似兼顾不够。不通则痛，痛则不通，这是中医认识痛证的高度理论概括，也是临床用药的理论依据。因此，如果在失笑散里再加入一种强有力的通利脉络、走窜气分的药物，其止痛效力会得到更大发挥。经过几十年的临床摸索，认为冰片（梅片更佳）最合适。冰片是凉开药，气味芳香走窜，有行气通络、辟秽开窍、清热止痛的作用，加入失笑散方子，相得益彰。该药具有行气通经、祛瘀散结、芳香辟秽之功效，临床适用于因气滞、血瘀、邪闭所致的胸胁痛（冠心病、心绞痛）、胃脘痛、痛经、腹痛、头痛、牙痛、带状疱疹疼痛等，亦可用于扭挫伤、骨折、肿瘤所致的痛症。

蒲辅周心气虚痛型冠脉病案

金某，男，52岁。

初诊　1963年10月9日。1962年9月发生心绞痛，一度严重，住某医院治疗7个月，诊为冠状动脉粥样硬化性心脏病，迄今未上班。心绞痛发作无规律，近来发作频繁，胸痛彻背，胸闷，心慌，血压偏高已多年，达180/130毫米汞柱，现稳定在130/80毫米汞柱，睡眠很不好，每晚皆服安眠药片。平时不吐痰，饮食、二便尚正常，面色灰暗，脉右沉濡，左沉弦细，舌正无苔，属心气不足，营气不调，治宜调和营卫，补益心气。

茯神（二钱）、党参（一钱）、枳实（炒，八分）、炙甘草（五分）、法半夏（一钱五分）、远志（一钱，炒）、九菖蒲（八分）、枣仁（三钱，炒）、柏子仁（一钱五分）、浮小麦（三钱）、大枣（劈，三枚）。7剂，隔日1剂。

二诊　1963年10月21日。开始服2剂药后，心慌及心区疼痛未犯，继服则仍有心前区疼，可能因寒流气候突然转变而又诱发之故，脉舌如前。

原方去法半夏，加香橼皮一钱、黄芪一钱五分、血琥珀粉（另包冲服）三分，7剂。

三诊　1963年12月5日。心慌已很轻微，心绞痛未发，睡眠亦略好转，但不能多看文件，脉见上盛下不足，仍宗原意，易汤为膏缓缓服之。

茯神（二两）、党参（一两）、黄芪（一两半）、炙甘草（五钱）、远志（一两）、九菖蒲（八钱）、枣仁（三两）、柏子仁（一两半）、浮小麦（三两）、大枣（十五枚，劈）、枳实（五钱，炒）、香橼皮（一两）、血琥珀粉（三钱，另包）。慢火浓煎，去渣加蜜熬成膏，和入琥珀粉，早晚各服一小匙。

四诊　1964年2月18日。膏剂已服完，春节外出活动较多，尚能适应，唯劳累后胸膺尚觉不舒，心绞痛已很少发，发时亦轻，脉转缓和，舌正无苔。

原方加龙骨一两、沉香粉一钱，为膏继服。

五诊　1964年4月6日。药效甚著，平时胸膺已舒，工作繁忙或久坐之后，仍有胸闷现象，睡眠尚可，面色较前好转，精神亦较佳，食纳、二便皆正常，有时发风疹。脉弦缓有力，左寸仍不足，舌质正常无苔。

原方加龟板（打）四两、胡麻仁（炒）二两。

以后诊治，皆以此方略予增减，暑天则改为粗末，每包四五钱，每日煎服一包，由是病情日渐好转和稳定云。

（《蒲辅周医案》）

【编按】

冠状动脉粥样硬化性心脏病，中医无此病名，但有类似此病的记载。根据中医理论，辨证施治，本例属心气不足，故以枣仁、茯神养心气，菖蒲、远志通心气，甘麦、大枣甘缓悦脾宁心，即经所谓“虚则补之”之意。然补中应有通，故又有枳实之降，法半夏之辛，同时，冬则用膏，夏则用散，使能与季节相适应。

蒲辅周心胆综合征性胸痹痛证案

苏某，女，36岁。

初诊 1964年4月29日，发病已6年，1958年因心前区阵发性剧烈绞痛住莫斯科医院检查诊为心绞痛，经治疗未效，1959年回国。后渐觉腰部绞痛继起，向下放射，小便检查有红细胞，肾盂造影未发现结石，1962年初即住某医院，渐致不能起床。1963年初右胁下绞痛。化验检查谷丙转氨酶400单位，并经各种检查确认为：(1)心绞痛；(2)慢性胆道炎、胆绞痛；(3)慢性肾盂肾炎，肾绞痛。

心前区阵发性绞痛，发作频繁，每日5～7次，胸痛彻背，牵引肩背及上腹掣痛，胸感发憋气短，指甲发青，略有咳嗽，疼剧时有大汗出，据述前不久汗出浸湿之内衣拧出半盆汗液约2000毫升，右胁下绞痛及肾绞痛亦经常伴随而作，或单行发作性疼痛，有时恶心，口苦，大便偏干燥，睡眠亦差，形体尚胖，面色苍白，腹不满，卧床不能下地活动已年余，经用各种方法治疗均未见效，病情反日渐加剧。而于1964年4月29日请蒲老会诊：脉象寸尺沉弱，右关动数，左关弦细，舌质略淡，后根苔薄秽腻，月经尚不大差。据病程已久，肝胃失调，心脾不和，阳气不宣，宗气阻滞，以致胸痹绞痛走窜，属胸痹，先宜通阳宣闭，降逆和中。

全瓜蒌（六钱，打）、薤白（三钱）、枳实（一钱，炒）、法半夏（二钱）、柴胡（一钱）、降香（一钱）。3剂，每剂煎2次，共取160毫升，分2次温服。

二诊 1964年5月11日，药后心绞痛次减少，大发作仅两次，一般发于饭后；疼痛程度减轻，服药当天很少发作，停药则发作尚频，胆绞痛发作一次；饮食稍增，大便每日一次；脉象寸尺沉细，右关弦缓，左关弦细，舌正红苔秽腻略减。续宜理心气，和胆胃。

茯苓（三钱）、法半夏（二钱）、广陈皮（一钱）、枳实（八分）、竹茹（一钱）、九菖蒲（一钱）、远志（一钱）、白芥子（一钱五分，炒）、高良姜（一钱）、川楝子（二枚，炮焦）、麦芽（二钱）。3剂，隔日1剂。

三诊 1964年5月19日，服药后心绞痛很少发作，吃油腻物或喝牛奶后尚易诱发；右胁下疼痛阵发如前，伴有恶心；上肢及下肢经常起紫斑；大便已不干；精神更见好转；脉象左脉渐缓和，右沉细涩；舌正红、腻苔再减。续宜原方，佐以行滞和络之品。

茯苓（三钱）、法半夏（二钱）、广陈皮（一钱）、枳实（八分，炒）、九菖蒲（一钱）、远志（一钱，炒）、白芥子（一钱五分，炒）、川楝子（二钱，炮焦）、川芎（八分）、桃仁（一钱）、血竭（五分）、血琥珀（五分）、焦山楂（一钱五分）、麦芽（二钱），3剂。

四诊 紫斑消退，心绞痛未犯，仍宗原方再服3剂。

五诊 1964年6月22日。精神更见好转，能下床活动如散步等；前天进行肝穿刺，病理变化属迁延性肝炎；现觉胃不舒，泛酸嘈杂，口酸，呕吐一次，大小便正常，出汗较少；脉象两寸尺沉细，右关沉弱，左关弦细涩；舌质正常无苔。由肝胃不调，心气未和，治宜调肝胃，降逆气佐以养血。

党参（一钱五分）、茯神（二钱）、小麦（三钱，炒）、当归（二钱）、白芍（二钱）、熟地（二钱）、狗脊（一钱，炮）、法半夏（一钱五分）、代赭石（三钱）、干姜（四分）、黄连（五分）、琥珀（五分）、沉香（三分）。第一煎1小时，取150毫升，分3次服。

1964年9月3日来我院门诊，出院已一个多月，住北戴河休养，心绞痛仅犯过三次，每次疼痛时间较短，疼痛程度亦轻，但仍彻背和向右手臂放射，伴有憋闷感，走路气短头晕，不发时已能稍微活动和散步；右胁下绞痛比较稳定未发，有时腹胀及胃脘疼痛；心情依然很悲观，时时欲哭，睡眠不好；脉象沉细微弦涩；舌质正中心微有秽苔。脏腑失调，五气不和已久，但病情逐渐好转，宜续调肝胆，滋心脾。

炙甘草（一钱五分）、杭白芍（三钱）、小麦（四钱，炒）、大枣（四枚，劈）、茯苓（三钱）、枣仁（三钱）、香橼皮（一钱）、高良姜（一钱）、焦山楂（二钱）、麦芽（二钱）、血琥珀（五分）。冲服，7剂，隔日1剂。

1964年10月23日再诊。上方随症加减三次，症情趋向稳定，心绞痛很少发；饮食亦好转，唯少腹有时发凉；脉沉细舌正无苔。续宜强心气，养肝脾以资巩固。

黄芪（二钱）、党参（一钱）、白术（一钱）、茯苓（二钱）、炙甘草（一钱）、当归（一钱五分）、白芍（一钱）、熟地（二钱）、五味子（八分）、远志（一钱，炒）、陈皮（七分）、肉桂（二分，后下）。7剂，慢火浓煎两次，共取300毫升加蜜一匙，分两天四次服；最后改用丸剂，朝服养荣丸一丸，晚服左归丸一丸。

至11月底病情更为好转，食欲增加，精神大振，睡眠亦佳，体力增强，活动已不气短，诸痛皆平稳，脉缓有力，舌正无苔。欲回新疆工作，遂嘱续服养荣丸每日一丸，以善其后云。

（《蒲辅周医案》）

【编按】

案按：本例现代医学确诊有：(1)心绞痛；(2)慢性胆道炎、胆绞痛；(3)迁延性肝炎；(4)慢性肾盂肾炎、肾绞痛等症。并长期住院卧床，病情极为复杂。蒲老根据中医审证求因：不外是六淫之邪，由表入里，未能及时透邪外出，以致附着脏腑，或内伤七情以致机体功能紊乱，或两者相合为病。今患者病程已6年，脉寸尺沉弱，体质已虚，而见症皆实，如胸痛彻背、背痛彻心、胸感憋闷、指甲发青、恶心、大便干、右关动数、左关弦细，知其气机闭塞，胸中阳气不宣，急则治标，遂以括蒌薤白半夏汤加柴胡、枳实、降香通阳宣闭，调和肝胃。服后疼痛次数及程度皆大减，但停药则发作仍频且甚，右关由动数转弦缓此胸中阳渐通，气机初启，而心气不足，胆胃未和，故易十味温胆汤加减，益心气，和胆胃，再加高良姜温阳散寒，川楝子降逆清胆，麦芽和胃疏肝，又因上下肢有紫斑加川芎、桃仁、血竭行瘀和络。至五诊精神好转，已能下床活动，但其胃尚不舒，泛酸嘈杂或呕吐，改用法半夏、干姜、黄连、代赭石、沉香调肝胃，降逆气。用党参、茯苓、小麦、当归、白芍、熟地益心气，养肝血，于是患者病情进一步稳定而出院休养。然而仍见心情悲观，时时欲哭，睡眠欠佳，故用芍药甘草汤合甘麦大枣加味，滋补心肝，健脾和胃。终则改服人参养荣丸，后加服左归丸，心、肾、肝、脾并调，补其不足以资巩固。从而精神、睡眠皆佳，饮食、二便正常，而回新疆工作。

蒲辅周风心病性心悸案

舒某，48岁，女性，已婚，演员。

初诊 1963年2月12日。1948年开始在工作劳累后不能平卧，1949年冬季劳累后气短，咳嗽欲吐，不能行动，经医院检查为风湿性心脏病、二尖瓣狭窄，经用毛地黄治疗而症状逐渐消失；后每年冬天易犯感冒，而喘咳不能平卧，有时天热亦发作；以后西医检查发现肝大，未作彻底治疗。1953年起又喘咳而痰内有小血块，经中西医治疗，将近一年才好转。1956年起又因心脏功能差而常服毛地黄，渐好转。1957至1959年间，未发过病而能演出。1960年起，又常犯病，有时低热、咳血。1962年得过肺炎，后慢性心力衰竭，常有下肢肿胀。现夜间失眠较重，往往彻夜不寐，并有心慌气短，常服西药利尿剂后小便才多，食欲尚佳，自觉胃空、嗳气吐酸。1963年10月起胃部隆起，以午后及夜间较甚。

按之不痛，舌有麻木感，口干不敢饮，不知咸味，而对甘、辛、苦、酸均能辨别；头晕、疲乏、个性急躁，大便尚佳，月经尚准，本次月经量少而刚过，经期不舒，但不知所苦，面黄，脉寸尺沉细，两关弦大而急，舌质深暗，苔黄腻乏津。由于心肺早有损伤，因之血瘀气滞，目前肝胃火盛，治宜先调肝胃。方宗温胆汤加味。

茯苓（三钱）、法半夏（二钱）、广陈皮（一钱）、炙甘草（五分）、炒枳实（八分）、竹茹（一钱）、玉竹（三钱）、核桃肉（二枚），服3剂。

二诊 2月15日，服第一剂药后胸部舒畅而入睡佳，第二剂后尚失眠，昨夜服第三剂后，睡眠很好；心慌见轻，多说话后有咳嗽，稍有白沫痰，食纳欠佳，二便正常；口干喜热饮，尚不知咸味，下肢有轻度浮肿，血压100/70毫米汞柱；脉两关弦急已稍缓；舌苔同前。原方加泽泻一钱，服三剂。

三诊 18日，药后口渴见轻，仍失眠易醒，尚感舌麻不能辨咸味，食纳及二便正常，脉转沉弦细数，舌质仍暗，黄苔见退，改用疏肝活血化瘀之剂，方宗血府逐瘀汤。

赤芍（一钱五分）、干生地（三钱）、当归（一钱五分）、川芎（一钱）、桃仁（一钱五分，去皮）、红花（一钱五分）、柴胡（一钱）、炒枳壳（一钱）、桔梗（一钱）、川牛膝（二钱）。服3剂，隔天1剂。

四诊 25日，药后已稍知咸味；睡眠转佳，易咳嗽，鼻唇微干；近日腿肿明显，小便黄，大

便正常；脉较初诊缓和，舌质转略暗，舌苔见退。原方再进3剂，隔天服1剂。

五诊 1963年3月4日。药后口渐知咸味；近日月经来潮，距上次23天，小腹微胀，量稍多，色红；足仍浮肿；昨天稍有气喘，咳嗽无痰，食欲及二便正常，睡眠尚差；脉右沉濡，左沉微弦；舌暗中心微有黄腻苔。根据脉象改用调和营卫，温阳利水。

桂枝（八分，去皮）、白芍（一钱）、炙甘草（八分）、生姜（二片）、大枣（二枚）、川熟附子（八分）、白术（一钱）、茯苓（三钱）、煅龙骨（三钱）、煅牡蛎（二钱）。3剂，隔天服1剂。

七诊 3月18日。药后胃痛见减，尚嗳气，胃部稍隆起，按之软而不痛；偶咳嗽，微有白沫痰，口舌及咽部发凉感；腿肿已基本消失；食纳佳，口已知五味；睡眠转佳，二便正常；脉缓有力；舌质转红，中心有薄白苔。仍宜调心气，和胃气，兼和络消瘀。

原方加厚朴一钱五分、红花一钱、血竭一钱。4剂，隔天服1剂。

八诊 3月底，药后胃部已不胀，局部不隆起；睡眠转佳，偶有失眠；腿已不肿，食欲、二便正常；脉同前，舌正无苔。拟用丸剂缓调之，以善其后。

白人参（五钱）、茯神（五钱）、茯苓（五钱）、白术（五钱）、广陈皮（三钱）、法半夏（五钱）、炒枳实（三钱）、枣仁（一两）、远志（三钱，甘草水制）、菖蒲（三钱）、柏子仁（五钱）、丹参（五钱）、川牛膝（五钱，酒制）、杜仲（五钱，盐水炒）、炮狗脊（五钱）、泽泻（五钱，盐水炒）、川断（五钱）、炙甘草（三钱）、破故纸（五钱）、胡桃肉（二两）。共为细末，炼蜜为丸，每丸二钱，早晚各服一丸，食前白开水送下；感冒时停服。以后一切症状消失而停药。

（《蒲辅周医案》）

【编按】

中医药及其他中医治疗方法，缺乏现代医学中药物治疗靶向性的研究，虽然治疗有其指向，但只能算是大体解剖性的，在具体病理部位与组织层面上，是茫然乏识的，这是中医整体观之下的组织微观盲区。但是，微观是宏观范围内的存在，组织学是在解剖学条件约束下的存在，小层面的生化活动约束于大层面的生化活动特点，所以组织学或者细胞学靶向性约束于解剖学层面的规律。由此引申，中医整体观引导之下的治疗作用，可以与靶向医疗作用原理有相似的导向性，那么，找准具体疾病的病理环节，找准靶位认清靶向，应对于中医的治疗原理，确定治疗方法，就符合治疗学靶向原则的要求。这样的治疗，靶标是模糊的，但方位是正确的，而位向的正确是靶向治疗的基础要求。譬如乱箭一向，必可中的而不离径，这与治疗学准确把握性原则不背离，相反地，它是靶向原则的补充，而且也扩展了治疗方法的视野和范围。

案按：患者西医诊断为风湿性心脏病、二尖瓣狭窄，有慢性心力衰竭，血循环障碍，而临床上表现为舌质暗紫，心慌气短，胃脘部隆起，不知咸味，失眠，浮肿，腹满。开始以温胆汤加味，肺胃得和而气短心悸渐平稳，继则用疏肝、化瘀、活血法，使血运畅顺，脘隆平、口知咸、气血调和，舌暗转红，诸症渐消，再以桂枝、附子、龙牡、白术等温阳镇逆，使营卫调和，脾胃健运而水湿消，最后以益心神，和胃补血而症状逐渐消失，恢复健康。

徐大椿消痰补心治疗怔忡二案

【案一】

淮安巨商程某，母患怔忡，日服参术峻补，病益甚，闻声即晕，持厚聘邀余。余以老母有恙，坚持不往，不得已，来就医，诊视见二女仆从背后抱持，二女仆遍体敲摩，呼太太无恐，吾侪俱在也，犹惊惕不已。余以消痰之药去其涎，以安神之药养其血，以重坠补精之药纳其气，稍得寝。半月余，惊恐全失，开船放炮，亦不为动，船挤喧嚷，欢然不厌。盖心为火脏，肾为水脏，肾气挟痰以冲心，水能克火，则心振荡不能自主，使各安其位，则不但不相克，而且相济，自然之理也。

【案二】

长兴赵某，以经营过劳其心，患怔忡证，医者议论不一，远来就余。余以消痰补心之品治其上，滋肾纳气之药治其下，数日而安。此与程母病同，而法稍异。一则气体多痰，误服补剂，水溢而火受克之证；一则心血虚耗，相火不宁，侵犯天君之证，不得混淆也。

（《洄溪医案》）

叶天士气郁心血不和诸症案

【案一】

某，恼怒肝郁，思虑脾伤，面黄脉涩，瘤不成寐。宗薛氏法治之。

人参、黄芪、熟白术、茯神、枣仁、桂圆肉、当归、炙草、黑山栀、丹皮、远志。

【案二】

朱某，32岁，因抑郁悲泣，致肝阳内动，阳气变化火风，有形有声，贯膈冲咽，自觉冷者，非真寒也。内经以五志过极皆火，但非六气外来，芩连之属，不能制伏；固当柔缓以濡之，合乎肝为刚脏，济之以柔，亦和法也（肝郁风火升）。

生地、天冬、阿胶、茯神、川斛、牡蛎、小麦、人中白，熬膏。

【案三】

吴某，38岁，脉弦涩数，颈项结瘿，咽喉痛肿阻痹，水谷难下。此皆情志郁勃，肝胆相火内风，上循清窍，虽清热直降，难制情怀之阳，是以频药勿效也（木火上升喉肿痹）。

鲜枇杷叶、射干、牛蒡子、苏子、大杏仁、紫降香。

【案四】

朱某，情怀悒郁，五志热蒸，痰聚阻气，脘中窄隘不舒，胀及背部，上焦清阳欲结。治肺以

展气化，务宜怡悦开怀，莫令郁痹绵延(木火上升肺不肃降)。

鲜枇杷叶、杏仁、栝蒌皮、郁金、半夏、茯苓、姜汁、竹沥。

(《临证指南医案·郁》)

【编按】

郁症因于气血不和郁结不散而成，可结于肢体，可结于脏腑，并多见心气郁结导致的情致改变。如华岫云所言则确："五郁之发，乃因五运之气，有太过不及，遂有胜复之变。由此观之，天地且有郁，而况于人乎。故六气着人，皆能郁而致病，如伤寒之邪，郁于卫，郁于营，或在经在腑在脏；如暑湿之蕴结在三焦；瘟疫之邪，客于募原；风寒湿三气杂感而成痹症；总之邪不解散即谓之郁，此外感六气而成者也，前人论之详矣。今所辑者，七情之郁居多，如思伤脾，怒伤肝之类是也，其原总由于心，因情志不遂，则郁而成病矣。其症心脾肝胆为多，案中治法，有清泄上焦郁火；或宣畅少阳；或开降肺气；通补肝胃，泄胆补脾；宣通脉络；若热郁至阴，则用咸补苦泄。"

俞震肝胆型心悸二案

【案一】

汪石山治一女，年十五，病心悸，常若有人捕之，欲避而无所；其母抱之于怀，数婢护之于外，犹恐恐然不能安寐。医者以为病心，用安神丸、镇心丸、四物汤，不效。汪诊之，脉皆细弱而缓。曰："此胆病也。"用温胆汤，服之而安。

【案二】

许学士治四明董生，卧则魂飞扬，身虽在床而神魂离体，惊悸多魇，通宵不寐。群皆以为心病，医之无效。许曰：以脉言之，肝经受邪，游魂为变，非心也；以肝有邪，魂不得归于肝，是以卧则飞扬若离体也；肝主怒，必小怒则剧。用珍珠母为君，龙齿佐之，因有龙齿安魂虎睛定魄之说。

(《古今医案按·不寐》)

【编按】

震按：此二条，俱凭兼见之证，辨为肝胆之病。若汪案之脉细弱而缓，何以不认作阳气两虚；许案不载脉象，亦难核辨。然肝胆之不寐易治，而心之不寐难瘥，盖心藏神，肾藏精与志，寐虽由心，心赖阳不得入于阴，阴虚，故目不瞑。又云：阴跷阳跷，阴阳相交，阳入阴，阴出阳，交于目锐，阳气盛则张目，阴气盛则瞑目。此是不寐要旨，非肝胆病之不寐也。如人并无外邪侵扰，亦无心事牵挂，而常彻夜不寐者，其神与精必两伤，大病将至，殊非永年之兆。虽投补心补肾之药，取效甚难，即内经秫米半夏汤，亦有效有不效。或初效继不效，而病者辗转床褥，必求其寐，愈不肯寐，更生烦恼，去寐益远，慈山先生老老恒言云：寐有操纵二法，操者如贯想头顶,默数鼻息,返观丹田之类,使心有所着,乃不纷驰,庶可获寐;纵者任其心游思于杳渺无联之区,亦可渐入朦胧之境,此诚慧心妙悟,可补轩岐所不逮。

俞震录怔忡病四案

【案一】

滑伯仁治一人,病怔忡善忘,口淡舌燥,多汗,四肢疲软,发热,小便白而浊。众医以内伤不足,拟进茸、附等药,未决,脉之虚大而数。曰:是由思虑过度、厥阴之火为害耳。夫君火以明,相火以位,相火代君火行事者也;相火一扰,能为百病,百端之起,皆由心生。越人云:忧愁思虑则伤心,其人平生志大心高,所谋不遂,抑郁积久,致内伤也。服补中益气汤、朱砂安神丸,空心进小坎离丸,月余而安。

【案二】

一人因事恐怖,心常惕惕,如畏人捕之状。诊其脉,豁豁然虚大而浮,体热多汗。曰:凡病得之从高坠下,惊仆击搏,恶血留滞,皆从中风论。中风终归厥阴,此海藏之说也;盖厥阴多血,其化风木故也,有形当从血论,无形当从风论。今疾是走无形也,从风家治之,兼化痰散结,佐以铁粉朱砂丸愈。

【案三】

吴茭山治一妇,气盛血少,火旺痰多,因事忤意,得怔忡之患。心惕惕然而惊,时发时止,清晨至晚,如此无度。每服镇心金石之药,愈不安。吴诊其脉,左弦而大,知血少火旺,右浮滑不匀,气盛痰多也。遂以温胆汤入海粉、苏子,数服而安;次以安神丸,常服痊愈。

【案四】

高果哉治钱塞庵相国,怔忡不寐,诊得心脉独虚,肝脉独旺。因述上年驿路还乡,寇盗充斥,风声鹤唳,日夜惊惧而致。高用:

生地、麦冬、枣仁、元参(各五钱),人参(三钱),龙眼肉(十五枚),服数剂;又用夏枯草、羚羊角、远志、茯神、甘草、人参,大效;仍以天王补心丹,常服痊愈。

(《古今医案按·怔忡》)

赵绍琴调理阴阳平衡升降法治病窦综合征案

张某某,男性,43岁,建筑公司水泥工。1973年8月22日。

初诊 自1972年6月开始,反复发作头晕、憋气、心悸、心前区不舒及停跳现象,平时心率30~50次/分。上述症状发作时心率35~40次/分,伴有停跳5~8次/分。自1973年5月起

发作频繁，每次发病持续2～3小时。经某某医院诊断为“病态窦房结综合征”，住院两个月。经用阿托品、异丙基肾上腺素、706代血浆等各种西药治疗，效果不好。每星期仍发作1～2次，表现为头晕、憋气及停跳现象，心率每分钟不足40次。最后在药物治疗无效的情况下，动员患者安置人工心脏起搏器。患者考虑安装起搏器后，对今后劳动不方便，故不同意安装，前来门诊要求中医治疗。初诊当时表现为阵阵心慌，胸闷憋气，心烦，夜寐多梦，舌红体瘦，脉象沉迟，按之弦细且滑。检查：血压120/80毫米汞柱，心率46次/分，发育正常，呼吸平稳，颈静脉无怒张，两肺阴性，心界不大，心律整，心脏各瓣膜区未闻及病理性杂音。腹部无压痛，肝脾未触及，下肢无水肿。

从脉象沉迟、心慌气憋来看，似属心虚气弱，肝肾两亏。细诊两手寸关，沉取略弦且精。夫沉则主里，迟司脏病，精脉为痰，弦乃郁象；舌瘦尖红，心烦梦多，全是肝肾阴虚，虚热上扰，心阴不足为本，阴损及阳，心阳又虚是标。治疗必须养其心阴，助其心阳，滋补肝肾，泄其虚热，调理阴阳，平衡升降。

北沙参30克，麦门冬、枸杞子各15克，淡附片（先煎透）、菟丝子各12克，熟地黄18克，桂枝、仙茅、仙灵脾、党参各9克，金樱子10克。

服中药时，停用一切西药。进药6剂，自觉症状明显好转，胸闷憋气未发作，心脏无停跳现象，心率50次/分。

二诊 由某某医生应诊，认为病属心阳不足，改用辛温，壮阳、益气药物。

淡附片30克、黄芪24克、桂枝15克、麻黄6克、细辛6克等。

因方中升药过多，缺少育阴药，又无调整升降药物，故进药后，患者又出现胸闷憋气及心脏停搏现象，心率降至40次/分。

三诊 仍按初诊方，再加白芍15克，连服10剂，症状好转，未发生心慌憋气及头晕现象，心率上升到50～60次/分。继而连续服药30剂，病情稳定，无不适症状发生，心率维持在60次/分左右。

在1973年11月份患者出现较明显的心烦、多梦症状。小便色黄，脉象弦滑，舌红苔薄黄腻。认为证属阴分不足，虚热上扰，湿热积滞互阻不化，气机失调，升降失和，故心烦梦多，小溲色黄，改用滋肾水以制虚火，补下元少佐泄热。

沙参24克，党参、麦冬、天冬、金樱子、仙灵脾、仙茅、柴胡、黄芩、焦三仙各9克，生地黄12克，白芍15克，芡实、桑寄生各18克。

服上药一个月余，病情稳定，未发生胸闷及头晕、心脏停搏等现象，心率维持在60次/分左右。继用前法调理三个月，停药一个月，病情稳定，未再反复，遂出院恢复工作。

（《赵绍琴医案·心悸》）

【编按】

病窦综合征是难治病，严重者必须安装人工起搏器。一般症状除自觉心悸、胸闷、头晕外，主要是脉象迟缓，甚至出现停跳现象。脉迟不必是阳虚，根据其舌瘦尖红、心烦梦多来看，是阴分不足，兼有郁热，故用调整阴阳、平衡升降的方法，从阴中求阳。张介宾云："善补阳者，必于阴中求阳，则阳得阴助而生化无穷。"故用熟地黄、沙参、麦门冬、枸杞子、菟丝子滋阴填精，配以桂附、仙茅、仙灵脾壮阳益命门之火，深得阴阳互根之妙。故服后即效，心率增加。后方重加白芍，以救劫伤之阴，当出现湿热积滞之象时即加入疏达泄热之品。案例据证分析，随证用药，辨证求机，因机适因以施治，故获良效。

赵绍琴疏调三焦宣畅气机法治风心病案

郝某某，女，70岁。

初诊 自述患风湿性心脏病30余年。时时心悸胸闷，近日加重，伴见心烦急躁，夜寐梦多，脘腹胀满，嗳气不舒，纳食欠佳。一身疲乏，无力以动。诊脉弦滑，至数不匀，三五一止歇，舌暗苔白且腻。证属湿热蕴郁，阻塞气机，肺失治节之权，三焦不畅。先用疏调三焦，宣畅气机方法。

苏叶、桔梗各10克，前胡6克，浙贝母10克、焦三仙各10克、元胡10克、川楝子10克、水红花子10克、香附10克、炒枳壳6克，7剂，水煎服。

二诊 药后胀满已宽，胸闷渐减，纳食见增，仍觉烦急梦多，夜不安寐。脉象弦数。舌红苔白略腻。肝胆郁热未清，继用清泄肝胆方法。

柴胡6克、黄芩10克、川楝子10克、蝉衣6克、僵蚕10克、片姜黄10克、竹茹6克、枳壳6克、焦三仙各10克，7剂，水煎服。

三诊 上药服后夜寐已安，烦急渐减，心悸胸闷均显著好转。脉象弦滑，时一止，舌红苔白。郁热虽得宣泄，络脉尚未和调，继以化瘀和络方法。

荆芥6克、防风6克、生地榆10克、赤芍10克、丹参10克、茜草10克、茅芦根10克、焦三仙各10克、水红花子10克，7剂，水煎服。

四诊 诸证渐愈，诊脉已无止歇，舌红苔净。前方继进7剂，以善其后。

（《赵绍琴医案·心悸》）

【编按】

心动悸脉结代之脉证多可见于风湿性心脏病，一般虑用复脉汤。赵老治法，宣肺以畅气机，复其治节之权；次调肝以泄郁热，而安谋虑之脏；终以化瘀通络，乃治心脉之本。治法井然有序，故得其效。

赵绍琴痰湿阻滞气机不畅型心悸案

谭某，女，51岁，1991年7月12日初诊。

患者一年来自觉心悸气短，胸闷乏力，胸脘胀满，纳食不香，西医检查血脂较高，心电图异常，诊断为可疑冠心病，服用愈风宁心片、丹参片等疗效不佳。望其形，体胖丰腴；观其舌，舌胖苔滑腻；查其脉，脉象濡弱。全是痰湿阻滞，气机不畅之证。治宜宣郁闭，化痰湿之法。

苏子叶各10克、莱菔子10克、白芥子6克、杏仁10克、枇杷叶10克、猪牙皂6克、菖蒲10克、郁金10克、瓜蒌10克、枳壳6克、焦三仙各10克。

嘱其加强体育锻炼，忌食肥甘厚味，宜清淡饮食。服药20余剂后自觉症状见轻。又以此方服药30余剂，症状基本消失，纳食转佳，心电图正常，血脂下降至正常范围。

（《赵绍琴医案·心悸》）

【编按】

素体湿盛少劳，重在气机不畅，化痰宣郁而不用益气之味，提示气郁证机补气之味非但无功，抑或于证为害。

赵绍琴湿浊气滞升降失常型胸痛案

蒋某，男，48岁，于1989年10月8日初诊。

自1987年8月患心肌梗塞，经医院抢救后病情缓解，仍遗留下胸痛时作、中脘满闷、不思饮食、乏力头晕等症状。观其舌质红苔黄腻厚，脉濡缓，时有结代，血压偏高。证属湿浊不化，气机阻滞，升降失常。治宜宣郁化湿疏调升降，佐以活血通络方法。

荆芥6克、防风6克、蝉衣6克、片姜黄6克、旋复花10克、代赭石10克、半夏10克、薤白10克、瓜蒌30克、佩兰10克、杏仁10克、焦三仙各10克。

嘱其改变一直以卧床休息为主的习惯，每日早晚走路锻炼各1～2小时；饮食宜清淡。服药7剂，心情舒畅，胸痛未作，头晕乏力见轻，胸脘胀满见舒，食欲好转，舌红苔白，脉滑数，湿郁渐化。仍以前法进退。

荆芥6克、防风6克、蝉衣6克、僵蚕10克、片姜黄6克、赤芍10克、丹参10克、大腹皮10克、槟榔10克、香附10克、焦三仙各10克、水红花子10克。

服上方两周，饮食、二便正常，精神振作，未见其他不适。改为益气养阴方法。

荆芥6克、防风6克、沙参10克、麦冬10克、炙甘草10克、丹参10克、赤芍10克、香附10克、郁金10克、焦三仙各10克、炒槐花10克、水红花子10克。

一月后，去医院复查：心电图大致正常，血压正常。并能参加一些体育活动。

（《赵绍琴医案·心悸》）

【编按】

案按：此病案系心肌梗塞后，胸痛未愈，在家卧床休息二年，精神负担很重。赵老根据其脉、舌、色、症辨为湿阻气机，升降失常之证，先以宣郁化湿为治，仅服药7剂，症状大减，增强了患者战胜病痛的信心。患者积极配合，每天坚持走路锻炼，开始30分钟，逐渐增加到5个小时左右，3个月后可以去公园、爬山等。实践证明走路锻炼可以改善心脏冠状循环，增加心肌营养，有促进病愈的作用。

赵绍琴气机不畅型心血瘀阻胸痛案

李某，男，56岁，于1992年12月2日初诊。

自1992年8月开始，胸前区憋闷疼痛经常发作。西医以其心图有改变诊断为心肌梗塞。中药、西药，从未中断，闻赵老之名特来求治。现仍胸闷疼痛不舒，心悸气短，头晕体倦，心烦急躁，梦多失眠，面色无华，舌红步苔，脉濡缓；血压180/120毫米汞柱。证属气机不畅，心血瘀阻。治宜疏调气机，活血通络方法。

藿香10克、佩兰10克、蝉衣6克、僵蚕10克、片姜黄6克、大黄1克、竹茹6克、炒枳壳6克、赤芍10克、丹参10克、川楝子6克。

服药7剂，胸闷渐舒，头晕见轻，余症好转，血压120/90毫米汞柱。但见口干而渴、心悸气短，改用益气养阴、活血通络方法。

蝉衣6克、僵蚕10克、片姜黄6克、沙参10克、麦冬10克、五味子10克、炙甘草10克、丹参10克、赤芍10克、杏仁10克、焦三仙各10克、香附10克。

服药20余剂，精神转佳，心情舒畅，胸痛未作，血压稳定；心电图复查，大致正常心电图。又以此方加减服药月余，未再复发。

《赵绍琴医案·心悸》

【编按】

案按：冠心病之心绞痛或心肌梗塞，属于胸痹、真心痛的范畴，病多因思虑过度、劳伤心脾、饮食不节，疲饮内生、情志不畅、肝郁阴伤等所致，但其根本病机为气机不畅、心血瘀阻所为。在治疗上赵师非常强调药物治疗的同时，配合体育锻炼，节制饮食与精神调摄等综合调理，才能使病人早是康复。此病例以疏调气机为先导，活血通络、益气养阴为基本治法，疗效满意。

戴立三痹证发黄神识错乱案

何某，男，61岁。

平素嗜酒，过去曾患风湿关节炎及风湿性心脏病。今发热，全身疼痛，面浮肢肿，小便不利，咳嗽心悸。西医诊断为风湿性心脏病伴上呼吸道感染、心力衰竭。住某医院，经治疗效果不显，且病情日益严重，延余会诊。查其脉沉紧，苔白腻，面浮，两手及足背浮肿，触之发凉，压之有凹陷，断为风寒湿三邪并犯太阴、少阴之虚寒证。法当温扶肾阳、祛风寒湿。投以自拟方附子桂枝独活寄生汤。

黑附片60克、桂枝12克、炒杭芍12克、法夏9克、伏苓15克、陈皮6克、川芎6克、防风9克、独活9克、桑寄生15克、台乌9克、大枣3个、烧生姜5片。

连服2剂，发热退，身痛亦减。肿胀仍未消，小便不利。此脾肾阳虚，寒湿不运。治当温补脾肾，运化寒湿，用《伤寒论》大剂苓桂术甘汤加附片。

黑附片90克、茯苓30克、漂白术18克、桂枝24克、甘草9克。

方中附片温肾阳以强心，茯苓、白术、甘草健脾除湿以利水，桂枝通阳化气，使膀胱气化得行，三焦水道通利，则小便自可畅行，水肿渐消。服后，果获预期之效。宜进一步温肾助阳，祛寒化湿，扶持正气，恢复体功。用《伤寒论》大剂附子汤。

黑附片120克、茯苓30克、炒杭芍15克、党潞参15克、漂白术30克。

此方乃仲景治"少阴病，口中和，背恶寒"及"身体痛，手足寒、骨节痛、脉沉者"之主方。用治此症，乃以白术和中、调气、祛湿，茯苓行痰利水，杭芍育阴。敛藏相火；附子温肾助阳。肾为胃之关，肾气蒸动，关门得开，更得苓术之淡渗苦降，助水下行，潞党参培补脾肺之气，肺气不虚，治节得行，方能化精利尿。服2剂，水肿全消，身痛若失。但不料出现黄疸，小便又复不利。面目、爪甲、周身俱黄，色泽不鲜。用附子理中汤加味。

黑附片60克、潞党参18克、漂白术15克、干姜15克、茵陈9克、法半夏9克、茯苓15克、砂仁6克、炙甘草6克。

服后病如前，且增心烦，系水湿停滞、郁热内蕴。改用通阳行水、清热除烦为主，以茵陈五苓散、栀豉汤和温胆汤合方化裁。

茵陈15克、茯苓15克、猪苓12克、白术12克、炒泽泻18克、桂枝15克、焦栀仁6克、淡豆豉9克、法半夏9克、陈皮6克、枳实9克、竹茹6克、甘草6克、干姜15克。

上方五苓散助脾转输，通阳利水；茵陈清热利湿以退黄，栀豉汤除烦热，再以温胆汤降胆除痰而安神，加干姜顾护中阳，并制茵陈、栀子之寒。服后心烦减，尿清长，黄疸渐消。在治疗过程中，忽见右手食指弯曲不能伸，疼痛难忍。谢映庐《得心集》称此病为"肝风撮指"，并指出病因系木强土弱、肝风为病，"肝阴被火所劫，是以筋急而牵引撮紧；但肝为肝脏，一切逐风辛散之药，反能助火劫阴，岂非愈加其病”。乃处以谢氏治此症之效方：

桂枝9克、炒杭芍9克、炒柴胡9克、胆炒半夏15克、龙胆草9克、炒川连4.5克、焦栀仁6克、甘草6克、干姜15克。

服1剂，痛稍减，指稍伸。再服2剂，则指屈伸如常。然因中阳大虚，脾湿不化，症现胸闷，腹胀，大便泄泻。用四逆汤加茯苓，1剂泻止。但又出现精神错乱，查其脉，两手六部散大无根，舌苔青滑，此系心肾升降失调、神识散越所致。症属不足而非有余，当治以交通阴阳，收纳元气为主。盖心主神明，若心阳不衰，神不涣散，则神识自不错乱。

先投四逆汤加肉桂、猪胆汁、童便。服1剂，神稍安，继用补坎益离汤（附片、肉桂、蛤粉、炙甘草、生姜）专补心阳，兼滋肾阴。

服4剂，神识清明，如大梦初醒，身心大快，仅肢体微现浮肿。再以白通、四逆收纳元气，而诸症消失。最后以济生肾气丸调理，体渐康复而出院。

（《戴立三医案》）

【编按】

案按：中医痹证，范围甚广，非单指风寒湿痹而言。此案表现多端，变化无常，堪称疑难杂症。其病机自始至终似以湿邪为主。其内蕴之湿，时从寒化、时从热化，对方药之反应亦颇敏感。若不抓住病机辨证施治，随证遣方，焉能适应其变化。可见，只要掌握中医原理及辨证论治方法，抓住不同时期之主要矛盾，灵活处理，则病邪自无遁形，而险证亦可转危为安。

尤怡触惊恍惚昏乱案

骤尔触惊，神出于舍，舍空痰入，神不得归，是以有恍惚昏乱等证。治当逐痰以安神藏。

半夏、胆星、钩藤、竹茹、茯神、橘红、黑栀、枳实。

（《评选静香楼医案·上卷》）

【编按】

惊惧神乱，病生于无形，治从何而论？遵古人之见，怪乱之症多责于痰，故此类神乱病症以痰为治。症虽归为心病，所治之法重在化痰，这显现了中医治疗学的一条原则，辨证在因、治疗以因为要，而不为脏腑经络所困，只注意寒热证性即可。

诒按：叙病如话如画，此等方案，非有切实功夫者不能，所谓“成如容易却艰辛也”。

邓评：论正方切。

尤怡瘀血病阴伤气逆症案

凡有瘀血之人,其阴已伤,其气必逆,兹吐血紫黑无多,而胸中满闷,瘀犹未尽也。而舌绛无苔,此阴之亏也。呕吐不已,则气之逆也。且头重足冷,有下虚上脱之虑。恶寒谵语,为阳弱气馁之证。此证补之不投,攻之不可,殊属棘手。

人参、茯苓、三七、吴萸、乌梅、牡蛎、川连、郁金。

(《评选静香楼医案·上卷》)

【编按】

诒按:论病则层层俱透,用药亦步步着实,此为高手。

孙评:血色紫黑,是瘀之实据。此证得元因怒伤肝乎,或挟风热内动乎,而又阴亏气馁,攻补仍属棘手。斯方之制,已非平庸手笔。

黄煌温养心气法治老年房颤案

某男,78岁。身材较高,形体中等,皮肤细腻。既往史:年轻时因十二指肠球部溃疡而胃部分切除。疾病史:患者因阵发性心动过速而到省中医院住院治疗,效果不佳。心电图提示:窦性心动过缓、完全性右束支传导阻滞、一度房室传导阻滞。

初诊 就诊时(2006年04月18日),患者仍住院中,脸色黄暗,房颤频发,发作时心室率为160~170次/分,安静时心率为48~50次/分。患者自觉疲劳乏力,两腿发软,走路活动后为甚,心慌胸闷,心脏动悸感,腹部动悸,多梦,有阵发性惊汗。下肢皮肤发黑,脚干裂,多方治疗不效,饮食稍有不慎则容易腹泻,大便日2次。心脏听诊:第一心音强度变化不定,心律不规则。舌暗淡润,苔薄。脉搏浮大,54次/分,期间有停搏3~4次/分。

生黄芪20克、肉桂10克(后下)、赤芍10克、白芍10克、龙骨20克(先煎)、牡蛎20克(先煎)、山药30克、炙甘草6克、干姜6克、红枣20克。

复诊 一月余后,自述服药后感觉甚为舒适,心慌好转,阵发性心动过数仍常有发作,时有头晕。先后在原方中增入桂枝10克、茯苓15克。患者症状平稳,有食欲不振。增入小柴胡汤后好转。期间自动停药10天患者即感觉胸部不适,继续服药后好转。

患者一直坚持服用本方至今(2007年8月7日),没有住过医院,房颤很少发作,脸色红润,大便正常,不稀,感觉甚可。复诊时患者阵发性眩晕两次。

肉桂10克(后下)、桂枝10克、赤白芍10克(各)、炙甘草6克、龙骨15克(先煎)、牡蛎15

克(先煎)、干姜6克、茯苓20克、山药20克、生黄芪15克、红枣30克,并嘱服少量红参。

(《黄煌医案》)

【编按】

心悸或为痰浊或因肝火,或受水凌,或自气虚,证机不一。案中病人年迈,他症不著,考虑心气不足;皮肤细腻提示体质多有滋润,而乏气运。故拟辨心气虚证,症必兼脉迟、舌淡或兼青之象、怯冷等症状。治疗药关心经,以温养心气为治疗主旨。药治合机,故效见著。

何世英治精神异常案

冯某,女,43岁。

初诊 1983年6月30日。主诉:因其夫丧,逐渐发生精神异常,意识反应迟钝,两腿活动无力,走路困难。开始生活尚能自理,近两年来,上述症状加重,意识有时模糊,缺乏思维能力,经常失眠。精神呆板,行走拙苯,语声低微不清,走路需要人搀扶,否则常易摔倒,头部已有数处摔伤,上肢活动尚可,近两个月下肢有轻度浮肿。诊查:伸舌颤动,仅能伸出舌尖,舌质润,苔薄白,脉弦缓无力,两手平伸震颤,纳呆,大便秘结。辨证:肝气郁结,肝风内动。治法:疏肝解郁,熄风定志。

合欢花10克、夜交藤15克、潼蒺藜10克、青竹茹10克、竹如10克、连子心5克、生龙齿15克、益智仁10克、紫贝齿15克、云茯神10克,7剂。

二诊 7月7日。服上药7剂,精神明显好转,有喜笑表情,答话较前稍迅速,且较准确,能安静睡眠,行走稍见利落;唯伸舌尚迟钝,舌及两手平伸震颤均减轻。仍继前法治疗。

合欢花12克、夜交藤20克、潼蔟藜12克、青竹茹10克、竹叶10克、连子心5克、生龙齿15克、益智仁10克、龇贝齿20克、云茯神10克、菖蒲6克、陈皮10克,6剂。

三诊 7月14日。精神、饮食、睡眠尚好,手颤益轻,下肢浮肿已消,活动比以前灵活。照上方去竹叶,仍服6剂。

四诊 7月21日。一般情况仍好,现有说有笑,且语言较流利,原卧床不能翻身,现已能翻身活动。原方不变,再继续服药6剂。

五诊 7月28日。对答自如,舌尖伸出较长,两手平伸已不颤动,唯下肢活动尚感乏力。

桑寄生25克、怀牛膝10克、合欢花10克、夜交藤15克、潼蒺藜10克、莲子心5克、益智仁10克、紫贝齿15克、茯神10克,6剂。

六诊 8月4日。今天患者独自一人来诊。精神好,走路自如,已不感乏力,语言流利,伸舌自如,并已能做些家务活,偶尔尚有失眠,现处下方善后以巩固疗效。

桑寄生25克、牛膝10克、合欢花10克、夜交藤20克、潼蒺藜10克、竹叶10克、莲子心5

克、益智仁10克、紫贝齿15克、茯神10克、酸枣仁10克。

（《何世英医案》）

刘渡舟水气凌心心阳受阻型冠心病案

陆某，男，42岁。

形体肥胖，患有冠心病、心肌梗塞而住院，抢救治疗两月有余，未见功效。现症：心胸疼痛、心悸气短，多在夜晚发作。每当发作之时，自觉有气上冲咽喉，顿感气息窒塞，有时憋气而周身出冷汗，有死亡来临之感。颈旁之血脉又随气上冲，心悸而胀痛不休。视其舌水滑欲滴，切其脉沉弦，偶见结象。刘老辨为水气凌心，心阳受阻，血脉不利之水心病。处方：

茯苓30克、桂枝12克、白术10克、炙甘草10克。

此方服3剂，气冲得平，心神得安，心悸、胸痛及颈脉胀痛诸症明显减轻，但脉仍带结，犹显露出畏寒肢冷等阳虚见证。

上方加附子9克、肉桂6克，以复心肾阳气。

服3剂，手足转温而不恶寒，然心悸气短犹未全瘳。

上方中加党参、五味子各10克，以补心肺脉络之气。

连服6剂，诸症皆瘥。

（《刘渡舟医案》）

【编按】

冠心病为水气上冲之证，刘老谓之“水心病”。总由心、脾、肾阳虚，水不化气而内停，成痰成饮，上凌无制为患。心阳虚衰，坐镇无权，水气因之上冲，则见胸痛、心悸、短气等心病证候。症见舌质淡嫩，苔水滑欲滴；切脉或弦，或沉，或沉弦并见；病重时见脉结代或沉伏不起。治疗水气上冲之“水心病”，首选苓桂术甘汤。本方《伤寒论》用治“心下逆满，气上冲胸，起则头眩，脉沉紧”。《金匮要略》用治“心下有痰饮，胸胁支满，目眩”等水气凌心射肺的病症。苓桂术甘汤有两大作用：一、温阳下气而治心悸、胸满；二、利小便以消水阴，而治痰饮咳逆。方中茯苓作用有四：一是甘淡利水，二是养心安神，三是助肺之治节之令，四是补脾厚土，为本方之主药。桂枝作用有三：一是温复心阳，二是下气降冲，三是通阳消阴，亦为本方之主药。桂枝与茯苓相配，则温阳之中以制水阴，利水之中以复心阳，二者相得益彰，缺一不可。白术补脾，助茯苓以治水；炙甘草温中，助桂枝以扶心阳。药仅四味，配伍精当，疗效可靠。

刘渡舟心脾肾三脏阳虚阴盛水寒不化型风心病

孙某,男,53岁。1991年5月25日初诊。

患者有风湿性心脏病史。近因外感风寒,病情加重。心动悸、胸憋喘促,咳吐泡沫状白痰、量多,昼夜不能平卧,起则头眩。四末厥冷、腹胀、小便短少,腰以下肿、按之凹陷不起。食少呕恶、大便干结。视其口唇青紫、面色黧黑、舌白滑、脉结。西医诊为"风湿性心脏病,充血性心力衰竭,心功能Ⅳ级"。刘老辨为心、脾、肾三脏阳虚阴盛而水寒不化之证,治当温阳利水。方用真武汤加味。

附子10克、茯苓30克、生姜10克、白术10克、白芍10克、红人参6克、泽泻20克。

服3剂后,小便增多、咳嗽锐减、心悸腿肿见轻。续用真武汤与苓桂术甘汤合方,温补心、脾、肾三脏,扶阳利水。

附子12克、茯苓30克、生姜10克、白芍10克、白术12克、桂枝6克、炙甘草10克、党参15克、泽泻15克、干姜6克。

服上方10余剂,小便自利,浮肿消退,心悸、胸闷等症状已除,夜能平卧。唯觉口渴,转方用春泽汤。

党参15克、桂枝15克、茯苓30克、猪苓20克、泽泻20克、白术10克。

从此而病愈。

(《刘渡舟医案》)

【编按】

案按:肺、脾、肾三脏司理水的气化,尤以肾气为要。肺失宣降,不能通条水道;脾失健运,不能运化水湿;肾失开合,不能化气行水,均可导致水湿内停而发为水气病。肾主水,为胃之关,关门不利,则聚水而成病。案中脾肾阳衰阴盛,水气不化,水寒之邪由下而上,从内至外,由表及里,或上或下,浩浩乎泛滥成灾。若水气上凌于心,则见心悸动、胸憋闷;水随少阴经上射于肺,则咳嗽、痰多、不能平卧;水气上攻于胃,则呕吐食少;水饮上犯清窍,则头目眩晕;膀胱气化不利,则小便不畅。治疗之法:一要温补肾阳,二须利其水邪。真武汤功专扶阳消阴,驱寒镇水。方中附子辛热,下温肾阳,使水有所主;白术燥湿健脾,使水有所制;生姜宣散,佐附子以助阳,是主水之中而又有散寒之意;茯苓淡渗,佐白术以健脾,是制水之中而有利于水外出之功。妙义在于芍药,一举数用:一可敛阴和营,二可制附子之刚燥,三可利尿去水。《神农本草经》云:芍药能"利小便"而有行阴利水之功。本方对肺源性心脏病、风湿性心脏病续发心力衰竭的肢体浮肿、心悸、腹胀,都有可靠的疗效。

刘渡舟室性早搏性心悸案

杨某某，男，33岁，工人。1993年9月15日初诊。患者于一年前因连续加班，过于劳累，忽觉心悸不安、少寐、周身乏力。做心电图，提示"频发室性早搏"，经服用培他乐克、肌苷等药物，心悸减轻，但停药后其证复作。现心悸频发、胸中发空、气短而不接续、动则汗出、倦怠乏力、睡眠不佳，观其舌质淡嫩，脉弦细而带有结象。刘老辨为心胸阳气不足，导致水气上冲的"水心病"之证。治法：通阳化饮，补益心气。疏方：

桂枝14克、茯苓20克、白术10克、炙甘草10克、丹参15克、党参15克、沙参12克。

服至7剂后，心悸明显减轻，胸中已不觉发空。守方又续进10余剂而病愈。

（《刘渡舟医案》）

【编按】

案按：本案加入"三参"之意义，因兼宗气虚弱之故。《灵枢·邪客篇》曰："宗气者，积于胸中，出于喉咙，以贯心脉，而行呼吸焉。"如果宗气虚弱，无力推动血脉运行，心脉迟缓，则必然加重"水心病"的病情。故在用苓桂术甘汤的同时，加上党参、沙参、丹参以补益心脏之气，并通心脏之脉，名之为"三参苓桂术甘汤"，临床疗效为佳。

刘渡舟心房纤颤案性心悸案

赵某某，女，54岁。

发热已两月余，经中西药治疗，发热渐退，但从此出现心悸不安，每日发作数次之多。西医诊为"心房纤颤"，多方治疗，病情时好时坏，迁延不愈。患者为工薪阶层，不免债台高筑，生活拮据而令人忧愁，从此病情逐渐加重，精神抑郁，整日呆坐，两目直视，寝食俱废。主诉：心中悸动、失眠少寐、时发低热、月经量少、血色浅淡。视其舌淡而苔薄白，切其脉细缓无力。刘老辨为忧思伤脾、心脾气血不足之证。治当益气养血，补益心脾。此病进归脾汤加减为宜。

红人参8克、白术10克、黄芪10克、炙甘草10克、当归10克、茯神10克、远志10克、酸枣仁30克、元肉12克、木香3克、夜交藤15克、白芍15克、生姜5片、大枣3枚。

服药7剂，心悸大减，发作次数明显减少，夜间能睡眠。精神转佳，诸症亦随之好转。效不更方，又服10余剂，心悸不发，夜能安睡，逐渐康复。嘱其安静，将息调养。

（《刘渡舟医案》）

【编按】

案按：本案心悸一证，起于发热之后，又因思虑、忧愁等情志，损伤心脾，气血不能奉养心主，故发生心悸不安之证。《灵枢》云："悲哀忧愁则心动，心动则五脏六腑皆摇。"食少、倦怠、虚热，脾气虚之象；形消、不寐，心血耗之征。况其月经量少色淡，舌苔淡苔薄，脉细缓等候，均为气血不足之反映，故治疗当以健脾养心、气血两顾为主。归脾汤方用人参、白术、黄芪、炙甘草、大枣甘温以补心脾之气虚；当归、元肉味甘而润，能补心脾之血虚；茯神、远志宁心安神定悸；酸枣仁敛肝安魂；木香气香领药归脾，以养忧思之所伤，又能促进脾胃之运化；加白芍助当归以补血，加夜交藤助酸枣仁养心舍神而治不寐。

刘渡舟肝胆气郁阳明腑热型癫痫案

尹某某，男，34岁。

因惊恐而患癫痫病。发作时惊叫、四肢抽搐、口吐白沫、汗出。胸胁发满，夜睡呓语不休，且乱梦纷纭，精神不安，大便不爽。视其人神情呆滞，面色发青，舌质红，舌苔黄白相兼，脉象沉弦。辨为肝胆气郁，兼有阳明腑热、痰火内发而上扰心神、心肝神魂不得潜敛之故。治宜疏肝泻胃，涤痰清火，镇惊安神。

柴胡12克、黄芩9克、半夏9克、党参10克、生姜9克、龙骨15克、牡蛎15克、大黄6克(后下)、铅丹3克(布包)、茯神9克、桂枝5克、大枣6枚。

服1剂则大便通畅，胸胁之满与呓语皆除，精神安定。唯见欲吐不吐，胃中嘈杂为甚。上方加竹茹16克、陈皮10克，服之而愈。

(《刘渡舟医案》)

【编按】

案按：病因惊恐等情志因素，发生癫痫。《临证指南医案》认为，癫痫"或由惊恐……以致内脏不平，经久失调，一触积痰，厥气内风猝焉暴逆"而发。所用之方为《伤寒论》的"柴胡加龙骨牡蛎汤"，本方由小柴胡汤去甘草，加桂枝、茯苓、大黄、龙骨、牡蛎、铅丹而成，治因少阳不和、气火交郁、心神被扰而引起的胸满、烦惊、惊恐、谵语、心烦、小便不利等症。本方治肝胆气郁，又兼阳明腑热内结。方中小柴胡汤和解少阳之邪；龙骨、牡蛎、铅丹镇肝安魂；大黄泻内结之热；茯苓利三焦之水，务使内外之邪热能解，肝胆之气得以调畅为宗旨。刘老常用本方治疗精神分裂症、癫痫、小儿舞蹈症。在具体运用时，可随证灵活加减化裁。如肝火偏盛者，加龙胆草、夏枯草、山栀子；病在血分，加白芍、桃仁、丹皮；顽痰凝结不开者，加郁金、胆南星、明矾、天竹黄。方中之铅丹有毒，用量宜小不宜大，服之宜暂不宜久，并以纱布包裹扎紧入煎保险。

刘渡舟肝火动风动痰上扰心营型癫痫案

史某某，男，22岁。

患癫痫病，每月发作两次。发作时人事不知、手足抽搐、头痛目赤、喉中痰鸣。视其舌质红绛、苔黄，切其脉沉弦滑数。辨为肝火动风动痰，上扰心营，发为癫痫。脉弦主肝病，滑数为痰热，而舌苔色黄故知其然也。法当凉肝熄风，兼化痰热。

桑叶10克、菊花10克、丹皮10克、白芍30克、钩藤10克、夏枯草10克、栀子10克、龙胆草10克、生地10克、生石决明30克、甘草6克、竹茹12克、黛蛤散10克、玄参12克。

服药后颓然倒卧，鼾声大作，沉睡两日，其病竟瘥。

（《刘渡舟医案》）

【编按】

案按：本案证属肝脏火热为患。热盛动风，火盛炼痰，风助火势，火借风威，痰随风动，则火、风、痰三者随肝气俱升，直犯高巅，发为癫痫。故并见有头痛目赤、喉中痰鸣、舌红苔黄、脉弦滑而数等症。因本案肝火上炎为主要矛盾，故治疗以清泻肝火为主，兼以熄风化痰为辅。方以桑叶、菊花、钩藤辛寒轻清之品，熄风宣上，以散上炎之火。正如叶天士所说："辛寒清上，头目可清。"龙胆草、夏枯草、黛蛤散清泻肝火并化痰浊；栀子发火之郁；丹皮凉血行血。诸药皆苦寒，可直折上炎之势。用生石决明在于潜阳熄风；佐以生地、白芍、玄参凉血养阴护肝，意在安未受邪之地；竹茹化痰和胃，甘草益脾胃和诸药。全方辛散、苦折、酸泻、甘缓并用，切合《内经》"肝苦急，急食甘以缓之"，"肝欲散，急食辛以散之，用辛补之，酸泻之"之宗旨。

刘渡舟少阴阴虚、热与水结型心包积液案

刘某，男，64岁。

患者发热为38.8℃，心悸，胸满憋气。经北京某大医院确诊为"结核性心包积液"。周身水肿，小便不利，虽服利尿药，仍然涓滴不利。听诊，心音遥远；叩诊，心浊音界向左下扩大。给予抗痨药物治疗，同时输入白蛋白。经治两周有余，发热与水肿稍有减轻，唯心包积液反有增无减。虽经穿刺抽液急救，但积液随抽随涨，反而使病情逐渐加重。医院已下病危通知书。经友人蒋君介绍，延请刘老会诊。其证低热不退，心悸胸满，小便不利，口渴欲饮，咳嗽泛恶，不欲饮食，心烦寐少；脉来弦细而数；舌红少苔。刘老根据舌红、脉细、心烦、尿少的特点，以及咳、呕、渴、肿的发病规律，辨为少阴阴虚、热与水结之证，治以养阴清热、利水疏结之

法。乃用猪苓汤。

猪苓20克、茯苓30克、泽泻20克、阿胶12克(烊化)、滑石16克。

服药至第三剂。则小便畅利、势如澎水,而心胸悸、满、憋闷等症,爽然而愈。刘老认为方已中鹄,不事更改,应守方再进,而毕其功于一役。服之二十余日,经检查,心包积液完全消尽,血压:120/75毫米汞柱,心率70次/分,心音正常,水肿消退,病愈出院。

(《刘渡舟医案》)

【编按】

案按:猪苓汤在《伤寒论》见于阳明、少阴两篇,一治脉浮发热、渴而小便不利;一治下利、咳而呕渴、心烦不得寐。这显示了本证有热有水而又有阴虚之象。肾有主水功能,在于肾阴与肾阳的协调平衡,互相支持,共同合作。如果阳虚而生寒,或阴虚而生热,则使主水功能受挫,便渴发生小便不利,水气泛滥之证。仲景对少阴阴虚而生火者,则用黄连阿胶鸡子黄汤;少阴阴虚而生水者,则用猪苓汤。两方皆用阿胶以育阴,颇能耐人寻味。

刘渡舟下焦阴气乘虚上冲奔豚案

崔某,女,50岁。患奔豚病半年余,每次发作自觉有一股气,先从足内踝开始,沿两股内侧向上冲动,至小腹则小腹鼓起如木棒状,胀坠不舒;至心胸则觉胸中憋闷难忍、心悸、气短,头部冷汗淋漓;至咽喉则呼吸困难、有窒息之感,精神极度紧张而恐惧欲死。少顷气往下行,症状随之而减轻。如此每天发作三四次,患者苦不堪言。兼见腰部酸痛重着,带下清稀量多。望其面色青黄不泽,舌胖质嫩,苔白而润;切其脉来弦数而按之无力。此为心阳虚衰于上,坐镇无权而下焦之阴气乘虚上冲所致。治当温补心阳,下气降冲。

桂枝15克、白芍9克、生姜9克、炙甘草5克、大枣7枚,另服"黑锡丹"6克。

共服5剂,冲气下降而病愈。

(《刘渡舟医案》)

【编按】

奔豚证机源于下,而证见于心胸,故纳案于心病类中。

案按:奔豚病,一般是气从少腹上冲心胸,而本例始从内踝上冲,病案少有记载。可见在下之阴寒邪气之重。并说明本病上冲之路而与冲脉之行密切相关。冲脉起于胞中,一源三支:一支行于阴股;一支行于身前,上至胸咽;另一支则行于后背。下焦寒气上冲,极易假道冲脉,而上冲于心胸、咽喉。奔豚病内因为少阴阳虚,可因外受风寒或精神刺激而诱发。本案为心阳虚衰,不能坐镇于上,使下焦阴寒之气得以借冲脉上冲,凡奔豚气经过之处,均可导致气机壅塞而见腹胀、胸闷、咽窒等症状。治当温阳散寒,平冲降逆,选用桂枝加桂汤治疗。本方为《伤寒论》治疗奔豚之首选,可力补心阳之虚、下降阴之上冲之气。陈修园指出:"用桂

枝加桂,使桂枝得尽其量,上能保少阴之火脏,下能温少阴之水脏,一物而两扼其要也。”但本方是加桂枝还是加肉桂,历来有两种不同看法。刘老认为:从“更加桂二两”之文体会,应是加桂枝为允,然验之于临床,加桂枝与加肉桂不分轩轾,疗效相同。

寒凝闭阻阳虚欲脱型胸痹案

吕某,女,62岁,1983年12月15日就诊。

间发左胸痛两年,近日天气寒冷,自觉胸闷不适,今晨突发心绞痛不休,急用硝酸甘油片含舌下无效,证见心痛彻背,有时昏厥,汗出肢冷,唇舌青紫,脉细欲绝;心电图查示,急性下壁心肌梗死。证属寒凝闭阻、阳虚欲脱之候。治当回阳救逆固脱,急用乌头赤石脂丸加味。

乌头10克、乌附片30克、干姜10克、川椒8克、赤石脂15克、桂枝15克、红参15克。

水煎,一昼夜急服2剂,心痛大减,汗止身温,昏厥随之而除。共服5剂,心痛消失。

(《医学见能案证补遗》)

【编按】

乌头赤丸方即《金匮要略》之乌头赤石脂丸也。本案加桂枝、红参,以有时昏厥,汗出肢冷,唇舌青紫,脉细欲绝,意在强心以固脱也。古之心痛,除部分今之心脏病外,有不少是今日之胃痛,俗称心口痛,遇胃寒痛彻背心者,可用之治疗,试举胃痛案:姜某,男,农民。1954年4月8日初诊,胃脘疼痛二年余,经常复发,遇冷加重,痛甚时冷汗出,纳少,舌淡苔白,脉紧,证属寒凝气滞,用本方:乌头8克、川椒30克、干姜30克、附片30克、赤石脂30克,共为细末,蜜丸如豌豆大,每服5丸,日服一次,早饭后服。效果:服上药数日后,症状减轻,疼痛明显缓解,继服一月病愈,再未复发。

脾 病

尤怡肝火乘脾咯血案

咯血胁痛，项下有核，脉数恶热，咽痛便溏。此肝火乘脾之证，反能食者，脾求助于食，而又不能胜之则痞耳。治在制肝益脾。

白芍、茯苓、川连、牡蛎、炙草、木瓜、益智、阿胶。

（《评选静香楼医案》）

【编按】

有一症即归属一脏、一腑或一经。辨证即在于析症，从复杂征候的疾病表现中分析出明确的症，把不同的症连属于不同的脏、腑、经络，再依据中医生理结构（解剖性、生理性）之间的相互联系特点，判断出某种明确的症，就是辨证的完整思路。

尤怡胃寒背冷食入则倦案

胃寒背冷，食入则倦，喜温恶清。以背为阳位，胃为阳土，土寒则食不运，阳伤则气不振也。治宜温养阳气。

人参、桂枝、益智仁、厚朴、炮姜、茯苓、炙草、白术。

（《评选静香楼医案》）

【编按】

诒按：此温中和气，平正通达之方。

祝味菊痢疾高热案

徐姓，男，50岁。

常居于潮湿之地，因饮食不节，突患痢疾，日夜泻数十次，腹部胀满，里急后重，红白相间，高热不退，迁延十余天之久，形瘦色晦，四肢疲乏，几不能行走矣。到处求医，皆云暑湿内伏，湿热弥漫，湿为黏腻之邪，非易速痊。又换一医诊治曰："汝之病痢，除赤白之外，还有青黄之色，实为五色痢，而饮食入口即吐，又属噤口痢之类，脾胃已败，将无能为力矣。"勉处一方，嘱另请高明。徐君为人拘谨，闻此言语，病更加重，呻吟床褥，苦不堪言。经其戚友介绍至祝师处求治。患者呻吟叙述病况。师曰："汝病本不重，因循贻误，致有今日，尚无恐也。"患者闻言，愁容为之略展，师又曰："汝病由于中寒与食滞交阻，郁而成痢，应予温通，中寒得温则化，食滞得通即能下行。"处方：

附子12克、熟大黄9克、槟榔9克、广木香9克、肉桂3克、甘草6克、桔梗12克、芍药12克。

连服3剂，所下赤白之痢甚多，里急后重大减，精神增加，呕吐亦止，渐能饮食。师对诸生指示曰："导气汤为治痢圣药，再加附子如锦上添花矣，今用之果然。"再为处方：

以桂圆肉包7粒鸦胆子吞服。

赤白痢不见，大便转为黄色。患者徐君颇为欣喜，赋有谢师五言诗："若非祝师明，安得起沉病，摆脱危险境，谢君应若何。"

（《祝味菊名医类案回忆录》）

【编按】

腹部胀满，里急后重，红白相间，高热不退，迁延旬日。是证之证象因症杂而隐匿，前医以"暑湿内伏，湿热弥漫"为证，更甚以脾胃败亡之噤口痢为证，治不当机；而以"中寒与食滞交阻，郁而成痢"为证，证当而效著。

祝味菊幼儿肝脾肿大疳臌案

黄幼，年方2岁。体质尚可，由于家长偏护，任其杂食，以致不能消化，积聚腹中生虫，久成疳臌，身体日渐消瘦，家人以其虚也，为其乱投补品，驯致不吃正食，反爱偏食，甚至墙粉、烟头、烟灰之属，莫不爱好。腹部胀满，按之膨膨然而坚硬，低热连绵。形瘦色(白光)，家人甚忧之。某医曰："此小儿疳病也，因不早日延医服药，故救治为难。现病情非常棘手，欲去低热而用甘寒养阴，有碍疳积，若攻坚，不独伤气破血，更伤阴分。”勉用青蒿、鳖甲、胡黄连、鸡内金之类以塞责。药后热度不退，便觉胃腹隐痛，泛泛作恶。乃另易他医曰：“汝儿所患之病诚为疳积重症，颜面瘦削，乍白乍黄，低热不退，腹坚硬不软，肚大青筋，头发如穗，病邪已深，荣血枯槁，此即所谓败症，甚难医治。”以七味白术散法，曾服多剂，亦无丝毫效果。家人甚恐，似此顽疾久延不愈，必有性命之忧，于是请祝味菊医生为其诊治，祝一诊即曰：“此为疳臌也，肝脾皆已肿矣，疳积之病，虽怕低热，而用养阴之剂，更使其坚硬难消，复伤脾阳。此医之处方，尚属中肯，奈手段太小耳。”祝师又曰：“能服余药，不中途易辙，当尽力为小儿救治。若听信他言，朝三暮四，当敬谢不敏也。”处方：

带皮槟榔12克，芜荑、炙全蝎各6克，胡黄连2.4克，使君子9克，炙甘草5克，黄厚附片(先煎)9克，活磁石(先煎)30克，炒茅术9克，带皮苓18克，川桂木、淡干姜各5克。

患儿家长认为剂量太大。将原方分5次服下，2小时服1次，服后肠中雷鸣，隐痛逐减，烦躁亦止，继服3剂，病情大减，脉象转缓，腹围减小不硬，低热得退，胃纳张馨，面色红润，渐如常人。再服2剂，减去槟榔，全蝎改为3克而痊愈。

(《祝味菊名医类案回忆录》)

【编按】

案按：弟子问祝师曰：“如此疳臌重症，肝脾肿大，发型如穗，确属败症，吾师单刀直入，克奏肤功，请有以教之。”师曰：“病儿初服养阴清热软坚之品，当属无效，另医从健肝杀虫入手，未可厚非，七味白术散法，虽有白术党参之健肝，鸡内金、胡黄连、使君子之杀虫。而无槟榔全蝎之功，此积之不易消除，其尤甚者，用党参而不用附子，缩手缩脚，病不能减，余用扶阳之附子，走而不守，尚能面面俱到，此疳臌之能愈也。”疳病，小儿患此者较多，良由乳食不节，饮食失常，蕴蒸生虫，疳病发生，久而不愈，则生疳臌。祝师视疾病情况，先用温运杀虫破坚，以治其标，继以温中益阳佐以杀虫祛疳，以治其本，常获效。

祝味菊慢脾惊重症案

唐儿年方4岁，身体瘦弱，面目清癯，见之者皆曰“此儿将无长寿也”。一日气候突变，受寒伤食，发热泄泻，日夜共达十余次之多。医以消食和中之剂不应，转请儿科名医诊治，泄泻发热，依然不减，四肢清冷，两眼露睛，夜来自汗不止，头额下垂，形神委顿。该医告其家属曰：“此儿根基不固，阳气衰惫，况泄泻经旬，无以维持其正气，正气竭，命亦随之，此病极难医也。”勉为拟方：

附子6克、炮姜6克、炒白术6克、黄连3克、肉豆蔻6克、五味子6克、炙鸡金9克。

连服2帖，病不少减。其戚睹其状，介绍祝师为其诊治。祝师诊之曰：“阳气衰微，中寒内阻，泄泻不已，两眼露睛，四肢清冷，略有抽搐，系属慢脾惊之重症，病势虽危，当竭力图

之。”处方：

附子12克、人参9克、炮姜9克、炒白术12克、肉豆蔻9克、五味子6克、煨木香6克、姜半夏12克。

连服2帖，泄泻止，头额不下垂，睡不露睛，精神好转。再服2帖，疾病逐渐向愈。该患唐君现已50岁，身体健康，尝曰：“余之二次生命，均为祝医生之所赐也。”

（《祝味菊名医类案回忆录》）

祝味菊老年习惯性便秘案

陈某，年已70余，饮食起居正常，唯大便经常结燥不通，3~5日一次或一周一次。通泻润便之药，初尚有效，以后毫无效用，终日为便秘所苦恼。经友人介绍请祝师诊治。按其脉沉缓，察舌苔淡白，诊为属于冷秘之疾。如用攻泻滋润之品以治之，实南辕而北辙，诛伐无过。处方：半硫丸50克，每日9克。

服3天，大便通畅。以后便秘时即日服9克，从此宿疾得愈。

（《祝味菊名医类案回忆录》）

【编按】

治疗便秘或用泻剂如大黄番泻叶之属，或为润剂如麻仁丸润肠丸之类，唯老年阳虚便秘用此则不能取效。宋《和剂局方》中半硫丸，有除积冷、温肾逐寒、通阳泄浊之功，治风秘、冷秘，与老年习惯性便秘，应手辄效，但用者甚少。祝师治老年习惯性便秘极多，大都用此法而获愈。

李修之脾虚木旺生风案

申江邹邑侯子舍，仲夏患泻，精神疲惫，面目青黄，因素不服药，迁延季秋。忽眩晕仆地，四肢抽搦，口斜唇动，遍体冰冷，面黑肚缩，六脉全无。署中幕宾通晓医理，各言已见。或曰：“诸风掉眩，法宜平肝。”或曰：“诸寒收引，理应发散。”议论纷纭，不敢投剂。

延予决之，曰：“脾为升阳之职，胃为行气之府。坤土旺则清阳四布，乾健乖则浊阴蔽塞，此自然之理也。今泄泻既久，冲和耗散，所以脾元下脱，胃气上浮，阴阳阻绝，而成天地之否。故猝然仆倒，所谓土空则溃也。况肝脾二经为相胜之脏，脾虚则木旺，旺则风生，故体冷面青歪斜搐搦相因而致也。若误认风寒症候而用发表之方，恐已往之阳追之不返矣。”宜急煎大剂参附庶为治本。合署惊讶见予议论严确，乃用：

人参（一两）、熟附（二钱）、生姜（五片）。

煎就灌下，一二时手指稍温，至夜半而身暖神苏，能进米饮，后以理中补中调理而安。

（《旧德堂医案》）

【编按】

此病症虽危急，证机尚清楚，主要在于遇此急时须持定见论治。钱乙《小儿药证直诀》曰："因病后或吐泻，脾胃虚弱，遍身冷，口鼻出气亦冷，手足时瘛疭，昏睡，睡露睛。此无阳也，栝楼汤主之。凡急慢惊，阴阳异证，切宜辨而治之。急惊合凉泻，慢惊合温补。世间俗方，多不分别，误小儿甚多。又小儿伤于风冷，病吐泻，医谓脾虚，以温补之；不已，复以凉药治之；又不已，谓之本伤风，医乱攻之。因脾气即虚，内不能散，外不能解。至十余日，其证多睡露睛，身温，风在脾胃，故大便不聚而为泻。当去脾间风，风退则利止。宣风散主之。后用使君子圆补其胃，亦有诸吐利久不瘥者，脾虚生风而成慢惊。"又曰"小儿慢惊，因病后或吐泻，或药饵伤损脾"，明确提出慢惊风的病变部位主要在脾胃，认识到慢惊风中有一种"脾虚生风无阳之证"，治疗当用温补，并创栝楼汤、宣风散等方剂。

吴尚先在《理瀹骈文》中还载有"治慢脾风者，炙黄芪、党参、炮附子各一两，白术二两，煨肉豆蔻、酒炒白芍、炙甘草各五钱，丁香三钱、炮姜炭二钱，油熬母收，掺肉桂末贴脐上，再以黄米煎汤调灶心土敷膏外"的外治法。慢脾风"实乃阴搐之危候"，故明代万全《幼科发挥》曰："久泻不止，津液消耗，脾胃倒败，下之谷亡，必成慢惊。"强调必须"补脾胃于将衰之先，宜用白术散补之，补之不效，宜用调元汤加健中汤急救，否则慢风已成，虽使中阳复生，不可为也"。亦有治从温补脾肾、回阳救逆，方用固真汤合逐寒荡惊汤加减的方法。从病理学角度讲，慢脾风是因小儿剧烈腹泻或呕吐引起水与电解质的损失，而呈现的脱水、酸中毒、微循环障碍等病理变化。

李修之年久脾胃虚热案

脾胃并虚，阴阳俱病，元气衰残，阴火攻冲，独浮肌肤，表虽身热如焚，而寒必中伏。况肌肉消铄，脾元困惫也；彻夜无卧，胃气不和也；面无色泽，气血不荣也；脉象无神，天真衰弱也，此皆不足之明验。若禁用五味则胃气益孤，专服寒凉则生气绝灭。宜晨服补中益气汤加麦冬五味，以培资生之本，暮服逍遥散以疏乙木之郁，兼佐浓鲜之品苏胃养阴，庶元神充而虚阳内敛也。

（《旧德堂医案》）

【编按】

脾胃并虚、阴阳俱病，是指脾之阳气、胃之阴气不足。脾阳不足，生化不力，日久则胃之阴气不足，涵寓在阴中的相火，独出于外浮留肌肤。相火为一身衬底之阳气，出外则内失温养而见中寒，故诸症毕见。

李修之肝旺凌脾案

内卿令乔殿史次君，自幼腹痛，诸医作火治、气治、积治，数年不愈。后以理中、建中相间而服亦不见效，特延予治。六脉微弦，面色青黄。予曰："切脉望色，咸届肝旺凌脾，故用建中，以建中焦之气；俾脾胃治而肝木自和，诚为合法，宜多服为佳。"复用数帖，益增胀痛。殿史再延商治，予细思无策，曰："贤郎之痛发必有时，或重于昼，或甚于夜，或饥饿而发，或饱逸而止，治皆不同。"殿史曰："方饮食下咽，便作疼痛，得大便后，气觉稍快，若过饥则痛；交阴分则贴然。"予曰："我得之矣。"向者所用小建中亦是治本之方，但药酸寒甘饴发满，所以无效。

贤郎尊恙缘过饥而食，食必太饱，致伤脾胃失运用之职，故得肝旺凌脾之候，所谓源同而流异者是也。今以六君子汤加山楂、麦芽，助其建运之机，令无壅滞之患，则痛自愈也。服二剂而痛果止，所以医贵精详不可草草。

（《旧德堂医案》）

【编按】

案中辨证始即妥切，治法则前后有异。开始认为"建中焦之气，俾脾胃治而肝木自和"，症状不减；后虑及气郁失运，小建中是治本之方，其药酸寒甘饴，所治在滋濡之性而失疏通之力，助其建运效即显见。

李修之久泻肠脱案

云间田二府封翁，久泻肉脱，少腹疼痛，欲食下咽，泊泊有声，才入贲门，而魄门已渗出矣。或以汤药厚脾，或以丸散实肠，毫不见效，几濒于危，召予力救。望其色，印堂年寿夭而不泽，切其脉气口六部细弱无神，则知清阳不升，原阴下陷，非但转输失职，将见闭藏倾败矣。

盖肾者胃之关也，脾之母也。后天之气土能制，先天之气肾可生。脾良由坤土，是离火所生，而艮木又属坎水所生耳。故饮食入胃如水谷在釜，虽由脾土以腐熟，亦必藉少火以生气。犹之万物，虽始于土，皆从阳气而生长，彼生生化化之气，悉属于一点元阳。所谓四大一身皆属金，不知何物是阳精也。唯命门火衰，丹田气冷，使脾脏不能运行精微，肠胃不能传化水谷，三焦无出纳之权，五阳乏敷布之导，升腾精华反趋下陷，故曰泻久亡阴，下多亡阳，阴阳根本，悉归肾中。若徒知补脾而不能补肾，是未明隔二之治也。宜用辛热之品暖补下焦，甘温之剂资培中土，譬之炉中加火而丹易盛，灯内添油而燃不息，真有水中火发、雪里花开之妙，何虑寒谷之不回春耶。

遂用人参、白术、炮姜、炙甘草、熟附子，煎成调赤石脂末三钱与服，渐觉平安，10剂而痛止泄减，面色润泽，饮食增进，不一月而痊愈，乃蒙赐顾，缱绻竟日而去。越明年春，田公觐还，父子重逢，喜出望外，不意过食瓜果，前症复发，竟难挽回，卒于仲夏庚寅日。可见木旺凌脾之验，毫发不爽也。

（《旧德堂医案》）

【编按】

其论“饮食入胃如水谷在釜，虽由脾土以腐熟，亦必藉少火以生气。犹之万物，虽始于土，皆从阳气而生长，彼生生化化之气，悉属于一点元阳”，是人生理之一象，中医之象如此积累而成中医理论内涵主体与基础。

李修之脾土虚真阳衰案

家君治江右太师傅继庵夫人，久泄不已，脉象迟微，微为阳衰，迟为阴胜，此脾土虚而真阳衰也。盖脾虚必补中而后土旺，阳衰必温中然后寒释。乃以四君子加姜桂，服二剂而畏寒如故，泄亦不减。知非土中之阳不旺，乃水中火不升也。须助少火之气上蒸于脾，方能障土之湿。遂用：

人参（三钱）、白术（五钱）、肉桂（一钱）、附子（一钱）。

数帖渐瘥，后八味丸调理乃安。

（《旧德堂医案》）

【编按】

“土中之阳不旺，乃水中火不升”是案中要目。久泄常致阳虚，阳虚又涉及脾脏或肾脏，可单一而见，可兼而并存。案中先温脾不效，易以温肾则效果明显。

李修之脾元亏损气衰火旺吐血案

上海邑尊陈虞门慕宾，吐血不已，或用犀角地黄汤降火，或以加味四物汤滋阴，绝谷数日，气喘随毙，延家君诊治。六脉虚弱，精神怠倦，明属思虑过度，脾元亏损。所以气衰则火旺，火旺则血沸而上溢也；血脱则气孤，气孤则胃闭而绝谷也。法当甘以悦脾，温以启胃，甘温相济，脾胃调和。庶元阳得以扶持，气血有所生长耳。遂用：

四物汤加米仁、石斛、麦冬、五味、广皮、桔梗。

数剂而愈。

（《旧德堂医案》）

【编按】

案例对脾虚吐血症的病机分析明了,"气衰则火旺"是对气虚发热证机的有益补充。其治"甘以悦脾,温以启胃",亦是对调和脾胃治法的深入理解和把握。

丁甘仁肾阴早亏犯胃贯膈案

朱某,诊脉三部弦小而数,右寸涩,关濡,尺细数;舌苔腻黄;证见胸痹痞闷,不进饮食,时泛恶,里热口干不多饮;十日未更衣,小溲短赤混浊,目珠微黄面,色灰暗无华。良由肾阴早亏,湿遏热伏,犯胃贯膈,胃气不得下降。脉证合参,证属缠绵,阴伤既不可滋,湿甚又不可燥,姑拟宣气泄肝,以通阳明,芳香化浊,而和枢机。

栝蒌皮(三钱)、赤茯苓(三钱)、江枳实(一钱)、荸荠梗(一钱五分)、薤白头(酒炒,一钱)、福泽泻(一钱五分)、炒竹茹(一钱五分)、鲜枇杷叶(三片)、绵茵陈(一钱五分)、仙半夏(二钱)、通草(八分)、银柴胡(一钱)、水炒川连(四分)、鲜藿佩(各二钱)、块滑石(三钱)。

二诊 脉左三部细小带弦,右寸涩稍和,关濡尺细,舌苔薄腻而黄,今日呕恶渐减,胸痞依然,不思纳谷,口干不多饮,旬日未更衣,小溲短赤混浊,目珠微黄,面部晦色稍开。少阴之分本亏,湿热挟痰滞互阻中焦,肝气横逆于中,太阴健运失常,阳明通降失司。昨投宣气泄肝,以通阳明,芳香化浊,而和枢机之剂,尚觉合度,仍守原意扩充。

仙半夏(二钱)、赤茯苓(三钱)、银柴胡(一钱)、绵茵陈(一钱五分)、上川雅连(五分)、鲜藿香佩兰(各二钱)、广郁金(一钱五分)、建泽泻(一钱五分)、栝蒌皮(三钱)、炒枳实(一钱)、生熟谷芽(各三钱)、薤白头(酒炒,一钱)、块滑石(三钱)、炒竹茹(一钱五分)、通草(八分)、鲜枇杷叶(去毛、包,三片)、鲜荷梗(一尺)。

三诊 呕恶已止,湿浊有下行之势,胸痞略舒,气机有流行之渐,唯纳谷衰少,小溲浑赤,苔薄黄,右脉濡滑,左脉弦细带数。阴分本亏,湿热留恋募原,三焦宣化失司,脾不健运,胃不通降,十余日未更衣,肠中干燥,非宿垢可比,勿亟亟下达也。今拟理脾和胃,苦寒泄热,淡味渗湿。

栝蒌皮(三钱)、赤茯苓(三钱)、黑山栀(一钱五分)、鲜荸荠梗(三钱)、薤白头(酒炒,一钱)、炒枳实(七分)、通草(八分)、鲜枇杷叶(三片)、仙半夏(二钱)、川贝母(二钱)、块滑石(三钱)、鲜荷梗(一尺)、水炒川连(四分)、鲜藿香佩兰(各二钱)、生熟谷芽(各三钱)。

四诊 胸痞十去七八,腑气已通,浊气已得下降。唯纳谷衰少,小溲短赤混浊,临晚微有潮热,脉象右濡滑而数,左弦细带数,苔薄腻微黄。肾阴亏于未病之先,湿热逗留募原,三焦宣化失司,脾胃营运无权。叶香岩先生云:"湿热为黏腻熏蒸之邪,最难骤化,所以缠绵若此也。"再拟宣气通胃,苦降渗湿。

清水豆卷(六钱)、赤茯苓(三钱)、银柴胡(一钱)、鲜枇杷叶(四片)、鲜荷梗(一尺)、黑山栀(一钱五分)、炒枳实(八分)、块滑石(三钱)、仙半夏(二钱)、川贝母(二钱)、通草(八分)、谷麦芽(各三钱)、川黄连(三分)、鲜藿香、佩兰(各二钱)、栝蒌皮(三钱)、荸荠梗(一钱五分)。

五诊 门人余继鸿接续代诊。小溲浑赤渐淡,胃气来复,渐渐知饥。头眩神疲,因昨晚饥而未食,以致虚阳上扰也。脘痞已除,午后仍见欠舒,良由湿热之邪,旺于午后,乘势而上蒸也。脾胃虽则渐运,而三焦之间,湿热逗留,一时未能清彻。口涎甚多,此脾虚不能摄涎也。今拟仍宗原法中加和胃运脾之品。

清水豆卷(六钱)、赤茯苓(三钱)、块滑石(三钱)、鲜枇杷叶(去毛,四片)、鲜荷梗(一尺)、黑山栀(一钱五分)、生白术(八分)、通草(八分)、仙半夏(一钱五分)、谷麦芽(各三钱)、炒枳实(八分)、鲜藿香佩兰(各二钱)、杭菊花(一钱五分)、栝蒌皮(三钱)、川贝母(二钱)、橘白络(各一钱)、荸荠梗(一钱五分)。

六诊 饮食渐增,口亦知味,脾胃运化之权,有恢复之机,小溲赤色已淡,较昨略长,湿热有下行之势,俱属佳征。神疲乏力,目视作胀,且畏灯亮,此正虚浮阳上扰也。口涎渐少,脾气已能摄涎。舌苔薄腻,而黄色已化,脉象右寸关颇和,左关无力,两尺细软,邪少正虚。再拟温胆汤,加扶脾宣气,而化湿热之品,标本同治。

清水豆卷(六钱)、赤茯苓(三钱)、川贝母(二钱)、鲜枇杷叶(四片)、鲜荷梗(一尺)、生白术(一钱五分)、橘白络(各八分)、谷麦芽(各三钱)、杭菊花(一钱五分)、广郁金(一钱)、生苡仁(三钱)、炒竹茹(一钱五分)、仙半夏(一钱五分)、鲜藿香佩兰(各二钱)、通草(八分)、建兰叶(三片)。此方本用枳实、栝蒌皮二味,因大便又行兼溏,故去之。

七诊 腹胀已舒,饮食亦香,小溲渐清,仅带淡黄色,昨解大便一次颇畅,作老黄色,久留之湿热滞浊,从二便下走也。今早欲大便未得,略见有血,良由湿热蕴于大肠血分,乘势外达,可无妨碍。脾胃运化有权,正气日渐恢复,当慎起居,谨饮食,不可稍有疏忽,恐其横生枝节也。再与扶脾宣化,而畅胃气。

生白术(一钱)、朱茯苓(三钱)、通草(八分)、鲜荷梗(一尺)、鲜藕节(三枚)、清水豆卷(四钱)、橘白络(各一钱)、川贝母(二钱)、仙半夏(一钱五分)、生苡仁(三钱)、谷麦芽(各三钱)、京赤芍(一钱五分)、炒竹茹(一钱五分)、杭菊花(一钱五分)、建兰叶(三片)、荸荠梗(一钱五分)。

八诊 脾胃为资生之本,饮食乃气血之源,正因病而虚,病去则正自复。今病邪已去,饮食日见增加,小溲渐清,略带淡黄,三焦蕴留之湿热,从二便下达,脾胃资生有权,正气日振矣。舌根腻,未能尽化,脉象颇和,唯尺部细小。再与扶脾和胃,而化余湿。

生白术(一钱)、朱茯苓(三钱)、谷麦芽(各三钱)、鲜荷梗(一尺)、鲜建兰叶(二片)、清水豆卷(四钱)、橘白络(各一钱)、豆衣(一钱五分)、仙半夏(一钱五分)、生苡仁(三钱)、炒杭菊(一钱五分)、炒竹茹(一钱五分)、鲜藿香佩兰(各二钱)、通草(八分)。

九诊 脉象渐渐和缓,脏腑气血,日见充旺,病后调养,饮食为先,药物次之。书云:“胃以纳谷为宝。”又云:“无毒治病,十去其八,毋使过之,伤其正也。”补养身体,最冲和者,莫如

饮食。今病邪尽去,正宜饮食缓缓调理,虽有余下微邪,正足则自去,不必虑也。再与调养脾胃,而化余邪。

生白术(一钱五分)、橘白络(各一钱)、谷麦芽(各三钱)、鲜荷梗(一尺)、清水豆卷(四钱)、生苡仁(三钱)、佩兰梗(一钱五分)、建兰叶(二片)、朱茯神(二钱)、生淮药(二钱)、豆衣(一钱五分)、炒杭菊(一钱五分)、鲜佛手(一钱)、通草(八分)。

十诊 病邪尽去,饮食颇旺,脉象和缓有神,正气日见充旺。小便虽长,色带黄,苔薄腻,余湿未尽。四日未更衣,因饮食多流汁之故,非燥结可比,不足虑也。当此夏令,还宜慎起居,节饮食,精心调养月余,可以复原。再拟健运脾胃,而化余湿。

生白术(一钱五分)、栝蒌皮(三钱)、川贝母(三钱)、鲜佩兰(三钱)、清水豆卷(四钱)、朱茯神(三钱)、生苡仁(三钱)、通草(一钱)、鲜荷梗(一尺)、橘白络(各一钱)、生熟谷芽(各三钱)。

(《丁甘仁医案·痿痹案》)

【编按】

纵观病案,治疗过程如下:宣气泄肝,以通阳明,芳香化浊,而和枢机;湿浊有下行之势,肠中干燥,非宿垢可比,勿亟亟下达也,拟理脾和胃,苦寒泄热,淡味渗湿;纳谷衰少,小溲短赤混浊,宣气通胃,苦降渗湿;脾胃虽则渐运,而三焦之间,湿热逗留,宗原法中加和胃运脾之品;邪少正虚,拟温胆汤,加扶脾宣气,而化湿热之品;脾胃运化有权,正气日渐恢复,当慎起居,谨饮食,再与扶脾宣化,而畅胃气;三焦蕴留之湿热,从二便下达,脾胃资生有权,正气日振矣,舌根腻,未能尽化,脉象颇和,再与扶脾和胃,而化余湿;病邪尽去,正宜饮食缓缓调理,余邪正足则自去,再与调养脾胃,而化余邪;当此夏令,调养可以复原,拟健运脾胃,而化余湿。病邪痼滞,治法有方,条条层进,俟邪去正复而后可。

丁甘仁脚气冲心重症二案

【案一】

何某,湿浊之气,从下而受,由下及上,由经络而入脏腑,太阴健运失常,阳明通降失司,腿足浮肿,大腹胀满,胸闷气逆,不能平卧面色灰黄;脉左弦右濡滑。香港脚冲心重症,香港脚谓之壅疾。急拟逐湿下行。

紫苏梗(一钱五分)、连皮苓(五钱)、陈木瓜(五钱)、苦桔梗(一钱)、海南子(三钱)、陈广皮(三钱)、汉防己(三钱)、淡吴萸(一钱五分)、生熟苡仁(各五钱)、福泽泻(二钱)、连皮生姜(三片)。

二诊 昨进逐湿下行之剂,大便先结后溏,气逆略平,而大腹胀满,腿足浮肿,依然如旧。面无华色,舌苔白腻,脉左弦细,右濡滑。蕴湿由下而上,由经络而入脏腑,脾胃运化无权，香港脚重症，还虑冲心之变。前法既获效机，仍守原意出入。

照前方加川牛膝（三钱）、冬瓜皮（五钱）。

三诊 腿足肿略减，两手背亦肿，大腹胀满虽松，胸闷气升，难以平卧。身热不壮，口干且苦，面色无华，舌苔薄腻微黄，脉象濡小而滑。脾主四肢，脾弱水湿泛滥，浊气上干，肺胃之气，失于下降，恙势尚在重途，未敢轻许不妨。再仿五苓合鸡鸣散加减，逐湿下行。

川桂枝（五钱）、福泽泻（二钱）、陈木瓜（三钱）、大腹皮（三钱）、酒炒黄芩（八分）、猪苓（三钱）、川牛膝（二钱）、淡吴萸（八分）、连皮苓（五钱）、陈皮（三钱）、冬瓜皮（五钱）、汉防己（三钱）、生熟苡仁（各五钱）、连皮生姜（三片）。

四诊 香港脚肿势减，大腹胀满亦松，小溲渐多，水湿有下行之势。身热时轻时剧，口苦且干，面无华色，舌苔腻黄，脉象濡小而滑。浊气留恋募原，脾胃运化无权，能得不增他变，可望转危为安。香港脚瘝疾，虽虚不补，仍宜五苓合鸡鸣散加减，逐湿下行，运脾分消。

前方去吴萸，加地枯萝（三钱）。

五诊 肿势大减，大腹胀满渐松，小溲渐多，水湿有下行之渐。纳少嗳气，且见咳嗽，舌苔薄白而腻，脉象弦小而滑。浊气聚于募原，水湿未能尽化，太阴健运失常，阳明通降失司也。前法颇合，毋庸更张。

川桂枝（六分）、泽泻（一钱五分）、大腹皮（二钱）、光杏仁（三钱）、连皮苓（四钱）、生熟苡仁（各三钱）、陈皮（一钱）、淡吴萸（八分）、陈木瓜（三钱）、连皮生姜（三片）、粉猪苓（二钱）、牛膝（二钱）、汉防己（三钱）、地枯萝（三钱）。

六诊 肿势十去七八，胀满大减，小溲渐多，水湿浊气，已得下行，沟渎通则横流自减，理固然也。苔腻未化，纳谷不旺，余湿未楚，脾胃运化未能如常。去疾务尽，仍守前法。

前方去地枯萝，加生白术（一钱五分）、冬瓜皮（四钱）。

【案二】

赵某，香港脚上冲入腹，危险之极，变生顷刻，勉方作万一之幸，破釜沉舟，迟则无济矣。

熟附子（五钱）、云茯苓（八钱）、陈木瓜（五钱）、花槟榔（三钱）、淡干姜（三钱）、生白术（三钱）、淡吴萸（二钱）、黑锡丹（包，三钱）。

（《丁甘仁医案·香港脚案》）

【编按】

此病虽言香港脚，与后之脚气大致相仿（非谓脚癣），与心源性水肿、肝病性水肿相近。究竟归属于具体哪一脏，按案中病机分析以脾为主，大致此病多属于肝病范畴；又案所见，与肝硬化晚期病情极为相似，故此可以判断，自唐以来所谓的香港脚病，大致就是指肝硬化腹水这一疾病。由此，此案便可启发我们对肝硬化疾病的辩证分析与治疗方案的施行。

张锡纯幼儿慢脾风案

辽宁侯姓幼子,7岁,于季秋得慢脾风证。秋初病疟月余方愈,愈后觉左胁下痞硬,又屡服消瘀之品,致脾胃虚寒不能化食,浸至吐泻交作,兼发抽掣。日甫潮热,两颧发红,昏睡露睛,手足时作抽掣,剧时督脉紧而头向后仰(俗名角弓反张),无论饮食药物服后半点钟即吐出,且带出痰涎若干,时作泄泻,其脉象细数无力。

疟为肝胆所受之邪,木病侮土,是以久病疟者多伤脾胃。此证从前之左胁下痞硬,脾因受伤作胀也。而又多次服消导开破之品,则中焦气化愈伤,以致寒痰留饮积满上溢,迫激其心肺之阳上浮,则面红外越而身热,而其病本实则凉也。其不受饮食者,为寒痰所阻也;其兼泄泻者,下焦之气化不固也;其手足抽掣者,血虚不能荣筋养肝,则肝风内动而筋紧缩也;抽掣剧时头向后仰者,不但督脉因寒紧缩,且以督脉与神经相连,督脉病而脑髓神经亦病,是以改其常度而妄行也。拟先用《福幼编》逐寒荡惊汤开其寒痰,俾其能进饮食斯为要务。

胡椒(一钱)、干姜(一钱)、肉桂(一钱)、丁香(十粒,四味共捣成粗渣)、高丽参(一钱)、甘草(一钱)。先用灶心土三两煮汤澄清,以之代水,先煎人参、甘草七八沸,再入前四味同煎三四沸,取清汤八分杯,徐徐灌之。

此方即逐寒荡惊汤原方加人参、甘草也。原方干姜原系炮用,然炮之则其气轻浮,辣变为苦,其开通下达之力顿减,是以不如生者。特是生用之则苛辣过甚,故加甘草和之,且能逗留干姜之力使绵长也。又加人参者,欲以补助胸中大气以运化诸药之力,仲师所谓大气一转,其结(痰饮)乃散也。又,此方原以胡椒为主,若遇寒痰过甚者,可用至钱半。又,此物在药局中原系背药,陈久则力减,宜向食料铺中买之。

复诊 将药服后呕吐即止,抽掣亦愈,而潮热泄泻亦似轻减,拟继用《福幼编》中加味理中地黄汤,略为加减俾服之。

熟怀地黄(五钱)、生怀山药(五钱)、焦白术(三钱)、大甘枸杞(三钱)、野党参(二钱)、炙箭、(二钱)、干姜(二钱)、生杭芍(二钱)、净萸肉(二钱)、肉桂(一钱后入)、红枣(三枚掰开)、炙甘草(一钱)、胡桃(一个用仁,捣碎)。

共煎汤一大盅,分多次徐徐温服下。将药连服2剂,潮热与泄泻皆愈,脉象亦较前有力。遂去白术,将干姜改用一钱,又服2剂痊愈。

(《医学衷中参西录·医案慢脾风》)

【编按】

案按:此方之药为温热并用之剂,热以补阳,温以滋阴,病本寒凉是以药宜温热,而独杂以性凉之芍药者,因此证凉在脾胃,不在肝胆,若但知暖其脾胃,不知凉其肝胆,则肝胆因服热药而生火,或更激动其所寄之相火,以致小便因之不利,其大便必益泄泻,芍药能凉肝胆,尤善利小便，且尤善敛阳气之浮越以退潮热，是以方中特加之也。《福幼编》加味理中地黄汤中干姜亦系炮用，前方中之干姜变炮为生，以生者善止呕吐也。今呕吐已止，而干姜复生用者，诚以方中药多滞腻，犹恐因之生痰，以干姜生用之苛辣者开通之，则滞腻可化，而干姜苛辣过甚之性，即可因与滞腻之药并用而变为缓和，此药性之相合而化亦即相得益彰也。此方原亦用灶心土煎汤以之代水煎药，而此时呕吐已止，故可不用。然须知灶心土含碱质甚多，凡柴中有碱质者烧余其碱多归灶心土，是以其所煮之汤苦咸，甚难下咽，愚即用时恒以灶圹红土代之。且灶心土一名伏龙肝，而雷公谓用此土勿误用灶下土，宜用灶额中赤土，此与灶圹中红土无异，愚从前原未见其说，后得见之，自喜拙见与古暗合也。

张锡纯季秋劳受寒凉黄疸案

王某，32岁，于季秋得黄疸证。出外行军，夜宿帐中，勤苦兼受寒凉，如此月余，遂得黄疸证。周身黄色甚暗似兼灰色，饮食减少，肢体酸懒无力，大便一日恒两次似完谷不化，脉象沉细，左部更沉细欲无。

此脾胃肝胆两伤之病也，为勤苦寒凉过度，以致伤其脾胃，是以饮食减少完谷不化；伤其肝胆，是以胆汁凝结于胆管之中，不能输肠以化食，转由胆囊渗出，随血流行于周身而发黄。此宜用《金匮》硝石矾石散以化其胆管之凝结，而以健脾胃补肝胆之药煎汤送服。处方：用硝石矾石散所制丸药，每服二钱，一日服两次，用后汤药送服。

生箭（六钱）、白术（四钱，炒）、桂枝尖（三钱）、生鸡内金（二钱，黄色的捣）、甘草（二钱）。

共煎汤一大盅，送服丸药一次，至第二次服丸药时，仍煎此汤药之渣送之。

复诊 将药连服5剂，饮食增加，消化亦颇佳良，体力稍振，周身黄退弱半，脉象亦大有起色。俾仍服丸药一次服一钱五分，日两次，所送服之汤药宜略有加减。

生箭（六钱）、白术（三钱，炒）、当归（三钱）、生麦芽（三钱）、生鸡内金（二钱，黄色的捣）、甘草（二钱）。

服法同前。将药连服6剂，周身之黄已退十分之七，身形亦渐强壮，脉象已复其常。俾将丸药减去一次，将汤药中去白术加生怀山药五钱，再服数剂以善其后。

（《医学衷中参西录·医案黄疸》）

张锡纯饮酒过量黄疸案

天津范某，32岁，得黄疸证。连日朋友饮宴，饮酒过量，遂得斯证。周身面目俱黄，饮食懒进，时作呕吐，心中恒觉发热，小便黄甚，大便白而干涩，脉象左部弦而有力，右部滑而

有力。

此因脾中蕴有湿热，不能助胃消食，转输其湿热于胃，以致胃气上逆（是以呕吐），胆火亦因之上逆（黄坤载谓，非胃气下降，则胆火不降），致胆管肿胀不能输其汁于小肠以化食，遂溢于血中而成黄疸矣。治此证者，宜降胃气，除脾湿，兼清肝胆之热则黄疸自愈。

生赭石（一两，轧细）、生薏米（八钱，捣细）、茵陈（三钱）、栀子（三钱）、生麦芽（三钱）、竹茹（三钱）、木通（二钱）、槟榔（二钱）、甘草（二钱）。煎汤服。

服药1剂，呕吐即止，可以进食。又服2剂，饮食如常，遂停药，静养旬日间黄疸皆退净。

（《医学衷中参西录·医案黄疸》）

【编按】

黄疸见于多种与肝脏有关的疾病，由于胆红素代谢与排泄出现异常而发生的病理状态。一种病理变化的存在，与中医认识的征候并不单一对应，中医从证论治，黄疸对应不同的证，于是治疗就有不同。如症见心下紧张难忍，食欲减退，下肢出现浮肿，渐及腹部，小便黄赤而频数，最后导致失禁，腹水和下肢浮肿逐渐加重。投茵陈五苓散汤剂，用药后尿量明显增加，黄疸，肝大，浮肿，腹水大部分消退，饮食状态改善。又如，症见食欲减退、全身乏力、两腿肌肉酸痛，伴以阵发性腹痛肠鸣、腹部不适、双目发黄、皮肤瘙痒等，亦以茵陈五苓散加减治疗而愈。这种治法合于《金匮》所云："黄疸病，茵陈五苓散主之。"所以，中医重在辨证施治思想的丰富与灵变。

张锡纯参赭培气汤三案

【案一】

一媪，年六十余，得水肿证，延医治不效。时有专以治水肿名者，其方秘而不传。服其药自大便泻水数桶，一身肿尽消，言忌咸百日，可保永愈。数日又见肿，旋复如故。服其药三次皆然，而病患益衰惫矣。盖未服其药时，即艰于小便，既服药后，小便滴沥全无，所以旋消而旋肿也。再延他医，皆言服此药，愈后复发者，断乎不能调治。后愚诊视，其脉数而无力。愚曰："脉数者阴分虚也，无力者阳分虚也。"膀胱之腑，有下口无上口，水饮必随气血流行，而后能达于膀胱，出为小便。《内经》所谓"州都之官，津液藏焉，气化则能出"者是也。

【案二】

一叟，年六十余得膈证，向愚求方。自言犹能细嚼焦脆之物，用汤水徐徐送下，然一口咽之不顺，即呕吐不能再食，且呕吐之时，带出痰涎若干。诊其脉关后微弱，关前又似滑实，知其上焦痰涎壅滞也。用此汤加邑武帝台所产旋复花二钱，连服4剂而愈。

【案三】

友人吴某某治姜姓叟，年六十余，得膈食证。屡次延医调治，服药半载，病转增进。吴某某投以参赭培气汤，为其脉甚弦硬，知其冲气上冲，又兼血液枯少也，遂加生芡实以收敛冲气，龙眼肉以滋润血液，一剂能进饮食，又连服七八剂，饮食遂能如常。

参赭培气汤：潞党参（六钱）、天门冬（四钱）、生赭石（八钱，轧细）、清半夏（三钱）、淡苁蓉（四钱）、知母（五钱）、当归身（三钱）、柿霜饼（五钱，服药后含化徐徐咽之）。

（《医学衷中参西录·参赭培气汤》）

【编按】

案按：人之一身，自飞门以至魄门，一气主之，亦一气悬之。故人之中气充盛，则其贲门（胃之上口）宽展，自能容受水谷，下通幽门（胃之下口）以及小肠、大肠，出为二便，病何由而作？若中气衰惫，不能撑悬于内，则贲门缩小，以及幽门、小肠、大肠皆为之紧缩。观膈证之病剧者，大便如羊矢，固因液短，实亦肠细也。况中气不旺，胃气不能息息下降，而冲气转因胃气不降，而乘虚上干，致痰涎亦随逆气上并，以壅塞贲门。夫此时贲门已缩如藕孔，又加逆气痰涎以壅塞其间，又焉能受饮食以下达乎？故治此证者，当以大补中气为主，方中之人参是也。以降逆安冲为佐，以清痰理气为使，方中之赭石、半夏、柿霜是也。又虑人参性热、半夏性燥，故又加知母、天冬、当归、柿霜，以清热润燥、生津生血也。用苁蓉者，以其能补肾，即能敛冲，冲气不上冲，则胃气易于下降。且患此证者，多有便难之虞，苁蓉与当归、赭石并用，其润便通结之功，又甚效也。若服数剂无大效，当系贲门有瘀血，宜加三棱、桃仁各二钱。仲景《伤寒论》有旋复代赭石汤，原治伤寒发汗，若吐若下解后，心下痞硬，噫气不除者。周扬俊、喻嘉言皆谓治膈证甚效。拙拟此方，重用赭石，不用旋复花者，因旋复花《神农本草经》原言味咸，今坊间所鬻旋复花，苦而不咸，用之似无效验。唯邑武帝台为汉武帝筑台望海之处，地多咸卤，周遭所产旋复花，大于坊间鬻者几一倍。其味咸而兼辛，以治膈食甚效。或问："《神农本草经》旋复花，未言苦亦未言辛。药坊之苦者，既与《神农本草经》之气味不合，岂武帝台之辛者，独与《神农本草经》之气味合乎？"答曰："古人立言尚简，多有互文以见义者。《神农本草经》为有文本后第一书，其简之又简可知。故读《神农本草经》之法，其主治未全者，当于气味中求之；其气味未全者，即可于主治中求之。"旋复花，《神农本草经》载其主结气，胁下满，惊悸、除水、去五脏间寒热，补中下气。三复《神农本草经》主治之文，则旋复花当为平肝降气之要药，应借辛味，以镇肝木，其味宜咸而兼辛明矣。至于苦味，性多令人涌吐，是以旋复花不宜兼此味也。其味不至甚苦，亦可斟酌加入也。

叶天士胃伤困乏清阳不司旋运案

据述久有胃痛，当年因痛吐蛔，服资生丸，消补相投，用八味丸，温润不合。凭脉论症，向时随发随愈，今病发一月，痛止不纳，口味酸浊，假寐未久，忽燥热头汗淋漓，口不渴饮。

凡肝病必犯胃府，且攻涤寒热等药，必先入胃以分，布药不对，病更伤胃气。胃司九窍，

清浊既乱于中，焉有下行为顺之理。上下不宣，状如关格，但关格乃阴枯阳结，圣贤尤以为难。今是胃伤困乏，清阳不司旋运，斯为异歧，不必以寒之不应而投热。但主伤在无形，必图清气宣通，则为善治程法。

《金匮》大半夏汤。

（《三家医案合刻》）

姚贞白脾虚湿痰眩晕案

高某，男，55岁，干部。1970年7月。患者体形肥胖，湿痰较重，多年来积劳过度。自1952年起，即感头昏眩晕、耳鸣，如乘舟车，夜卧不安，梦多。有时胸闷、痰凝、欲呕、食少。十多年来，血压波动在180/110毫米汞柱上下。经西医诊断为美尼尔氏综合征。服西药并服中药滋补剂，病情不减，近已停止工作，特约余前往会诊。

症见舌苔薄白，微腻，脉象右濡滑，左弦细。余谓此属疲劳过度，心神不宁，又因湿痰凝滞，脾运受损，肝之清阳不升，发为眩晕。法宜淡渗利湿，化痰理气，升清降浊，健脾宁心为治。

法半夏9克、明天麻9克、漂白术9克、白茯苓15克、化橘红6克、淮枣仁15克、炙远志6克、石菖蒲3克、炒枳壳6克、生甘草3克、炒苡仁15克、净秫米15克、荷叶顶2个。

二诊　服上方5剂之后，夜卧渐安，血压稍降，头目仍发眩晕，耳鸣腰楚，咯痰较多，二便如常，饮食增加，胸闷已减。左脉稍弦，右仍濡滑。乃脾为湿困，痰凝未涤，清浊升降失司，肝肾不足。嘱须尽量节制肥甘腥腻及动湿生痰之品。续用原方增减：

法半夏9克、明天麻9克、漂白术9克、白茯神15克、化橘红6克、光杏仁9克、炒苡仁12克、生杜仲12克、建莲子15克、生甘草3克、石决明9克、荷叶顶3个。

三诊　上方连服15剂，诸证均有显著减轻，血压降至150/80毫米汞柱。患者已能适当工作，独自行走，饮食增加，二便正常。脉转缓和，舌淡苔润，唯精神尚弱。证属湿痰渐化，心脾功能逐渐恢复，清浊渐分而肝肾未足。可用原方稍佐滋养固脾之品，调理善后。

炙首乌15克、漂白术12克、白茯神15克、明天麻9克、法半夏9克、化橘红6克、黑小豆15克、沙吉力12克、生甘草3克、炒苡仁12克、荷叶顶3个。

《姚贞白医案·脾虚湿痰眩晕》

【编按】

案按：脾虚湿痰郁阻引起的眩晕症，临床较多。病的初期，往往辨证不确，或用滋腻，或用强壮，或用温燥，或用寒凉，甚或使用攻下，皆未获效，反致迁绵。固当重视病因病理的特点。此例首用淡渗利湿，化痰理气，升清降浊，以治其标，方中兼以健脾宁心，调达肝肾；继投补益，以固根本。此法可供借鉴。

姚贞白暑热痢案(小儿菌痢)

姚某,男,5岁。1972年6月。在某医院会诊。患儿发热月余不退,下痢赤白黏液,日廿余行。口燥,唇焦,腹部胀满,不思饮食。干呕,咳嗽,小便短赤。大便培养,检出痢疾杆菌。午后体温40~41℃。面色发青,神识昏迷,病情急剧,举行中西会诊。诊脉浮数,左关弦,右关濡滞,舌质红,苔黄少津。触诊腹满而痛,周身肌肤火热。是盛夏伤暑之势,《内经》云:“因于暑,汗烦则喘咳,静则多言,体若燔炭。”而暑湿互滞,下注魄门,遂成是证。治则解暑清热,消滞理气。

藿香梗4.5克、粉葛根6克、炒大黄2.4克、炒云连1.5克、炒黄芩4.5克、广木香2.4克、炒杭芍6克、车前草6克、生甘草2.4克。

二诊 上方服1剂得汗,神识渐清,体温降至38~39℃,下痢减半,腹胀痛均舒,小便短黄,肤热较退,仍咳;脉象弦滞,舌红,苔淡黄。此暑邪得解,胃肠积滞未清,续拟下方:

粉葛根6克、炒云连2.4克、炒黄芩4.5克,广木香2.4克、冲波蔻3克、焦山楂6克、车前子6克、莱菔子4.5克(炒冲)、苏梗片4.5克、炒赤白芍各4.5克、烧鸡金1枚。

三诊 热退神清,体温37~38℃,下痢日五六行,色转黄,小便清长;咳稀,稍能进食;诊脉细弦而滑,舌淡苔薄。续拟下方:

粉葛根4.5克、广木香2.4克、冲波蔻3克、白茯苓9克、红饭豆9克、烧鸡金1枚、云黄连2.4克(吴萸水炒)、炒莱菔子3克、炒赤白芍各4.5克、广子片4.5克、甘草2.4克。

四诊 上方服2剂,下痢全止,大便日一行,化验:痢疾杆菌消失。食眠转佳,余证皆除。脉调、舌润。拟方调理2剂出院。

苏条参9克、漂白术6克、白茯苓9克、炒杭芍6克、广木香2.4克、西砂仁3克、生甘草3克、全当归6克、炒玉米6克、老米各6克。

(《姚贞白医案·暑热痢》)

【编按】

稚阳之体,暑湿为痢,法拟清解,外疏内畅,药剂轻灵。

姚贞白肠梗阻案

潘某某,男,55岁,干部,1958年。

初诊 患者平日工作劳累,脾胃较弱。因伤食受寒,而致腹痛、胸闷、呕吐、便秘。服中西药物,症情不减,胸腹胀满更甚,面色青,自汗,呻吟不止。家属即送某医院,诊为急性肠梗

阻及肠套叠症，立即施行外科手术。术后，患者仍感腹内胀满疼痛，大便不通，作呕，饮食不下，且有低热。一周后，病又转剧，院方立刻召集中西医会诊，决定连夜作第二次腹腔手术。虽经二次手术，但病情仍如原状，腹胀胸闷，疼痛不休。面苍白，自汗，大便仍未通，病况危重。

中医会诊：证情如上述，脉象沉细而紧，舌质淡，苔白腻。证由脾阳失运，寒湿积滞，气机壅塞，而致腑实。但因证虚，不可峻下攻逐。法当理气温中，和胃宽肠，芳香透达，以资通利。用自拟方七香汤治之。处方：

广藿香6克、伽楠沉香4.5克、广木香6克、真绛香4.5克、白檀香6克、公丁香4.5克、炒小茴香9克，大葱白2寸为引。

上方连夜服三煎后，天明，腹中雷鸣，矢气频传。此气机疏通，脾阳已苏，是为佳兆。自觉得矢气后，腹痛减轻，但胀满未除。诊脉沉紧之象稍减而现弦滞，舌白腻。改用下方：

炒枳实6克（冲）、炒厚朴9克、广藿香6克、广木香4.5克、伽楠沉香3克、冲白蔻3克、炒谷、麦芽各9克、烧鸡金2个、烧生姜2片、小枣7个。

上方服1剂后，矢气频连。晌午，大便畅下，中有硬结数枚，胸腹胀满顿觉轻舒，疼痛大减，渐思饮食。仍神倦，自汗思睡。脉弱缓，舌淡白有津。此气血双亏，心脾不足。再用下方调理。嘱慎风寒，节饮食，静养即可康复。处方：

白人参9克（另煨兑服）、当归身12克、炒杭芍9克、白茯神15克、白术9克、枣仁15克（冲）、砂仁9克、炙远志6克、广木香2.4克、炙甘草6克、大龙眼10克、莲子肉15克。

（《姚贞白医案·肠梗阻》）

【编按】

两番手术，中阳衰惫，无能温煦运化传导，故虽腑实胀满，岂可不虑消夺真元而妄行峻下攻逐！贵在洞察症结，本中医的气化原理着手，因症立法，按法制方，独创“七香汤”，枢转气机，宣通六腑，温暖五脏，旋解壅塞之危。继进朴、枳等品，腑实畅下。病后正虚，则随用中西药物调养补益而痊。

姚贞白脾肾阴虚胃火内炽型消渴案

外宾某，男，40岁。1959年7月。

初诊 患者世居热带，嗜烟酒，喜冷饮，面色黧黑晦暗，体形胖壅，望而知为湿痰内滞之体。自述染患糖尿病已数年，每日需饮水数十杯，小便频数，夜间尤甚，影响睡眠，且溺色黄浊，似油脂浮于其上。但饮食不减，身体愈趋肥胖，化验检查，尿糖血糖均高。多方治疗，效果不显。余往诊时，除见上述病情外，患者且感头眩，身困重，足软无力，口燥思饮，时有痰凝作咳。诊脉弦滑，舌苔干黄。此属消渴日久，脾肾阴虚，胃火内炽，津液不升，湿热痰浊不化。权宜清热化湿，后当“壮水之主”。处方：

粉葛根9克、天花粉9克、白元参9克、麦门冬9克、京半夏9克、川贝母6克(冲)、广橘络9克、生石膏12克(打碎)、淡竹叶6克、茯苓12克、苡仁12克。

二诊 上方服5剂，患者渴饮略少，溺色转淡，次数稍减。舌苔较润，脉仍细弦而滑。时咳嗽，痰凝，夜卧不安。此消渴渐退，病久阴虚脾弱，湿痰未化。续以上方加减：

白元参9克、麦门冬9克、白茯神15克、炒知母6克、粉葛根9克、天花粉9克、鲜芦根18克、半夏曲9克、广橘络9克、京竹叶30片、净杷叶3片。

三诊 上方复进5剂后，患者小便次数尤减，质渐清，色转淡；虽口燥思饮，而量已不多，咳嗽渐稀，尚有痰凝；夜能入睡，多梦，已能单独下楼散步；自述头眩轻减，肢体较前轻松灵活，臁肿日消；脉弦滑渐平，舌润，苔黄已退。此消渴症逐渐好转，而脾肾未足，心神不宁。拟方：

枣仁15克(冲)、茯神15克、炒知母6克、天花粉9克、粉葛根9克、金石斛9克、广橘络9克、炒杭芍9克、京半夏9克、鲜芦根15克、净杷叶3片、竹茹6克。

四诊 上方续服5剂，饮水大减，已不觉口渴。经化验，尿糖血糖正常。面色由晦暗转现红润。咳少，痰凝渐涤。每夜均能入睡，尚有梦境。舌红润，脉和缓。多年痼疾，一旦减轻，患者心情舒畅，对我国医学深感敬佩。为根治此顽疾，因拟善后调理之方如下：

干地黄12克、淮山药12克、茯神15克、粉丹皮6克、枣皮6克(炒)、泽泻6克、粉葛根9克、天花粉9克、京半夏9克、广橘络9克、枣仁15克(冲)、净杷叶3片。某医院赠送该外宾蜜炙六味地黄丸十斤，嘱其每日早晚各服一丸(约9克)。

1962年来函，谓病已痊愈，并未复发，特致谢云。

(《姚贞白医案·肠梗阻》)

【编按】

先以清凉甘淡，润燥生津，祛湿化痰，利肺止咳，为其清除体内蕴郁已久之湿热痰浊，使肺、脾、肾之功能改进。因而气机豁达，津液上升，化源资布。继用养心安神、滋益脾肾之法，巩固疗效。

程杏轩鸡矢散治单腹胀案

菜佣某，初患腹胀，二便不利，予用胃苓之属，稍效。渠欲求速功，更医目为脏寒生满病，猛进桂附姜萸，胀甚，腹如抱瓮，脐突口干，溲滴如墨，揣无生理。其兄同来，代为恳治。

予谓某曰：“尔病由湿热内蕴，致成单胀，复被狠药吃坏，似非草木可疗，吾有妙药，汝勿嫌秽可乎？”某泣曰：“我今只图愈疾，焉敢嫌秽。”令取干鸡矢一升，炒研为末，分作数次，每次加大黄一钱，五更清酒煎服，有效再商。某归根据法制就，初服肠鸣便泻数行，腹胀稍舒，再

服腹软胀宽。又服数日，十愈六七，更用理脾末药而瘳。众以为奇，不知此本内经方法，何奇之有。予治此证，每服此法，效者颇多，视禹功神佑诸方，其功相去远矣。

（《程杏轩医案·初集》）

【编按】

腹胀在气，与水湿流注腹腔有别，但腹水亦不离气机逆乱为其病机一主要方面。故此治疗思路可借以治疗肝硬化腹水，但其要在思路，用药处方宜变通而施。

蒲辅周急性中毒性痢疾案

陈某某，男，4岁半，住某医院，1963年8月26日。

初诊 26日，九天前突然发热，恶心呕吐，四小时内即抽风二次，昏迷而急诊入院，大便呈脓血样，有里急后重，当时诊为急性中毒性痢疾，用冬眠药物及温湿布裹身等措施，而四肢一阵阵发紧，翌日面色更灰暗，寒战高热更甚，曾突然呼吸暂停，见下颌运动，经人工降温16小时，才呼吸均匀。复温后，第二天开始每日败血症样热型，上午寒战，肢凉发绀，午后高热42～43℃，一直谵妄躁动，下痢脓血日10～20余次，里急后重。化验：白细胞总数600/立方毫米，中性粒细胞30%，大便培养福氏痢疾杆菌阳性，耐药试验对多种药物不敏感。

尚能食半流质，腹胀不硬，不呕吐，无汗，四肢清冷，神志不清，呈半昏迷状态；膈部扇动，呼吸促，面色灰暗，小便黄；脉右沉濡，左弦大急，唇淡，舌质淡不红，苔薄白腻。由暑湿内伏，新凉外加，里结表郁，以致升降阻滞，营卫不通。病已八日，而午前寒战，午后高热无汗，若单治里，伏邪不得外越，必然内结。邪愈结而正愈虚，正虚邪实，已至严重阶段，幸胃气尚存，急宜升阳明、和营卫，开肌表汗孔之闭，达邪外出，以解里急。拟用桂枝加葛根汤：

粉葛根（二钱）、桂枝（一钱）、白芍（一钱）、炙甘草（一钱）、生姜（二片）、大枣（二枚）。慢火煎取180毫升，每4小时服30毫升，服1剂。

二诊 27日，服药后，是夜汗出，从头部至上肢、手心达大腿，但小腿以下仍无汗；体温渐降，四肢转温和；今晨已无寒战，午后又发热39.6℃，大便昨天共22次，为脓血；有里急后重，呼吸仍促，头部有微汗，下肢仍无汗，胃纳尚可，小便黄而少；脉转沉数，舌淡苔薄白腻。此表气略通，因正虚不能达邪，以致汗出不彻，邪不透达。治宜扶正祛邪，表里合治。

党参（一钱）、生扁豆（二钱）、砂仁（五分）、杏仁（一钱）、木瓜（八分）、香薷（五分）、藿香（八分）、粉葛根（一钱）、炙甘草（五分）、生姜（一片）、大枣（一枚）。煎服法同上，服1剂。

三诊 28日，服昨方后，遍身微汗透彻至足，体温波动在36～39.5℃；昨天大便减为14次，呈绿脓样酱色便，里急后重已不显，腹满减轻，精神好转，面黄；脉右沉濡，左沉弦，舌淡，苔转黄腻少津。至此表气已通，里热渐露，治宜生津益气，兼清湿热。

玉竹（一钱）、生扁豆（二钱）、茯苓（三钱）、香木瓜（八分）、杏仁（一钱五分）、厚朴（一钱）、茵陈(二钱)、滑石(三钱)、生稻芽(二钱)、藿香(五分)、通草(一钱)、荷叶(二钱),服2剂。

四诊 30日,大便每天仍十多次,但脓血及里急后重再减;汗复止,夜间最高体温39℃;遍身皮肤出现红疹,无明显搔痒;食纳尚可,小便黄;白细胞已渐增至2100/立方毫米,中性粒细胞56%;脉沉数,舌淡苔黄腻。病减而疹见,乃伏热外出之象,治宜续清湿热。

茯苓皮(二钱)、扁豆衣(二钱)、茵陈(二钱)、豆卷(三钱)、黄芩(一钱)、杏仁(一钱五分)、银花叶(二钱)、淡竹叶(一钱五分)、苡仁(四钱)、滑石(三钱)、通草(一钱)、荷叶(二钱),服1剂。

五诊 31日,体温已降至36.8～37.1℃;大便次数大为减少,脓血基本消失,无里急后重;精神较佳,遍身微汗续出,全身红疹仍露;脉沉数,舌苔灰腻。表里渐和,湿热未尽,宜续清余热,兼调理脾胃。

原方去竹叶、黄芩,加甘草五分、麦芽一钱五分,服2剂。

六诊 9月2日,体温已正常;大便日三次,无脓血,黄黏不成形;红疹已消失,腹满亦平,精神转佳,食欲增进;脉和缓,舌淡唯苔仍秽腻而厚。仍宜调脾胃,通阳利湿为治。

茵陈(一钱五分)、藿香梗(一钱)、扁豆衣(二钱)、厚朴(一钱)、广陈皮(一钱)、炒麦芽(二钱)、薤白(一钱)、滑石(三钱)、神曲(一钱五分)、通草(一钱)、荷叶(二钱)。服2剂,忌食油腻。

(《蒲辅周医案》)

【编按】

案按:正虚邪实,已至严重阶段。凡痢疾多属里证,治当从里,但每日午前恶寒肢冷,战栗近促,下利腹满,乃邪陷于里,不能外达;幸胃气尚存,津液未竭,急救之法,借用桂枝汤和营卫以开闭,加葛根升提阳明以举陷。盖开肌表之闭,即可解里急之危,使内陷之邪,由表而出。又如桂枝汤法以粳米、荷叶为粥,助胃达邪,服后表气略通,得微汗未彻,而寒战消失,肢凉转温,高热稍减,里急略缓;呼吸仍促,改用治暑湿之品,表里合治,扶正祛邪,药后全身微汗,高热再降,下利渐减。此时内陷营分之伏热又由疹出而消散,后以生津益胃,通阳利湿,邪去正复,症状逐渐消失而获痊愈。由此可知祖国医学在治疗急性热病方面,重在先解其表,不使邪气深入和内陷,表里和,营卫通,则邪有外出之路。本例乃治变救逆而施,非治痢之常法,但达邪外出之旨,仍不失中医治病理法,是有一定的原则性和灵活性的。

蒲辅周慢性痢疾案

曾某某,男,57岁,干部,已婚,于1964年2月6日初诊。

初诊 2月6日,西医诊断为慢性痢疾。素有胃病,脘腹疼痛,有时便溏;最近又感胃脘及腹痛,食纳差,大便有黏液,日3～4次,无里急后重,但常感肛门不舒;大便化验有红白细

胞，小便黄热而少；脉右沉滑，左弦滑微数，舌红，厚秽苔。属脾胃失调，湿热下注。治宜清湿热，调脾胃，法用苦辛。

藿香梗（二钱）、杏仁（二钱）、炒黄芩（一钱）、黄连（八分）、炒黄柏（八分）、炒苍术（一钱五分）、泽泻（一钱）、厚朴（一钱五分）、大腹皮（一钱五分）、茵陈（二钱）、滑石（三钱，布包）、通草（一钱）、木香（五分），服2剂。

二诊 2月10日，药后大便已成形，日一次，黏液已很少；食纳尚可，胃及腹痛大减，小便已不黄；脉沉滑微数，舌正红，黄腻苔减，宜继清湿热，兼调胃气。

原方去黄连加扁豆衣二钱、炒神曲二钱，服3剂。

三诊 2月17日，药后大便黏液又减，偶有腹痛及肛门不舒感，大便每日一次成形；小便略黄，纳转佳；脉和缓有力，舌正苔薄微黄腻。继清湿热，调和脾胃。

炒黄芩（七分）、酒炒黄柏（一钱）、苍术（一钱五分）、酒军（五分）、姜黄（一钱）、银花藤（三钱）、蒲公英（三钱）、皂角子（一钱）、豆卷（三钱）、生甘草（一钱），服3剂。

四诊 2月22日，药后大便已正常，胃脘及腹部已不痛，食纳佳，小便正常；六脉缓和，舌质正常，苔已化净。

原方加大枣四枚，服5剂而愈。

（《蒲辅周医案》）

【编按】

案按：本例西医诊断为慢性痢疾，中医辨证则属脾胃失调，湿热下注所致。用苦辛法调脾胃、清湿热，逐渐好转；以后继用三黄清热燥湿，苍术、豆卷去湿，银花、公英清热解毒，姜黄除秽消瘀，肃清气血之病邪，酒军、皂角子攻积利窍，直达病所，使邪有出路而无稽留之所，病邪彻底肃清后而痢疾告愈。由此可见，下利（包括痢疾）在病邪未清时，切忌固涩，以免邪留成澼，久延不愈，也说明了“邪去则正安”的道理。

徐大椿因补停食案

淮安大商杨秀伦，年七十四，外感停食。医者以年高素封，非补不纳。遂致闻饭气则呕，见人饭食辄叱曰：“此等臭物，亏汝等如何吃下？”不食不寝者匝月，唯以参汤续命而已。慕名来聘，余诊之曰：“此病可治，但我所立方必不服，不服则必死。若徇君等意以立方亦死，不如竟不立也。”群问：“当用何药？”余曰：“非生大黄不可。”众果大骇，有一人曰：“姑俟先生定方再商。”其意盖谓千里而至，不可不周全情面，俟药成而私弃之可也。余觉其意，煎成，亲至病人所强服，旁人皆惶恐无措，止服其半，是夜即气平得寝，并不泻。明日全服一剂，下宿垢少许，身益和。

第三日侵晨，余卧书室中未起，闻外哗传云：“老太爷在堂中扫地。”余披衣起询，告者曰：

"老太爷久卧思起,欲亲来谢先生。"出堂中,因果壳盈积,乃自用帚掠开,以便步履。旋入余卧所,久谈。早膳至,病者观食,自向碗内撮数粒嚼之,且曰:"何以不臭?"从此饮食渐进,精神如旧,群以为奇。余曰:"伤食恶食,人所共知,去宿食则食自进,老少同法。"今之医者,以老人停食不可消,止宜补中气,以待其自消;此等乱道,世反奉为金针,误人不知其几也。余之得有声淮扬者,以此。

(《洄溪医案》)

【编按】

老年素施养生之体,以通下法,有违一般医生的意见,然而实际却切合患者的病机。所以识证在于精当,所谓一般从众心理,即是盲从性的,并不具有符合规律特点的普遍性。为医必须有自己的思维判断能力,方能临证而见著。

徐大椿胁下留饮案

洞庭席载岳,素胁下留饮,发则大痛,呕吐,先清水,后黄水,再后吐黑水而兼以血。哀苦万状,不能支矣,愈则复发。余按其腹有块在左胁下,所谓饮囊也。非消此则病根不除,法当外治。因合蒸药一料,用面作围,放药在内,上盖铜皮,以艾火蒸之,日十余次,蒸至三百六十火而止。依法治三月而毕,块尽消,其病永除,年至七十七而卒。

此病极多,而医者俱不知,虽轻重不一,而蒸法为要。

(《洄溪医案》)

【编按】

雄按:今夏江阴沙沛生尹,患胸下痞闷,腹中聚块,卧则脾间有气下行至指,而惕然惊寤。余谓气郁饮停,治以通降。适渠将赴都,自虑体弱,有医者迎合其意,投以大剂温补。初若相安,旬日后神呆不语,目眩不饥,便闭不眠,寒热时作。复延余诊,按其心下,则辘辘有声,环脐左右,块已累累;溺赤苔黄,脉弦而急。幸其家深信有年,旁无掣肘。凡通气涤饮清络舒肝之剂,调理三月,各恙皆瘳。

徐大椿胁下饮癖案

郡中朱姓,素有饮癖,在左胁下,发则胀痛呕吐,始发甚轻,医者每以补剂疗之,发益勤而甚。余戒之曰:"此饮癖也,患者甚多,唯以消饮通气为主,断不可用温补,补则成坚癖,不可治矣。"不信也,后因有郁结之事,其病大发,痛极呕逆,神疲力倦。医者乃大进参、附,热气上

冲，痰饮闭塞，其痛加剧，肢冷脉微；医者益加参、附，助其闭塞，饮药一口，如刀箭钻心，哀求免服。妻子环跪泣求曰："名医四人合议立方，岂有谬误？人参如此贵重，岂有不效？"朱曰："我岂不欲生？此药实不能受!使我少缓痛苦，死亦甘心耳，必欲使我痛极而死，亦命也。"勉饮其半，火沸痰壅，呼号宛转而绝。大凡富贵人之死，大半皆然，但不若是之甚耳。要知中病之药，不必入口而知，闻其气即喜乐而欲饮；若不中病之药，闻其气则厌恶之。故服药而勉强若难者，皆与病相违者也。《内经》云："临病人问所便。"此真治病之妙诀也。若《孟子》云："药不瞑眩，厥疾不瘳。"此乃指攻邪破积而言，非一例也。

（《洄溪医案》）

【编按】

饮癖即指痰饮留滞为癖，考虑所属病气位处左胁，应属脾脏肿大类疾病。如若依据现在一般观点，可能会考虑以参芪、归七类药物为治疗主向；案中提出"唯以消饮通气为主，断不可用温补"，与之有很大不同。故治疗总应斟酌再三，切合病机方为合理。

雄按：余编《洄溪医案》，吾乡蒋寅昉大理欲以付梓，嘱友人缮清本，漏此一条，迨刻竣始知之，不便补镌，故录于此（指《归砚录》）。又按此人饮癖，亦素因肝热内炽而成，与中气虚寒饮停，宜温药和之者，证候迥别也。所云中病与否，闻气即知，最为有理。曩省中顾肇和大令之室患暑，医者以其产后而拟用肉桂，病者闻之甚畏，坚不肯服，家人再四劝饮，遂至不救。不但药也，食物亦然。余性畏闻冬舂饭气，故食之辄病。

徐大椿吐血证四案

【案一】

平望镇张瑞五，素有血证。岁辛丑，余营葬先君，托其买砖灰等物，乡城往返，因劳悴而大病发，握手泣别，谓难再会矣。余是时始合琼玉膏未试也，赠以数两而去，自此不通音问者三四载。

一日，镇有延余者，出其前所服方，问："何人所写？"则曰："张瑞五。"曰："今何在？"曰："即在馆桥之右。"即往候之，精神强健，与昔迥异。因述服琼玉膏后，血不复吐，嗽亦渐止。因涉猎方书，试之颇有效，以此助馆谷所不足耳。余遂导以行医之要，唯存心救人，小心谨慎，择清淡切病之品，稗其病势稍减，即无大功，亦不贻害。若欺世徇人，止知求利，乱投重剂，一或有误，无从挽回，病者纵不知，我心何忍。瑞五深以为然，后其道大行，遂成一镇名家，年至七十余而卒。

【案二】

洞庭吴伦宗夫人，席翁士俊女也。向患血证，每发，余以清和之药调之，相安者数年。郡中名医有与席翁相好者，因他姓延请至山，适遇病发，邀之诊视。见余前方，谓翁曰："此阳虚失血，此公自命通博，乃阴阳不辨耶！”立温补方加鹿茸二钱，连服六剂。血上冒，连吐十余碗，一身之血尽脱；脉微目闭，面青唇白，奄奄待毙。急延余治，余曰：“今脏腑经络俱空，非可以轻剂治。”觅以鲜生地十斤，绞汁煎浓，略加人参末，徐徐进之。历一昼夜尽生地汁，稍知人事，手足得展动，唇与面红白稍分；更进阿胶、三七诸养阴之品，调摄月余，血气渐复。

夫血脱补阳，乃指大脱之后，阴尽而阳无所附，肢冷汗出，则先用参、附以回其阳，而后补其阴。或现种种虚寒之证，亦当气血兼补；岂有素体阴虚之人，又遇气升火旺之时，偶尔见红，反用大热升发之剂，以扰其阳而烁其阴乎！此乃道听途说之人，闻有此法，而不能深思其理，误人不浅也。

【案三】

嘉兴王蔚南，久患血证，左胁中有气，逆冲喉旁，血来有声如沸。戊子冬，忽大吐数升，面色白而带青，脉微声哑，气喘不得卧，危在旦夕。余以阿胶、三七等药，保其阴而止其血，然后以降火纳气之品，止其冲逆。复以补血消痰，健脾安胃之方，上下分治，始令能卧，继令能食。数日之后，方能安卧。

大凡脱血之后，断不可重用人参升气助火，亦不可多用滋腻以助痰滞胃。要知补血之道，不过令其阴阳相和，饮食渐进，则元气自复，非补剂入腹，即变为气血也。若以重剂塞其胃口，则永无生路矣。况更用温热重剂，助阳烁阴而速之死乎。

【案四】

洞庭张姓，素有血证，是年为女办装，过费心力，其女方登轿，张忽血冒升余，昏不知人。医者浓煎参汤服之，命悬一息，邀余诊视。六脉似有如无，血已脱尽，急加阿胶、三七，少和人参以进，脉乃渐复，目开能言，手足展动，然后纯用补血之剂以填之，月余而起。盖人生不外气血两端，血脱则气亦脱，用人参以接其气，气稍接，即当用血药，否则孤阳独旺而阴愈亏，先后主客之分不可不辨也。

（《洄溪医案》）

【编按】

雄按：行医要诀，尽此数语，所谓以约失之者鲜，学者勿以为浅论也。

琼玉膏为治血证第一效方，然合法颇难，其时不用人参，只用参须，生地则以浙中所出鲜生地，打自然汁熬之，不用干地黄，治血证舍此无有无弊者。

徐大椿肠红案

淮安程春谷，素有肠红证，一日更衣，忽下血斗余，晕倒不知人，急灌以人参一两、附子五钱而苏。遂日服人参五钱、附子三钱，而杂以他药；参、附偶间断，则手足如冰，语言无力，医者亦守而不变，仅能支持。

急棹来招，至则自述其全赖参、附以得生之故。诊其六脉，极洪大而时伏，面赤有油光，舌红而不润，目不交睫者旬余矣。余曰："病可立愈，但我方君不可视也。"春谷曰："我以命托君，止求效耳，方何必视。"余用茅草根四两作汤，兼清凉平淡之药数品，与参、附正相反。诸戚友俱骇，春谷弟风衣，明理见道之士也，谓其诸郎曰："尔父千里招徐君，信之至，徐君慨然力保无虞，任之至，安得有误耶。"服一剂，是夕稍得寝，二剂手足温，三剂起坐不眩，然后示之以方，春谷骇叹。

诸人请申其说，余曰："血脱扶阳，乃一时急救之法，脱血乃亡阴也。阳气既复，即当补阴；而更益其阳，则阴血愈亏，更有阳亢之病。其四肢冷者，《内经》所谓热深厥亦深也；不得卧者，《内经》所谓阳胜则不得入于阴，阴虚故目不眠也。白茅根交春透发，能引阳气达于四肢，又能养血清火，用之，使平日所服参、附之力，皆达于外，自能手足温而卧矣。"于是始相折服。凡治血脱证俱同此。

（《洄溪医案》）

【编按】

雄按：论治既明，而茅根功用，尤为发人所未发。

徐大椿肠痈二案

【案一】

长兴朱季舫少子啸虎官，性极聪敏。年九岁，腹痛脚缩，抱膝而卧，背脊突出一疖，昼夜哀号。遍延内外科诊视，或云损证，或云宿食，或云发毒，当刺突出之骨以出脓血。其西席茅岂宿力荐余治，往登其堂，名医满座，岂宿偕余诊视，余曰："此缩脚肠痈也，幸未成脓，四日可消。"闻者大笑，时季舫为滦州牧，其夫人孔氏，名族之女，独信余言。

余先饮以养血通气之方，并护心丸，痛遂大减，诸医谓偶中耳。明日进消瘀逐毒丸散，谓曰："服此又当微痛，无恐。"其夜痛果稍加，诸医闻之哗然。曰："果应我辈之言也。"明早又进和营顺气之剂，痛止八九，而脚伸脊平，果四日而能步，诸医以次辞去。中有俞姓者，儒士也，虚心问故。余谓："杂药乱投，气血伤矣。先和其气血，自得稍安，继则攻其所聚之邪，安能无痛，既乃滋养而通利之，则脏腑俱安矣。"

【案二】

南濠徐氏女，经停数月，寒热减食，肌肉消烁，小腹之右，下达环跳，隐痛微肿。医者或作怯弱，或作血痹，俱云不治。余诊其脉，洪数而滑，寒热无次。谓其父曰："此瘀血为痈，已成脓矣。必自破，破后必有变证，宜急治。"与以外科托毒方并丸散，即返山中。

越二日，天未明，叩门甚急，启视则徐之戚也。云脓已大溃，而人将脱矣。即登其舟往视，脓出升余，脉微肤冷，阳随阴脱。余不及处方，急以参、附二味，煎汤灌之，气渐续而身渐温。然后以补血养气之品，兼托脓长肉之药，内外兼治，两月而漏口方满，精神渐复，月事以时。

大凡瘀血久留，必致成痈。产后留瘀，及室女停经，外证极多。而医者俱不能知，至脓成之后，方觅外科施治，而外科又不得其法，以致枉死者，比比然也。

（《洄溪医案》）

叶天士久泄案

许某，19岁，善嗔，食减无味；大便溏泻，三年久病。内伤何疑。但清内热、润肺理嗽，总是妨碍脾胃。思人身病损，必先阴阳致偏，是太阴脾脏日削，自然少阳胆木来侮。宗内经补脏通腑一法，四君子加桑叶、炒丹皮。

又，虚劳三年，形神大衰；食减无味，大便溏泻；寒起背肢，热从心炽。每咳必百脉动掣，间或胁肋攻触，种种见证，都是病深传遍。前议四君子汤，以养脾胃冲和，加入桑叶、丹皮，和少阳木火，使土少侵。

服已不应。想人身中二气致偏则病，今脉证乃损伤已极，草木焉得振顿。见病治病，谅无显益，益气少灵，理从营议。食少滑泄，非滋腻所宜，暂用景岳理阴煎法，参入镇逆固摄；若不胃苏知味，实难拟法。又：人参、秋石、山药、茯苓、河车胶丸。

（《临证指南医案·虚劳》）

【编按】

"补脏通腑"可谓一条治疗原则，宗其意，就泄泻而言，病理枢机在脏则论补，在腑则论通。要在阴阳平衡、气血条畅。

叶天士下损及中减谷形衰案

某人，入夏发泄主令，由下损以及中焦，减谷形衰，阴伤及阳，畏冷至下。春季进河车、羊肉，温养固髓方法。积损难充，不禁时令之泄越耳。古人减食久虚，必须胃药。晚进参术膏，早用封固佐升阳法，长夏不复奈何。鹿茸（生研，一两）、鹿角霜（一两）、熟地（二两）、生菟丝子（一两）、人参（一两）、茯苓（一两）、韭子（二两）、补骨脂（胡桃蒸，一两）、枸杞子（一两）、柏子霜（一两）。蜜丸，早服四钱，参汤送。

参术膏方：人参四两，另用泉水熬；九蒸白术四两，另用泉水熬；各熬膏成以炭火浓掩干灰，将药罐炖收至极老为度。每用膏二钱五分，开水化服。

（《临证指南医案·虚劳》）

叶天士胃阳弱卫气不固案

汪某，脉左小右虚；背微寒，肢微冷；痰多微呕；食减不甘，此胃阳已弱，卫气不得拥护，时作微寒微热之状；小便短赤，大便微溏。非实邪矣，当创建中气以维营卫。东垣云："骨为卫之本，营乃脾之源。"偏热偏寒，犹非正治。

人参、归身（米拌炒）、桂枝木、白芍（炒焦）、南枣。

（《临证指南医案·虚劳》）

【编按】

胃阳弱则营气虚，卫气随之不足，所现外症并非由于外感实邪。其治疗方法，当"创建中气以维营卫"，参归益气充养血液；南枣补脾养胃、活血强心；白芍炒焦意在减其酸敛营气之性，增其健脾充养营气之力；辅以桂枝条畅营卫之气。

叶天士木土郁热案

夏四月，脾胃主气，嗔怒怫郁，无不动肝，肝木侮土，而脾胃受伤，郁久气不转舒，聚而为热，乃壮火害气。宜乎减食除胀矣，当作木土之郁调治。桂附助热，萸地滋滞，郁热益深，是速增其病矣。钩藤、丹皮、黑山栀、川连、青皮子、紫浓朴、莱菔子、广皮白、薄荷梗。

又，胀势已缓，脉来弦实，此湿热犹未尽去，必淡泊食物，清肃胃口，以清渗利水之剂，服五六日再议。猪苓、泽泻、通草、海金沙、金银花、茯苓皮、黑豆皮。

又，诊脉浮中沉，来去不为流利，气阻湿郁，胶痰内着，议用控涎丹六分缓攻。

又，服控涎丹，大便通而不爽，诊右脉弦实，目黄舌燥，中焦湿热不行，因久病神倦，不敢过攻。议用丹溪小温中丸，每服三钱，乃泄肝通胃，以缓治其胀。

（《临证指南医案·肿胀》）

【编按】

疏肝兼去湿热，湿热略清而内着胶痰得现，缓攻之，而久病不能耐受，复见中焦湿热不行；当此之时，病久之邪气已去大部，泄肝通胃则合其症而可病痊。攻邪之法，步步为营，于此显矣。

叶天士厥阴乘犯阳明案

谢某，形神劳烦，阳伤，腑气不通，疝瘕阴浊，从厥阴乘犯阳明，胃为阴浊蒙闭，肠中气窒日甚。年前邪势颇缓，宣络可效，今闭锢全是浊阴，若非辛雄刚剂，何以直突重围，胀满日增，人力难施矣。生炮川乌头、生淡川附子、淡干姜、淡吴萸、川楝子、小茴香、猪胆汁。

（《临证指南医案·肿胀》）

【编按】

此一刚猛之剂，大剂扶阳而兼泄阴浊，佐以通达厥阴疝瘕之所的药味；无滋腻之味留滞药力，的明而力宏，效矣。

叶天士肝郁脾土自困案

张某，脉左弦，右浮涩，始因脘痛贯胁，继则腹大高凸，纳食减少难运，二便艰涩不爽。此乃有年操持萦虑太甚，肝木拂郁，脾土自困，清浊混淆，胀势乃成。盖脏真日漓，腑阳不运，考古治胀名家，必以通阳为务；若滋阴柔药，微加桂附，凝阴冱浊，岂是良法。议用局方禹余粮丸。暖其水脏，攻其秽浊；俟有小效，兼进通阳刚补，是为虚症内伤胀满治法；至于攻泻劫夺，都为有形而设，与无形气伤之症不同也。

（《临证指南医案·肿胀》）

【编按】

案中所提治法——“暖其水脏，攻其秽浊；俟有小效，兼进通阳刚补”，有很好的启发意义，可以引导中医临床施治时的方法选择。中医施治不是简单的一张处方，而是兼具护理的连续治疗过程，方法是随病情变化而变化的。

叶天士气血交结臌胀案

某人，向有宿痞，夏至节一阴来复，连次梦遗，遂腹形坚大，二便或通或闭，是时右膝痈肿溃疡，未必非湿热留阻经络所致，诊脉左小弱，右缓大，面色青减，鼻准明亮，纳食必腹胀愈加，四肢恶冷，热自里升，甚则衄血牙宣，全是身中气血交结，固非积聚停水之胀，考古人于胀症，以厘清气血为主，止痛务在宣通，要知攻下皆为通腑，温补乃护阳以宣通，今者单单腹胀，当以脾胃为病薮，太阴不运，阳明愈钝，议以缓攻一法。

川桂枝(一钱)、熟大黄(一钱)、生白芍(一钱半)、浓朴(一钱)、枳实(一钱)、淡生干姜(一钱),3剂。

又,诊脉细小,右微促,畏寒甚,右胁中气,触入小腹,着卧即有形坠着,议用局方禹余粮丸,暖水脏以通阳气。早晚各服一钱,流水送,8剂。

又,脉入尺,弦胜于数,元海阳虚,是病之本,肝失疏泄,以致腹胀,是病之标,当朝用玉壶丹,午用疏肝实脾利水,分消太阳太阴之邪。

紫浓朴(炒,一钱半)、缩砂仁(炒研,一钱)、生白术(二钱)、猪苓(一钱)、茯苓(块三钱)、泽泻(一钱)。

又,脉弦数,手足畏冷,心中兀兀,中气已虚,且服小针砂丸,每服80粒,开水送,2剂,以后约压之。

生白术、云茯苓、广皮。煎汤一小杯,后服。

又,脉如涩,凡阳气动则遗,右胁汩汩有声,坠入少腹,可知肿胀非阳道不利,是阴道实,水谷之湿热不化也,议用牡蛎泽泻散。

左牡蛎(四钱,泄湿)、泽泻(一钱半)、花粉(一钱半)、川桂枝木(五分,通阳)、茯苓(三钱,化气)、紫浓朴(一钱),午服。

又,脉数实,恶水,午后手足畏冷,阳明中虚,水气聚而为饮也。

以苓桂术甘汤劫饮,牡蛎泽泻散止遗逐水,照前方去花粉加生白术三钱。

又,手足畏冷,不喜饮水,右胁汩汩有声,下坠少腹,脉虽数而右大左弦,信是阳明中虚,当用人参熟附生姜,温经补虚之法,但因欲回府调理数日。方中未便加减,且用前方,调治太阳太阴。

生白术(三钱)、左牡蛎(生,四钱)、泽泻(炒,一钱)、云苓(三钱)、生益智(四分)、桂枝木(四分)、炒浓朴(一钱)。午后食远服,朝服小温中丸50粒,开水送,仍用三味煎汤压之。

(《临证指南医案·肿胀》)

【编按】

治疗过程,如后陈列:缓攻;局方禹余粮丸,暖水脏以通阳气;朝用玉壶丹,午用疏肝实脾利水,分消太阳太阴之邪;中气虚,服小针砂丸;肿胀非阳道不利,是阴道实,水谷之湿热不化也,议用牡蛎泽泻散;阳明中虚,水气聚而为饮也,以苓桂术甘汤劫饮,牡蛎泽泻散止遗逐水;阳明中虚,当用人参熟附生姜,温经补虚。如此而诸症却,生理恢复至常。案中提出"攻下为通腑,温补乃护阳以宣通"的治疗思想,是虚实之治的生动表述。

叶天士疟母少阳厥阴同病案

白某,14岁,疟邪久留,结聚血分成形,仲景有缓攻通络方法可宗。但疟母必在胁下,以少阳厥阴表里为病，今脉弦大，面色黄滞，腹大青筋皆露，颈脉震动，纯是脾胃受伤。积聚内起，气分受病，痞满势成。与疟母邪结血分，又属两途，经年病久，正气已怯。观东垣五积，必疏补两施，盖缓攻为宜。

生白术、鸡肫皮、川连、浓朴、新会皮，姜渣水法丸。

（《临证指南医案·积聚》）

【编按】

疟疾久延不愈，致气血亏损，瘀血结于胁下，并出现痞块，名为疟母，类似久疟后脾脏肿大的病症。疟邪久病，类似病毒性肝炎的病理反应，以此为据，可寻其治疗法则。

叶天士寒热客邪互结胃痛案

王某，43岁，劳伤胃痛，明是阳伤，错认箭风，钓药敷贴，更服丸药，心下坚实按之痛，舌白烦渴，二便涩少，喘急不得进食，从痞结论治。

生姜汁、生淡干姜、泡淡黄芩、枳实、姜汁炒川连、半夏。

（《临证指南医案·痞》）

【编按】

案按：案中六淫外侵，用仲景泻心汤，脾胃内伤，用仲景苓姜桂甘法，即遵古贤治痞之以苦为泄，辛甘为散二法。其于邪伤津液者，用辛苦开泄，而必资酸味以助之；于上焦不舒者，既有枳橘杏蒌开降，而又用栀豉除热化腐，疏畅清阳之气，是又从古人有形至无形论内。化出妙用，若所用保和化食，白金祛痰，附姜暖中，参苓养胃，生脉敛液，总在临证视其阴阳虚实，灵机应变耳。

叶天士阳微痰阻胃脘失顺案

冯某，67岁，有年阳微，酒湿浓味，酿痰阻气，遂令胃失下行为顺之旨，脘窄不能纳物，二便如昔，病在上中，议以，用大半夏汤。

半夏、人参、茯苓、姜汁、川连、枳实。

又，胃属腑阳，以通为补，见症脘中窒塞，纳食不易过膈。肤浅见识，以白豆蔻木香沉香麝，冀获速功，不知老人日衰，愈投泄气，斯冲和再无复振之理。故云岐子九法，后贤立辨其非。夏季宜用外台茯苓饮加菖蒲，佐以竹沥姜汁，辛滑可矣。

（《临证指南医案·噎膈反胃》）

【编按】

以法统方，以法用药；药随症施，药组成方。案中议用“苦降辛通，佐以养胃”法，苦辛之味合以参苓，则药备而方成，治法达矣。

叶天士老年噎膈反胃案

尤某，脉缓，右关弦，知饥恶食，食入即吐；肢浮，便溏溺少，不渴饮。此胃阳衰微，开合之机已废，老年噎膈反胃，乃大症也。

人参、茯苓、淡附子、淡干姜、炒粳米、姜汁。

又，通胃阳法服，腑病原无所补，只以老年积劳伤阳之质，所服之剂，开肺即是泄气，芩连苦寒劫阳，姜汁与干姜附子并用，三焦之阳皆通耳。若枳朴仍是泄气，与前义悖矣。

人参、茯苓、淡附子、淡干姜。

（《临证指南医案·噎膈反胃》）

叶天士冲任受损阳维脉病误治案

张氏，勉强攻胎，气血受伤，而为寒热，经脉乏气，而为身痛，乃奇经冲任受病，而阳维脉不用事也。内经以阳维为病苦寒热，维者，一身之刚维也。既非外感，羌、苏、柴、葛三阳互发，世无是病；又芩、栀、枳、朴之属，辛散继以苦寒，未能中病，胃日屡伤，致汤饮皆哕出无余，大便不通，已经半月。其吐出形色青绿涎沫，显然肝风大动，将胃口翻空，而肠中污水，得风翔如浪决，东西荡漾矣。熄风镇胃，固是定理，但危笃若此，不易图也。

淮小麦（百粒）、火麻仁（一钱）、阿胶（二钱）、生地（二钱）、秋石拌人参（一钱）、南枣肉（一钱）。

（《临证指南医案·呕吐》）

【编按】

气血受伤冲任为损，阳维以此而病。医者治不得法，以表邪论治，更损气血之源，杂治日久，为症重矣。治先以补益为要，渐复气血生化之源，建基方可复生。

叶天士吐症后心下痛案

孙某，14岁，食物随入即吐，并不渴饮，当年以苦辛得效，三载不发。今心下常痛如辣，大便六七日始通，议通膈上，用生姜泻心汤。

生姜汁（四分，调）、川连（六分，炒）、黄芩（二钱，泡十次）、熟半夏（三钱，炒）、枳实（一钱）、人参（五分，同煎）。

又，问或不吐食物，腹中腰膂似乎气坠，自长夏起，心痛头重，至今未减。思夏热必兼湿，在里水谷之湿，与外来之热，相洽结聚饮邪矣。当缓攻之，议用：

控涎丹五分，间日一用。

（《临证指南医案·呕吐》）

【编按】

案中控涎丹用方医意蕴深，《医方集解》对控涎丹论到：此手足太阳太阴药也。十枣汤加减，行水例药亦厉剂。李时珍论对痰涎有论：痰涎为物，随气升降，无处不到，入心则迷癫痫，入肺则塞窍为喘咳背冷，入肝则膈痛干呕、寒热往来，入经络则麻痹疼痛，入筋骨则牵引钓痛，入皮肉则瘰疬痈肿，陈无择三因方并以控涎丹主之，殊有奇效；此乃治痰之本，痰之本，水也湿也，得气与火，则结为痰，大戟能泄脏腑水湿，甘遂能行经隧水湿，直达水气所结之处，以攻决为用；白芥子能散皮裹膜外痰气，唯善用者能收奇功也。《活人方》控涎丹：黑丑3两（生熟各半）、枳实一两五钱、橘红一两五钱、白芥子一两、朴消三钱、生矾二钱五分、熟矾二钱五分、牙皂一钱五分。白萝卜汁为丸，如麻子大。空心姜汤吞服一钱。此丹涤除痰癖伏饮之力尤良。而如《丹溪心法》控涎丹：甘遂（面裹煨）、大戟（制）、真白芥菜子（炒）各等分；上为末，加桃仁泥糊丸，如梧桐子大；每服5～7丸，渐加至10丸，临卧姜汤送下；主治一身及两胁走痛，痰挟死血者。一偏于气分、一偏于血分之别明矣。

叶天士二便不通案

董某，高年疟后，内伤食物，腑气阻痹，浊攻腹痛，二便至今不通，诊脉右部弦搏，渴思冷冻饮料。昔丹溪大小肠气闭于下，每每开提肺窍。内经谓肺主一身气化，天气降，斯云雾清，而诸窍皆为通利；若必以消食辛温，恐胃口再伤，滋扰忧症，圣人以真气不可破泄，老年当遵守。

紫菀、杏仁、栝蒌皮、郁金、山栀、香豉。

又，舌赤咽干，阳明津衰，但痰多不饥不食，小溲不爽，大便尚秘。仿古人以九窍不利，咸推胃中不和论治。

炒半夏、竹茹、枳实、花粉、橘红、姜汁。

（《临证指南医案·肠痹》）

【编按】

叶天士论肠痹以开肺气为要，云："丹溪每治肠痹，必开肺气。"若开肺不效则用更衣丸三

钱。更衣丸出自《先醒斋医学广笔记》,用朱砂(研飞如面)15克、芦荟(研细)21克,滴好酒少许和丸,每服3.6克,好酒吞服,朝服暮通,暮服朝通。功用泻火、通便、安神,主治肠结便秘之证。朱砂性寒,有重坠下达之功;芦荟味苦,有膏滋润肠之效。相伍为用,可使胃关开启,肠胃积热所致之秘结霍然而除。

高年诸气不足,益气导气以利其性,常可却病,故曰:“真气不可破泄,老年当遵守”。而“九窍不利,咸推胃中不和”之理,与顾护真气的道理是一致的。

叶天士湿郁病症四案

【案一】

某人,29岁,湿温阻于肺卫,咽痛,足跗痹痛,当清上焦,湿走气自和。

飞滑石、竹叶心、连翘、桔梗、射干、芦根。

【案二】

汪某,夏令脾胃司气,兼以久雨泛潮,地中湿气上干,食味重浊少运,所谓湿胜成五泄也,古云寒伤形,热伤气,芒种夏至,天渐热,宜益气分以充脾胃,此夏三月,必有康健之理,补中益气汤。

【案三】

某人,汗多身痛,自利,小溲全无,胸腹白疹,此风湿伤于气分,医用血分凉药,希冀热缓,殊不知湿郁在脉为痛,湿家本有汗不解。

苡仁、竹叶、白蔻仁、滑石、茯苓、川通草。

【案四】

徐某,温疟初愈,骤进浊腻食物,湿聚热蒸,蕴于经络,寒战热炽,骨骱烦疼,舌起灰滞之形,面目痿黄色,显然湿热为痹,仲景谓湿家忌投发汗者,恐阳伤变病,盖湿邪重着,汗之不却,是苦味辛通为要耳。

防已、杏仁、滑石、醋炒半夏、连翘、山栀、苡仁、野赤豆皮。

(《临证指南医案·湿》)

【编按】

湿邪可伤于上,可伤于下,或走于气,或走于经络。证各不同,有舌白头胀,身痛肢疼,胸闷不食,溺阻;热聚胃口犯肺,气逆吐食;阻于肺卫,咽痛、足跗痹痛;由募原以走中道,遂致清肃不行,不饥不食;募原先病,呕逆;邪气分布,营卫皆受,遂热蒸头胀,身痛经旬,神识昏迷;着于经络,身痛,自利发热,等等不一而论。正如华岫云所云:肾阳充旺,脾土健运,自无寒湿诸证;肺金清肃之气下降,膀胱之气化通调,自无湿火湿热暑湿诸证;若夫失治变幻,则有肿胀黄疸泄泻淋闭痰饮等类。

叶天士燥邪伤阴二案

【案一】

某人，上燥治气，下燥治血，此为定评，今阳明胃腑之虚，因久病呕逆，投以辛耗破气，津液劫伤，胃气不主下行，致肠中传送失司。经云：“六腑以通为补”，半月小效，全在一通补工夫，岂徒理燥而已，议甘寒清补胃阴。

鲜生地、天冬、人参、甜梨肉、生白蜜。

【案二】

某人，阳津阴液重伤，余热淹留不解，临晚潮热，舌色若赭；频饮救亢阳焚燎，究未能解渴；形脉俱虚，难投白虎。议以仲景复脉一法，为邪少虚多，使少阴厥阴二脏之阴少苏，冀得胃关复振；因左关尺空数不藏，非久延所宜耳。

人参、生地、阿胶、麦冬、炙草、桂枝、生姜、大枣。

（《临证指南医案·燥》）

【编按】

燥邪之伤关乎阴，有郁有虚，或通或补，旨在使阴气平复。如邵新甫云：燥证大忌者苦涩，最喜者甘柔，若气分失治，则延及于血，下病失治，则槁及乎上，喘咳痿厥，三消噫膈之萌，总由此致。大凡津液结而为患者，必佐辛通之气味；精血竭而为患者，必借血肉之滋填。在表佐风药而成功，在腑以缓通为要务，古之滋燥养营汤、润肠丸、五仁汤、琼玉膏、一丹、牛羊乳汁等法，各有专司也。

叶天士消渴病五案

【案一】

计某，40岁，能食善饥渴饮，日加瘪瘦，心境愁郁，内火自燃乃消证大病。生地、知母、石膏、麦冬、生甘草、生白芍。

【案二】

王某，58岁，肌肉瘦减，善饥渴饮，此久久烦劳，壮盛不觉，体衰病发，皆内因之证，自心营肺卫之伤，渐损及乎中下。按脉偏于左搏，营络虚热，故苦寒莫制其烈，补无济其虚，是中上消之病（烦劳心营热）。

犀角（三钱）、鲜生地（一两）、元参心（二钱）、鲜白沙参（二钱）、麦冬（二钱）、柿霜（一钱）生甘草（四分）、鲜地骨皮（三钱）。

又，固本加甜沙参。

【案三】

某人，液涸消渴，是脏阴为病，但胃口不醒，生气曷振，阳明阳土，非甘凉不复。肝病治胃，是仲景法。

人参、麦冬、粳米、佩兰叶、川斛、陈皮。

【案四】

杨某，26岁，渴饮频饥，溲溺混浊，此属肾消，阴精内耗，阳气上燔，舌碎绛赤。乃阴不上承，非客热宜此，乃脏液无存，岂是平常小恙（肾消）。

熟地、萸肉、山药、茯神、牛膝、车前。

【案五】

王某，45岁，形瘦脉搏，渴饮善食，乃三消症也。古人谓入水无物不长，入火无物不消，河间每以益肾水制心火，除肠胃激烈之燥，济身中津液之枯，是真治法（肾阴虚心火亢）。

玉女煎。

（《临证指南医案·三消》）

【编按】

消渴病治不能独守一方，症见多端、病机不一，论要之辞见于邹滋九所言：三消一症，虽有上中下之分，其实不越阴亏阳亢，津涸热淫而已。考古治法，唯仲景之肾气丸，助真火蒸化，上升津液，本事方之神效散，取水中咸寒之物，遂其性而治之，二者可谓准绳；他如易简之地黄引子、朱丹溪之消渴方以及茯苓丸、地黄汤，生津甘露饮，皆错杂不一，毫无成法可遵。至先生则范于法，而不囿于法，如病在中上者，膈膜之地，而成燎原之场，即用景岳之玉女煎，六味之加二冬龟甲旱莲，一以清阳明之热，以滋少阴，一以救心肺之阴，而下顾真液。消渴不离脾胃失调之机，初常可见脾瘅，即脾胃积热中焦不运而见口甘的症状，对此华岫云之言意新而辨机清晰：脾瘅症久延，即化燥热，转为消渴，故前贤有膏粱无厌发痈疽，热燥所致，淡薄不堪生肿胀，寒湿而然之论，余于甘肥生内热一症，悟出治胃寒之一法，若贫人淡薄茹素，不因外邪，亦非冷冻饮料停滞，其本质有胃寒症者，人皆用良姜丁香荜茇吴萸干姜附子等以温之，不知辛热刚燥能散气，徒使胃中阳气，逼而外泄，故初用似效，继用则无功，莫若渐以甘肥投之，或稍佐咸温，或佐酸温，凝养胃阳，使胃脂胃气日浓，此所谓药补不如食补也，又有肾阳胃阳兼虚者，曾见久服鹿角胶而愈，即此意也。

叶天士肠血泄泻三案

【案一】

叶某，57岁，平素操持积劳，五志之火易燃，上则鼻窍堵塞，下有肛痔肠红，冬春温邪，是阳气发越，邪气乘虚内伏，夫所伏之邪，非比暴感发散可解，况兼劳倦内伤之体，病经九十日来，足跗日肿，大便日行五六次，其形黏腻，其色黄赤紫滞，小便不利，必随大便而稍通，此肾关枢机已废，二肠阳腑失司，所进水谷，脾胃不主营运，酿湿坠下，转为瘀腐之形，正当土旺入夏，脾胃主气，此湿热内淫，由乎脾肾日伤，不得明理之医，一误再误，必致变现腹满矣，夫左脉之缓涩，是久病阴阳之损，是合理也，而右脉弦大，岂是有余形质之滞，即仲景所云，弦为胃减，大则病进，亦由阳明脉络渐弛，肿自下日上之义，守中治中，有妨食滋满之弊，大旨中宜运通，下宜分利，必得小溲自利，腑气开阖，始有转机，若再延绵月余，夏至阴生，便难力挽矣。

四苓加椒目、浓朴、益智、广皮白。

又，服分消方法五日，泻减溺通，足跗浮肿未消，要知脾胃久困，湿热滞浊，无以营运，所进水谷，其气蒸变为湿，湿胜多成五泻，欲使湿去，必利小便，然渗利太过，望六年岁之人，又当虑及下焦，久病入夏，正脾胃司令时候，脾脏宜补则健，胃腑宜疏自清，扶正气，驱湿热，乃消补兼施治去。晚服资生丸炒米汤送下。

人参、广皮、防己、浓朴、茯苓、生术、泽泻、神曲、黄连、吴萸，早服。

【案二】

朱某，口腹不慎，湿热内起，泄泻复至，此湿多成五泄，气泻则腹胀矣(湿热)。

人参、茅术、川连、黄芩、白芍、广皮、茯苓、泽泻、楂肉。

【案三】

张某，脉缓涩，腹满，痛泻不爽，气郁滞久，湿凝在肠，用丹溪小温中丸。

针砂、小川连、苍术、白术、香附、半夏、广皮、青皮、神曲，浆丸。

(《临证指南医案·泄泻》)

【编按】

一体之内，脏腑气血周流不息、生化不止，是生命之机枢，气机和顺则外现之声色和顺不忤，若不和顺而忤，所体现者就是病症与声色的异常。病症实际上是生命机枢是否和调的外部显现，依据病症把握病机，利用药物及其他治疗方式或途径，纠正气的运行、血的生化状态，是中医诊疗的原则和目标。如通阳、脾肾两治、从阴引阳、四神治中、温中平木、温固脾肾、固摄下焦、通补中下之阳、疏通泄郁、宜通不宜涩、温中佐以分利、湿胜热郁之苦寒佐风药等法，总以调理脏腑气血阴阳为其要义。辨证施治的特征就是以脏腑气机比类于自然之象，以观天察地得识的万物状态及其演化之象，对应于人体内部气机与津液精血的状态及其混合交织演化的机制，以外界之象比类人体内部之象，这就是中医象的内涵本质，也是中医诊病治病依据的思想原理。

叶天士胃脘痛四案

【案一】

姚某,胃痛久而屡发,必有凝痰聚瘀。老年气衰,病发日重,乃邪正势不两立也。今纳物呕吐甚多,味带酸苦,脉得左大右小。盖肝木必侮胃土,胃阳虚,完谷而出,且呃逆沃以热汤不减,其胃气掀腾如沸,不嗜汤饮,饮浊弥留脘底。用药之理,远柔用刚。嘉言谓能变胃而不受胃变,开得上关,再商治法,(肝犯胃兼痰饮胸痹)紫金丹含化一丸,日三次。

又,议以辛润苦滑,通胸中之阳,开涤浊涎结聚。古人谓通则不痛,胸中部位最高,治在气分。鲜薤白(去白衣,三钱)、栝蒌实(三钱,炒焦)、熟半夏(三钱)、茯苓(三钱)、川桂枝(一钱)、生姜汁(四分,调入)。古有薤露之歌,谓薤最滑,露不能留,其气辛则通,其体滑则降,仲景用以主胸痹不舒之痛,栝蒌苦润豁痰,陷胸汤以之开结,半夏自阳以和阴,茯苓淡渗,桂枝辛甘轻扬,载之不急下走,以攻病所,姜汁生用,能通胸中痰沫,兼以通神明,去秽恶也。

【案二】

某人,积滞久着,胃腑不宣,不时脘痛,已经数载,阳伤奚疑。炒半夏、淡干姜、荜茇、草果、广皮、茯苓。

【案三】

汪某,57岁,诊脉弦涩,胃痛绕背,谷食渐减,病经数载,已入胃络,姑与辛通法。甜桂枝(八分)、延胡索(一钱)、半夏(一钱)、茯苓(三钱)、良姜(一钱)、蜜水煮生姜(一钱半)。

【案四】

席某,经几年宿病,病必在络,痛非虚证,因久延,体质气馁,遇食物不适,或情怀郁勃,痰因气滞,气阻血瘀,诸脉逆乱,频吐污浊而大便反秘,医见呕吐肢冷,认为虚脱,以理中加附子温里护阳,夫阳气皆属无形,况乎病发有因,决非阳微欲脱。忆当年病来,宛是肝病,凡疏通气血皆效,其病之未得全好,由乎性情食物居多,夏季专以太阴阳明通剂。今痛处在脘,久则瘀浊复聚,宜淡味薄味清养,初三竹沥泛丸仍用,早上另立通瘀方法。

苏木、人参、郁金、桃仁、归尾、柏子仁、琥珀、茺蔚,红枣肉丸。早服二钱。

(《临证指南医案·胃脘痛》)

【编按】

邵新甫按:所云初病在经,久痛入络,以经主气,络主血,则可知其治气治血之当然也。凡气既久阻,血亦应病,循行之脉络自痹,而辛香理气,辛柔和血之法,实为对待必然之理。

叶天士郁怒饮气入络腹痛案

华某，腹痛三年，时发吋止，面色明亮，是饮邪，亦酒湿酿成，因怒左胁有形，痛绕腹中，及胸背诸俞，乃络空，饮气逆攻入络，食辛热痛止复痛，盖怒则郁折肝用，唯气辛辣可解，论药必首推气味。

粗桂枝木（一钱）、天南星（姜汁浸炮黑，一钱半）、生左牡蛎（五钱，打碎）、真橘核（炒香打，一钱半）、川楝子肉（一钱）、李根东行皮（一钱）。

（《临证指南医案·腹痛》）

叶天士气痹结痛案

章某，痛乃宿病，当治病发之由，今痹塞胀闷，食入不安，得频吐之余，疹形朗发，是陈腐积气胶结，因吐，经气宣通。仿仲景胸中懊恼例，用栀子豉汤主之。

又，胸中稍舒，腰腹如束，气隧有欲通之象，而血络仍然锢结，就形体畏寒怯冷，乃营卫之气失司，非阳微恶寒之比，议用宣络之法。

归须、降香、青葱管、郁金、新绛、柏子仁。

（《临证指南医案·诸痛》）

叶天士血络痹阻腹胀三案

【案一】

徐姓小儿，单胀数月，幼科百治无功，佥用肥儿丸、万安散、磨积丹、绿矾丸、鸡肫，药俱不效。余谓气分不效，宜治血络，所谓络瘀则胀也。

归须、桃仁、延胡、山甲、蜣螂虫、灵脂、山楂之类为丸。

十日痊愈。

【案二】

某人，脐旁紫黑，先厥后热，少腹痛如刀刮，二便皆涩，两足筋缩，有肠痈之虑。

老韭白、两头尖、小茴香、当归须、炙山甲。

【案三】

某人，舌焦黄，小腹坚满，小便不利，两足皆痿，湿热结聚，六腑不通，有肠痈之虑。

川楝子、小茴、丹皮、山栀、通草、青葱。

(《临证指南医案·幼科要略·胀》)

俞震邪阳胜正阳衰吐血案

周慎斋治陈姓人，35岁，性嗜酒色，忽患吐血，一日三五次，不思饮食；每日食粥一碗，反饮滚酒数杯，次日清晨再食粥；前粥尽行吐出，吐后反腹胀，时时作痛作酸；昼夜不眠，饮滚酒数杯略可，来日亦如此，近七月矣。医人并无言及是积血者；俱言不可治。周诊之，六脉短数。曰："吐后宜宽反胀，饮滚酒略可，此积血之证也。"盖酒是邪阳，色亦邪阳，邪阳胜则正阳衰；又兼怒气伤肝，肝不纳血；思虑伤脾，脾不统血；中气大虚，血不归络，积血中焦无疑。宜吐宜利，但脾胃大虚，不使阳气升发，阴寒何由而消。先用六君子汤，白术以苍术制之，加丁香温胃，草蔻治中脘痛，三十余帖。再用良姜一两，百年陈壁土四两同煎，待土化切片；陈皮去白，草蔻、人参、白术、茯苓、甘草、胡椒、丁香各五钱，细辛四钱，共末，空心清盐汤或酒送下二钱。

此药专在扶阳，积血因阴寒凝结，阳旺而阴自化。服药后，血从下行者吉；乃血从上吐，约六七碗，胸中闷乱，手足逆冷，不省人事。急煎人参五钱、炮姜八分。遂静定，后胸中闷乱，脐下火起而昏，用茯苓补心汤，一剂而安。后用六味加人参、炮姜而痊。

(《古今医案按·血证》)

闫氏白虎参汤治消渴案

赵某，女，54岁，市党校家属，1986年10月13日。

初诊　口干欲饮已逾三月，一日饮水四壶，渴犹不解，且消谷善饥。食则鲸吞虎噬，从未有饱足之时，而体重反日渐轻，三月消瘦10千克，尿多且频，昼夜间小便十余次，夜间烦热，难以入寐。化验室检查：空腹血糖15.1mmol/L，尿糖+++。诊断为糖尿病。患者自幼喜爱中药，每病皆找中医。今持化验单来诊。视其面黄消瘦，舌红少津，苔薄黄燥。诊得脉来沉滑略数。观其脉证，属消渴无疑。进一步分辨，当属上中消，为肺胃热邪亢盛之故。《灵枢·师传》云："胃中热则消谷，令人悬心善饥。"其治法，师《伤寒论》"若渴欲饮水，口干舌燥者，白虎加人参汤主之"之教，拟：石膏100克、知母18克、花粉15克、甘草4.5克、党参10克、粳米30克。10剂，每日1剂，嘱少食肥甘。

二诊　饥渴大减，小便仍多，原方加乌梅15克，5剂。

三诊　诸证减轻，守方续服。共服45剂，于12月20日化验检查，血糖、尿糖均在正常范围。

(《临证实验录·白虎加人参汤证》)

【编按】

此案要点在于病确定,辨证单纯,故用药能专。消渴症有寒热虚实之辨,但其要在“消”与“渴”,是阳邪作祟之证,无论其来自于邪、正、表、里,邪之“阳”性是确定的,故治以清为要。

闫氏泄泻阳痿案

刘某,28岁。有泄泻夙疾,婚后不久,阳痿不振,龟头发冷。补肾壮阳之品,虽已多服,终不见效。观其面色淡黄,神态萎靡,舌质淡红,苔白厚腻。询知泄泻日三五行,便前肠鸣腹痛,稍冷或食多则痛泻加剧;切其脉,脉象沉弦;诊其腹,脐左拒压。《素问·痿论》云:“阳明虚则宗筋纵。”言阳痿与脾胃有关,盖脾胃为后天之本,生化之源,肾精赖以滋养补充。脾虚失运,或胃有积滞,皆可致宗筋失养而痿。结合脉证观之,本案证属寒湿内积,运化障碍。脾与胃升降失职而腹痛泄泻,气和血生化障碍致宗筋失养,故而一蹶不起。并非肾阳虚弱,命门火衰,故补肾壮阳非但不效,反有助邪之弊。治宜通因通用,温下荡积,先调脾胃,后议阳痿。拟大黄附子汤加味:

大黄10克、附子10克、细辛6克、白芍15克、甘草5克。

2剂,嘱禁饮酒,少肥甘。药后下泻秽物十余行,腹痛减轻。继服2剂,又下秽物甚多。神疲不再,胃纳增加,偶有腹痛,大便日一二行。脾运胃纳已趋正常,自能化生气血,滋养宗筋。今仍龟头寒冷,不能勃起者,乃久病阴阳不和也。桂枝加龙骨牡蛎汤,为《金匮要略》调和阴阳,治疗失精之方,用治阳痿,同一理也。

桂枝10克、白芍10克、甘草6克、龙牡各30克、白术15克、茯苓10克、生姜10片、红枣10枚。

连服7剂,痛泻痊愈,龟头不再畏冷,阳痿亦有好转。嘱其续服7剂,半年后喜来相告,妻已怀孕。

(《临证实验录·大黄附子汤证》)

【编按】

有医先生论痿,强调“干湿”二字,曰:“花卉菜蔬,过湿则痿,过燥则痿。人之痿而不振,亦为干湿二字尽矣。看痿之干湿,在肉之削与不削,肌肤之枯润,一目了然。如肉肿而润,筋脉弛缓,痿而无力,其病在湿,当以利湿,祛风燥湿。其肉削肌枯,筋脉拘缩,痿而无力,其病在干,当养血润燥舒筋。”此说泛指痿证,同亦包括阳痿。

王肯堂火不化水消渴案

消渴一症，今医惯用凉药，愈治愈剧。间阅孙东宿治一消渴，小便色清而长，其味甘，脉细数。用肾气丸加桂心、北五味、鹿角胶、益智仁而效。又一人，喜热饮而恶凉，大便秘，小便清长，夜尤甚，脉浮按数大，而重按更无力。余思此病，由火不能制水，故饮一斗，小便亦一斗，《金匮》言之详矣。今师其意，不泥其方，用肾气丸减车前、牛膝，加益智仁、人参胶糊丸。服逾月而痊。

（《肯堂医论·卷中》）

【编按】

案按：消渴症小便多者，皆由火虚难以化水、故饮一溲一，上见口渴，而水不消。小便多者，每用益火之源以消阴翳而获效；若属中消，每用黄草汤下其热，又不可拘执成法而不达变通以误人者。另有治验，详言之，集溢不赘，当参合脉证而研究，自获桴鼓之应也。曾忆《秘旨》云：大凡消渴，服药获效，必须戒食盐两月，可免反复。若不能食淡，方药虽良，终难永年。

王肯堂肾虚脾弱二案

【案一】

李某，口舌生疮，几三年矣。脉浮细急数，按之空虚，而尺尤甚。用薛立斋肾虚火不归经法，以加减八味丸料，二剂即愈。此案初试立斋先生法纪，其捷效如此，为近世高明之家独出奇见、欲超出规矩绳墨之表，不知视立斋为何如？

【案二】

永嘉何介甫文学，性沉静，病脾数年，饮食少啖，精神萎悴，辛酉七月就诊。两关软弱，不透于寸。用参、苓、归、芍、陈皮、防风、甘草数十剂，至九月始归，遂喜啖肥浓，数年之疾脱然。

壬戌春，再过钱塘，携美人蕉、佛桑花赠遗特盛，问曰："子疾有年，补脾、补肾，法非不详，而未之效，君何从平易得之？"予曰："君疾在肝，非脾、肾也。凡诊病者，当穷其源，无为证惑。如饮食少，虽关脾胃，其所以致脾病者何？故此自当审考。今君两关脉弱不透于寸右，固脾虚明矣，而左则何应此。盖脾体不足，而脾用不行也。何谓脾之用？肝也，星家取克我者为用神，脾体无肝木为之用，则气血便不条畅，运化迟钝，而脾转困矣。"自秋令金肃，肝更不伸，予为补助肝木之气，使之扬溢，则脾土伸舒，精神油然外发，虽不治脾，实所以治也，安用奇特之法哉！予正恐不能平易耳，平易之言，学之所未熊者，今请事斯语。

（《肯堂医论·卷下》）

【编按】

案中论脾，有精当之处。如所言："脾体不足，而脾用不行也。何谓脾之用？肝也，星家取克我者为用神，脾体无肝木为之用，则气血便不条畅，运化迟钝，而脾转困。"此处对脾脏之象论析清晰，有精妙之意。

赵绍琴益气养阴与补肾壮元并举治消渴案

彭某某 女，53岁。

初诊 糖尿病发现3年余。血糖230 mg/dl，尿糖+～+++。一身疲乏无力，少气懒言，面白形肥，脉象濡软，按之缓大而虚，舌白体胖质嫩且润。口渴不甚明显，小便数多而色清白。中阳不足，先用益气补中方法。

黄芪30克、沙参15克、麦门冬15克、五味子10克、生熟地黄各15克、杜仲10克、川续断10克、补骨脂10克、金樱子10克、芡实米10克，7剂。

二诊 药后气力有增，脉仍濡软，舌白苔润，再以前法进退。

黄芪60克、南北沙参各20克、麦门冬15克、五味子10克、生熟地黄各15克、杜仲10克、川续断10克、补骨脂10克、金樱子10克、芡实米10克，7剂。

三诊 患者依上方服药一月，自觉精力较前大增，诊脉仍属濡软，按之已觉有力，舌白苔腻，根部略厚。仍用前法加减。

黄芪60克、沙参15克、麦门冬10克、五味子10克、杜仲10克、川续断10克、补骨脂10克、金樱子10克、焦三仙各10克、水红花子10克，7剂。

服上方加减治疗半年，血糖降至110mg/dl，尿糖转阴，各种自觉症状基本消失。

（《赵绍琴医案·消渴》）

【编按】

案按：本案患者渴饮不甚，疲乏无力明显，脉象虚大，舌胖淡嫩，据脉证辨为气阴两虚。气不化津，故渴。治以益气养阴与补肾壮元并举，方中重用黄芪益气，沙参、麦冬、五味子三药为生脉散，合黄芪共奏益气生津之技，杜仲、川续断、补骨脂，平补肝肾，温而不燥，补而不腻，生熟地滋阴添精。若久服补益，恐运化不及，可加入焦三仙、水红花子，助消化、运三焦，使补而不滞，则可常服以为图本之治。

赵绍琴肝肾两亏消渴案

李某某，男，47岁。

初诊　糖尿病发现3年余，空腹血糖180～200mg/dl，尿糖+～+++。口服西药优降糖及中药消满丸效果欠佳。自觉口干舌燥，渴欲热饮，一身疲乏无力，形体较胖，脉象湃软且大，舌体胖大苔白而润，腰酸而痛，夜多小便。证属气阴不足肝肾两亏。先用益气养阴，填补下元方法。

生黄芪30克、生熟地各20克、沙参15克、麦门冬15克、五味子10克、金樱子10克、杜仲10克、川续断10克、补骨脂10克，7剂。

二诊　药后口渴减轻，自觉较前有力，腰痛显著好转。诊脉濡软，舌胖苔润，仍以前法进退。并小心控制饮食，不吃甜食，适当多吃蛋白食品。每日运动锻炼乃治疗之本，不可忽视。

生黄芪30克、沙参15克、麦门冬15克，生熟地各20克，五味子10克，金樱子10克，杜仲10克，朴骨脂10克，川续断10克，山萸肉10克，7剂。

三诊　患者自述药后精神体力均明显增强，遵医嘱每日清晨驱车到远郊爬山，呼吸新鲜空气，心情十分舒畅。诊脉濡软以滑，舌红苔白而润，再以填补下元方法。坚持锻炼，必有收获。

生黄芪30克、沙参15克、麦门冬15克、五味子10克、生山药15克、花粉15克、生熟地各10克、杜仲10克、川续断10克、补骨脂10克、山萸肉10克、枸杞子10克，7剂。

四诊　迭进益气养阴填补下元之剂，精神振奋，气力增加，劳作虽多，已不感疲劳，每日徒步登山渐增至两个山头，锻炼与治疗配合，已初见成效。近日化验，血糖已降至正常，尿糖阴性。继用前法，以资巩固；运动锻炼，不可或缺，是为至嘱。

生黄芪30克、沙参15克、麦门冬15克、五味子10克、玉竹10克、花粉10克、生熟地各10克、生山药10克、杜仲10克、金樱子10克、补骨脂10克、巴戟天10克，7剂。

后以上方加减治疗半年，血糖保持正常，尿糖始终阴性，各种症状消失，体力大为增强。治疗期间，患者每天清晨坚持徒步爬山，风雨无阻，往返30里，已成习惯。困而特别感谢赵师教给了他健身之道。

（《赵绍琴医案·消渴》）

【编按】

案按：本案患者糖尿病已3年余，久治不愈，因其疲乏无力，向以休养为主，体力活动很少。赵师据其形肥、脉濡、舌胖、苔润等症，作肝肾不足，投以填补下元之剂，兼以益气养阴，可谓中下兼顾，服之即见救果。然并不单纯依赖药物取胜，而是要求病人自主运动锻炼，并把运动作为配合治疗的第一要求。

运动锻炼的最大好处是流通气血，增强脏腑功能。血气者，所以周于性命者也，以奉生身，莫贵于此。人之所以病者，即血气不得流通。无论虚证实证，莫不如此。唯有血气流通，乃能和调于五脏，洒陈于六腑，脏腑功能才能强健旺盛。漕贤张子和云："《内经》一书，唯斟血气流通为贵。"是为至理之言。现代医学之糖尿病，其病理是胰腺中胰岛细胞分泌胰岛案不足，功能低下之病。虽然中医辨证可见虚实寒热之分，然其必有血气不得流通，故而功能低下，何以令其血气流通，用药调其血气而令条达，此其一也，还必须令患者进行运动锻炼，以促进周身之气血运行。况本案辨为气阴不足、肝肾两亏，治疗忌大剂填补，而补则滞，然则病为虚，又不得不补，如此奈之何？唯以运动疗法，以行气血，以运药力。此本案治疗中运动锻炼之不可少也。

另须说明，本案投以大剂填补，服药之法不可不知，当多加水煎药2～3次，合并药液得3000～4000毫升，令病人饮之代茶，渴即饮之，不拘时。此治疗本病不同于他病之处，为赵师的用药经验之一。

张子和脾受邪不寐案

张子和治一富家妇，因思虑过甚，二年不得寐，无药可疗，其夫求治。脉之两手俱缓，此脾受邪也，脾主思故也。乃与其夫议以怒激之，多取其财，饮酒数日，不处一法而去。其妇大怒汗出，是夜困眠，如此者八九日不寤，如是其脉得平，此怒胜思法也。

（《奇症汇·卷一》）

【编按】

治法谓奇，而实不为奇。知象则可比类，比类则可定法，法定则能施治矣。

戴立三大剂苍术汤治饮癖案

王某，男，42岁，云南省陆良县人。平时嗜饮浓茶，常吐清水，每吐甚多，已达十余年之久，经西医治疗无效。中医作反胃治之，用温运法以丁香、桂心、干姜、附片、益智仁、破故纸、吴萸以及四逆汤等方药化裁，服用亦多，见效不大。后改五苓散、胃苓汤健脾利水，亦无效。且每年夏季病发尤剧，乃专程来昆就余诊治。察其脉，弦滑满指，舌苔厚腻，面色黄暗，胃脘满闷，食少。脉症合参，诊断为饮癖。处以徐灵胎香砂胃苓汤加良姜。

服后其病如故。因思此症予温运或健胃利水之剂，未司厚非，但何以不效？恍悟此病历十余年之久，脾虚是其本，饮聚是其标。经云："能知标本，万举万当。"治本应从健脾燥湿入手，脾健自可运湿，饮何由生！乃予专治饮癖之苍术丸，改为大剂汤药。

苍术60克、大枣12枚，嘱日进1剂。

方中苍术苦温，能燥湿健脾。《别录》谓能"消痰水"；大枣甘温，补益脾胃。二药相合，补散兼施，刚柔相济。苍术之散，得大枣之补以济之，则不致过散；大枣之补，得苍术之散以调之，则无壅滞之弊。调剂得宜，大有益于脾胃，故多服而无害。患者连服20剂，吐水减其半。

仍守原方加灶心土30克，以助扶脾之力。

再服20剂，病遂痊愈。乃告患者，今后宜少饮浓茶，以免苦降过度，有损脾阳。愈后，经追踪观察半年，未见复发。

（《戴立三医案》）

【编按】

案中之机在于“恍悟此病历十余年之久，脾虚是其本，饮聚是其标”，这是一个辨证过程中的思维转折，似若轻忽，实则需深思熟虑才能达成。疾病病理过程有许多变化，要把握病机，就需要这种轻巧灵活的思维方式。

尤怡阴伤劳惊疼痛案

饮食既少，血去过多，阴气之伤，盖已甚矣。兹复忧劳惊恐，志火内动，阴气益伤，致有心烦、体痛、头疼等症。是当滋养心肝血液，以制浮动之阳者也。

生地、石斛、麦冬、丹皮、玄参、知母、茯苓、甘草。

（《评选静香楼医案·上卷》）

【编按】

诒按：肝阴既亏，肝火上升，宜再加归、芍，以滋养之；羚羊、菊、栀，以清泄之。

邓评：层层推测，则病无遁情矣。柳师加味较原方切实。若脉非弦大，唯羚羊去之。

尤怡中气虚寒齿衄案

中气虚寒，得冷则泻，而又火升齿衄。古人所谓胸中聚集之残火，腹内积久之沉寒也。此当温补中气，俾土厚则火自敛。

四君子汤加益智仁、干姜。

（《评选静香楼医案·上卷》）

【编按】

诒按：议病立方，均本喻氏。近时黄坤载亦有此法。

邓评：辨真假之关键处，学者最宜留意。若属夫肾者，又须八味丸治之。干姜宜易炮姜。

尤怡虚痰风动眩运食少案

脾失运而痰生,肝不柔而风动,眩运食少,所由来也。

白术、天麻、首乌、广皮、半夏、羚羊角、茯苓、钩藤。

(《评选静香楼医案·上卷》)

【编按】

辨证即明,解其方义。二陈健脾化痰;天麻、羚羊角、钩藤三味决肝风之味合于眩运病机;一味首乌,独当涵水育木之用。

诒按:按语简练,方亦纯净。

邓评:此等方案,既松灵,又周匝。学到如此,庶几目无难题。

尤怡肝阳因劳化风、脾阴因滞生痰案

肝阳因劳而化风,脾阴因滞而生痰,风痰相搏,上攻旁溢,是以昏运体痛等证见也。兹口腻不食,右关微滑,当先和养胃气,蠲除痰饮。俟胃健能食,然后培养阴气,未为晚也。半夏、秫米、麦冬、橘红、茯苓。

(《评选静香楼医案·上卷》)

【编按】

诒按:审察病机,以为立方步伐,临证者宜取法焉。

邓评:至理名言。再增姜汁、竹茹、菊花、菖蒲根,似更美备。

余无言治肠道瘀浊案

学生顾玉初者,于1942年曾在前上海中医专校读书一年,余时任教务主任。后以日寇进占旧租界,决将医校停办,以示不屈于敌伪。顾生遂停学业,其父兄皆以商业起家,因令其改习漆业于金陵东路某漆号,于是弃医就商矣。光阴荏苒,在抗战胜利之第三年,患生腹痛症。初则水泄,继经治疗则转溏,腹痛由重而转轻,以为可以不药矣。且工作繁忙,即偶有微痛,遂亦置之,洵至月余不痊,乃惧而求医。投以理气之剂,不效;投以通腑之剂,又不效;投以温补之剂,不效;投以温散之剂,而仍不效。医固不一其医,治亦断断续续。时经一年有半,而腹中隐痛之疾,依然如故。

嗣乃就诊于西医，经详细诊察之下，谓有慢性腹膜炎之疑，或有慢性盲肠炎之可能。但诊断在疑似之间，难于肯定，必须开刀剖腹，而求其病灶以割除之。其父兄固不同意，而顾生更加拒绝。一因诊断不明，不敢尝试开刀；二因店中事忙，难于多日住院，遂决然出院。在此彷徨无计时，忽忆及余为过去之老师，乃车就余诊。

余详询其既往症，遍阅前医诸方，而皆不效，心亦怪之。知此慢性腹痛症，其肠道不清，浊污沾滞，其由来久矣。根蒂既深，补之不能，病及年余，攻之不可。复思阿魏一品，有除垢解毒、调整肠道之功，此可以一试之矣。乃为之处方，药仅三味，制成胶囊丸剂。因阿魏味臭难服，故用此囊也。丸为阿魏、木香、槟榔所制成，名曰阿魏香槟丸。丸药制成后，告以服法。每日早晚各服一次，每次一粒，开水送下，或早中晚各服一粒。

顾生服丸二日之后，腹痛渐减，时行浊气，恶臭异常，大便亦爽，而更臭不可当。连服旬日，腹痛顿除。迨停服二三日后，痛又微作。余令再连服之，是根株尚未尽也。连服二十日之久，再停药试之，于是腹痛不作矣。由此知阿魏之功，在以臭攻毒，而清利肠道也。

阿魏香槟丸方：真阿魏（八钱），广木香、花槟榔（各四钱）。先将阿魏切成小粒，如小豆大，置微火上烘干，因其质黏硬，若不烘干，不易研碎也；次将木香、槟榔，研成细末；共置大乳钵中，慢慢研之，使成极细末。用西药房中二号胶囊，分装约150～160粒。每日分早晚二次服，或早中晚三次服，每服一粒，开水送下。

（《余无言医案及医话》）

【编按】

阿魏味辛温，能活血消肿、理气消疲、祛痰以及兴奋神经，维吾尔医生用于驱虫、白癜风的治疗；木香、槟榔作用于胃肠道，药理作用不一，而以行气为药理作用总的特征。三药合用故成此效，利肠散瘀祛除秽浊。

余无言傅氏决流汤治水臌案

某人，年过四旬，生水臌胀症。两足俱肿，腹大如鼓，脐部突出，肿胀上至两胁，气急而喘，小便不利，口干而燥。经医放水三次，旬日即又复肿。盖放水取效一时，必须温复肾阳，乃能小便自利。主以傅氏决流汤，一剂而水利斗余，三剂肿消大半，间以香砂六君，再以原方减量，数服而痊。

（《余无言医案及医话》）

【编按】

傅氏决流汤出自《傅青主男女科》，方剂组成：黑丑（二钱）、甘遂（二钱）、肉桂（一两）、车前子（一两）。忌食盐3个月，犯之则不救。1剂而水流斗余，2剂而痊愈，断不可与3剂。2剂之后，须用五苓散调理2剂，再以六君子汤补脾。

赵炳南阑尾周围脓肿案

刘某,男,51岁。转移性右下腹痛一周,发烧三天。脐周疼痛,恶心,呕吐,诊断为急性阑尾炎、阑尾周围脓肿。脉象,弦滑数。舌象,舌苔薄黄,舌质淡红,舌胖大。辨证为湿热蕴结,血瘀成脓。治法清热解毒,通里攻下。

金银花(一两)、蒲公英(一两)、败酱草(一两)、生苡米(一两)、元胡(三钱)、川楝(三钱)、丹皮(四钱)、桃仁(三钱)、生石膏(一两)。

赵老会诊。当时患者体温38.3℃,白细胞计数14,100/立方毫米,中性粒细胞80%,淋巴细胞20%,倦怠,纳差,不思饮,脉沉细数,舌质黯,舌苔白厚腻。辨证为脾胃湿热兼见气虚,改变以前治法,拟以理气和胃,清热利湿,并停用西药。

厚朴(三钱)、路路通(三钱)、木通(二钱)、生苡米(一两)、生芡实(五钱)、生扁豆(五钱)、白僵蚕(三钱)、枳椇子(二钱)、红豆蔻(一钱半)、生白术(五钱)、陈皮丝(三钱)、宣木瓜(三钱)。局部外用铁箍散膏、玉枢丹(一钱),加压包扎。

复诊 3剂后体温有下降趋势,舌苔薄白,舌质黯,脉见沉细缓,患者气阴有伤。

生黄芪(一两)、丹参(三钱)、南北沙参各(五钱)、生白术(五钱)、生扁豆(五钱)、生芡实(四钱)、厚朴(三钱)、竹茹(四钱)、白僵蚕(三钱)、红豆蔻(二钱)、车前子(四钱)。

三诊 病情好转,体温在37℃上下,精神食欲好转,复查白血球计数正常。

上方去竹茹,加周氏回生丹,早晚各七粒。

四诊 体温已恢复正常,局部包块已见缩小,病人自感右下腹抽痛,左脉缓,右脉迟,为湿滞之象。拟以除湿化痰,理气,佐以温化。

炒苡米(五钱)、炒白术(五钱)、炒扁豆(五钱)、炒芡实(五钱)、小茴香(二钱)、葫芦巴(二钱)、红豆蔻(二钱)、厚朴(三钱)、丁香(一钱)、白僵蚕(三钱)。局部外用铁箍散膏、玉枢丹(一钱),加压包扎。

服上方后病情稳定,腹痛消失,局部包块基本消失,深压时尚可触及如梭条状。改服厚黄丸和醒消丸,痊愈出院。

(《赵炳南临床经验集》)

【编按】

案按:本例入院开始时,中西医结合治疗取得一定疗效。在中医治疗上,按常规清热解毒通里攻下的法则,局部穿刺抽脓,脓肿较前缩小,但体温不降,白细胞仍偏高。赵老医生会诊后,他同意湿热蕴结、血瘀成脓的辨证。但经服清热解毒、通里攻下的药物后,热象已解而湿象未除,故病人仍见倦怠,纳差,不思饮,脉沉细数,舌苔白厚腻,午后低热。状若阴虚,实乃湿邪郁遏,不得伸发,气血蕴结凝滞不化,所以停用西药和苦寒之剂,改用理气和胃、清热

除湿之方。方中白术、陈皮、厚朴理气健脾而除湿；芡实、生苡米、生扁豆健脾和胃而去湿；路路通、木通、白僵蚕、木瓜通络软坚，清热除湿；枳椇子功能清热利湿，醒脾助运化，而又能生津。腑热得清，腹痛得解，二便得通，又反佐以辛温祛湿化痰的红豆蔻温化郁结凝滞，并作为下一步治疗引线。三剂后，体温已见下降趋势，因其脉细缓，舌质黯，乃气阴有伤，故加减使用生黄芪、南北沙参以补益气阴。药后体温恢复正常，精神食欲好转，化验检查恢复正常。最后阶段局部包块已缩小而且坚硬，病人自感有抽痛。赵老医生认为，因其痰湿凝聚成核，非温不得化，所以又加用小茴香、葫芦巴、丁香等辛温的药物，以温化痰凝，理气开郁。小茴香其味辛能行气，温能散寒，理气止痛；葫芦巴其味苦大温，壮肾阳，温而不燥，能逐寒湿；丁香暖胃散寒。这些药物的使用与开始的苦寒清热之剂确有很大差别，但是根据疾病的发展和病机的转化，当寒则寒，当温则温，关键在于辨证和是否抓住了疾病的实质。

赵炳南严重创伤手术后合并败血症案

李某，男，42岁。被汽车撞伤头胸腹部，半昏迷4小时。面色苍白，全身小量冷汗，指甲口唇青紫，左侧口唇肿胀。脉搏细弱无力，血压收缩压在90毫米汞柱左右，当时诊断：(1)创伤性出血性休克、脾破裂；(2)脑挫伤、脑震荡；(3)肋骨骨折（右7、8、9、10，左7）；(4)骨盆骨折；(5)左肾挫伤、尿道损伤；(6)右口唇软组织挫伤、阴囊血肿；(7)血性腹膜炎，内出血。术后出现全身性感染败血症，请赵老医生会诊。

胸间堵闷，高烧，鼻煽不稳，循衣摸床，大便为柏油样黑便，脉沉细数，舌光无苔。辨证为热入血分，邪陷心包，阴血大伤，肝风欲动。治以养阴、清血分毒热。

生地炭（一两）、藕节炭（五钱）、地榆炭（三钱）、丹皮（五钱）、白茅根（一两）、白芍（五钱）。另：犀角粉（二分），分二次冲服；三七面、云南白药继服；三号蛇胆陈皮每次三分，每日二次。

复诊　病人精神尚好，胸闷，食纳不佳，脉沉细，舌有薄白嫩苔。热盛伤阴，毒热未清，郁阻中焦。治宜养阴解毒，理气开郁。

生地炭（五钱）、双花炭（五钱）、丹皮（五钱）、紫草根（三钱）、荷梗（三钱）、苏梗（三钱）、厚朴花（三钱）、化橘红（三钱）、清半夏（二钱）、橘络（三钱）、丝瓜络（二钱）、竹茹（三钱）。

三诊　症如上述。脉沉细数，舌质红无苔。阴虚毒热未清。治宜养阴清热解毒。

耳环石斛（三钱）、南北沙参（各五钱）、元参（五钱）、二冬（五钱）、莲子心（三钱）、灶心土（二钱）、石莲子（三钱）、花粉（五钱）、干生地（五钱）、黄芩（三钱）、双花炭（五钱）。

后体温正常，白细胞计数恢复正常，服中药调理而愈。

（《赵炳南临床经验集》）

【编按】

热入营血、邪陷心包的危候，为毒热之邪由气入于血分、心阴被耗、热邪内陷。组方虽然旨在清火，而实则滋阴。因为毒热入于营血，势必伤血动血，血失则阴血虚亏，阴虚则无气，故阴不足者当补之以味。脾为后天之本，阳气升发之源，毒热渐衰，阳欲生而阴欲长。治疗时除了继续清解血分之余毒外，还应当醒脾助胃气，胃阳升则水谷运化通达，机体机能才能得以恢复。所以二诊时用生地炭、双花炭、丹皮、紫草根清解血分之伏热，凉血活血，去瘀生新，并针对其胸闷、食纳不佳等症状，用苏梗、荷梗、厚朴花理气开郁；橘红、清半夏、竹茹理气化痰清热醒脾；丝瓜络、橘络行气活络，促使溢经瘀滞的营血，归经入络，瘀去则新生。所以在此阶段内，病人的一般情况恢复得比较满意，而且复查大便潜血已转阴性，舌苔薄白而嫩，说明胃气已升。病后出现急性泌尿系感染，这种情况并不孤立地见病治病，而从病人的整体性和连续性进行全面观察，采用养阴清热解毒的法则，稍佐黄芩、银花炭清热解毒之剂。方中灶心土一药，粗看起来令人费解，细究时，灶心土此物得火土之气而成，辛微温，入脾胃经，温中和胃，止血止呕，患者在此阶段为久病气阴两伤，脾胃运化失职，突然高烧，唯恐再次胃肠出血，灶心土佐以黄芩有摄血之功。然患者脾胃已受损，方中一派阴药，对于刚刚升起的胃阳负担较重，滋而过腻，枢机不利，灶心土能温中和胃，醒脾助胃阳，使之补而不腻，寓意双关。

徐大椿治腰满腹胀水肿案

洞庭席君际飞，形体壮实，喜饮善啖，患水肿病，先从足起，遂及遍身，腰满腹胀，服利水之药，稍快，旋即复肿，用针针之，水从针孔出，则稍宽，针眼闭则复肿。《内经》有刺水病之法，其穴有五十七，又须调养百日，且服闭药，而此法失传，所以十难疗一。余所治皆愈而复发，遂至不救。虽因病者不能守法，亦由医治法不全耳。唯皮水风水，则一时之骤病，祛风利水，无不立愈，病固各不同也。

（《洄溪医案》）

徐大椿以热痰凝结论治消证案

常熟汪东山夫人，患消证，夜尤甚，每夜必以米二升，煮薄粥二十碗，而溲便不异常人，此乃为火所烁也。先延郡中叶天士，治以乌梅、木瓜等药，敛其胃气，消证少痊。而烦闷羸瘦、饮食无味，余谓此热痰凝结，未有出路耳。以清火消痰，兼和中开胃调之，病情屡易，随证易方，半年而愈。

（《洄溪医案》）

【编按】

案中提出消渴症的一种病机"热痰凝结",有启发之处。凝结之象正合于胰岛细胞受损的病理特征,祛凝痰,即与扭转细胞病理变化的特点相似。

刘渡舟治腹痛(肠功能紊乱)案

周某,女,65岁。1994年3月28日初诊。病人腹中绞痛、气窜胁胀、肠鸣辘辘、恶心呕吐,痛则欲便、泻下急迫、便质清稀。某医院诊断为肠功能紊乱,服中、西药,效果不显。病延二十余日,经人介绍,转请刘老诊治。

其人身凉肢冷、畏寒喜暖,腹痛时,则冷汗淋漓、心慌气短,舌淡而胖、苔腻而白、脉沉而缓。综观脉证,辨为脾胃阳气虚衰,寒邪内盛。《灵枢·五邪》篇云:"邪在脾胃……阳气不足,阴气有余,则寒中肠鸣腹痛。"治用《金匮要略》"附子粳米汤"温中止痛,散寒降逆。

附子12克、半夏15克、粳米20克、炙甘草10克、大枣12枚。

服3剂,痛与呕减轻,大便成形,又服2剂病基本而愈。改投附子理中汤以温中暖寒,调养十余日,即康复如初。

(《刘渡舟医案》)

【编按】

案按:本案为胃肠阳虚寒盛,水阴不化治候。阴寒滞腹,经脉收引,故致腹痛剧烈。腹中寒气奔迫,上攻胸胁、胃脐,则有胸胁胀满、恶心呕吐。《素问·举痛论》所谓:"寒气客于肠胃,厥逆上出,故痛而呕也。"脾胃阳虚,不能运化水湿,反下渗于肠,故见肠鸣辘辘、下利清稀。凭证而辨,恰切"附子粳米汤"之治。《金匮要略·腹满寒疝宿食病脉证并治》指出:"胸中寒气。雷鸣切痛,胸胁逆满,呕吐,附子粳米汤主之。"方用附子温里散寒以止腹痛,半夏化饮降逆以止呕吐,粳米、甘草、大枣补益脾胃以缓急迫。合为温中定痛,散寒止呕之良剂,用于中焦阳虚寒盛,兼有水饮内停治腹痛、呕吐、肠鸣之证,俱获效验。

刘渡舟小结胸证案

孙某,女,58岁。胃脘作痛,按之则痛甚,其疼痛之处向外鼓起一包,大如鸡卵,濡软不硬。患者恐为癌变,急到医院作X线钡餐透视,因须排队等候,心急如火,乃请中医治疗。切其脉弦滑有力,舌苔白中带滑。问其饮食、二便,皆为正常。刘老辨为痰热内凝、脉络瘀滞之证,为疏小陷胸汤:

糖栝蒌30克、黄连9克、半夏10克。

此方共服3剂,大便解下许多黄色黏液,胃脘之痛立止,鼓起之包遂消,病愈。

(《刘渡舟医案》)

【编按】

案按:《伤寒论》第138条曰:“小结胸病,正在心下,按之则痛,脉浮滑者,小陷胸汤主之。”心下指胃脘。观本案脉证,正为痰热之邪结于胃脘,不蔓不枝的小结胸证。故治用小陷胸汤,以清热涤痰,活络开结。方中栝蒌实甘寒滑润,清热涤痰,宽胸利肠,并能疏通血脉;黄连苦寒,清泄心胃之热;半夏辛温,涤痰化饮散结。三药配伍,使痰热各自分消,顺肠下行,而去其结滞。刘老认为:(1)栝蒌实在本方中起主要作用,用量宜大,并且先煎;(2)服本方后,大便泻下黄色黏液,乃是痰涎下出的现象;(3)本方可用于治疗急性胃炎、渗出性胸膜炎、支气管肺炎等属痰热凝结者。若兼见少阳证胸胁苦满者,可与小柴胡汤合方,效如桴鼓。

刘渡舟肾中阴阳两虚下消(病毒性肝炎并发糖尿病)案

李某,男,56岁。患乙型肝炎一年。近日自觉口渴喜饮,小便色白、频数量多。尿愈多而渴愈甚,大有饮一溲一之势。腰膝酸软、手足心热、畏寒怕冷,大便干燥、二日一行。经检查血糖210mg/dl,尿糖+++。舌红、脉沉细无力。辨为消渴病之“下消”证,为肾中阴阳两虚,气化无权,津液不化之证。治以补肾温阳化气为法:附子4克、桂枝4克、熟地30克、山萸肉15克、山药15克、丹皮10克、茯苓10克、泽泻10克、党参10克。

医嘱:控制饮食及糖类食品。

服药7剂,小便次数明显减少。照原方加减又进30余剂,则渴止、小便正常,诸症随之而愈。查血糖100mg/dl,尿糖(-),转方调治肝病。

(《刘渡舟医案》)

【编按】

案按:肾寓元阴、元阳,为水火之宅。消渴一证,本为阴虚,然阴阳相互维系,依存互根,病程一久,可阴虚及阳。本案患者肝炎一年,继而并发消渴,有肾阳虚之象,既不能蒸津液以上腾,又不能行气化以摄州都,故上为消渴不止,下为小便频数,以致形成饮一升小便亦一升的情况。《景岳全书·三消干渴》说:“又有阳不化气,则水精不布,水不得火,则有降无升,所以直入膀胱而饮一溲二,以致泉源不滋,天壤枯涸者,是皆真阳不足,火亏于下之消证也。”说明消渴与阳虚不能蒸腾津液亦甚为密切。水液偏渗于小肠,故大便反见干燥。治疗当从水中温阳,以蒸津化气为本。《金匮要略》指出:“男子消渴,小便反多,以饮一斗,小便一斗,肾气丸主之。”本方在熟地、山萸肉、山药等滋补肾阴的基础上加上桂枝、附子温养之品,意在微微温补少火,以生肾气。其配伍方法属“阴中求阳”之义,正如张景岳说:“善补阳者,必于阴中求阳,阳得阴助则生化无穷。”待阳生阴盈,肾气充盛,则蒸化封藏之功自复。故口渴、溲频之症随之而愈。

肝　病

张锡纯治肝郁脾弱用升脾降胃法案

一媪，年近六旬。资禀素弱，又兼家务劳心，遂致心中怔忡，肝气郁结，胸腹胀满，不能饮食，舌有黑苔，大便燥结，十数日一行。广延医者为治，半载无效，而羸弱支离，病势转增。后愚诊视，脉细如丝，微有弦意，幸至数如常，知犹可治。遂投以升降汤，为舌黑便结，加鲜地骨皮一两，数剂后，舌黑与便结渐愈，而地骨皮亦渐减。至十剂病愈强半，共服百剂，病愈而体转健康。

升降汤：野台参（二钱）、生黄（二钱）、白术（二钱）、广陈皮（二钱）、川浓朴（二钱）、生鸡内金（二钱，捣细）、知母（三钱）、生杭芍（三钱）、桂枝尖（一钱）、川芎（一钱）、生姜（二钱）。

治肝郁脾弱，胸胁胀满，不能饮食，宜与论肝病治法参看。世俗医者，动曰平肝，故遇肝郁之证，多用开破肝气之药。至遇木盛侮土，以致不能饮食者，更谓伐肝即可扶脾。不知人之元气，根基于肾，而萌芽于肝。凡物之萌芽，皆嫩脆易于伤损，肝既为元气萌芽之脏，而开破之若是，独不虑损伤元气之萌芽乎？《内经》曰：“厥阴（肝经）不治，求之阳明（胃经）。”《金匮》曰：“见肝之病，当先实脾。”故此方，唯少用桂枝、川芎以舒肝气，其余诸药，无非升脾降胃，培养中土，俾中宫气化敦浓，以听肝气之自理。实窃师《内经》求之阳明，与《金匮》当先实脾之奥旨耳。“见肝之病，当先实脾”二句，从来解者，谓肝病当传脾，实之所以防其相传，如此解法固是，而实不知实脾，即所以理肝也。兼此二义，始能尽此二句之妙。

（《医学衷中参西录·升降汤》）

【编按】

肝硬化一病，病痼而势难好转，临证视之如懵稚观画，茫然失其主见。然虑生理状态是病理变化的基础，生理机制的调节可以减缓、稳定病理发展的过程，甚或出现病理逆转的可能，所以究于肝脾生理，是解析肝硬化治疗途径与方法的一个有意义的尝试。案中所言“人之元气，根基于肾，而萌芽于肝。凡物之萌芽，皆嫩脆易于伤损，肝既为元气萌芽之脏”，实为启发理解肝脏机能的一种卓见。

张锡纯肝郁不舒痉挛案

直隶青县张某某来函：族侄妇，年二十余，素性谨言，情志抑郁。因气分不舒，致四肢痉挛颤动，呼吸短促，胸中胀闷，约一昼夜。先延针科医治，云是鸡爪风，为刺囟门及十指尖，稍愈，旋即复作如故。其脉左部弦细，右部似有似无，一分钟数至百至。其两肩抬动，气逆作喘。询知其素不健壮，廉于饮食。盖肝属木而主筋，肝郁不舒则痉挛，肝郁恒侮其所胜，故脾土受伤而食少。

遂为开培脾舒肝汤。为有逆气上干，又加生赭石细末五钱。嘱服2剂。痉挛即愈，气息亦平。遂去赭石，照原方又服数剂，以善其后。

培脾舒肝汤：白术(三钱)、生黄(三钱)、陈皮(二钱)、川浓朴(二钱)、桂枝尖(钱半)、柴胡(钱半)、生麦冬(二钱)、生杭芍(四钱)、生姜(二钱)。

治因肝气不舒、木郁克土，致脾胃之气不能升降，胸中满闷，常常短气。脾主升清，所以运津液上达。胃主降浊，所以运糟粕下行。白术、地黄，为补脾胃之正药，同桂枝、柴胡，能助脾气之升，同陈皮、浓朴，能助胃气之降。清升浊降满闷自去，无事专理肝气，而肝气自理，况桂枝、柴胡与麦芽，又皆为舒肝之妙品乎。用芍药者，恐肝气上升，胆火亦随之上升，且以解黄、桂枝之热也。用生姜者，取其辛散温通，能浑融肝脾之气化于无间也。从来方书中，麦芽皆是炒熟用之，唯陈修园谓麦芽生用，能升发肝气，可谓特识。盖人之元气，根基于肾，萌芽于肝，培养于脾，积贮于胸中为大气以斡旋全身。麦芽为谷之萌芽，与肝同气相求，故能入肝经，以条达肝气，此自然之理，毋庸试验而可信其必然者也。然必生煮汁饮之，则气善升发，而后能遂其条达之用也。

(《医学衷中参西录·培脾舒肝汤》)

【编按】

汤义论语“浑融肝脾之气化于无间”，其要“无间”，点明了脏腑气机协和的一种特征。脏腑各部总求平衡之态，这个平衡含义有三：一是脏腑个体的平衡；一是全身脏腑组织的平衡；另外一点是脏腑之间交互作用、交织穿插而达到的融通无间、洽和不觉其异的调和状态。这一方面可量度生理状态，一方面可揣度药物作用的具体形式。

案中所言“地黄，为补脾胃之正药”，此中有义可演。《本草正义》云：“熟地黄性平，气味纯净，故能补五脏之真阴，而又于多血之脏为最要，得非脾胃经药耶？且夫人之所以有生者，气与血耳。气主阳而动，血主阴而静，补气以人参为主，而芪、术但可为之佐辅；补血以熟地为主，而芎、归但可为之佐。”张元素云：“热地黄补肾，血衰者须用之。”《珍珠囊》云：“大补血虚不足，通血脉，益气力。”古人自知地黄滋液之功，多意为补肾之味，兼虑之为脾胃经药，而张氏言之“补脾胃之正药”，验于临证则合。究其药理之象，地黄滋腻味厚，厚胃充腹，充养脾胃

在先而后滋濡肾液，是地黄一味而治证略多的根据。

张锡纯金铃泻肝汤验案

直隶盐山李某某来函：仲冬，刘某某兄，病左胁掀疼，诸治无效，询方于弟。授以活络效灵丹方，服之不应，因延为诊视。脉象他部皆微弱，唯左关沉而有力。治以金铃泻肝汤，加当归数钱。服1剂，翌日降下若干绿色黏滞之物，遂豁然而愈。盖此汤原注明治胁下掀疼，由此知兄所拟方各有主治，方病相投，莫不神效也。

金铃泻肝汤：川楝子（五钱，捣）、生明乳香（四钱）、生明没药（四钱）、三棱（三钱）、莪术（三钱）、甘草（一钱）。

治胁下掀疼。刘河间有金铃子散（楝子之核）与玄胡索等分，为末服之，以治心腹胁下作疼。其病因，由于热者甚效。诚以金铃子能引心包之火及肝胆所寄之相火下行，又佐以玄胡索以开通气血，故其疼自止也。而愚用其方，效者固多，而间有不效者。后拟得此方，莫不随手奏效。盖金铃子佐以玄胡索，虽能开气分之郁，而实不能化气。所谓化气者，无事开破，能使气之郁者，融化于无形，方中之乳香、没药是也。去玄胡索，加三棱、莪术者，因玄胡索性过猛烈，且其开破之力，多趋下焦，不如三棱、莪术性较和平，且善于理肝也。用甘草者，所以防金铃子有小毒也。此方不但治胁疼甚效，凡心腹作疼，而非寒凉者，用之皆甚效验。

（《医学衷中参西录·金铃泻肝汤》）

张锡纯曲直汤证治验案

【案一】

安东友人刘某，年五十许。其左臂常觉发热，且有酸软之意。医者屡次投以凉剂，发热如故，转觉脾胃消化力减少。后愚诊之，右脉和平如常，左脉微弱，较差于右脉一倍。询其心中，不觉凉热。知其肝木之气虚弱，不能条畅敷荣，其中所寄之相火，郁于左臂之经络，而作热也。遂治以曲直汤，加生黄八钱，佐萸肉以壮旺肝气，赤芍药三钱，佐当归、丹参诸药以流通经络。服2剂，左脉即见起，又服10剂痊愈。

【案二】

奉天王某，年四十余，两胁下连腿作疼，其疼剧之时，有如锥刺，且尿道艰涩，滴沥不能成溜，每小便一次，须多半点钟，其脉亦右部如常，左部微弱。亦投以曲直汤，加生黄八钱，续断三钱，1剂其疼减半，小便亦觉顺利。再诊之，左脉较前有力。又按原方略为加减，连服20余剂，胁与腿之疼皆愈，小便亦通利如常。盖两胁为肝之部位，肝气壮旺上达，自不下郁而作疼。至其小便亦通利者，因肾为二便之关，肝气既旺，自能为肾行气也(古方书有肝行肾之气之语)。

曲直汤：萸肉(一两，去净核)、知母(六钱)、生明乳香(三钱)、生明没药(三钱)、当归(三钱)、丹参(三钱)。

治肝虚腿疼，左部脉微弱者。服药数剂后，左脉仍不起者，可加续断三钱，或更加生黄三钱，以助气分亦可。觉凉者，可减知母。脾虚可令人腿疼，前方已详其理，深于医学人大抵皆能知之。至肝虚可令人腿疼，方书罕言，即深于医学者，亦恒不知。曾治一人，年三十许，当大怒之后，渐觉腿疼，日甚一日，两月后，卧床不能转侧。医者因其得之恼怒之余，皆用疏肝理气之药，病转加剧。后愚诊视，其左脉甚微弱，自言凡疼甚之处皆热。因恍悟《内经》谓："过怒则伤肝。"所谓伤肝者，乃伤肝经之气血，非必郁肝经之气血也，气血伤，则虚弱随之，故其脉象如斯也。其所以腿疼且觉热者，因肝主疏泄，中藏相火(相火生于命门寄于肝胆)，肝虚不能疏泄，相火即不能逍遥流行于周身，以致郁于经络之间，与气血凝滞，而作热作疼，所以热剧之处，疼亦剧也。为制此汤，以萸肉补肝，以知母泻热，更以当归、乳香诸流通血气之药佐之，连服10剂，热愈疼止，步履如常。

(《医学衷中参西录·曲直汤》)

【编按】

方论"所谓伤肝者，乃伤肝经之气血，非必郁肝经之气血"是一殊见，中医典籍语意蕴隐，言辞之中所及之象有易析解处、有不易析解处。而依据经典析离语者之意的要领，在于围绕生理之象进行意象思维，从中探究出一些反映生理复杂变化的关系脉络。

丁甘仁胸脘作痛极则喜笑至厥案

黄妪，大怒之后，即胸脘作痛，痛极则喜笑不能自禁止，笑极则厥，厥则人事不知，牙关拘紧，四肢逆冷，超时而苏，日发十余次。脉沉涩似伏，苔薄腻。此郁怒伤肝，足厥阴之逆气自下而上，累及手厥阴经，气闭则厥，不通则痛，气复返而苏。经所谓大怒则形气绝而血菀于上，使人薄厥是也。急拟疏通气机，以泄厥阴，止痛在是，止厥亦在是，未敢云当，明哲裁正。

川郁金(二钱)、合欢皮(一钱五分)、金铃子(二钱)、延胡索(一钱)、朱茯神(三钱)、炙远志(一钱)、青龙齿(三钱)、沉香片(五分)、春砂仁(研，八分)、陈广皮(一钱)、瓦楞(四钱)、金器(入煎，一具)；苏合香丸(去壳，研末，开水先化服，二粒)。

二诊　投剂以来，痛厥喜笑均止。唯胸脘痞闷，嗳气不能饮食，脉象左弦右涩。厥气虽平，脾胃未和，中宫运化无权。今拟泄肝通胃，开扩气机，更当适情怡怀，淡薄滋味，不致反复为要。

大白芍(一钱五分)、金铃子(二钱)、代赭石(二钱)、旋复花(包，一钱五分)、朱茯神(三

钱)、炙远志(一钱)、仙半夏(二钱)、陈广皮(一钱)、春砂仁(研,八分)、制香附(一钱五分)、川郁金(一钱五分)、佛手(八分)、炒谷麦芽(各三钱)。

(《丁甘仁医案·脘胁痛》)

丁甘仁和少阳泄厥阴通阳明治案

董某,少腹为厥阴之界,新寒外束,厥气失于疏泄,宿滞互阻,阳明通降失司,少腹作痛拒按,胸闷泛恶,临晚形寒身热,小溲短赤不利,舌苔腻黄,脉象弦紧而数。厥阴内寄相火,与少阳为表里,是内有热而外反寒之证。寒热夹杂,表里并病,延今两候,病势有进无退。急拟和解少阳,以泄厥阴,流畅气机,而通阳明。

软柴胡(八分)、黑山栀(一钱五分)、清水豆卷(八分)、京赤芍(一钱五分)、金铃子(二钱)、延胡索(一钱)、枳实炭(一钱五分)、炒竹茹(一钱五分)、陈橘核(四钱)、福泽泻(一钱五分)、路路通(一钱五分)、甘露消毒丹(包煎,五钱)。

复诊 前投疏泄厥少通畅阳明,已服2剂。临晚寒热较轻,少腹作痛亦减,唯胸闷不思纳谷,腑气不行,小溲短赤,溺时管痛,苔薄腻黄,脉弦紧较和。肝失疏泄,胃失降和,气化不及州都,膀胱之湿热壅塞溺窍也。前法颇合病机,仍从原意扩充。

柴胡梢(八分)、清水豆卷(八分)、黑山栀(二钱)、陈橘核(四钱)、金铃子(二钱)、延胡索(一钱)、路路通(一钱五分)、方通草(八分)、福泽泻(一钱五分)、枳实炭(一钱)、炒竹茹(一钱五分)、荸荠梗(一钱五分)、滋肾通关丸(包煎,三钱)。

(《丁甘仁医案·少腹痛》)

【编按】

案中以少腹为厥阴界论,而不论下焦,则脏之溯源能得厘清,腑则归之阳明,是胃与肠腑相连、气机运通于下焦之故。脏腑既定,证机易彰,治得其效。

丁甘仁阴虚阳亢神扰汗出案

尹某,诊脉左三部弦数,右三部滑数,太溪细弱,趺阳濡数。见症饮食不充肌肤,神疲乏力,虚里穴动。自汗盗汗,头晕眼花。皆由阴液亏耗,不能涵木,肝阳上僭,心神不得安宁,虚阳逼津液而外泄则多汗,消灼胃阴则消谷。头面烘热,汗后畏冷,营虚失于内守,卫虚失于外护故也。脉数不减,颇虑延成消症。姑拟养肺阴以柔肝木,清胃阴而宁心神,俾得阴平阳秘,水升火降,方能渐入佳境。

大生地(四钱)、抱茯神(三钱)、潼蒺藜(三钱)、川贝母(二钱)、浮小麦(四钱)、生白芍(一钱五分)、左牡蛎(四钱)、熟女贞(三钱)、天花粉(三钱)、肥玉竹(三钱)、花龙骨(三钱)、冬虫夏草(二钱)、五味子(三分)。

二诊 心为君主之官,肝为将军之官,曲运劳乎心,谋虑劳乎肝,心肝之阴既伤,心肝之阳上亢,消灼胃阴,胃热炽盛,饮食入胃,不生津液,既不能灌溉于五脏,又不能输运于筋骨,是以饮食如常,足膝软弱。汗为心之液,心阳逼津液而外泄则多汗;阴不敛阳,阳升于上则头部眩晕,面部烘热,且又心悸。胃之大络名虚里,虚里穴动,胃虚故也。脉象左三部弦数,右三部滑数,太溪细弱,趺阳濡数,唇红舌光,微有苔意,一派阴液亏耗、虚火上炎之象,此所谓独阳不生、独阴不长也。必须地气上升,天气始得下降。今拟滋养肺阴,以柔肝木,蒸腾肾气,而安心神。务使阴阳协和,庶成既济之象。

北沙参(三钱)、抱茯神(三钱)、五味子(三分)、肥玉竹(三钱)、天麦冬(各二钱)、左牡蛎(四钱)、生白芍(二钱)、川贝母(二钱)、大生地(四钱)、花龙骨(三钱)、潼蒺藜(三钱)、制黄精(三钱)、浮小麦(四钱)、金匮肾气丸(包,四钱)。

三诊 饮食入胃,不生津液,始不为肌肤,继不为筋骨,书谓食亦见症,已着前章矣。阴液亏耗,肝阳上僭,水不制火,火不归宅。两进养肺阴以柔肝木,益肾阴而安心神之剂,尚觉合度。诊脉弦数较和,细数依然,仍守原意出入,俾得阴阳和协,水火既济,则入胃之饮食,自能生化精微,灌溉于五脏,洒陈于六腑。第是恙延已久,断非能克日奏功也。照前方:

去金匮肾气丸、五味子、制黄精,加淮山药(三钱)、盐水炒杜仲(三钱)、上桂心(四分)。

(《丁甘仁医案·消渴案》)

姚贞白阴虚阳亢风火上干型眩晕案

外宾某,男,56岁。1956年夏。

初诊 患者形体高大肥胖,颜面赤红,平素嗜烟酒,喜肥甘,因自寒带初来我省参加工程设施,水土不服,加之工作疲劳,用脑过度,近二三月来,感头目眩晕,四肢麻木作胀,夜眠不安,多梦易醒,时出自汗,食欲不佳,精神疲乏,影响工作。已经找省医院检查,发现血压升高200/100毫米汞柱,并确诊系神经性高血压。曾服降压、镇静等药多次未见明显效果。一周后,病情更加严重,耳鸣脑响,心神不安。起则昏眩欲仆,终日恍恍然如坐舟中,极度疲乏,已不能坚持工作。有关单位极为重视,延余前往会诊,中西医结合治疗,使之早日恢复健康。证见舌质红、苔薄腻,脉象弦滑。证属肝肾不足,阴虚阳亢,风火上干,心神不宁,发为眩晕之症。年龄较高,慎防中风,速宜滋阴潜阳,化风舒络,养心安神为治。

干地黄12克、白茯神15克、酸枣皮6克、炒泽泻6克、粉丹皮6克、炒淮药12克、淮枣仁15克(冲)、生石决明9克、生龙骨12克、生杜仲12克、夏枯草6克、荷叶顶3个。

嘱尽量控制烟酒腥腻肥甘之物。

二诊　服上方4剂后，血压下降为150/100毫米汞柱，睡眠渐安，自汗收敛，眩晕、耳鸣、脑响等症状消失，且能外出散步。诊脉弦滑而软，舌红润，食欲增加，二便正常。仍以原方加减：

干地黄12克、白茯神15克、酸枣皮6克、粉丹皮6克、炒泽泻6克、淮枣仁15克(冲)、明天麻9克、石决明9克、桑寄生15克、生龙骨12克、生杭芍9克。

方连进8剂，患者血压稳定在130/90毫米汞柱，精神好转，诸症消失，已能恢复工作。

(《姚贞白医案·眩晕》)

【编按】

案按：《内经》云"诸风掉眩，皆属于肝"，又云"肝者，罢极之本也"。本患者由于肝肾不足，阴虚阳亢，风火上干，心神不宁，导致眩晕。法拟育阴潜阳，方用六味加生龙骨、石决明。以生杜仲、桑寄生、夏枯草、荷叶顶宣舒肝肾及脑络，天麻熄风，枣仁养心安神；再佐芍药，配伍丹皮、枣皮，酸敛柔肝。不重寒凉而火自平，不专驱散而风自化，体现了祖国医学辨证论治的特点。

姚贞白肝风虚眩型眩晕案

外宾某，男，42岁。1964年8月。

初诊　据云平素身体尚可，近来因工作繁重，昼夜书写、审阅文件持续一周之久，未得休息。当工作完成之后，即感头晕、目花、耳鸣，彻夜失眠，心烦食少。经检查，发现血压至190/120毫米汞柱，拟定中西医药配合治疗。中医辨证：机体之肝脏，具贮藏血液、调节血量之功能。当在较长时间思维、精力、视觉等官能高度集中应用于某一事物之上，由此耗散肝经气血。内经云："肝受血而能视。"又云："久视伤血。"肝脏体阴而用阳，当肝血耗散，肝气失濡，致虚风上逆作眩，遂成"血虚生风"。诊脉细弦而数，舌质红，苔薄黄。治则本"急者缓之"之意，滋养肝血，兼佐安镇，平息虚风。

全当归12克、炒白芍12克、茯神木15克、大寸冬9克、明天麻9克、石决明12克、炒黑豆15克、健莲子15克、黑芝麻12克、净竹茹6克、云母石12克(醋煅)。

嘱以玉米须煎汤代水煨药，上方浓煎，温服2剂，并配合西药降压、镇静等药治疗。

复诊　血压下降至130/90毫米汞柱。患者已能起床活动，头晕、心烦、思饮、便干诸症消除，食眠恢复正常。脉现和缓，舌质红，苔薄有津。此属肝血得养，虚风平定，病势向愈。续用滋阴降火丸调理巩固。服法：滋阴降火丸七丸，每日一丸，空腹以温开水送服，连服一周，病痊愈。

(《姚贞白医案·肝风虚眩》)

【编按】

案按:正确的治则来源于正确的诊断,而正确的诊断,必然基于对机体征候客观的病理病机分析。本例肝血耗散,肝气失濡,虚风上逆,干扰清空,而发眩晕。对证投以养血、柔肝、安神、熄风之品,并同西药配合,获效甚捷。

姚贞白阴虚中风案

赵某,男,65岁,工人。1970年。

初诊 患者因腰部外伤,住院治疗,尚未痊愈。复因牙疼头痛,服止痛剂未减。某晨,突然中风,神识昏蒙,两目直视,呼之不应,喉中痰声辘辘,手足抽搐,口角㖞斜。骨科约余会诊。脉象弦大而滑,牙关紧闭,用竹筷撬开,见舌尖红,苔燥,有龟裂。此老年肝肾不足,外伤后血弱阴虚中风,气滞痰凝,邪闭心包,络脉失调,证属危重。治宜化风宣络,芳香开窍,涤痰顺气,镇心安神。先用:

安宫牛黄丸二丸,用水化调匀,分次用鼻饲法内服。

午后复诊 无显著变化,仅喉间痰声稍减,神识仍昏,抽搐时作。小便失禁,大便秘结。牙关微开,目能闭合。脉象弦大略减,舌苔仍燥,有龟裂。风势未平,痰凝气滞,邪闭心包,仍属危重。拟用下方:

羚羊角4.5克(磨水兑服)、桑枝24克、代赭石15克、云茯神18克、全蝎1对、蜈蚣3条、石菖蒲4.5克、冲郁金9克、钩藤6克、甘草梢3克、蛇胆陈皮2支、宝丹1丸(上二药分次调入)。

三诊 服上方后,神识渐清,呼之能应。目能开闭,口角㖞斜较正。喉中痰声已稀,略能饮水下咽。但言蹇舌强,抽搐阵作,肢体强直,难为转侧。微咳,龈肿。小便失禁较减,大便未通。脉象弦滑,舌红,苔黄而燥。此神明渐苏,风邪未化,筋络不舒,气滞痰凝。宜清化疏调。

羚羊角3克(磨水兑服)、桑枝24克、云茯神15克、秦艽9克、钩藤6克、杭菊花6克、全蝎1对、薄荷6克、夏枯草6克、甘草3克、竹茹6克、青木香4.5克,蛇胆陈皮2支(调服)。

四诊 上方服2剂,神识已清,抽搐渐止。大便通,小便色黄能禁。时咳痰凝。仍言蹇舌强,肢体转动不灵。脉弦滑,舌淡黄有津。此风象渐平,络脉未舒,肝肺燥热。续用下方祛风化痰,舒筋宣络。

秦艽12克、桑枝24克、青木香4.5克、菊花6克、钩藤9克、天竺黄6克、甘草3克、蜂房6克、白吉力9克、姜蚕9克、竹茹6克。

五诊 上方服2剂,腰痛牙疼减轻,抽搐已停,渐能言语,口眼㖞斜消除,肢体较能活动。大便畅通,小便淡黄。咳嗽痰凝,神倦思睡,肢软无力。脉弦滑均减,舌淡红、苔薄黄而润。此风势已平,阴虚肺燥,络脉未调,心神不足之候。续用下方,养阴舒络,化痰缓调。

白元参9克、大寸冬9克、怀牛膝9克、青木香4.5克、桑枝15克、川续断12克、杜仲12克、甘草3克、京半夏9克(冲)、伸筋草9克。

六诊 服上方近10剂,已能起床由家属搀扶慢步行走。饮食增加,夜卧较宁。腰痛牙疼全止,咳痰稀少,二便正常。唯肢体软弱,头昏乏力。脉转弱缓调匀,舌红润有津。此病退阴虚,肝肾络脉不强,气血心神未足,宜滋血益阴、安神、舒络、养肝熄风。

炙首乌15克、大熟地15克、淮山药15克、云茯神15克、金石斛9克、怀牛膝9克、黑芝麻15克、粉丹皮6克、酸枣皮6克、炒泽泻6克、黑小豆15克、桑寄生12克、甘草梢3克。

服数剂后,渐能单独行动,食眠均佳,就出院。嘱可常服上方调理善后。1978年随访,情况良好,能自行料理生活,并做轻微事务。

(《姚贞白医案·阴虚中风》)

【编按】

案按:老年气血失荣,肝肾阴亏,至为风火湿痰骤袭,急用凉开,袪邪启闭。继投清疏宣化缓调,随后滋益固本。

姚贞白阳黄(肝硬化)案

刘某,男,43岁,部队干部。1970年6月。

初诊 患者病经半年以上,初起觉身困头眩,食欲不佳,右胁下隐隐作痛,心烦欲呕。小便黄,大便秘。继则周身及面目出现黄疸,口苦烦躁,食减眠差。入某医院,经多次化验检查,确诊为黄疸性肝炎,已发展为肝硬化。住院治疗数月,黄疸未见消退,反而出现腹水,面足浮肿,胸痞,胁痫,腹胀,饮食日减,小便短涩,大便干燥,夜难入睡。服姜桂术附及理中、四逆汤等药,病情未减,反趋急剧,约余会诊。脉弦滑而数,重按有力,舌苔黄腻且干。症属湿热发黄,肝胆气滞。病势绵缠,治以舒肝利胆,清热化湿。拟茵陈温胆汤加减。

绵茵陈18克、败酱草15克、鸡骨草30克、焦栀子9克、炒枳实9克(冲)、净竹茹9克、醋法夏9克、广陈皮6克、广木香4.5克、炒柴胡9克、醋郁金9克(冲)、大腹皮15克、连皮茯苓30克、烧鸡金6克。

二诊 前方服5剂后,大便通顺,小便稍多,色尚深黄如浓茶,口苦燥。黄疸未退,胸腹胀满稍减,自觉腹中作鸣,可略进饮食。肢体仍浮肿,入夜烦躁不宁,精神倦怠。此肝胆气分渐舒,内伏湿热尚重,脾为湿困,运化失调。脉弦滑而数,重按渐软,舌苔薄黄而润,续用原方加减。

绵茵陈15克、茯苓30克、猪苓15克、炒泽泻9克、炒柴胡9克、炒枳实9克(冲)、鸡骨草30克、大腹皮15克、广木香4.5克、净竹茹9克、醋郁金6克、车前子9克(包煨)、烧鸡金6克。

三诊 上方连服15剂后,小便增多,腹水陆续消退,全身已不浮肿,胸痞、胁痛均较前减轻，渐思饮食，夜能静卧，面目尚有轻度发黄，可单独行走来医院门诊。脉象细弦，舌苔淡黄薄腻，是黄疸湿热将化，脾弱肝胆气分渐舒，拟从调达肝脾，清化未尽湿热兼治。方用茵陈四苓散加味：

绵茵陈9克、白术12克、茯苓18克、猪苓9克、炒泽泻9克、广木香3克、西砂仁9克(冲)、法半夏10克、广陈皮6克、苡仁15克、竹茹6克、烧鸡金2枚。

上方又连服十数剂，黄疸消失，饮食增加，二便正常，睡眠安定，只觉精神体力尚未恢复。续以归芍香砂六君汤：

苏条参16克、白术9克、茯苓18克、生甘草3克、法半夏9克、广陈皮6克、全当归15克、炒杭芍9克、广木香2.4克、西砂仁6克(冲)。

上方调理月余，痊愈出院。

(《姚贞白医案·黄疸》)

【编按】

姚按：中医没有"黄疸性肝炎"这个名词，但是祖国医学文献里有"阳黄""阴黄"的记载，这和现代的"黄疸性肝炎"都有相同之处。这一病例，从它的临床症状、体征、脉象、舌诊等各方面的情况看，确系"阳黄"症，所以，我们根据治阳黄的方法长期给患者服药，终于将其治愈。

姚贞白黄疸臌胀(肝硬化)案

常某某，男，32岁，解放军指挥员。1959年4月。

初诊 患者起病于1956年，因庆功筵豪饮大醉，昏睡一昼夜之久。此后，食欲锐减，形体渐瘦，而自恃体力，不以为患。半年后，又出现右胁疼痛、恶心、呕吐等症状。在部队医院治疗，因胁痛剧烈，曾注射吗啡数支。后出现黄疸，乃入昆明军区总医院以"急性黄疸型肝炎"治疗，好转后出院。出院后，未克休息，且劳累过度，病复发。于1959年4月二次入院，诊断为"肝硬化"，采取中西合治。据云所服中药，有大剂量桂、附。服后，胸腹烧灼难忍，反而腹胀增大，黄疸加深，病情渐趋恶化。邀余会诊。诊见患者全身色如金橘，汗出皆黄，衣被尽染；发高热(每日持续在40℃左右)；腹部胀大如鼓，膨隆高起，不能自视其足；小便短赤不利，大便不畅，烦渴而饮少；脉弦滑数，舌质红黯、苔黄厚腻。此肝脾屡伤、血郁气滞、土困木横、湿热熏蒸、运化疏泄及传导失司，遂发为黄疸臌胀。病势凶险，法当清湿热以疏肝络，消黄疸兼除臌胀。

茵陈15克、炒栀子6克、带皮茯苓24克、猪苓15克、泽泻9克、枳实6克(炒冲)、醋郁金9克(冲)、焦柏6克、炒厚朴9克、大腹皮1.5克、通草6克、滑石18克、竹茹6克、芦根30克。

二诊 上方服4剂，体温降至37～38℃之间，黄疸明显消退，烦渴已少，精神好转。但臌

胀未消，日夜痛楚。脉弦滑，舌苔黄，厚腻未退。证属黄疸湿热较化，肝脾气机壅滞未舒，运化无权，水邪停留。本当攻逐，但久病脾胃屡伤，用峻猛之品，恐难胜任；若随攻随胀，预后尤为不良！提笔踌躇，忽忆同道鲁绍曾老先生曾谓："用大蒜煮鲜肉，可消腹水，且不伤正。"因嘱试服用，生大蒜120克（去皮）、鲜猪肉半斤，同熬烂糊为度，顿服。并处方：

茵陈15克、带皮茯苓30克、猪苓15克、泽泻9克、炒枳壳9克、炒厚朴9克、广陈皮6克、大腹皮9克、冲郁金9克、广木香4.5克、焦柏4.5克、烧鸡金6克、甘草3克。

三诊 患者自诉服上述单方及汤药后，约二时许，脘腹胀闷欲死，心泛欲吐，而强忍之。又二时许，腹中鸣动，随即二便如注。半日共下稀水粪便13次，后臌胀顿消，如释重负。发热也退净，精神爽适，且知饥索食。诊脉转现弱缓，舌苔退薄。此病退，肝脾未复，续宜调肝扶脾，和胃清化。

茵陈9克、苍术9克、茯苓24克、猪苓9克、泽泻6克、苡仁12克、波寇6克、炒枳壳6克、甘草3克、竹茹6克、烧鸡金6克。

四诊 上方服一周，病势稳定，精神好转，食欲旺盛。脉缓微弦，舌红、苔薄微腻。征候续宜调理，再拟下方：

茯苓15克、猪苓9克、泽泻9克、苍术9克、炒厚朴9克、广木香3克、西砂仁9克、陈皮6克、苡仁12克、甘草3克、竹茹6克、烧鸡金6克、鸡骨草12克。

上方化裁出入，治疗约一月，诸证俱消。出院后，改服逍遥、六君类加减，前后二三年，巩固疗效。因庆再生，与余结成革命友谊，至今往来不绝。

（《姚贞白医案·黄疸臌胀》）

【编按】

案按：辛劳骤饮，肝脾损伤，血郁气滞，湿热熏蒸，运化、疏泄及开阖失常，发为黄疸臌胀奇险重症。首用清泻分消之剂，继投辛温通导、扶正祛邪验方，效应如响，此即内经"中满者，泻之于内"及"劳者温之"之意。

姚贞白肝郁湿热型肝炎案

赵某，男，32岁，人民解放军干部。1961年6月。

初诊 自诉右胁下疼痛半月余，按之疼痛更甚，胸膈痞闷，不思饮食，大便稀溏，日二三行，小便短黄。口干苦，思饮，厌油脂肉食，时发寒热。经检查诊为急性传染性肝炎。服药效果不显。证见双目微黄，面色晦滞不荣，精神疲倦。诊脉左弦右滞，舌质红，苔薄黄而腻。此属肝郁气滞，湿热内伏。法当疏肝理气，清热温胆利湿。处方：

炒柴胡6克、薄荷6克、炒枳实4.5克（冲）、炒杭芍6克、广木香3克、西砂仁6克、广陈皮6克、陈佛手9克、芦根15克、鸡骨草15克、净竹茹6克、烧鸡金6克。

二诊 连服上方8剂后,寒热未作,精神渐振,思食,尚厌油腻,胸闷胁痛减轻,口苦思饮渐除。小便清长,大便转干。脉象细弦,舌红,苔腻较退。中医辨证:此肝气渐舒,湿热较化,脾胃有调和之机。续以下方:

炒柴胡6克、炒枳实6克(冲)、醋法夏9克、广陈皮6克、炒杭芍9克、茯苓12克、云木香3克、西砂仁6克、芦根12克、净竹茹6克、烧鸡金6克、陈佛手9克。

三诊 上方连服15剂后,诸证全消,精神好转,饮食增加,舌腻全退,脉象调和。化验:肝功能恢复正常,再拟下方,调理巩固。

炒柴胡6克、炒杭芍9克、茯苓15克、醋法夏9克、炒枳壳6克、净竹茹6克、云木香3克、陈佛手9克、生甘草3克、炒玉米9克、老米9克。

(《姚贞白医案·肝郁湿热症》)

【编按】

中医治病从证而入,亦论病因,但病因性质是不同的。中医病因是对病症与病机性质、特点的总结,西医病因指具体的致病因素。乙肝论治,西医总不离抑制病毒活性,兼济生理反应过程中的营养成分平衡与肝脏损害的保护;中医则重在证,以症着眼、以证为辨,调理脏腑气机,以气化功能的恢复与加强为治疗的途径。两者比较,应该说中医更符合生命机体在病理过程中所要解决问题的要领。

案按:三诊三方,仅以十七味清疏之品,出入增减,而取效顺捷。乃因能够谨守病机,遂"轻可去实"使肝郁湿热消除而病痊。

尤怡肝火乘脾案

咯血胁痛,项下有核,脉数恶热,咽痛便溏。此肝火乘脾之证,反能食者,脾求助于食,而又不能胜之则痞耳。治在制肝益脾。

白芍、茯苓、川连、牡蛎、炙草、木瓜、益智、阿胶。

(《柳选四家医案》)

【编按】

"肝火乘脾,反能食者,脾求助于食",此辨证中,脾求助于食以抑肝火之凛,是病机要目。

诒按:论病明快,方中拟加丹、栀、夏枯草。

邓评:此必阴虚而挟痰湿,滋燥最难偏任,唯有主用制肝,足以取胜。选药尚称平善。或以丹、栀易川连。

孙评:咽痛有虚火上逆,益智恐嫌燥,宜扁豆、山药之类。

尤怡肝藏失调侵脾侮肺案

肝藏失调，侵脾则腹痛，侮肺则干咳，病从内生，非外感客邪之比。是宜内和藏气，不当外夺卫气者也。但脉弱而数，形瘦色槁，上热下寒，根本已漓，恐难痊愈。

归身、白芍、炙草、茯苓、桂枝、饴糖。

（《柳选四家医案》）

【编按】

诒按：此内补建中法，宜于腹痛，而不宜于干咳。宜加清肝保肺之味，乃为周匝。

邓评：议病确凿。方内唯桂枝不妥。参入吴萸炒桑白皮、蜜炙陈皮，较为胜着；乌梅、桔梗，亦可参用。

孙评：此方与叶氏并驾齐驱。清肝保肺，如石斛、麦冬，亦颇相宜。

尤怡脾湿流走肝胆之络腿麻胸痞案

肝阳化风，逆行脾胃之分；胃液成痰，流走肝胆之络。右腿麻痹，胸膈痞闷，所有来也。而风火性皆上行，故又有火升气逆鼻衄等证。此得之饥饱劳郁，积久而成，非一朝一夕之故也。治法清肝之火，健脾之气，亦非旦夕可图也。

羚羊角、广皮、天麻、甘草、枳实、半夏、茯苓、白术、麦冬。

（《柳选四家医案》）

【编按】

邓评：尚无痰走肝胆见证。

诒按：持论明通，立方周匝，看似平淡无奇，实非老手不办。亦当加入白芍。

尤怡脾痰肝风眩运食少案

脾失运而痰生，肝不柔而风动，眩运食少，所由来也。

白术、天麻、首乌、广皮、半夏、羚羊角、茯苓、钩藤。

（《柳选四家医案》）

【编按】

诒按：案语简炼，方亦纯净。

邓评：此等方案，既松灵，又周匝。学到如此，庶几目无难题。

尤怡风消肝厥案

骤惊恐惧，手足逆冷，少腹气冲即厥，阳缩汗出。下元素亏，收摄失司。宜乎助阳以镇纳。第消渴心悸，忽然腹中空洞。此风消肝厥见象，非桂附刚剂所宜。

炒黑杞子、舶茴香、当归、紫石英、细辛、桂枝。

（《柳选四家医案》）

【编按】

三家之评有谬，案中“第消渴心悸，忽然腹中空洞”语处，明显是久病伤阳见症，久虚之人不胜刚温之剂，于滋养、温肾中合回厥之味，可谓稳妥之剂。

诒按：风消肝厥之证，当于温养中佐以滋阴。方中细辛一味，不识何意。愚意再加牛膝、白芍、牡蛎。

邓评：既属风消肝厥，用药仍嫌温燥，与按语不甚和洽。柳注加味极妥。

孙评：细辛，或细生地之误。

尤怡风痰内壅脏腑外闭窍隧案

肝风与痰饮相搏，内壅脏腑，外闭窍隧，以致不寐不饥，肢体麻痹。迄今经年，脉弱色悴，不攻则病不除，攻之则正益虚，最为棘手。

钩藤、菖蒲、刺蒺藜、远志、竹沥、郁金、胆星、天竺黄；另指迷茯苓丸临卧服。

（《柳选四家医案》）

【编按】

证机提示“肝风与痰饮相搏”，是提纲切要之语。症可归类于肝风之动，又虑无痰不作祟，故辨证如是。

诒按：病属难治，而立方却周匝平稳，非学有本原者，不能办此。

邓评：白术、茯苓、牡蛎等味，似宜参入用之。

孙评：茯苓、半夏，是宜于入汤剂之中。

范氏太阳少阳证胁痛(慢性肝炎合并早期肝硬化)案

薛某,男,42岁。成都市某厂干部。1969年患慢性肝炎,1971年肝大肋下3厘米、剑突下5厘米,肝区胀痛,经治疗病情未控制。于1972年春,开始全休。同年5月27日来诊。

初诊　肝区胀痛,食欲日益减退,进食后腹胀,坐立不安。腰部如重带紧束,难以蹲下。头疼恶寒,面色青黄,两颊瘦削,眼胞与双足微现浮肿。舌质暗淡,边缘稍红,苔淡黄夹白,根部稍厚腻。此为少阳证,兼太阳伤寒,宜先开郁闭,散寒除湿,以麻黄汤加味主之。

麻黄10克、桂枝10克杏仁12克、炙甘草15克、法夏18克。

服4剂后,头痛与肝区胀痛略减,余证无明显变化。为增强散寒除湿,通阳行气之力,继用甘草麻黄汤,再服5剂。舌质渐转红,苔腻稍退,现寒湿风热交织之象。为引邪外出,选用:

荆防败毒散,去川芎、羌活、独活,酌加桑叶、黄芩、牛蒡等。

辛温发汗与辛凉清解之品相配伍,服20余剂。

二诊　胁、腰部紧束沉重之感稍减,眼泡浮肿渐消,全身初觉松动。舌苔仍腻而紧密,根部较厚。风寒湿邪积聚已久,蕴结于肝胃,气机阻滞,故胸胁中脘仍觉胀满。今乘表邪已解之机,又据邪实而主证在上之理,因势利导,“其高者,因而越之”,运用吐法,两月之内,先后用自制二妙丹引吐两次,呕出大量痰涎泫液,并配合服用针砂散。

处方一,二妙丹:绿矾3克、白矾3克、硼砂1克,炼制成丹,空腹用温开水送服1克;

处方二,针砂散:针砂、硼砂、绿矾、白矾、神曲、麦芽、木通、广香、甘草各10克,共为细末。第一周,每日晨,空腹用米汤冲服一次,每次3克,其后每3日服1次。

三诊　自觉症状著减,纳增。活动时,肝区仍觉坠胀、疼痛。少阳证未解。以自制回生丹加味,配合针砂散疏肝行气,开窍止痛,缓缓服之。

回生丹处方:藿香、丁香、广香、辽细辛、巴豆、牙皂、雄黄、朱砂、白矾、蟾酥、麝香。炼制成丸,如绿豆大,痛时服2~3粒,每日1次。针砂散每周服1次,每次服3克。

上方服用2月,前后治疗5个月,病情基本好转。遂停服汤药,继服回生丹、针砂散,又调养5个月。重返工作岗位,坚持全日工作。1978年12月,患者来信:“六年来,一直坚守岗位,心情愉快。今年检查,肝肿大已消失,触肝肋下1.5厘米,剑突下2.5厘米,质软,基本上无痛感。即使繁重的工作也能胜任。”

(《范中林六经辨证医案》)

【编按】

案按:根据范老临床经验,此种胁痛,单纯属少阳证者较少,而常见少阳与太阳伤寒相兼,互相交织,且多由外感风寒湿邪,反复缠绵,历久不解,邪传少阳,两经同病。又因寒湿积滞益深，更增气机郁结，肝失条达，日久则气滞血凝，阻塞胁络，以致变证丛生。因此，针对本案少阳之枢转无权，必须首开太阳，发表开闭，散寒除湿。太阳一开，邪有出路，然后根据病情轻重缓急，逐一突破，以竟全功。

蒲辅周无黄疸型急性传染性肝炎案

许某，56岁，男，已婚，干部。1963年1月15日。

初诊 两月来腹胀，右肋下隐痛，不思食，不知饥，厌油腻，口苦，口渴思饮；下肢股内外时有颤动，睡眠不佳；常服安眠药；大便不成形，每日二三次，小便黄少。一个月前曾在某医院检查肝肿大，肝功能化验其中血清谷丙转氨酶较高(270单位)，昨日复查为680单位(该院正常范围在100单位以下)。眼白珠青，微带黄色，面色微黄；脉弦细数，舌质红，苔微黄白腻，素性急，过劳。此属脾胃失调，湿聚热郁，以致肝失疏泄，三焦不和。治宜调脾胃，清湿热，疏利三焦。

茵陈(三钱)、茯苓(三钱)、猪苓(二钱)、滑石(三钱)、焦栀子(一钱五分)、豆卷(四钱)、大腹皮(二钱)、通草(一钱)、防己(一钱五分)、厚朴(二钱)、炒枳实(一钱)、郁金(二钱)、石斛(四钱)、炒麦芽(三钱)。

服7剂，隔日1剂。即日午后入某医院住院，仍服此中药。

二诊 服药后口苦及腹胀见轻，食欲好转，小便仍色黄，大便每日二次已成形，经该院进一步检查(胆囊有炎症，谷丙转氨酶已降至125单位)，诊断为急性无黄疸型传染性肝炎。脉转弦缓，舌质红稍退，苔薄白黄腻，仍宜和肝胆、调脾胃。

原方去防已、大腹皮，加广陈皮一钱五分、竹茹二钱、法半夏二钱，焦栀子改为二钱。7剂，隔日1剂。

三诊 服药后病情稳定，食欲增强而知饥，口苦见轻二便同上；血清谷丙转氨酶近来检查为140单位；脉弦缓，舌质正常，腻苔见退。仍宜继续调肝脾、清湿热。

茯苓(三钱)、生白术(一钱五分)、泽泻(一钱五分)、猪苓(一钱五分)、茵陈(三钱)、滑石(三钱)、通草(一钱)、豆卷(三钱)、苡仁(五钱)、扁豆衣(二钱)、海金砂(三钱)、麦芽(二钱)。7剂，隔日1剂。

四诊 服药后饮食、二便皆恢复正常，已无口苦及腹胀，稍有疲乏感。近来谷丙转氨酶为87单位；脉缓有力，左关微弦数，舌质正常，苔已退净。仍以和脾胃，调肝胆，以资稳固。

党参(一钱五分)、白术(一钱五分)、茯苓(三钱)、炙甘草(五分)、山药(三钱)、莲肉(三钱)、苡仁(四钱)、石斛(三钱)、鸡内金(二钱)、炒谷芽(二钱)、大枣(三枚)。5剂，隔日1剂。

以后检查，一切正常，遂出院停药，以饮食调理而恢复健康。

(《蒲辅周医案》)

【编按】

案按：此例西医诊断为胆囊炎、无黄疸型急性传染性肝炎，中医诊断为湿热病。属脾胃失调，湿聚热郁，因之肝胆疏泄失职，而三焦不利，尚未成疸病。治以调理脾胃，清疏肝胆，分利三焦，除湿清热之法，而症状渐次好转，转氨酶显著下降，继以调和脾胃而善其后。由此观察，深知辨证论治，确有一定的原则，用药亦有一定的规律，本例以脾胃失调为重点，始终以调脾胃、疏肝胆、利三焦、清湿热法治之，而收到满意的效果。《内经》云“必伏其所主，而先其所因”，应为临床工作者所注意。隔日一剂，此缓其治也，因病属脾胃失调，消化力弱，若药量过大、过急，则难胜其任，更说明古方治病，或用末药，每煎数钱有其道理。

许恩普虚黄秘结案

伊子书城黄疸秘结十数日不便，时医治以承气汤，余诊脉沉细，知系虚黄秘结，拟以茵陈润导滋养气血，使下焦气化而能出矣。饮以猪蹄汤，十四日便通黄退，遂愈。

（《许氏医案》）

【编按】

此案治法与姚贞白黄疸臌胀（肝硬化）案中“大蒜煮鲜肉，可消腹水，且不伤正”的治法有相似之处，都以血肉有情之品治疗黄疸症，这种药理机制值得深思。

叶天士老年上盛下虚案

某（妪），今年风木司天，春夏阳升之候，兼因平昔怒劳忧思，以致五志气火交并于上，肝胆内风鼓动盘旋。上盛则下虚，故足膝无力；肝木内风壮火，乘袭胃土，胃主肌肉，脉络应肢，绕出环口，故唇舌麻木，肢节如痿，固为中厥之萌。观河间内火召风之论，都以苦降辛泄，少佐微酸，最合经旨。折其上腾之威，使清空诸窍毋使浊痰壮火蒙蔽，乃暂药权衡也。至于颐养工夫，寒暄保摄，尤当加意于药饵之先。

金石斛（三钱）、化橘红（五分）、白蒺藜（二钱）、真北秦皮（一钱）、草决明（二钱）、冬桑叶（一钱）、嫩钩藤（一钱）、生白芍（一钱）。上午服。

又，前议苦辛酸降一法，肝风胃阳已折其上引之威，是诸证亦觉小愈。虽曰治标，正合岁气节候而设，思夏至一阴来复，高年本病，预宜持护，自来中厥，最防于暴寒骤加，致身中阴阳两不接续耳。议得摄纳肝肾真气，补益下虚本病。

九制熟地（先用水煮半日，徐加醇酒、砂仁，再煮一日，晒干再蒸，如法9次，干者炒存性八两）、肉苁蓉（用大而黑色者去甲切片，盛竹篮内，放长流水中浸7日，晒干，以极淡为度，四两）、生虎膝骨（另捣碎研，二两）、淮牛膝（盐水蒸，三两）、制首乌（四两，烘）、川萆（盐水炒，二两）、川石斛（八两熬膏）、赤白茯苓（四两）、柏子霜（二两）。上药照方制末，另用小黑豆皮八两，煎浓汁法丸，每早百滚水服三钱。议晚上用健中运痰，兼制亢阳，火动风生，从外台茯苓饮意。人参（二两）、熟半夏（二两）、茯苓（四两，生）、广皮肉（二两）、川连（姜汁炒，一两）、枳实（麸炒，二两）、明天麻（二两，煨）、钩藤（三两）、白蒺藜（鸡子黄拌煮，洗净炒去刺，三两）、地栗粉（二两），上末用竹沥一杯，姜汁十匙，法丸，食远开水服三钱。

又，近交秋令，燥气加临，先伤于上，是为肺燥之咳。然下焦久虚，厥阴绕咽，少阴循喉，往常口燥、舌糜，是下虚阴火泛越。先治时病燥气化火，暂以清润上焦，其本病再议。

白扁豆（勿研，三钱）、玉竹（三钱）、白沙参（二钱）、麦冬（去心，三钱）、甜杏仁（去皮尖勿研，二钱）、象贝母（去心勿研，二钱）、冬桑叶（一钱）、卷心竹叶（一钱）、洗白糯米七合，清汤煎。

又，暂服煎方。北沙参（三钱）、生白扁豆（二钱）、麦冬（三钱）、干百合（一钱半）、白茯神（一钱半）、甜杏仁（去皮尖，一钱半）。

又，痰火上实，清窍为蒙，于暮夜兼进清上方法。

麦冬（八两）、天冬（四两）、苡米（八两）、柿霜（四两）、长条白沙参（八两）、生白扁豆皮（八两）、甜梨汁（二升）、甘蔗浆（二斤）。水熬膏，真柿霜收，每服五钱，开水送下。

又，夏热秋燥，阳津阴液更伤，口齿咽喉受病者，属阴火上乘，气热失降使然。进手太阴清燥甘凉方法甚安；其深秋初冬调理大旨，以清上实下，则风熄液润，不致中厥，至冬至一阳初复再议。

燕窝菜（洗净另熬膏，一斤）、甜梨（去皮核绢袋绞汁熬膏，二十个）、人参（另熬收，三两）、九制熟地（水煮，四两）、天冬（去心蒸，二两）、麦冬（去心，四两）、黄皮（生用，四两）、炙黑甘草（二两）、五味（二两，蒸）、云茯神（三两，蒸）。

又，左关尺脉，独得动数，多语则舌音不清，麻木偏着右肢；心中热炽，难以名状。此阳明脉中空乏，而厥阴之阳，挟内风以纠扰，真气不主藏聚，则下无力以行动；虚假之热上泛，为喉燥多咳。即下虚者上必实意，冬至后早服方，从丹溪虎潜法。

九制熟地（照前法制，八两）、肉苁蓉（照前制，四两）、天冬（去心蒸烘，四两）、当归（炒焦，二两）、生白芍（三两）、川斛（熬膏，八两）、黄柏（盐水炒，二两）、淮牛膝（盐水蒸，三两），上为末，另用虎骨胶三两，溶入蜜捣丸，服五钱，滚水送。

又，太太诸恙向安，今春三月，阳气正升，肝木主乎气候，肝为风脏，风亦属阳，卦变为巽，两阳相合，其势方张，内风挟阳动旋，脂液暗耗而麻痹不已。独甚于四肢者，风淫末疾之谓也。经云："风淫于内，治以甘寒。"夫痰壅无形之火，火灼有形之痰，甘寒生津痰火风兼治矣。

天冬（四两）、麦冬（八两）、长白沙参（八两）、明天麻（四两，煨）、白蒺藜（照前制，四两）、甜梨汁（一斤）、芦根汁（流水者可用，八两）、青蔗浆（一斤）、鲜竹沥（八两）、柿霜（四两）。先将二冬、沙参、天麻、白蒺藜，加泉水煎汁滤过，配入四汁同熬成膏，后加柿霜收，每日下午食

远服五钱，百滚水调服。

又，下虚上实，君相火亢，水涸液亏，多有暴怒跌仆之虞。此方滋液救焚，使补力直行下焦，不助上热，议铁瓮申先生琼玉膏方。

鲜生地水洗净捣自然汁二斤，绵纸滤清，随和入生白沙蜜一斤，另置一铅罐，或圆铅球，盛前药封坚固，用铁锅满盛清水，中做“井”字木架，放罐在上，桑柴火煮三昼夜，频添水不可住火，至三日后，连器浸冷水中，一日顷取出，入后项药，人参（蒸烘研细末六两）、白茯苓（蒸研粉十六两）、真秋石（银罐内候冷研一两），三味拌入前膏，如干豆沙样，收贮小口瓷瓶内，扎好勿令泄气，每早百滚水调服五六钱。

又，立冬后三日，诊得左脉小弦动数，右手和平略虚，问得春夏平安，交秋后有头晕，左目流泪，足痿无力，不能行走，舌生红刺，微咳有痰，此皆今年天气大热已久，热则真气泄越，虚则内风再旋，经言痿生大热，热耗津液，而舌刺咳嗽流泪者，风阳升于上也，上则下焦无气矣，故补肝肾以摄纳肾气为要，而清上安下，其在甘凉不伤脾胃者宜之。

制首乌（四两）、杞子（炒，一两半）、天冬（去心，二两）、茺蔚子（蒸，二两）、黄甘菊（一两半）、黑豆皮（二两）、茯苓（蒸，二两）、川石斛（熬膏，八两）、虎骨胶（二两，水溶），上末以川斛膏同溶化，虎骨胶捣丸，早上滚水服三四钱。

又，久热风动，津液日损，舌刺咳嗽，议以甘药养其胃阴，老年纳谷为宝。

生扁豆（四两）、麦冬（四两）、北沙参（三两）、天花粉（二两）、甘蔗浆（十二两）、柿霜（二两）、白花百合（四两），熬膏，加饴糖两许，每服时滚水调服三四钱，晚上服。

又，液燥下亏，阳挟内风上引，阴不上承，舌络强则言謇，气不注脉则肢痿乏力步趋，凡此皆肝肾脏阴本虚，镇补之中，微逗通阳为法，以脏液虚，不受纯温药耳。

水制熟地（四两）、阿胶（二两）、女贞实（二两）、豆皮（二两）、淡肉苁蓉（一两）、茯神（二两）、旱莲草（二两）、川石斛（三两），用精羯羊肉胶为丸，早上滚水服四五钱。

又，暂服煎方，生地、沙参、茺蔚子、黑豆皮、川斛、牛膝。

又，晚服丸方，九蒸桑叶（八两）、三角胡麻（四两）、九制首乌（三两）、白茯神（三两）、人参（二两）、炙甘草（一两）、酸枣仁（二两，炒）、苡仁（二两）。上为末，桂圆肉三两煎汤法丸，每服三钱，百滚水下。

又，今年天符岁会，上半年阳气大泄，见病都属肝胃，以厥阴为风脏，而阳明为盛阳耳，阴阳不肯相根据，势必暴来厥中，过大暑可免，以暑湿大热，更多开泄，致元气不为相接耳，然此本虚标实，气火升腾所致，经旨以苦寒咸润酸泄，少佐微辛为治，议进补阳明泄厥阴法。

人参（一钱）、生牡蛎（五钱）、生白芍（二钱）、乌梅肉（四分）、川黄连（盐水炒，六分）、熟半夏（醋炒清水漂洗，一钱），上午服。 丸方：人参（二两）、茯苓（三两，生）、盐水炒黄连（五钱）、半夏（醋炒水洗净，一两半）、盐水炒广皮（二两）、枳实（麸炒，一两半）、白蒺藜（鸡子黄制，一两半）、生白芍（一两半）、乌梅肉（蒸，一两）。为末，竹沥法丸，早上服三钱，百滚汤下。

又，夏月进酸苦泄热，和胃通隧，为阳明厥阴治甚安，入秋凉爽，渐有收肃下降之理。缘有年下亏，木少水涵，相火内风旋转，熏灼胃脘，逆冲为呕，舌络被熏，则绛赤如火，消渴便阻，犹剩事耳，凡此仍属中厥根萌，当加慎静养为宜。

生鸡子黄（一枚）、阿胶（一钱半）、生白芍（三钱）、生地（三钱）、天冬（去心，一钱）、川连（一分，生），上午服。

又，心火亢上，皆为营液内耗，先以补心汤，理心之用。

人参（同煎，一钱）、川连（水炒，六分）、犀角（二钱，镑）、元参（二钱）、鲜生地（五钱）、丹参（一钱）、卷心竹叶（二钱）。

又，苦味和阳，脉左颇和，但心悸少寐，已见营气衰微，仿金匮酸枣仁汤方，仍兼和阳，益心气以通肝络。

酸枣仁（炒黑勿研，五钱）、茯神（三钱）、知母（一钱）、川芎（一分）、人参（六分，同煎）、天冬（去心，一钱）。

（《临证指南医案》）

【编按】

此案医治过程长、历时久，似显繁杂，实则不然。先是诸多病症集注一身，症情多样而以一身贯之；再是病症繁杂然以厥阴病机为其约束，于其中可以审察厥阴证机的诸多体现。此案一重要特点，就是精心护理治疗的场景，丝丝入扣，步步着微，体现了中医临床的一种特色。

叶天士疟热伤阴脘膈痞闷案

杨某，疟母用针，是泄肝胆结邪。瘦人疟热伤阴，梦遗，五心烦热，亦近理有诸；继患脘膈痞闷，不饥食减，大便不爽，乃气滞于上，与前病两歧。焉得用滋阴凝滞之药，思必病后饮食无忌，中焦清浊不和所致。

杏仁、土栝蒌、桔梗、半夏、黑山栀、枳实、香附汁。

（《临证指南医案·痞》）

【编按】

中焦气机和顺之态，是轻者上升、浊者下趣。“中焦清浊不和”所指者，见症为“脘膈痞闷，不饥食减，大便不爽”，润肠、宽胸、利气是为治法。

叶天士黄疸三案

【案一】

张某,32岁,述初病似疟,乃夏暑先伏,秋凉继受,因不慎食物,胃脘气滞生热,内蒸变现黄疸,乃五疸中之谷疸也,溺黄便秘,当宣腑湿热,但不宜下,恐犯太阴变胀。

绵茵陈、茯苓皮、白蔻仁、枳实皮、杏仁、桔梗、花粉。

【案二】

张某,脉沉,湿热在里,郁蒸发黄,中痞恶心,便结溺赤,三焦病也,苦辛寒主之。

杏仁、石膏、半夏、姜汁、山栀、黄柏、枳实汁。

【案三】

蒋某,由黄疸变为肿胀,湿热何疑,法亦不为谬,据述些少小丸,谅非河间子和方法,温下仅攻冷积,不能驱除湿热,仍议苦辛渗利,每三日兼进浚川丸六七十粒。

鸡肫皮、海金沙、浓朴、大腹皮、猪苓、通草。

(《临证指南医案·疸》)

叶天士肝胆火风贯膈犯中案

徐某,阳动内风,用滋养肝肾阴药,壮水和阳,亦属近理。夏季脾胃主司,肝胆火风,易于贯膈犯中,中土受木火之侮,阳明脉衰。痰多,经脉不利矣,议清少阳郁热,使中宫自安,若畏虚滋腻,上中愈实,下焦愈虚。二陈去甘草,加金斛、桑叶、丹皮。(木火犯中胃虚生痰)

又,脉左浮弦数,痰多,脘中不爽,烦则火升眩晕,静坐神识安舒,议少阳阳明同治。羚羊角、连翘、广皮、炒半夏曲、黑山栀皮、香豉。

又,脉两手已和,唯烦动恍惚欲晕,议用静药,益阴和阳。人参、熟地、天冬、金箔。

(《临证指南医案·痰》)

【编按】

痰症以痰为著,以病机为要,其治要在病机,生痰病源除则痰自消。华岫云云:痰乃病之标,非病之本也,善治者,治其所以生痰之源,则不消痰而痰自无矣。余详考之,夫痰乃饮食所化,有因外感六气之邪,则脾肺胃升降之机失度,致饮食输化不清而生者,有因多食甘腻肥腥茶酒而生者,有因本质脾胃阳虚、湿浊凝滞而生者,有因郁则气火不舒而蒸变者,又有肾虚水泛为痰者,此亦因土衰不能制水,则肾中阴浊上逆耳,非肾中真有痰水上泛也,更有阴虚劳症,龙相之火,上炎烁肺,以致痰嗽者,此痰乃津液所化,必不浓浓,若欲消之,不唯无益,而徒伤津液。其余一切诸痰,初起皆由湿而生,虽有风火燥痰之名,亦皆因气而化,非风火燥自能生痰也,其主治之法,唯痰与气一时壅闭咽喉者,不得不暂用豁痰降气之剂以开之。

叶天士烦劳郁阳变热气内风案

张某,53岁,烦劳郁勃之阳,变现热气内风,内经以热淫风消,必用甘寒。前议谓酒客不喜甘味,且痰多食少,亦忌甘腻滋滞,用清少阳胆热者,酒气先入肝胆也。酒汁湿着,肠胃受之,理明以通胃,胃肠气机流行,食加,滑泄颇减。今者气热,当午上冒,经络痹痛亦减于平日,主以和阳甘寒,宣通经脉佐之。

童桑、羚羊角、天门冬、枸杞子、白蒺藜、丹皮、茯苓、霍山石斛,共熬膏。

(《临证指南医案·痹》)

叶天士痉厥二案

【案一】

夏某,52岁,中年以后,阳气日衰,是下焦偏冷,阳不及护卫周身,气分更虚,右肢如痿,当春地气上升,身中肝风大震,心嘈嗔怒,痰涌音哑,乃厥象也,皆本气自病,最难见效。

熟地、熟淡附子、牛膝炭、炒麦冬、远志炭、茯苓。

【案二】

顾某,此痿厥也,盖厥阴风旋,阳冒神迷则为厥,阳明络空,四末不用,而为痿厥;午后黄昏,乃厥阴阳明旺时,病机发现矣,凡此皆属络病。《金匮篇》中有之,仲景云:诸厥宜下,下之利不止者死,明不下降之药,皆可止厥,但不可硝黄再伤阴阳耳,但积年沉,非旦夕速效可知矣。活鳖甲、真阿胶、方诸水、鲜生地、元参、青黛。

又,照前方去元参加天冬,厥从肝起,其病在下,木必得水而生,阴水亏,斯阳风烁筋,而络中热沸即厥,拙拟血属介类,味咸入阴,青色入肝,潜阳为法。

又,阴络空隙,厥阳内风掀然鼓动而为厥,余用咸味入阴和阳,介类有情之潜伏,颇见小效,但病根在下深远,汤剂轻浮,焉能填隙,改汤为膏,取药力味重以填实之,亦止厥一法。

鲜鳖甲、败龟板、猪脊髓、羊骨髓、生地、天冬、阿胶、淡菜、黄柏熬膏。早服七钱。午服四钱。

(《临证指南医案·痉厥》)

【编按】

中医理论的核心是"象",五脏六腑、经络、气血是象的本体;五行则是生命活动生生不息

的气的动象，以五脏为其走形的节点。相生之象是金→水→木→火→土，肺气下行滋养肾气，肾气上行滋养肝气，肝气上行滋养心气，心气下行温养脾气；相克之象是金→木→土→水→火，肺气右侧下行至肝脏制肝，肝气左行先达于脾疏通条畅以抑制脾气易于壅滞的问题，脾气化生水湿克制肾水过泛，肾气挟真水上济于心抑制心火的亢奋。相生以互为滋养，相克以达平衡，所循行的路径不同，即是气活动机制有两种。这种对机体生命过程中生化活动路径的认识，与生理学中正负反馈的生理原理有极为相似之处。

生理反馈源于控制论中的反馈概念，是指系统的输出返回到输入端并以某种方式改变输入，进而影响系统功能的过程，即将输出量通过恰当的检测装置返回到输入端并与输入量进行比较的过程，分为负反馈和正反馈。负反馈的反馈信息与控制信息的作用方向相反，因而可以纠正控制信息的效应，调节的主要意义在于维持机体内环境的稳态，在负反馈情况时，反馈控制系统平时处于稳定状态。正反馈的反馈信息是促进与加强控制部分的活动，它的意义在于使生理过程不断加强，直至最终完成生理功能，在正反馈情况时，反馈控制系统处于再生状态。基于反馈理论甚至出现了一种生命信息医学的形式，其理念认为人体是一个有序的丰富信息系统，信息可以控制人体的生理功能，使之保持人体正常态的平衡，运用"场"监视人体失衡状态。由此发展的生理信息活化疗法，利用信息治疗仪，通过按摩调节体控生理信号，达到提高人体的自然康复力、改善内分泌系统和组织状态的保健作用。虽然这样的引申有点牵强附会，并且违背现代医学严谨的生理理念，但从观念上也是一种对中医五行机制与反馈机制相似性的佐证。

赵绍琴肝经郁热型眩晕案

韩某，男，39岁。1992年8月14日。

初诊　患高血压已半年，一直服用复方降压片、心痛定等，血压仍24~26kPa/19~17kPa。症见头痛目眩，心烦急躁，失眠梦多，大便干结，舌红苔白，脉弦滑且数。证属肝经郁热，气机阻滞。治以清泻肝经郁热，调畅气机。

蝉衣、片姜黄、白芷、防风各6克，僵蚕、苦丁茶、晚蚕砂、炒槐花各10克，大黄2克。

服药7剂后，血压18/13kPa，余症减轻，停用西药。原方加川楝子6克，服药7剂，血压正常。又以前方加减每周3剂，连服3周以巩固疗效。

复诊　血压稳定在16/11kPa，未再升高。

（《赵绍琴医案·眩晕》）

【编按】

案按：此高血压眩晕头痛，脉、舌、色、证俱属肝火，故甚为易辨，不致误诊。然治法不用平肝潜阳，或直清肝胆，而仍以疏调气机为主，是何道理？盖此为肝经郁火，源于气机郁滞，升降不得其所。肝郁化火，当以解郁为先。解郁之法，首选升降散。此案加防风、白芷尤妙，立意甚深。盖疏肝以风药，助肝木之升发，遂其条达之性则不郁矣。故服之即效。

赵绍琴肝阳上亢型眩晕案

严某某，男，36岁。

初诊 眩晕头痛经常发作，脉象弦滑有力，按之急数且搏指，舌红苔白根厚。大便干结，心烦易怒，素嗜烟酒，又多熬夜，为本病致病之由。此肝阳上亢，木火上升，先以熄风折热方法。

白蒺藜10克、晚蚕砂10克、蔓剂子10克、钩藤10克、菊花10克、竹茹6克、陈皮10克、生石决明20克、生牡蛎20克、瓜蒌仁20克、焦三仙各10克，7剂。

二诊 药后头痛已止，眩晕时或发生。脉仍弦滑，按之有力，舌红苔白根部仍较厚。大便通而未畅。风阳上扰之势虽缓，然病非一日所成，须得慎饮食、戒烟酒、节喜怒，方为根本之计，不可徒赖药物也，仍用前法加减。

白蒺藜10克、晚蚕砂10克、赤白芍各10克、钩藤10克、菊花10克、竹叶茹各6克、生石决明20克、生牡蛎20克、焦三仙各10克、水红花子10克，7剂。

上方服后头痛眩晕皆止，二便如常。睡眠亦安。遂嘱其注意饮食调理，增加运动锻炼，以防复发。

（《赵绍琴医案·眩晕》）

【编按】

案按：本案之眩晕是属肝胆风热上扰，良由过嗜烟酒，加之敖夜所致。因其兼有头痛，故用白蒺藜、晚蚕砂、蔓剂子以清头目，用钩藤、菊花以熄风阳；阳亢于上者宜用介类以潜之，故用生石决明、生牡蛎以镇潜；风阳上扰多挟痰热，故用竹茹、陈皮以化痰热。从舌苔根厚大便干结，知其三焦壅滞，故用瓜蒌仁、焦三仙（咀）利三焦。用药恰合病机，故服之即效。而医嘱其慎饮食、戒烟酒、多运动，尤为金玉良言，切中其病根矣。若患者果能实行之，则一生受益可知也。

赵绍琴湿热郁滞肝胆型臌胀案

卢某，男，46岁。1990年3月11日。

初诊 自20岁时患肝炎，经治疗后，一直尚好。两年前因贫血去某医院就诊，经检查发现肝脾肿大，中等硬度，结合超声波、同位素检查确诊为肝硬化。现面色皖白，牙龈经常出

血，全身乏力，头晕心烦，失眠梦多，脘腹胀满，皮肤甲错，时有低热，大便干结，小便黄赤，舌红苔腻且黄厚，脉沉弦细且滑数。证属湿热郁滞于肝胆。拟治先调气机，解郁结，升清降浊。

柴胡6克、黄芩6克、川楝子6克、杏仁10克、藿香10克、佩兰10克、蝉衣6克、僵蚕10克、片姜黄6克、大腹皮10克、大黄2克、焦三仙各10克。

服药10剂后，诸症见轻，二便正常，食欲渐增。仍以前法，佐以凉血化瘀。

柴胡10克、黄芩6克、赤芍10克、丹参10克、香附10克、郁金10克、茜草10克、杏仁10克、旋复花10克、白头翁10克、焦三仙各10克、水红花子10克。

又服10剂，饮食、二便正常，精神较佳，唯肝脾肿大未消，继以疏调气机，凉血化瘀，佐以软坚散结。

当归10克、赤芍10克、丹参10克、川芎10克、郁金10克、旋复花10克、益母草10克、茜草10克、炙鳖甲20克、生牡蛎30克、大腹皮10克、槟榔10克、焦三仙各10克。

服药30剂后，以此方加减改制成丸药，又服药3个月，再去医院复查，生化指标均属正常范围，肝脾均有较大幅度回缩，质地变软，并可以做轻工作。

（《赵绍琴医案·鼓胀》）

【编按】

赵老统言肝硬化在“肝郁”，为其病机关键点，值得深虑与考究。

案按：肝硬化是一种常见病，相当于中医的“臌胀”“癥瘕”“积聚”等症，其证情变化复杂多端。究其病机，目前多数医家认为本病的关键是正虚，治疗多以补正为主，或兼加活血、逐水、清热等。而赵师认为，肝硬化临床见证虽然繁多，细析之，其关键是气、火、湿、食之郁，病由此而生，又由此而变甚，至于出现阴阳失调或瘀血结聚，则是由诸郁所伤或诸郁不解发展而来。因此，在临床治疗上采取以疏肝解郁为主，配合活血化瘀、咸寒软坚、调整阴阳的方法，有步骤、分阶段进行调治，再配合饮食调养，走路锻炼，常可收到满意的疗效。

赵绍琴肝胆郁热入血型鼓胀（早期肝硬化）案

孙某某，女，60岁。

初诊　患者慢性肝炎十余年。近日经某医院检查血浆蛋白下降，白球比值倒置，认为已发展到早期肝硬化。建议中医治疗。现证脘腹及两胁胀满不舒，食后为甚，右胁隐痛，按之痛加，食欲不振，一身疲乏，心烦急躁，夜寐梦多。两脉弦滑且数，舌红苔薄黄。肝胆郁热入于血分，先用清化方法。

柴胡6克、黄芩10克、香附10克、川楝子10克、元胡10克、丹参10克、赤芍10克、郁金10克，7剂。

二诊　药后腹胀渐轻，夜寐较安，噩梦渐减。脉仍弦滑，按之濡软，舌红苔白。仍用调和肝胃方法。

荆芥6克、防风6克、川楝于6克、元胡6克、香附10克、木香6克、焦三仙各10克、柴胡6克、郁金10克,7剂。

三诊 药后诸证平稳。患者自行停药两周。近日腹胀又作,夜寐梦多。脉象濡滑且数,舌红苔黄且腻,湿热蕴郁不化,三焦不畅,仍用清化湿热方法,疏利三焦,以退其胀。

苏叶梗各10克、川楝子6克、香附10克、木香10克、佩兰10克(后下)、大腹皮10克、槟榔10克、焦三仙各10克、炒枳壳6克,7剂。

四诊 药后大便畅行,腹胀减轻,纳食有增。脉仍濡滑,舌红苔腻,仍用前法加减。

佩兰10克(后下)、藿香10克(后下)、苏叶梗各10克、丹参10克、赤芍10克、茜草10克、大腹皮10克、术香10克、郁盒10克、焦三仙各10克、水红花子10克,7剂。

五诊 湿热蕴郁三焦,肝胆郁热未清,夜寐梦多,心烦急躁,脉象濡滑且数,舌红苔黄而腻,仍用清化方法。

川楝子6克、元胡6克、夏枯草10克、龙胆草2克、丹参10克、赤芍10克、焦三仙各10克、水红花子10克、青陈皮各10克、郁金10克、大腹皮10克、槟榔10克,7剂。

六诊 下肢沉重,无力以动,腰背作痛,脉象濡滑,按之有力而数,舌红苔黄腻。湿痰蕴热互阻,疏调气机,涤痰通络,以缓其痛。

苏叶梗各10克、半夏10克、莱菔子10克、白芥子6克、片姜黄6克、杏仁10克、枇杷叶10克、丝瓜络10克、桑枝10克、大腹皮10克、钩藤10克(后下),7剂。

七诊 药后下肢甚感轻快,腰背疼痛皆止。胸胁痞闷不舒,脘部尚有压痛。脉象濡滑且数,仍用舒调气机方法。

柴胡6克、黄芩6克、川楝子6克、半夏10克、黄连2克、杏仁10克、枇杷叶10克、丝瓜络10克、桑枝10克、焦三仙各10克,7剂。

八诊 舌黄根厚,脉象濡滑,湿热蕴郁,头目不清,脘腹胀满不舒。仍用清化湿浊方法。

苏叶梗各6克、青陈皮各10克、半夏10克、炒枳壳10克、焦三仙各10克、水红花子10克、大腹皮10克、槟榔10克、晚蚕沙10克、蔓剂子10克,7剂。

(《赵绍琴医案·鼓胀》)

【编按】

案按:本案患者早期肝硬化,以脘腹胀满为主要表现,并有脘胁腰背诸痛。据脉舌色证分析,其为湿热蕴郁不化,肝胆郁热探入血分。故其治疗从清泄肝胆郁热、清化脾胃湿热、凉血化瘀、疏利三焦等几方面调理。清泄肝胆郁热用柴胡、黄芩、川楝子、龙胆草、夏枯草等;清化湿热用佩兰、藿香、茵陈、苏叶梗等;凉血化瘀用丹参、茜草、赤芍、郁金、元胡等;疏利三焦用焦三仙、水红花子、大腹皮、槟榔等;疏理气机用青陈皮、香附、木香、枳壳等;通络止痛用丝瓜络、桑枝、白芥子。治疗中不用扶正,不用守中,不用滋腻。依上法随证治之,并配以饮食调养、运动锻炼等方法,经过近一年的治疗,该患者各种症状皆消失,体力增强,肝功化验正

常，白球比例正常，并恢复了正常工作。

戴立三胁肋胀痛案

陈某，男，35岁。患胁肋瞋胀疼痛，已月余，西医诊断为无黄疸型肝炎，肝、脾均肿大三横指，转余诊治。症见：胁痛，口苦，心烦，食欲不振；脉弦，舌苔薄腻。此乃肝气郁滞，脾运失常，治宜用理气解郁、健脾养肝、活血祛瘀之剂。方用丹栀逍遥散加减。

当归15克、杭芍9克、柴胡9克、白术9克、茯苓9克、麦芽9克、薄荷6克、丹皮6克、栀子6克、丹参15克、乌梅3个。胀满不食甘，故去甘草，加乌梅以养肝，再加丹参和血祛瘀生新，解除胁下瘀滞。

二诊　服药2剂后，胁肋疼痛减轻。再就上方去乌梅，加香附9克、胡黄连6克，以理气解郁，养肝清热。

三诊　服药2剂后，胁肋疼痛大减。继用下方以疏肝止痛，化瘀破积为治。处方：

川楝子6克、乳香6克、没药9克、三棱9克、莪术6克、甘草6克。

四诊　服药4剂后，肝脾肿大缩小，仅余一横指。再参合前法，以舒肝化积佐升举脾阳为治，用张锡纯升陷汤加味。处方：

生口芪15克、炒知母6克、柴胡9克、桔梗3克、当归15克、川芎6克、干姜9克、乳香6克、没药6克、龙骨15克、牡蛎15克。

上方连服3剂，胁痛全止，肝脾肿大消失。继用张锡纯活络效灵丹加味调治，以巩固疗效。处方：

丹参15克、当归10克、乳香3克、没药6克、郁金6克、绿豆15克、杭芍15克、柴胡6克、山萸肉15克、乌梅3个。

（《戴立三医案》）

【编按】

戴氏与赵氏在论治肝病时着目点有同有异，于此异同中应该深究治疗肝病的原则性观念。

尤怡肝亢伤及肾阴案

左关独大，下侵入尺。知肝阳亢甚，下吸肾阴，阴愈亏则阳益张矣。滋水清肝，乃正法也。

知柏八味丸加天冬、龟板、杞子。

(《评选静香楼医案·上卷》)

【编按】

诒按:方中似宜再增清肝之品。

邓评:核参方案,此病当有遗精、淋浊之类。

孙评:知柏、天冬,皆清肝之品,何必再增。

刘渡舟肝胆湿热蕴郁不解型黄疸案

刘某,男,14岁。

春节期间过食肥甘,又感受时邪,因而发病。症见周身疲乏无力、心中懊憹、不欲饮食,并且时时泛恶、小便短黄、大便尚可。此病延至两日,则身目发黄,乃到某医院急诊,认为是"急性黄疸型肝炎"。给中药六包,嘱每日服一包。服至四包,症状略有减轻,而黄疸仍然不退。邀刘老诊治。此时,患童体疲殊甚,亦不能起立活动,右胁疼痛,饮食甚少,频频呕吐,舌苔黄腻,脉弦滑数。辨为肝胆湿热蕴郁不解之证。看之似虚,实为湿毒所伤之甚。为疏:

柴胡12克、黄芩8克、半夏10克、生姜10克、大黄6克、茵陈30克(先煎)、生山栀10克。

病家揽方而问刘老:"病人虚弱已甚,应开补药为是,而用大黄何耶?"刘老答曰:"本非虚证,而体疲乏力者,为湿热所困,乃大实有羸状之候,待湿热一去,则诸症自减。如果误用补药,则必助邪为虐,后果将不堪设想。"上方服3剂,即病愈大半。又服3剂,后改用茵陈五苓散利湿解毒,乃逐渐痊愈。

(《刘渡舟医案》)

【编按】

"大实有羸状"的临床箴言,于此病案中有所体现。湿热性病理体质中,气运不畅、气力受困而见困乏,是郁证而非虚证,因实而见虚症。

案按:湿热相蒸发生黄疸,在治疗上有汗、清、下之别。本案发黄,湿热并重,而兼里有结滞,故选用茵陈蒿汤治疗。因有右胁疼痛、频频呕吐,涉及肝胆气机不利,故又加柴胡、黄芩、半夏、生姜以疏利肝胆,和胃止呕。凡湿热郁蒸,热大于湿而发黄者,均可用茵陈蒿汤治疗。必须注意的是,茵陈蒿宜先煎,大黄、栀子则后下,以发挥其退黄作用。由于湿热黏腻,胶结难解,治疗时还可用一味茵陈蒿煎汤代茶,时时呷服,更为理想。本证如出现周身乏力,切不可认为体虚而误用补益气血之品。湿热一退,肝能疏泄条达,则体力自可恢复。

刘渡舟柴胡解毒汤治疗慢性肝炎验案

李某，男，55岁。

患慢性肝炎，身体倦怠乏力，右胁胀满不适。肝功能化验：GPT：380单位，BIL：21.2 mg/dl，D-BIL：16 mg/dl。周身色黄如烟熏，皮肤干燥少泽，小便深黄而短，两足发热、伸出被外为快，脘腹微胀，齿龈衄血，口咽发干，脉弦细数，舌绛少苔。辨证为湿热伤津，蕴蒸发黄。治当清热利湿，并养阴液。仿大甘露饮法：

茵陈蒿30克、黄芩6克、石斛15克、生地12克、麦冬10克、天冬10克、枳壳6克、枇杷叶6克、沙参10克。

此方服至8剂，BIL降至10 mg/dl。因其衄血不止，又加白茅根30克、广角3克。服6剂，BIL降至5.1 mg/dl。后又改用刘老经验方"柴胡解毒汤"：

柴胡15克、黄芩10克、茵陈15克、土茯苓15克、凤尾草15克、草河车10克、炙甘草10克、土元10克、茜草10克。

服15剂，GPT降至正常。经治半年有余，其病获愈。

（《刘渡舟医案》）

【编按】

案按：本案为湿热壅盛挟阴虚之证。湿热伤阴，邪从燥化，阴津不足，故色黄如烟熏、皮肤干燥少泽。少阴水亏，故见口咽发干、两足发热、舌绛少苔。热邪伤阴，动血于上，则见齿衄。黄疸兼挟阴虚，临床治疗颇为棘手。欲养阴则恐助其湿热，而清利湿热则又恐劫伤其阴。所用方药为《和剂局方》之甘露饮加减。方以天冬、麦冬、生地、沙参、石斛滋阴清热，以退虚热之邪；茵陈、黄芩苦寒清热，利湿退黄；火热上逆，迫血妄行，故用枳壳、枇杷叶降火下行；白茅根、水牛角凉血止血。本方清阳明而滋少阴，有滋养阴津而不助湿、清利湿热而不伤阴的特点。用于本案，正为适宜，服之果获良效。

黄疸病情复杂，变化多端，临床辨治时刘老强调以下几点：(1)辨虚实缓急：邪盛以驱邪为主，其祛邪之法，当因势利导，或从二便利之，或以肌表汗之；正虚以扶正为主，湿热伤阴者，滋阴以清湿热；寒湿伤阳者，温阳以利水湿。(2)辨先后终始：初期邪盛正不虚者，祛邪即所以扶正；中期正邪交争，祛邪兼以扶正；后期正不胜邪者，则扶正以驱邪。(3)注意疏肝解郁：黄疸无论其属阳、属阴，总由肝气疏泄不利、胆汁外溢使然，故无论何型黄疸，均应疏肝助枢为要。(4)谨察病机，预防转化：湿热之邪郁遏日久，或过用寒凉之药，可使阳黄转成阴黄，而出现肝脏坏死之局面。对寒热夹杂、虚实混淆、阴阳错综之证，要随机应变，具有一分为二的思想。

刘渡舟肝胆湿热型乙肝合并肝硬化案

高某，男，31岁，研究生。1993年4月28日。

初诊 患者于1985年患乙型肝炎，1991年病情加重，住某医院，诊断为“慢性乙型肝炎伴肝硬化”“肝功能失代偿期”。服用中、西药物，未能控制病情发展。后从书中得知刘老善治肝病，特来求治。初诊时患者面色青暗无华，悲观之情溢于言表。自诉肝区不适、口苦、齿衄、两腿酸软、食少、寐差、小便黄、大便溏泻。血液化验检查：ALT：200IU/L，BIL：2.2g/dl，白蛋白：2.7g/dl，球蛋白：4.5g/dl，A/G：0.6/l，Hb：11g/dl，WBC：2900/立方毫米，PC：60000/立方毫米，凝血时间延长。B超提示：肝硬化改变，部分肝坏死，脾大，少量腹水。视其舌红、苔白；切其脉弦而无力。此肝肾阴虚与肝胆湿热蕴郁不化之证。阴虚为本，湿热为标。因本案湿热为患较重，当以治标为主。刘老疏自制的治疗肝炎之方：

柴胡15克、黄芩15克、茵陈15克、土茯苓15克、凤尾草15克、草河车10克、炙甘草4克、土元10克、泽兰10克、茜草12克、大金钱草30克、白花蛇舌草15克、龙胆草4克。

医嘱：静养，忌食荤腥油腻、甘甜食物及各种补品，并忌房事。服药14剂，饮食增加，大便正常，小便微黄，ALT降至80IU/L，脉来有柔和之象，仍齿衄、两腿酸软、舌红、少寐。此乃湿热渐去，阴血亏虚之本质已露，但毕竟湿热尤盛，不可骤进滋补之品，唯宜清利湿热中兼养阴血。为疏：

柴胡15克、黄芩8克、茵陈15克、土茯苓15克、凤尾草15克、草河车10克、炙甘草6克、茜草10克、当归16克、白芍15克、土元10克、泽兰10克、红花10克、海螵蛸15克、虎杖14克、丹皮10克、丹参16克、酸枣仁30克。

又服14剂，齿衄止、睡眠佳，ALT下降至50 IU/L，但仍舌红、乏力，脉来大而无力。此气阴两虚之象，宜清利湿热、益气养阴。

柴胡15克、当归15克、白芍15克、茵陈15克、炙甘草10克、土茯苓15克、黄芪10克、党参10克、白术10克、凤尾草15克、草河车10克、女贞子12克、旱莲草12克、土元10克、茜草10克、鳖甲12克、龟板10克、海螵蛸15克、泽兰10克。

上方服两个月，自觉症状均消失，ALT降至38 IU/L，BIL：<1mg/dl，A/G已趋正常。此大邪已去，唯气血两虚，PC已降至45000/立方毫米，皮肤有出血点，面色黧黑，乃气虚不摄，血虚不荣之象，治宜双补气血。乃疏补中益气汤与人参养荣汤两方交替服用。共服40余剂，皮下无出血点，面色转红润。血液化验检查：ALT正常，白蛋白：4.5g/dl，球蛋白：3.2g/dl，A/G为1.4/l。血常规除PC略低外余皆正常。B超：肝硬化程度较前明显减轻。自觉症状除时有腿酸困外，余无不适，与肝炎舒胶囊以善其后。1995年初，患者重返工作岗位，身体康健，并喜

得一子。

(《刘渡舟医案》)

【编按】

案按:刘老认为,引发肝炎的主要病因是因为湿热毒邪,这种理论认识已在临床得到了反复验证。湿热毒邪在一定条件下,如情志内伤或劳倦太过,或饮食所伤等,侵犯肝脏及其所连属的脏腑与经脉,首先导致肝脏气机的条达失畅,疏泄不利,出现气郁的病变。继而气病及血,由经到络,则可导致经络瘀阻的病变。在其发生、发展过程中,湿热毒邪不解,每易伤阴动血,从而挟有阴血方面的病理变化产生。此时虚实夹杂,治疗颇为棘手。气滞血瘀,血瘀则水不利,又肝病及脾,影响脾之运化水湿功能,肝之疏泄三焦水道随之失常,终可导致水液停积于体内,致发肝硬化腹水等病。所以,刘老诊治肝病,首先辨出阴阳气血发病阶段。在气者,疏肝解郁,清热利湿解毒;在血者,又当佐以养血凉血之药物。

本案患者素有案牍之劳,肝脏阴血先伤,继而湿热毒邪侵犯肝脏。初诊时,患者有口苦、溲黄、便溏(肝胆湿热伤及脾胃)、舌红,血液化验见转氨酶偏高的现象。此湿热挟毒蕴结气分之征,虽有阴血不足,但仍以祛除湿邪为要。若误用滋补,则必增湿助热,加重病情。刘老自拟的“柴胡解毒汤”为“肝炎气分阶段”而设,加“三草”者,在于加大其清热解毒之力。本方降转氨酶、球蛋白有良效。其人湿热渐去,仍见齿衄、舌红等症,为气病及血,阴分不足。转方可用养血和血之品,搜解肝脏、经络中之湿热毒邪,并补养肝脏之阴血。临床证明,本方能有效地阻断肝炎向肝硬化方面的发展。待湿热之邪尽去,症状得到改善后,此时又以治本为主,尤其补脾以培土更属重要。故继续使用补中益气汤,则终使沉疴痊愈。

总之,治疗本病切切把握攻邪与扶正的关系。早期正气尚盛,当以攻邪为主;中期正气有虚,宜祛邪之中兼以扶正;后期气血亏虚之时,宜在补益之中佐以驱邪。如此,方至事半而功倍。

刘渡舟湿热侵肝疏泄不利型肝病案

孙某,男,22岁。

患乙肝一年有余,乙肝五项检查:HBsAg(+),HBeAg(+),HBc(-);肝功能检查:ALT:230IU/L。曾服联苯双脂等降酶药,ALT始终在100IU/L以上。现肝区疼痛而胀、口苦、不欲饮食、头晕、疲乏无力、腰酸痛、小溲赤秽、大便不爽,望之面如尘垢不洁、舌红、苔白腻挟黄色,切脉弦滑。辨为湿热毒气侵犯肝胆,疏泄不利。治宜清热解毒利湿,疏利肝胆气机。疏方:

柴胡15克、黄芩10克、茵陈15克、土茯苓12克、凤尾草12克、草河车12克、炙甘草4克、虎杖12克、大金钱草15克、垂盆草5克、白花蛇舌草12克、土元10克、茜草10克。

服药7剂，肝区胀痛、口苦、尿黄诸症明显减轻，饮食好转，面色转润，守方加减治疗。一个月后复查肝功，ALT降至28 IU/L。再与上方加减进退，巩固疗效。其后多次化验肝功，ALT值稳定在正常水平。

（《刘渡舟医案》）

【编按】

案按：病毒性肝炎多由湿热毒邪内侵所致，先病肝之气分，继而由气及血，病入血分。本案患者为肝炎病在气分，其临床特征是：肝区胀满疼痛、纳呆、恶心、恶闻腥荤气味、倦怠嗜卧、小溲赤黄、大便不爽、脘腹胀满，面生尘浊、如生油垢，舌体大、舌质红、苔厚腻、脉弦滑或弦数。血液化验检查一般可见转氨酶与TTT升高等。对此，刘老发明柴胡解毒汤治之，疗效非凡。

刘渡舟阳虚气滞血瘀水停型臌胀（肝硬化腹水）案

丁某，男，43岁。

痛三年，腹臌胀而满三月，经检查为肝硬化腹水，屡用利水诸法不效。就诊时见：腹大如鼓，短气撑急，肠鸣辘辘，肢冷便溏，小便短少，舌质淡，苔薄白，脉沉细。诊为阳虚气滞，血瘀水停。疏方：

桂枝10克、生麻黄6克、生姜10克、甘草6克、大枣6枚、细辛6克、熟附子10克、丹参30克、白术10克、三棱6克。

服药30剂，腹水消退，诸症随之而减。后以疏肝健脾之法，做丸善后。

（《刘渡舟医案》）

【编按】

案按：臌胀形成的基本病机是肝、脾、肾三脏功能失调，导致气滞、血瘀、水裹积于腹中而成。早在《内经》就已论述了本病的征候及治疗方药，《素问·腹中论》有言："有病心腹满，旦食则不能暮食……名为臌胀……治之以鸡矢醴，一剂知，二剂已。"臌胀是以心腹大满为主要临床表现，其治疗方法繁多，本案所用方药为张仲景"桂枝去芍药加麻辛附子汤"加味。《金匮要略·水气病脉证并治》篇说："气分，心下坚大如盘，边如旋杯，水饮所作，桂枝去芍药加麻辛附子汤主之。"所谓气分病，巢元方认为是"由水饮搏于气，结聚所成"。陈修园则潜心临证，颇有所悟："此证微露出其臌胀机倪，令人寻译其旨于言外。"根据刘老治腹水之经验，凡是大便溏薄下利，若脉弦或脉沉，腹满以心下为界的，则用本方，每用必验。腹胀而两胁痞坚的，则用柴胡桂枝干姜汤，其效为捷。腹胀居中而且利益甚的，用理中汤，服至腹中热时，则胀立消。若小腹胀甚，尿少欲出不能，则用真武汤，附子可制大其服，则尿出胀消。此上、中、下消胀之法为刘老治肝硬化腹水独到之经验，提出供同道参考。

刘渡舟邪气有余正气不衰型臌胀案

赵某，男，46岁。

患肝硬化腹水，腹胀如瓮，大便秘结不畅，小便点滴不利。中西医屡治无效，痛苦万分，自谓必死无救。切其脉沉弦有力，舌苔白腻而润。观其人神完气足，病虽重而体力未衰。刘老辨为肝硬化腹水之实证。邪气有余，正气不衰。治当祛邪以匡正。如果迟迟坐视不救，挽留水毒而不敢攻下之，医之所误也。处以桂枝汤减甘草合消水丹方：

甘遂10克、沉香10克、琥珀10克、枳实5克、麝香0.15克，上药共研细末，装入胶囊中，每粒重0.4克，每次服4粒，晨起空腹服用；桂枝10克、芍药10克、生姜10克、肥大枣20枚，煎汤送服。

服药后，患者感觉胃肠翻腾，腹痛欲吐，心中懊恼不宁。未几则大便开始泻下，至两三次之时，小便亦随之增加。此时腹胀减轻，如释重负，随后能睡卧休息。时隔两日，切脉验舌，知其腹水犹未尽，照方又进一剂，大便作泻三次，比上次药更为畅快，腹围减少，肚胀乃安。此时患者唯觉疲乏无力，食后腹中不适，切其脉沉弦而软，舌苔白腻变薄。改用：

补中益气汤加砂仁、木香补脾醒胃。

或五补一攻，或七补一攻，小心谨慎治疗，终于化险为夷，死里逃生。

（《刘渡舟医案》）

【编按】

案按：肝硬化腹水是一个临床大证。若图为消除腹水与肿胀，概用峻药利尿，虽可暂时减轻痛苦，但时间一长，则利尿无效，水无从出，病人臌胀反而会加重，甚至导致死亡。刘老治此病，不急于利水消胀，而是辨清寒热虚实然后为之。本案肝硬化腹水出现小便黄赤而短、大便秘结不通、腹胀而按之疼痛、神色不衰、脉来沉实任按、舌苔厚腻，乃是湿热积滞、肝不疏泄、脾肾不衰的反映。此时可考虑攻水消胀的问题，用桂枝汤去甘草合消水丹。消水丹为近代医人方，内有甘遂与枳实，破气逐水，以祛邪气。然毕竟是临床大证，利之过猛，恐伤正气，故此合桂枝汤。用桂枝护其阳，芍药以护其阴，生姜健胃以防呕吐，肥大枣用至20枚之多，以监甘遂之峻驱，又预防脾气胃液之创伤，具有十枣汤之义。去甘草者，以甘草与甘遂相反之故也。本方祛邪而不伤正，保存了正气，则立于不败之地。

肾病

张锡纯白茅根汤治水肿三案

【案一】

一妇人,年四十余,得水肿证。其翁固诸生而精于医者,自治不效,延他医延医亦不效。偶与愚遇,问有何奇方,可救此危证。因细问病情,知系阴虚有热,小便不利。遂俾用鲜茅根煎浓汁,饮旬日痊愈。

【案二】

媪,年六十余,得水肿证。医者用药,治愈三次皆反复,再服前药不效。其子商于梓匠,欲买棺木,梓匠固其亲属,转为求治于愚。因思此证反复数次,后服药不效者,必是病久阴虚生热,致小便不利。细问病情,果觉肌肤发热,心内作渴,小便甚少。俾单用鲜白茅根煎汤,频频饮之,五日而愈。

【案三】

一妇人,年四十许,得水肿证。其脉象大致平和,而微有滑数之象。俾浓煎鲜茅根汤饮之,数日病愈强半。其子来送信,愚因嘱之曰:“有要紧一言,前竟忘却。患此证者,终身须忌食牛肉。病愈数十年,食之可以复发。”孰意其子未返,已食牛肉。且自觉病愈,出坐庭中,又兼受风。其证陡然反复,一身尽肿,两目因肿甚不能开视。愚用越婢汤发之,以滑石易石膏(用越婢汤原方,常有不汗者,若以滑石易石膏则易得汗),一剂汗出,小便顿利,肿亦见消。再饮白茅根汤,数日病遂痊愈。

白茅根汤:白茅根一斤(掘取鲜者去净皮与节间小根细切),将茅根用水四大碗煮一沸,移其锅置炉旁,候十数分钟,视其茅根若不沉水底,再煮一沸,移其锅置炉旁,须臾视其根皆沉水底,其汤即成。去渣温服多半杯,日服五六次,夜服两三次,使药力相继,周十二时,小便自利。茅根鲜者煮稠汁饮之,则其性微凉,其味甘而且淡。为其凉也,故能去实火;为其甘也,故能清虚热;为其淡也,故能利小便;又能宣通脏腑,畅达经络,兼治外感之热,而利周身之水也。然必须如此煮法,服之方效。若久煎,其清凉之性及其宣通之力皆减,服之即无效

矣。所煮之汤,历一昼夜即变绿色,若无发酵之味,仍然可用。治阳虚不能化阳,小便不利,或有湿热壅滞,以致小便不利,积成水肿。白茅根,拙拟二鲜饮与三鲜饮,用以治吐衄。此方又用以治水肿,而其功效又不止此也。愚治伤寒温病,于大便通后,阳明之盛热已消,恒俾浓煮鲜茅根汤,渴则饮之,其人病愈必速,且愈后即能饮食,更无反复之患。盖寒温愈后,其人不能饮食与屡次复病者,大抵因余热未尽,与胃中津液未复也。白茅根甘凉之性,既能清外感余热,又能滋胃中津液。至内有郁热,外转觉凉者,其性又善宣通郁热使达于外也。凡膨胀,无论或气或血或水肿,治愈后,皆终身忌食牛肉。盖牛肉属土,食之能壅滞气血,且其膨亨之形,有似腹胀,故忌之也。医者治此等证,宜切嘱病家,慎勿误食。

(《医学衷中参西录·白茅根汤》)

【编按】

案按:对于水肿一病,白茅根一药之能竟似一方之能,体现出单味中药与组方在药理方面互通与协调的关系。单味多可直着病机之枢,组方多能协约气血运行生化的功用。如锡纯论苓桂术甘汤:治上焦停饮之神方,《金匮》曰:"短气有微饮,当从小便去之,苓桂术甘汤主之,肾气丸亦主之。"喻嘉言注云:"呼气短,宜用苓桂术甘汤,以化太阳(膈上)之气;吸气短,宜用肾气丸,以纳少阴(肾经)之气。"推喻氏之意,以为呼气短,则上焦阳虚,吸气短,则下焦阴虚,故二方分途施治。然以之为学人说法,以自明其别有会心则可;以之释《金匮》,谓其文中之意本如是则不可。愚临证体验多年,见有膈上气旺而膺胸开朗者,必能运化水饮,下达膀胱,此用苓桂术甘汤治饮之理也。见有肾气旺,而膀胱流通者,又必能吸引水饮,下归膀胱,此用肾气丸治饮之理也。故仲景于上焦有微饮而短气者,并出两方,任人取用其一,皆能立建功效。况桂枝为宣通水饮之妙药,茯苓为淡渗水饮之要品,又为二方之所同乎。且《金匮》之所谓短气,乃呼气短,非吸气短也。何以言之,吸气短者,吸不归根即吐出,《神农本草经》所谓吐吸,即喘之替言也。《金匮》之文,有单言喘者,又有短气与喘并举者。若谓短气有微饮句,当兼呼气短与吸气短而言,而喘与短气并举者,又当作何解耶(唯论溢饮变其文曰气短似言吸气短)?用越婢汤治风水,愚曾经验,遇药病相投,功效甚捷。其方《金匮》以治风水恶风,一身悉肿,脉浮不渴,续自汗出,无大热者。而愚临证体验以来,即非续自汗出者,用之亦可,若一剂而汗不出者,可将石膏易作滑石(分量须加重)。

张锡纯下焦蕴蓄实热溺血案

一人,年六十余,溺血数日,小便忽然不通,两日之间滴沥全无。病患不能支持,自以手揉挤,流出血水少许,稍较轻松。揉挤数次,疼痛不堪揉挤。徨无措,求为延医。其脉沉而有力,时当仲夏,身复浓被,犹觉寒凉。知其实热郁于下焦,溺管因热而肿胀不通也。为拟此汤,一剂稍通;又加木通、海金沙各二钱,服两剂痊愈。

寒通汤:滑石(一两)、生杭芍(一两)、知母(八钱)、黄柏(八钱)。治下焦蕴蓄实热,膀胱肿胀,溺管闭塞,小便滴沥不通。

(《医学衷中参西录·寒通汤》)

【编按】

现代医学明确的病因诊断是主要的,但是治疗时应该针对西医认识的病因,还是中医讲求的病机,是一个一分为二的问题。在病因可以随病机转变而消除时,可以忽略病因治疗的问题;当病因处于主要矛盾位置,就应该以病因解决为问题解决的关键,而忽略病机问题。

薛生白下体痿痹案

下体痿痹,先有遗泄,湿疡,频进渗利,阴阳更伤,虽有参、术养脾肺以益气,未能救下。即如长冷阳微,饭后吐食,乃胃阳顿衰,应乎卫外失职。但下焦之病,都属精血受伤,两投温通柔剂,以肾恶燥,久病宜通任督。通摄兼施,亦与古贤四斤健步诸法互参。至于胃药必须另用。夫胃府主乎气,气得下行为顺,东垣有升阳益胃之条,似乎相悖。然苓、连非苦降之气乎。凡吐后一二日,停止下焦血分,药即用扶阳理胃。二日俾中下两固,经旨谓阳明之脉,束筋骨以流利机关,本病即有合矣。

鹿茸、归身、柏子霜、茯苓、苁蓉、巴戟、补骨脂、川石斛、牛膝、枸杞子。吐后间服大半夏汤,加干姜、姜汁。

再诊 长夏湿热,经脉流行气钝,兼以下元络脉已虚,痿弱不耐步趋,常似酸楚。大便或溏,都属肝肾为病,然益下必佐宣通脉络,乃正治之法。恐夏季后湿热还扰,预为防理。

鹿角霜、生茅术、茯苓、苁蓉、归身、熟地、桑葚子、巴戟、远志、茴香、酒蒸金毛,水熬膏。

三诊 痿痹在下,肝肾居多,但素饮必有湿热,热瘀湿滞,气血不行,筋缩,肌肉不仁,质重着不移,无非湿邪之深沉也。若论阳虚不该大发疮痍,但病久非可速攻,莫计效迟。

细生地、归身、黄柏、萆薢、苁蓉、川斛、牛膝、蒺藜。

四诊 寝食如常,脉沉而缓,独两腿内外肉脱麻木,年逾五旬,阳脉渐衰,跷维不为用事,非三气杂感也。温通以佐脉络之流畅,仿古圣四斤金刚之属。

苁蓉、牛膝、茯苓、萆薢、木瓜、枸杞子、蒺藜、金毛狗脊膏丸、细生地、连翘、知母、元参、生白芍、竹叶。

经云:“烦劳则张,精绝,辟积于夏,令人煎厥。”夫劳动阳气弛张,则精气不充,留恋其阳;益肾,使肝胆相火不致暴起,宣风静熄,不为晕厥。然必薄味静养为稳。

(《三家医案合刻》)

【编按】

下体痿痹,属下焦都精血受伤之病。养脾肺以益气,未能救下,宜以温通柔剂通任督,此

"通"在于养任督二脉之气血。案中脾肺气伤,须另用胃药以养之,兼以脾气得养则胃脉得助,阳明之脉束筋骨以流利机关,正与病合。间杂之证、分法治之,可谓临证一条法要。

姚贞白石淋(肾结石)案

石某,男,34岁,地质队员。1970年8月。

初诊 腰痛数年,时发时止,近来疼痛转剧,日夜烦躁不安,经某医院多次检查,从肾脏造影发现右肾下有苞谷大结石一粒,尿短而赤,淋漓不畅,兼有血尿,病情颇急,入院治疗。脉象沉细而紧,左尺尤甚,舌苔黄燥少津。症见头痛身困,腰部偏左剧痛难忍,呻吟叫号。饮食不下,大便燥结,小便短涩。已三昼夜不能入睡,面黄肌瘦,呈急性痛苦病容。证属肝肾阴虚,湿热滞于腰络,日久未散,凝而成石。治则:先宜除湿化热,排石利尿,继可养阴固肾。处方:

细生地15克、赤芍药9克、木通9克、革薢9克、赤茯苓2.4克、猪苓9克、瞿麦9克、扁蓄9克、滑石9克、通草6克、海金沙9克、车前子9克。

二诊 上方服2剂后,脉象如前,舌苔黄燥稍退。仍感腰痛难以转侧,叫号不休,西药针水止痛及镇静利尿剂配合治疗,仍无效果,因再用原方加:

金钱草30克、广地龙9克、川牛膝9克。

上方服二剂后,患者于天明时入厕,自觉尿道中有物欲排下,当用手接住,即发现结石随小便而出,一粒如苞谷大小,用小瓶装好,给经治人员和同房病员观看。

三诊 自结石排出后,患者痛苦情况若失,只精神倦怠,身困无力而已。诊脉转现弱细缓和,舌苔薄黄,渐思饮食。是晚即能安静入睡。续用下方调理三日出院。处方:

干地黄15克、淮山药12克、茯苓15克、粉丹皮6克、山萸肉6克、泽泻9克、苡仁15克、红饭豆12克、川断9克、桑寄生12克、甘草2.4克。

(《姚贞白医案·石淋》)

【编按】

姚按:肾结石一症,正是本着中医"通则不痛,痛则不通"和"留者攻之"的精神来治疗的。由于患者通过多次的科学诊断,已经证实是肾结石症。所以,我们在治疗当中,就有了比较可靠的用药根据,使用"通"的方法,把结石排出,因而解除了患者的痛苦。

姚贞白精血两虚宗筋萎软型阳痿案

张某,男,32岁,汽车驾驶员。1962年4月。

初诊 面萎黄而形体消瘦，夜卧不安，入寐多梦，盗汗，大便常秘，小便频数。自述禀赋不足，婚后房劳，渐阳事不举，尚无子女。多方治疗无效，近来更感眩晕耳鸣，腰酸肢软，稍事劳动则心悸不安，虚汗不止。诊脉濡弱沉细无力，尺部尤甚，舌淡苔薄。症属下元亏损，精血两虚，宗筋萎软，内经云："精不足者，补之以味。"方拟：

红人参15克、肉苁蓉15克、盐炒巴戟15克、菟丝子15克、大果杞15克、黑固脂9克、仙灵脾15克、煅龙骨12克、盐炒砂仁9克、炙甘草3克、小红枣10枚、煅阳起石15克、去心莲子15克。为配合治疗，嘱宜清心寡欲。

二诊 上方连服10剂，精神体力有所恢复，脉稍起，方已对症，再增有情血肉之品。处方：

红人参15克、嫩鹿茸1.8克（分次调服）、怀牛膝9克、大海马15克、韭菜子9克、炒益智仁12克、煅阳起石15克、盐巴戟12克、广锁阳9克、炙甘草3克、肉苁蓉15克、盐炒砂仁9克、北细辛1.5克。

三诊 上方连服10剂，精神体力尤见好转，阳事渐兴，饮食增加，眩晕盗汗等症逐渐消失，睡卧较安，脉象和缓较前有力，舌较红润。再拟下方，继续调治：

白人参9克、肉苁蓉15克、盐巴戟12克、菟丝子12克、怀牛膝9克、女贞子12克、大果杞12克、桑葚子12克、益智仁12克、西砂仁6克、炙甘草3克、建莲子15克、龙眼肉15克。

嘱上方再服半月后，可以常服参茸补肾丸。年余来告，喜得一子。

（《姚贞白医案·阳痿》）

【编按】

案按：禀赋素弱，戕斲太过，乃为致虚之由。内经云："因而强力，肾气乃伤，高骨乃坏。"又云："阳强不能密，阴气乃绝。"阴阳为对立统一之整体，互相依存，相互为用。若急图以兴奋壮阳，反使阴精亏损。单纯补阴又恐阴益盛而阳益虚。内经云："阴阳俱不足者，可调以甘药。"方中以有情血肉之品，益肾生精、生阳补气之品，固摄肾阳，因而达到阴平阳密之的！

邓铁涛珍凤汤治肾性高血压案

1973年曾治一妇，患泌感、肾性高血压已一年多。经肾盂造影，诊断为两肾盏先天性畸形，肾图检查为左肾已失去功能，小便检查有红、白细胞，尿蛋白++，小便培养有大肠杆菌生长，曾用各种抗菌素均不敏感，血压130/110mmHg(17.3/14.3kPa)。症见：头晕，神疲，胃纳不好，小便频少，不能工作。诊其人瘦，面色少华，舌淡嫩边红、苔白，脉细稍弦而寸弱，乃予珍凤汤加味治之。处方：

小叶凤尾草、珍珠草、桑寄生、云苓各12克，鸡内金6克，茅根18克，小甘草5克。

服上方半年多，胃纳转佳，精神振作，已恢复全天工作，小便检查尚余蛋白微量，白细胞

几个，多次尿培养已无大肠杆菌生长，血压稳定在110/90mmHg～120/100mmHg（14.6/12kPa～15.9/13.3kPa）。病至此，邪已近净，转用补脾肾以收功。追踪数年未见复发，并告我她居住地的一妇幼保健院院长得知此方疗效，试用此方治疗此病数人，亦收良效云云。

珍凤汤：珍珠草、小叶凤尾草、太子参各15克，云茯苓12克，白术、百部各9克，桑寄生18克，小甘草5克组成。系个人自拟方，用治慢性肾盂肾炎。珍珠草与小叶凤尾草，是广东常用之草药，两药都有清热利湿、消肿解毒之功，都能治疗肠炎、痢疾、尿路感染、肝炎、痈肿疮毒。珍珠草兼有平肝之功，故又能治小儿疳积，火眼目翳；小叶凤尾草兼有凉血止血之效，故又能治衄血、便血、尿血等血证。我常用的两味草药配为药对，治疗热淋水肿（阳水），疗效较佳，鲜者效果更好。用量：鲜者各30克，干品各15克左右。对于热淋（急性泌尿系感染）可以独用珍珠草与小叶凤尾草，亦可稍加清热祛湿之品如苡米、车前之属；若舌红苔薄有伤津现象者，注意勿利水太过，可用“珍”“凤”加导赤散治之。

（《诊余医话》）

【编按】

珍珠草即叶下珠，目前已有苦味叶下珠胶囊生产，能改善肝炎患者的临床症状、恢复肝功能及清除病毒感染、减轻肝脏病理损害以及保护肝脏损伤。凤尾草味淡微苦，性寒，全草都可以供药用，它具有清热利湿、凉血解毒、止泻、强筋活络等功效；可治黄疸型肝炎、肠炎、菌痢、淋浊、带下、痈肿疮毒、湿疹等，民间多用于治痢疾和止泻。

尤怡肾虚下体麻痹案

形盛脉充，两尺独虚，下体麻痹，火浮气急。此根本不固，枝叶虽盛，未足恃也。

熟地、山药、沙苑、杞子、丹皮、茯苓、桑葚、牛膝。

（《柳选四家医案》）

【编按】

此案上下虚实辨析清楚，于症状杂陈中独识其病机主干，使病象之病理缘由昭然，是中医辨证中辨析得象的生动体现。

诒按：如此脉证，似可参用肾气法以温摄之。

邓评：能于虚实疑似之间探出真谛，胸中既能了了，笔下自无余蕴。

尤怡肾阴虚独阳走注为患案

真阳以肾为宅，以阴为妃，肾虚阴衰，则阳无偶而荡矣。由是上炎则头耳口鼻为病，下走则膀胱二阴受伤。自春及秋,屡用滋养清利之剂,欲以养阴,而适以伤阳,不能治下,而反以戕中。内经所谓热病未已,寒病复起者是也。鄙意拟以肾气丸,直走少阴,据其窟宅而招之,同声相应、同气相求之道也。所虑者,病深气极,药入不能制病,而反为病所用,则有增剧耳。肾气丸。

(《柳选四家医案》)

【编按】

"真阳以肾为宅,以阴为妃"一语,是肾气之象的生动描述。

诒按:立论透切,医案中仅见之作。

邓评:要知滋清太过,每有是症。缘虚阳游行于三焦经络,非阳火亢盛、上充下斥之比。此案询属可法,非阅历有得者不能道只字。反为病所用者,恐其杜、附助阳耳。病至深极,每有此弊。

孙评:议论非名大家,其孰能之。

尤怡阴缩精出汗泄案

真阳气弱,不荣于筋则阴缩,不固于里则精出,不卫于表则汗泄。此三者,每相因而见,其病在三阴之枢,非后世方法可治。古方八味丸,专服久服,当有验也。

(《柳选四家医案》)

【编按】

命门之火是一身之主,相火之行司主之位无所不在,失其常度常见有不荣于筋、不固于里、不卫于表等。为症不一,所治则一,总在缓补慢滋,使之生荣,精沛阳丽而邪患偃息。

诒按:见识老到,议论明确,此为可法可传之作。

邓评:《金匮》桂枝龙牡汤,似与此症适合,记出以资博雅。

程杏轩忍精淋痛案

淋痛一证,今人多用八正厘清等方,然有效有不效者,盖阴茎有精溺二窍,若因湿热阻闭膀胱,病在溺窍,则前药投之是矣。尚因房劳忍精,病在精窍,乃有形败浊,阻于隧道,徒进清利无益。此证叶香岩论之甚详,言古有虎杖散,近世不识此药。治用杜牛膝根绞汁一盅,冲入麝香少许,隔汤炖服;并宗朱南阳方法,用两头尖、川楝子、韭白、归尾等味。

曹某患此证,予仿前法治愈,后治数人俱验,因并识之。

(《程杏轩医案·初集》)

【编按】

八正散出自《太平惠民和剂局方》，组成为车前子、瞿麦、扁蓄、滑石、山栀子仁、甘草炙、木通、大黄面裹煨，去面，切，焙，各一斤，入灯心；有清热泻火，利水通淋之功，常用于湿热淋证。《医方集解》评曰："虽治下焦而不专于治下，必三焦通利，水乃下行也。"水火厘清散出自《寿世保元·卷五》，论治赤白浊(乃水火之不分)。方用：益智仁(一钱五分)、石菖蒲(一钱)、赤茯苓(三钱)、车前子(三钱)、猪苓(三钱)、泽泻(二钱)、白术(一钱五分)、枳壳(一钱)、萆薢(二钱)、麻黄(三分)、甘草(八分)、陈皮(二钱)，上锉，水酒各半煎，空心服；若久病，去麻黄，易升麻。两方稳妥而多用，然证有不及，案中方药精锐，值得借鉴。

徐灵胎阳盛阴亏痰凝气逆案

嘉兴朱宗周，以阳盛阴亏之体，又兼痰凝气逆，医者以温补治之，胸膈痞塞，而阳道痿。群医谓脾肾两亏，将恐无治，就余于山中。余视其体丰而气旺，阳升而不降，诸窍皆闭，笑谓之曰："此为肝肾双实证。"先用清润之品，加石膏以降其逆气；后以消痰开胃之药，涤其中宫；更以滋肾强阴之味，镇其元气。

阳事即通，五月以后，妾即怀孕，得一女；又一年，复得一子。唯觉周身火太旺，更以养阴清火膏丸为常馔，一或间断，则火旺随发，委顿如往日之情形矣。而世人乃以热药治阳痿，岂不谬哉。

(《洄溪医案》)

【编按】

雄按：今秋，落库吏孙位申，积劳善怒，陡然自汗凛寒，腕疼咳逆，呕吐苦水，延余诊之，脉弦软而滑，形瘦面黎，苔黄不渴，溲赤便难，以二陈去甘草，加沙参、竹茹、枇杷叶、竹叶、黄连、蒌仁为剂。渠云阳痿已匝月类，恐不可服此凉药。余曰：此阳气上升，为痰所阻，而不能下降耳。一服逆平痛定，呕罢汗止，即能安谷。原方加人参，旬日阳事即通，诸恙若失。

徐灵胎癃闭二案

【案一】

学宫后金汝玉，忽患小便不通，医以通利导之，水愈聚而溺管益塞，腹胀欲裂，水气冲心即死，再饮汤药，必不能下，而反增其水。余曰："此因溺管闭极，不能稍通也。"以发肿药涂之，使溺器大肿，随以消肿之药解之，一肿一消，溺管稍宽，再以药汤洗少腹而挤之，蓄溺涌出而全通矣。此无法中之法也。

【案二】

木渎某，小便闭七日，腹胀如鼓，伛偻不能立，冲心在顷刻矣。就余山中求治，余以鲜车前根捣烂敷其腹，用诸利水药内服，又煎利水通气药，使坐汤中，令人揉挤之，未几溺迸出，洒及揉者之面，溺出斗余，其所坐木桶几满，腹宽身直。

（《洄溪医案》）

【编按】

尿道肿胀而致尿路闭塞，一般的治疗思路就是消肿以开闭塞，即以“通利导之”，案中前法之治正如此，然而治疗结果反增闭塞程度。徐氏先用“发肿药”，再用消肿药，肿消之间，开通溺管，治法巧妙而建功，但不明发肿药用何味。案二治法亦奇，车前根利尿而用罨腹法，利水药内服，利水通气药坐汤，内外用功尿即畅利。治法虽奇，寓有医理规范，可谓之知常达变。

雄按：两外治法皆妙。

徐灵胎老年亢阳案

姻戚殷之晋，年近八旬，素有肠红证，病大发，饮食不进，小腹高起，阴囊肿亮，昏不知人。余因新年贺岁候之，正办后事。余诊其脉，洪大有力，先以灶灰、石灰作布袋，置阴囊于上，袋湿而囊肿消；饮以知母、黄柏泻肾之品。越三日，余饮于周氏，周与至戚相近半里，忽有叩门声，启视之，则其子扶病者至，在座无不惊喜，同问余曰：“何以用伐肾之药而愈？”余曰：“此所谓欲女子而不得也。”众以为戏言。翁曰：“君真神人也。我向者馆谷京师，患亦相似，主人以为无生理也，遂送我归，归旬日即痊。今妻妾尽亡，独处十余年，贫不能蓄妾，又耻为苟且之事，故病至此，既不可以告人，亦无人能知之者。”言毕凄然泪下，又阅五年而卒。

盖人之气禀各殊，亢阳之害，与纵欲同，非通于六经之理，与岐黄之奥者，不足与言也。

（《洄溪医案》）

【编按】

王世雄之按言点中要目。人身之君火，滋生于阴，与阴和谐而温养一身；相火如火之外焰，根于君火绕浮于脏腑、经脉肢体以及身体内外，易于燥动伤阴。凡阴阳不平者，相火动则阴被伤，唯祛此火则身安。

雄按：纵欲固伤阴，而亢阳亦烁阴，知柏泻肾者，泻肾火之有余，而保其不足之水也。

叶天士虚劳二案

【案一】

王某，29岁，摇精惊恐，肝肾脏阴大泄，阳不附和。阴中百脉之气，自足至巅，起自涌泉，以少阴之脉始此。欲使阴阳翕阖，譬诸招集溃散卒伍，所谓用药如用兵。

熟地、枸杞、当归、五味、远志、龟板、鹿鞭、羊肉。

【案二】

尹某，49岁，中年衰颓，身动喘嗽，脉细无神，食减过半。乃下元不主纳气，五液蒸变黏涎，未老先衰，即是劳病(肾气不纳)。

人参、坎离、紫衣胡桃、炒菟丝子、茯苓、五味、炒砂仁、山药，浆丸。

(《临证指南医案·虚劳》)

叶天士朝摄下焦暮肃上焦法治痰热案

汪某，痰火上盛，肾气少摄，朝用通摄下焦，暮服清肃上焦方法(肝肾虚上有痰火)。

羚羊角、半夏、茯苓、橘红、黑栀皮、郁金，苦丁茶煎汤法丸，暮服；熟地、淡苁蓉、杞子、五味、牛膝、茯苓、远志、线胶，蜜丸，早服。

(《临证指南医案·痰》)

【编按】

下虚上实，晨药通达下焦补益肝肾，晚药清肃上焦通调肺气而化痰浊。用药有度，以丸缓治，治案之象独异而合于病象。

叶天士阴浊循经上犯咽喉案

某人，29岁，肾厥，由背脊而升，发时手足逆冷，口吐涎沫，喉如刀刺。盖足少阴经脉，上循喉咙，挟舌本，阴浊自下上犯，必循经而至。仿许学士椒附意，通阳以泄浊阴耳(肾厥)。

炮附子、淡干姜、川椒、葫芦巴、半夏、茯苓，姜汁泛丸。

(《临证指南医案·痉厥》)

【编按】

案要辨机中所言“阴浊自下上犯，必循经而至”，点明了某一病位病邪之气(外来的、内生的)旁达四周一定循行于经络的病理性生理特点。

喻嘉言肾病陡暴吐血案

喻嘉言治一人,素有失血病,晨起陡暴一口,倾血一盆;喉间气壅,神思飘荡,壮热如蒸,颈筋粗贲;诊其脉尺中甚乱。曰:“此昨晚大犯房劳也。”因出验血,色如太阳之红,再之寝所,谓曰:“少阴之脉系舌本,少阴者肾也。今肾家之血,汹涌而出,舌本已硬,无法可救。”不得已用丸药一服,镇安元气,若得气转丹田,尚可缓图;内浓煎人参汤,下黑锡丹三十粒。喉间有声,渐入少腹,顷之舌柔能言,但声不出,急用润下之剂以继前药,遂与阿胶一两溶化,分三次热服。

半日服尽,身热渐退,颈筋渐消。进粥,与补肾药,多加秋石,服之遂愈。

(《古今医案按·血证》)

【编按】

案中验血,法要在辨别血瘀与否,色红是言无瘀。察其征象可言病控于肾,血液的生理与心、肺、脾、肝、肾皆有密切关系。《景岳全书·血证》有言:“血源源而来,生化于脾,总统于心,藏受于肝,宣布于肺,施泄于肾,灌溉一身,无所不及。”血之施泄出于肾的特点,正可以印对案中血证的病理要旨。

朱震亨梦遗二案

【案一】

郑叔鲁,年二十余,夜读书常至四鼓,忽得疾。卧时但阴器着物,便梦遗,不着则否;饮食日减,倦怠少气。盖以用心太过,二火俱起,夜弗就枕,则血不归肝而肾水渐亏;火乘阴虚,入客下焦,鼓其精房,则精不得聚藏而欲走;因玉茎着物,犹厥气客之,故作接内之梦也。于是上补心安神,中调脾胃升其阳,下用益精生阴固阳之剂,不三月而疾如失。

【案二】

一人梦遗白浊,少腹有气上冲,每日腰热,卯作酉凉。若腰热作则手足冷,前阴无气来耕;腰热退,则前阴气耕,手足温;又旦多下气,暮多噫,一旬二旬必遗。朱诊之,脉旦弦搏而大,午尤洪大,知其有郁滞也。先用滚痰丸大下之,次用加减八物汤,下滋肾丸百粒;若稍与蛤、牡等涩药,则遗与浊滋甚,或一夜二遗,遂改用导赤散大剂,而遗浊皆止。

(《古今医案按·遗精》)

李东垣膏粱积热损及肾水癃闭案

李东垣治长安王善夫，病小便不通，渐成中满腹大，坚硬如石，腿脚亦胀裂出水；双睛凸出，昼夜不得眠，饮食不下，痛苦不可名状，服甘淡渗泄之药皆不效。李曰："病深矣，非精思不能处。"因记《素问》有云："无阳则阴无以生，无阴则阳无以化。"又云："膀胱者，州都之官津液藏焉，气化则能出矣。"此病小便癃闭，是无阴而阳气不化也。凡利小便之药，皆淡味渗泄为阳，止是气药。阳中之阴，非北方寒水阴中之阴所化者也。此乃奉养太过，膏粱积热损北方之阴，肾水不足；膀胱肾之室，久而干涸，小便不化；火又逆上而为呕哕，非膈上所生也，独为关，非格病也。洁古云："热在下焦，填塞不便，是关格之法。"今病者内关外格之病悉具，死在旦夕，但治下焦可愈，随处以禀北方寒水所化大苦寒之味者。黄柏、知母，桂为引用，丸如桐子大，沸汤下二百丸。

少时来报，服药须臾，前阴如刀刺火烧之痛，溺如瀑泉涌出，卧具皆湿，床下成流，顾盼之间，肿胀消散。李惊喜曰："大哉圣人之言，岂不可遍览而执一者乎！"其证小便闭塞而不渴，时见躁者是也，凡诸病居下焦，皆不渴也。二者之病，一居上焦，在气分而必渴；一居下焦，在血分而不渴，血中有湿，故不渴也。二者之殊至易别耳。

（《古今医案按·溺闭》）

【编按】

小便癃闭，病机不同，此则提出无阴而阳气不化的病机，是谓灼见；治法亦直快轻捷，滋阴清热以桂为引。见症知机，药入症除，药证相符，效捷斯如。

李士材溺闭三案

【案一】

李士材治郡守王镜如，痰火喘嗽正甚时，忽然小便不通。自服车前、木通、茯苓、泽泻等药，小腹胀闷，点滴不通。李曰："右寸数大，是金燥不能生水之故。"唯用：

紫菀五钱、麦冬三钱、北五味十粒、人参二钱。

一剂而小便涌出如泉。若淡渗之药愈多，反致燥急之苦，不可不察也。本事方云：顷在毗陵。

【案二】

一贵官妻，小便不通，脐腹胀痛不可忍，众医皆作淋治，如八正散之类，皆治不通，病益甚。许曰："此血瘕也，非瞑眩药不可去。"乃用桃仁煎。初服至日午，大痛不可忍，卧少顷，下血块如拳者数枚,小便如黑豆汁一二升,痛止得愈。此药猛峻,气虚血弱者,宜斟酌之。

【案三】

孙东宿治一富家妇,当仲秋,大小便秘者三日。医以巴豆丸,二服,大便泻而小便愈秘,胀闷,脐突二寸余,前阴胀裂,不能坐卧,啼泣欲尽,此转脬病也。

楝树东行根皮一寸,滑石三钱,延胡、桃仁、当归、瞿麦各一钱,水煎,入韭菜汁半杯。

服后食顷而小便稍行,玉户痛甚,小便非极力努之则不出。改用:

升麻、桔梗、枳壳、延胡,煎成,调元明粉二钱。

乃提清降浊之意,大小便俱行而愈。

(《古今医案按·溺闭》)

【编按】

李士材所治,正咳嗽时小便突然不通,病机易于辨识,贵在用药轻灵。紫菀、五味治咳,麦冬滋养肺脏,人参益肺脾气以助宣通与生化之力,故效显著。

闫氏肾病综合征案

患儿孟某,5岁,2001年2月19日。

初诊 其母诉称:1999年9月初,因水肿于原平市医院诊断为肾病综合征,住院二十余日后,出院治疗。回乡一周,感冒发热,水肿益盛,复住院。经激素、抗菌药物等治疗月余,症状减轻,遂又出院。至今业已年半,仍每日口服10mg强的松片。患儿面色萎黄,咽部红甚,扁桃体不大,舌淡红,苔黄白而腻。神疲乏力,常发热,身不肿,小便利,尿中泡沫多。饮食尚可,大便干秘,三四日一行。脉象滑数。化验检查:尿蛋白++++,血红蛋白110g/L,红细胞380万/mm^3,血浆总蛋白60g/L,白蛋白26g/L,血清胆固醇9.55mmol/L。

肾病年半,水肿已退。当下症状以湿热蕴伏、三焦失调为主,故治宜清热利湿、通利三焦。强的松,系肾上腺皮质激素,于危急重症有起死回生之用,然于本案用之成事不足、弃之则败事有余,故须缓缓以辞。拟刘绍武先生决渎汤加味:

黄芪10克、郁金10克、银花10克、车前子10克、丝瓜络10克、川军6克、茅根15克,2剂,忌食动物性食品。

二诊 药后当日泄泻黑色脓便甚多,泻后神疲嗜睡,呼唤不醒,全家惊慌失措,子夜来电告询。次日精神明显好转,大便日行三四,仍夹脓秽。今又感冒,但不发热,仅鼻塞流涕而已,咽峡部充血,苔白腻,脉滑数。化验室报告尿蛋白++。症状有变,方随之更。拟:

银花10克、茅根10克、车前子10克、丝瓜络10克、郁金10克、蝉衣10克,2剂。

三诊 感冒解。诸症减轻,尿蛋白+,舌淡红,苔白腻不黄,脉滑略数。此湿热日趋清化,既定方针,坚守不变。

黄芪10克、郁金10克、银花10克、车前子10克、丝瓜络10克、川军6克、茅根15克,5剂。

四诊 神沛好动,无不适症状,舌淡红,苔薄白微腻脉沉滑,尿蛋白一。症情若此,先减强的松5mg。原方7剂,每两日1剂。

五诊 尿蛋白-,全身无不适感,且再未感冒。舌淡红,苔薄白,脉沉滑。嘱停强的松,以其一日不去,疾病一日不愈。复以湿热之邪已尽,扶正已至其时。拟:

原方加黄芪10克,10剂,每两日1剂。

六诊 服药近30剂,日趋良象,停激素后亦未见反跳。面色红润,天真活泼,饮食、二便正常。舌质淡红,苔薄白,咽峡部淡红,脉沉细。化验室检查:血浆总蛋白70g/L,白蛋白35g/L,血清胆固醇5.7mmoL/L,均达正常指标。为巩固疗效,上方每五日左右服一剂。

(《临证实验录·决渎汤证》)

【编按】

《临证实验录》编著者为闫云科,1947年出生,他学术上崇尚仲景学说,认为验方运用与发挥,一是抓主证,二是谨守方证病机。灵活运用验方,扩大验方运用范围,从而弘扬了仲景学说。在临床多采用伤寒与金匮方,治法上赞赏张从正的攻法,寄立于破、富补于功。

闫氏再生障碍性贫血案

杨某,男,28岁,军人。1984年2月1日。

初诊 诉称1983年12月初,因感冒服APC片后大汗淋漓,体倦无力,旬余未能恢复,始就医。化验检查:血小板5万/mm^3,血红蛋白80g/L,红细胞260万/mm^3,白细胞2800/mm^3,血沉23mm/h。住解放军某医院,经骨髓穿刺,诊断为再生障碍性贫血,用激素等药物治疗,无明显疗效,求服中药。

"再障"一病,现代医学谓骨髓造血功能障碍所致。主骨生髓者,肾也。今患者面色萎黄,夜间骨蒸,烦热汗出。腰膝酸软,眩晕耳鸣,口干思冷,舌淡白少苔,脉弦细略数,两尺尤弱,皆系肾阴虚损、髓海不足之象。所幸者,纳化尚可,大便正常,脾胃功能犹健,后天化源未竭,脏腑尚得津血之养。故为今之计,首宜治肾,以求先天之本。拟:

生熟地各12克、山药12克、山萸12克、丹皮10克、肉苁蓉15克、何首乌15克、茯苓10克、当归6克、黄芪30克、陈皮10克,10剂。

二诊 夜热减,腰膝酸软,头晕耳鸣较前为轻,仍口干思冷,舌淡红,脉细数。化验检查:血小板8万/mm^3,血红蛋白90g/L,红细胞292万/mm^3,白细胞3500/mm^3。药已中的,守方续服。上方服50剂后,诸症悉平。患者满面春风,精神甚佳,化验末梢血象,皆在正常范围。

1984年10月4日,山西省人民医院骨穿检查:骨髓象仍呈低下状态。复来求诊。因患者已归军营,不便煎服汤药,遂令早晚各服:

马钱子粉0.5克，六味地黄丸1粒(10克)。

用药两月，自觉精力充沛，一如往昔，已可参加篮球比赛。于1985年5月9日再次骨穿检查，骨髓增生明显活跃。

(《临证实验录·肾阳虚损证》)

【编按】

患者从症入手，长期服药后纠正了病理状态。但再障病根在骨髓，症候的改善不能深及病根，马钱子以其毒性而有的药理作用，激发并影响了骨髓生发血细胞的能力与状态，达到了直达病所的治疗力度。考究马钱子的药效，能通络止痛，用治风湿顽痹或拘挛麻木；消肿散结，用治外伤瘀肿疼痛、痈疽肿痛以及多种癌肿；治疗小儿麻痹后遗症，腰椎间盘突出症，三叉神经痛，类风湿性关节炎，跌打损伤、瘀血疼痛，风寒湿痹、全身关节拘急、麻木，癌肿等。主治咽喉痹痛，痈疽肿毒，风痹疼痛，骨折，面神经麻痹，重症肌无力。服用方法内服应炮制后入丸、散，日服0.3~0.6克。马钱子量一定要把握适度，中毒时反应是很剧烈的，把握好量度，就能为我们的临床医疗带来极好的效果。

案按：考血之生成，由于脾肾。《素问·阴阳应象大论》云："肾生骨髓。"《灵枢·决气》云："中焦受气取汁，变化而赤是为血。"今脾肾二脏已无明显虚弱之象，末梢血象正常而骨髓象不振。《浙江中医学院学报》1979年第一期张觉人先生报道，马钱子治骨折，疗效甚好，能促进骨痂形成，可见其对骨髓有振兴之功。

闫氏阳痿案

闫某，40岁。前年病阳痿，讳疾忌医，自买男宝、龟龄集，久服无效，不得已来诊，余用桂枝加龙骨牡蛎汤获愈。今春旧病复萌，或不能举，或举而不久，复来求诊。余未予细察，便复蹈故辙，拟前方付之。服之8剂，毫不见效，执方来询，始知又犯守株待兔之错。

诊其脉，沉弦有力。问胸胁苦满否？病前有不快之事否？答曰："然。"由是观之，此乃气郁伤肝，肝失条达，疏泄无权，不能淫气于筋，致宗筋弛纵不收也。沈金鳌云："失志之人，抑郁伤肝，肝木不能疏达，亦致阳痿不起。"首次桂枝加龙骨牡蛎获愈者，为阴阳俱虚，不能阳固阴守也。今痿于肝郁，源本不一，背痒搔腹，故不效也。遵木郁达之之治，拟柴胡桂枝汤加减：

柴胡12克、黄芩10克、苏子15克、党参10克、甘草6克、桂枝10克、白芍10克、马钱子1克(冲)。连服3剂，即见好转，续服3剂而愈。

(《临证实验录·阳痿柴胡桂枝汤证》)

【编按】

同一人同一病症，易时症起，病机可有不同。如不辨析证机的差异，浑然视为一证，治则有缪。

闫氏男性不育症案

马某，男，37岁，部落村人。1993年2月23日门诊。

婚后十余年，其妻不孕，四处寻医，服药六七年，恳求菩萨，跪拜千百次。终未果。今日偕妻来诊，望其面色红润，人中深凹，询知经血调，腹不痛，疑病不在妻方。令马某化验精液。结果显示：精子成活率5%，每视野中仅有1~2只精虫。妻大呼冤哉："向以身不争气，咎出于己。公婆面前矮三分，忍气吞声十载余，今日方知，不舞之鹤非我，一也。"丈夫五大三粗，结实如牛，既系驾驶员，又当装卸工，向无任何不适，纳便正常，从不腰痛膝软，性生活和美。视其舌质暗，有瘀斑，苔白厚腻，切得脉沉滑有力。询之素日痰多。遂据舌、脉所示，于痰瘀着手，拟大黄附子汤加味：

川军10克、附子10克、细辛6克、茯苓15克、半夏15克、红花10克、水蛭10克；药液送服礞石滚痰丸6克。

二诊　上方已服18剂，每服药后泄泻二三次，亦无其他不适。3月17日化验，视野中无精虫。马某起疑，询问缘何反不如前？时余亦不明其理，难释其疑。喜其对余信赖。要求继续治疗。今患者痰减少，腻苔退，舌仍有瘀斑，脉象弦滑，遂专从瘀治。拟：

川军6克、附子10克、细辛6克、水蛭粉6克(冲)，6剂。

三诊　4月28日化验，每视野中有10余只精虫，活动良好，脉舌如前，上方再服6剂。之后，再未来诊，余以为失去信心，中断治疗，或另寻高明。临中秋时，马某持苹果一箱相谢，言妻已妊娠五月矣。

(《临证实验录·大黄附子汤证》)

【编按】

有痰泻下以除痰湿，无精之症专从瘀治，温通破瘀得痊。其中治疗的机理值得细细推敲与研究，临床的迷惑往往蕴藏着极深远的医学原理。

案按：后，余请教化验师，答曰："大凡化验，重在操作及标本取样，操作求规范，标本有要求。"二诊无精虫，究系何原因，难下断言。

王纶脾肺气虚口干有痰案

学士徐崦西，口干有痰，欲服琼玉膏。余曰："此沉阴降火之剂，君面白、口干而有痰，属脾肺气虚也，当用温补之剂。"不信，仍服两月余，大便不实，饮食少思，且兼阴痿，始信余言。先用：

补中益气加茯苓、半夏二味。

以温补脾胃，饮食渐加，大便渐实，乃去二味，服月余而痊，更服六味丸三月余，阴道如常。矧琼玉膏、固本丸、坎离丸，此辈俱是沉寒泻火之剂，非肠胃有燥热者不宜服。若足三阴经阴虚发热者，久而服之，令人无子。盖谓损其阳气，则阴血无所生故也。屡验。

（《明医杂着·男子阴痿》）

王纶补肾法治小儿虚证案

一小儿，9岁，解颅，足软，两膝渐大，不能行履，属肾禀不足。用六味丸加鹿茸，三月而能步履。

一小儿，13岁，内热，晡热，形体倦怠，食少，作渴，或用清热等药治之，虚证悉具。余以为所禀怯弱，用六味丸加鹿茸补之，不越月而痊。盖古今元气虚实不同故也。

（《明医杂着·小儿无补肾法》）

【编按】

小儿有纯阳之体，亦为稚阴稚阳之体。若小儿肾禀不足、稚阳不盛，则生长之势渐颓，见证不一，治要总在扶助肾之阳气。

赵绍琴糖尿病性肾衰案

梁某，女，62岁。

初诊 胰岛素依赖性糖尿病十余年，每日用胰岛素针剂，血糖得以控制。一年前发现尿中蛋白阳性，持续不降。诊断为糖尿病继发肾炎。半年前查出肌酐、尿素氮明显增高。近一个月来逐渐出现颜面及下肢浮肿、乏力殊甚、皮肤瘙痒、恶心欲吐、脘腹胀满、不欲饮食等症。近查肌酐为5mg/dl，尿素氮54mg/dl，二氧化碳结合力38.0%。脉象濡软，按之有力，舌胖苔白而腻；面色苍白浮肿，下肢水肿，按之凹而不起；小便短少色白，大便不畅；夜寐梦多，心

烦急躁。此中阳不足，又兼血分郁热，益气行水，凉血化瘀，两兼顾之。

生黄芪30克、荆芥6克、苏叶10克、防风6克、白芷6克、生地榆10克、炒槐花10克、丹参10克、茜草10克、茅芦根各10克、冬瓜皮30克、茯苓皮30克、大腹皮15克、槟榔10克、大黄2克，7剂。

二诊　药后小便增多，大便畅行，面肿已消，下肢肿消大半，呕恶减轻，搔痒尚存。脉仍濡软沉滑，舌白苔腻，继用前法进退。

黄芪30克、荆芥6克、苏叶10克、防风6克、白芷6克、生地榆10克、炒槐花10克、丹参10克、茜草10克、地肤子10克、白鲜皮10克、草河车10克、冬瓜皮10克、大腹皮10克、大黄2克，7剂。

三诊　下肢浮肿全消，皮肤瘙痒大减，微觉呕恶，脘腹稍胀，脉象濡滑，舌白苔润，再以疏调三焦方法。

黄芪30克、荆芥6克、苏叶10克、生地榆10克、炒槐花10克、丹参10克、茜草10克、青陈皮各10克、木香6克、焦三仙各10克、水红花子10克、大腹皮10克、槟榔10克、大黄3克，7剂。

四诊　胀消纳增，夜寐梦多，脉象濡滑，按之弦数，舌白苔腻，时觉心烦，肝经郁热未清，再以前法，参以清肝方法。

柴胡6克、黄芩6克、川楝子6克、荆芥6克、防风6克、生地榆10克、炒槐花10克、丹参10克、茜草10克、炒枳壳6克、竹叶茹各10克、焦三仙各10克、大腹皮10克、槟榔10克、大黄3克，7剂。

五诊　药后眠安梦减，大便日二三行，小便如常。唯觉疲乏，余症全安。近查肌酐为3，2mg/dl，尿素氮28mg/dl，尿蛋白±。脉象濡软，舌白苔润，继用前法进退。

荆芥6克、防风6克、苏叶10克、白芷6克、生地榆10克、炒槐花10克、丹参10克、茜草10克、茅芦根各10克、焦三仙各10克、大腹皮10克、槟榔10克、大黄3克，7剂。

后以上方加减，续服3个月，并以控制饮食、每日运动为配合，肌酐、尿素氨恢复正常水平，尿蛋白±～+。

（《赵绍琴医案·水肿》）

【编按】

案按：糖尿病继发肾炎肾衰，治疗较为困难。因为糖尿病属气虚者多，肾炎肾衰则为郁热。补气则增热，清热恐伤气，故为两难。本案即是其例，其水肿的发生，既有气虚不适的一面，又有湿热蕴郁的一面。赵师在治疗中采用两顾之法：一方面重用黄芪补气，另一方面群集疏风化湿、凉血化瘀、利水消肿之品，使补气不碍邪，祛邪不伤正，才投之即收消肿之效。其后数诊，在大法不变的前提下，随症治之，如搔痒加地肤子、白鲜皮、草河车；腹胀满加青陈皮、木香、焦三仙；夜寐梦多加柴胡、黄芩、川楝子、竹叶茹等，药随症变，症随药消。既以不变应万变，其基本治法始终如一，又有应变之变，有是症则用是药，体现了在把握病机的前提下的辨证论治精神,这就是赵师独到经验的精华。

赵绍琴狼疮性肾炎尿血案

毕某,女,12岁,吉林省人。1990年7月5日。

初诊 患者自1989年11月因感冒发热之后十余天,出现双眼睑浮肿、血尿,查尿蛋白++++,尿中红血球满视野,当地县医院以“肾病综合征”收住入院,用激素治疗二十余天无效,转院于北京某医院肾内科。查得狼疮细胞,确诊为狼疮性肾炎。用大剂量激素配合化疗(环磷酰胺每日0.15mg)治疗8个月仍无效,并出现高血脂,肝肾功能损害,特求赵老医治。全身浮肿,面色皖白,咽痛,恶心呕吐,失眠梦多,血尿不止,舌红苔白厚腻,脉滑细数。化验检查:尿蛋白++++;尿红血球30~50个/高倍视野,尿潜血+++,血胆固醇993~7526mg/dl,血尿素氨30mg/dl,血肌肝3.5mg/dl,血清糖蛋白51IU/L。B超:肝脏肿大,双肾弥漫性病变。

证属热郁营血、气机不畅。治拟清热凉血,活血通络方法。药用:

荆芥炭10克、防风6克、白芷6克、苏叶10克、丹参10克、茜草10克、茅芦根各10克、小蓟10克、焦三仙各10克、大黄1.5克。

服药7剂,呕吐未作,浮肿见轻,血尿止,仍睡眠较差,尿化验:蛋白++,潜血++,仍以前方加生地榆10克、炒槐花10克。

服药20余剂,浮肿消失,尿化验转阴,仍用凉血化瘀方法。药用:

荆芥炭10克、防风6克、生地榆10克、炒槐花10克、丹参10克、赤芍10克、茜草10克、生地10克、茅芦根各10克、小蓟10克、焦三仙各10克、大黄1.5克。

又服药30剂,无不适感,尿检阴性,血生化检驻:血清谷丙转氨酶24iu/L,尿素氮66mg/dl,肌酐0.7mg/dl,两对半阴性,血胆固醇205mg/dl。DNA及抗DNA抗体均阴性,激素已停,痊愈出院返回。

(《赵绍琴医案·水肿》)

【编按】

案按:系统性红斑狼疮而致肾损害,是一比较难治的疾病,中西医对此病均感较棘手,此患者出现高度浮肿、严重血尿。用激素冲击疗法和化疗等治疗8个月余无效,并出现肝、肾功能损害、血脂增高等并发症,无奈转诊赵老。赵师用凉血清热、活血通络之法治疗,服药1周,尿蛋白开始下降,服药4周,血尿止,浮肿消失,尿蛋白转阴,又服药30余剂临床症状消失,化验检查恢复正常指标内。本患者原治疗方法是采用绝对卧床休息、高蛋白、高营养。接受赵老治疗方案后,采用限制蛋白进入量,清淡饮食,走路锻炼等,配合治疗3个月,痊愈出院。半年后来京复查,未复发。一年后又来复查,化验指标全部正常。

赵绍琴肾病综合征水肿案

王某，女，68岁。

初诊　患者病水肿已3年余，时轻时重，经某医院诊断为肾病综合征。服中西药无效，近2个月来水肿加剧，下肢尤甚，几乎难以行走，由其女搀扶前来就诊。患者面目一身悉肿，按之盲而不起，下肢肿甚，面色皖白虚浮，眼睑难以开启，两眼如线状；肚腹肿胀如鼓，自觉胀满小便不利，大便艰涩难下；诊其两脉沉迟涩滞，如病蚕食叶状，关尺脉虚微若无；舌胖质嫩色淡，舌苔白腻滑润有液。一身关节沉重，动则作痛。检视其前所用方，不外五皮、五苓、肾气丸之类，然均无效验。综合脉、舌、色、证分析，其病本属中阳不足，真元大伤，寒湿阻络，失于温化，经脉闭阻，三焦不畅，其病已延久，阳擞阴盛，非大剂温通不足以解其寒凝。必俟寒解阳回，络脉疏通，方克有济。姑拟四遵加味温阳以散寒凝。

淡附片30克（先煎）、淡吴萸10克、淡干姜10克、肉桂6克、炒川椒6克、细辛6克、茯苓10克，3剂。

二诊　4日后患者自己步行前来就诊，既不需人搀扶，也不需扶手杖。观其肿势已消之大半。患者自述服前方1剂后，至午夜腹痛作泄，下如稀水，连续3次，其势如注，总量约5000毫升。因其泻势甚猛，家人甚为担忧，意欲前来急诊，后因见其泻后自觉舒适，且精神尚佳，遂较放心观察，泄后安然入睡。次日服第二剂药后又泄3次，约3500毫升。第三剂服后又泄水2次，约2000毫升。3日之内，水肿日见消退，精神日增，饮食知味，已能自主活动。遂来复诊。

再诊，其脉已由沉迟涩滞变为沉缓濡滑，按之已觉力增，舌白水滑之象已减。说明三进大剂温热，阳气已得振奋，驱逐阴寒水湿之邪由大便泄出，此为三焦畅通之象溢火之源以消阴翳，仍以前法继进，温阳益气，崇土制水之法。

淡附片30克、淡吴萸10克、淡干姜10克、川桂枝10克、炒川椒目6克、黄芪30克、党参20克、白术10克、茯苓10克，5剂。

三诊　药后水肿全消，面色渐转红润，精神日增，饮食、睡眠均佳，二便如常，行动自如，能协助家人干些轻活，脉象沉软濡滑，舌白苔润。寒湿虽去，恐其复来，为拟丸药处方，常服以资巩固。

黄芪60克、党参60克、附片60克、干姜20克、吴萸10克、肉桂10克、当归30克、白芍30克、熟地60克、川芎30克、白术30克、陈皮20克、茯苓60克、炙甘草30克、鹿角霜20克、鸡内金30克。

上药共研细面，炼蜜为丸，每丸重9克，每日早、午、晚各服1丸，白开水送下，如遇感冒发烧可暂停。上药服完后，身体日渐强健，水肿未再反复。

（《赵绍琴医案·水肿》）

【编按】

老年女性，阳虚阴不亏，证即无疑，培离阳而散阴霾自是治法，可赏者为三淡汤。其方是“师门口授心传之经验方”，值得学习。

案按：此为阴水肿，缘于阳气衰微，阴寒内盛，闭阻络脉，气血不得流通，三焦不得通畅，水湿无由泄越，溢于肌肤而为水肿。仲景云：“病痰饮者当以温药和之。”概指此言。其证肤肿按之没指，富而不起，肌肤四肢沉重发凉，时时畏寒，口淡不渴，舌胖质嫩，苔白水滑，脉象沉微，接之无力。治疗此证当以温阳为先，使阳气振奋，则寒湿自去。观本案服温热回阳剂后，由大便泄水如注，其理即如《伤寒论》所云：“由脾家实，腐秽当去故也。”其方用淡附片、淡干姜、淡吴萸，三者合用，名三淡汤，最善温阳散寒，是师门口授心传之经验方，为治疗阴寒内盛、元阳衰微之阴寒证之要方。再合辛甘大热之肉桂温阳化气、走窜行水之椒目、温经散寒之细辛、健脾利水之茯苓，故能振奋脾肾之阳气，而泄寒湿之壅盛。此证以温阳为急，故不可加入阴柔之药，若援引张介宾阴中求阳之例，加入熟地等补肾滋腻之药则误矣。故初诊，二诊皆不用之。水肿消退之后，以丸药善后调理则可用之。此间道理，细细揣摩，自可明之。

赵绍琴慢性肾炎腰痛案

邢某，女，38岁。

初诊 腰痛半年有余，经某医院尿常规检查尿蛋白阳性持续不降，确诊为慢性肾小球肾炎。西医建议激素治疗，患者惧而未服。后就诊于某中医，令服六味地黄丸3个月。尿蛋白增加为++，腰痛加剧。诊脉濡滑且数，舌红苔白而润，一身疲乏，夜寐梦多，腰痛不能自支。湿邪阻滞，热郁于内。先用清化湿热方法，兼以和络。

荆芥6克、防风6克、白芷6克、独活6克、生地榆10克、炒槐花10克、丹参10克、茜草10克、茅芦根各10克、丝瓜络10克、桑枝10克，7剂。

二诊 药后腰痛轻减，精神好转，气力有增。尿常规化验：蛋白+，白细胞1～2。舌红苔白，脉象满数，仍用前法进退。

荆芥6克、防风6克、白芷6克、独活6克、生地榆10克、炒槐花10克、丹参10克、茜草10克、茅芦根各10克、焦三仙各10克、丝瓜络10克、桑枝10克、水红花子10克，7剂。

三诊 腰痛续减，精力日增，每日步行2～3小时，不觉疲劳。饮食增加，是为佳象，然则仍需慎食为要，不可恣意进食。继用前法。

荆芥6克、防风6克、苏叶10克、白芷6克、生地榆10克、赤芍10克、丹参10克、茜草10克、焦三仙各10克、茅芦根各10克、水红花子10克，7剂。

四诊 近日因饮食不慎，食牛肉一块，致病情加重，腰痛复作，夜寐不安，躁动，尿蛋白颗粒管型（0～2）。脉象滑数，舌红苔白根厚。再以疏调三焦方法。

荆芥6克、防风6克、苏叶10克、独活10克、生地榆10克、炒槐花10克、丹参10克、茜草10克、焦三仙各10克、水红花子10克、大腹皮10克、槟榔10克、大黄1克,7剂。

五诊 药后大便畅行,舌苔渐化,脉象濡软,腰痛渐减,夜寐得安,尿常规化验蛋白+,颗粒管型消失。病有向愈之望,然饮食寒暖,诸宜小心。

荆芥6克、防风6克、白芷6克、独活6克、生地榆10克、炒槐花10克、茅芦根各10克、焦三仙各10克、水红花子10克、大腹皮10克、大黄1克,7剂。

上方续服两周后,尿蛋白转阴,腰痛消失。后以上方为基础,加减治疗半年,尿蛋白保持阴性,腰痛未作,精力日增,未再反复。

(《赵绍琴医案·腰痛》)

【编按】

“慢性肾病非虚之论”,可谓醍醐之语。凡病总有虚实,肾炎病位属肾,但不可把辨证机要注目于“肾病多虚”的理解上,而首先要考虑邪气的存在。无论呈现阴性还是阳性,邪气的存在就是生理气机氤实不畅而致“实”证的基础,这是触犯“实实”之误的基点。

案按:腰为肾之府。腰痛为慢性肾病的常见症状。过去常常把长期慢性腰痛或腰酸看作是肾虚的特征,用补肾的方法治疗,如六味丸、八味丸之类。这是一种医学认识上的误区。慢性肾病的腰痛决不是肾虚,而是湿郁热阻滞经络,致络脉不通所致。若用补法,必致加重。本例前医就把肾炎当肾虚,用六味地黄丸治疗3个月致病情加重。赵师根据其脉象濡滑而数、舌红苔白而润、夜寐梦多等征象,辨其为湿阻热郁,用疏风化湿、凉血化瘀通络之方,服之7剂,就收到了明显的效果。在其后的治疗过程中始终以此法加减,终于获得痊愈。可见,慢性肾炎并非肾虚,慢性腰痛也并非全属肾虚。古人虽有肾主虚之说,并引申为肾无泻法,但其说不过是从肾主生殖发育这一角度去认识的。古人认为,肾藏真阴真阳,为人身先天之本、发育之根,从这个角度认识肾的功能,说肾无实证,只能补不能泻,是可以理解的,但不能把这一理论套用到治疗一切肾病上。尤其是现代医学所说的慢性肾炎、慢性肾衰等属于泌尿系统的疾病,其与生殖生长发育等毫无关系。其发病往往与反复感染有关,按照中医的病因与发病的观点,其属于外邪内侵,久留而不去,深入血分,形成血分伏邪,即邪气郁久化热,灼伤络脉,故表现为蛋白尿、血尿等血热妄行之症,或为湿热阻滞经络,作肾虚补之,则犯了“实实”之戒。但凡治肾病者,不可不知此慢性肾病非虚之论也。

赵炳南毒热壅滞子痈案

王某,男,15岁。1972年9月23日。

初诊 右侧睾丸肿痛已一周。一周前右侧睾丸肿胀疼痛,开始伴有发烧,曾诊为化脓性睾丸炎,经西药治疗,体温已降,但局部肿痛仍在,行动困难,来我院门诊。外貌痛苦,行动困难，右侧阴囊肿大，表面皮肤水肿、光亮，触痛明显，左侧睾丸大小正常，无压痛。右侧睾丸明显肿大约8厘米×8厘米，右侧腹股沟淋巴结肿大有压痛。化验检查：白细胞计数38,000/立方毫米，中性粒细胞95%，淋巴细胞5%。西医诊断：右侧急性化脓性睾丸炎。辨证：毒热壅滞，气隔血聚而致子痈。清热解毒，活血消肿。方药：

金银花（一两）、赤芍（五钱）、公英（一两）、牛膝（三钱）、尾连（二钱）、黄柏（三钱）、犀黄丸，每日二次，每次一钱。

二诊 上方服3剂后症状未减，白细胞计数23,600/立方毫米，中性粒细胞87%，淋巴细胞13%，内服药同前，外用铁箍散膏与化毒散软膏混合敷阴囊部。9月29日，局部肿痛已减，白细胞计数13,801/立方毫米，中性粒细胞79%，淋巴细胞21%。上方加活血透托之剂：

金银花（一两）、公英（一两）、赤芍（三钱）、牛膝（三钱）、马尾连（三钱）、黄柏（三钱）、酒军（三钱）、炒皂刺（三钱）。继服犀黄丸，服法同前。

三诊 局部肿痛已见消，行动自如，阴囊表面皮肤已有皱纹，右侧睾丸约6厘米×6厘米。上方加红花、归尾以加强活血通络，其他均同前。

四诊 停用犀黄丸及外用药膏，内服方同前，外用马齿苋、败酱草水煎洗。

五诊 局部肿胀逐渐缩小，右侧睾丸5厘米×3厘米，疼痛已减，但质地较硬。白细胞计数11,000/立方毫米，中性粒细胞56%，淋巴细胞41%，单核粒细胞3%。拟以清热解毒、破瘀软坚为法：

公英（一两）、马尾连（三钱）、黄柏（三钱）、三棱（三钱）、莪术（三钱）、红花（三钱）、白术（三钱）、牛膝（三钱）、当归（三钱）、生甘草（二钱）。

六诊 局部肿痛已消，右侧睾丸约2厘米×3厘米，较正常侧稍大，压痛已消失，重压时有不适感，白细胞化验已恢复正常，服用散结灵、茴香橘核丸以收功。随访半年未见复发及其他不适。

（《赵炳南临床经验集》）

戴立三风水案

刘某，女，13岁。发热、咳嗽、呕吐，继之颜面眼睑浮肿，血尿。西医诊断为急性肾炎，治疗一周，见效不显，转余诊治。

初诊 症现发热持续一周不退，咳嗽较剧且呕吐，尿短频，肉眼血尿。脉浮而数，舌质红、苔白而干。此系外受风热之邪，内有水湿蕴结，以致肺失宣降而发热咳嗽。胃气上逆则呕吐，水湿蕴结，郁而化热，下注膀胱则为血尿。证属“风水”。治宜宣肺清热、理气利湿为当务之急。予自拟方桑叶连贝散加减。处方：

桑叶10克、连翘10克、贝母10克、陈皮10克、茯苓15克、焦楂20克、杏仁10克、藿香6

克、枯芩6克、竹茹3克。

方中桑叶、连翘、枯芩、贝母、杏仁宣肺清热，藿香、茯苓、陈皮理气利湿，焦楂化腑热、去淤滞，竹茹清热止呕。

二诊 上方服2剂，发热退，咳嗽减，脉浮数已转微紧。舌干转润，仍有薄白苔。面浮，仍有血尿，呕吐未止。此时风邪虽减而胃气不和，宜化饮降逆止呕为治。用《金匮》小半夏汤。处方：

法夏9克、生姜30克。

方中重用生姜发表行水散寒，配法夏和中降逆而止呕。

二诊 服1剂后，呕吐止，面浮略减。仍有微咳，血尿仍存。此系表邪未尽，太阳气机郁遏不畅。用桂麻各半汤加减。处方：

麻绒6克、杏仁9克、桂枝9克、杭芍10克、苏叶6克、防风6克、陈皮6克、甘草6克、生姜3片。

桂麻各半汤开太阳气机，以解太阳未尽之表邪，发汗行水，加苏叶、陈皮、防风辛香理气，祛风胜湿。

四诊 服1剂后，面浮遂减，小便较前增多，舌转腻，脉转沉细。此水饮已有外泄之征象。此时血尿虽存，但心肺阳虚之征已现。用自拟姜桂苓半汤以扶心肺之阳。处方；

生姜9克、桂枝9克、茯苓15克、法夏9克。

五诊 服2剂后，面浮消，舌腻已退，血尿减少。用《伤寒论》猪苓汤，利湿、育阴、泻未尽之余热。此方连服5剂后，血尿全止，面浮全消。

（《戴立三医案》）

【编按】

案按：本例水气上泛之因，为风邪外袭，肺失宣降，胃气不和，膀胱气化不利，故不能通调水道，以致在上而为咳嗽、面浮，在中则为呕吐水饮，风邪不能及时宣散，与内蕴之水饮郁而化热，在下则为血尿。治疗关键在于分清表里，宣通肺气，清散风热之邪为急。俟风热之邪宣散，再予小半夏汤化饮降逆，和中止呕。进而以桂麻各半汤开太阳气机，再佐以姜桂苓半汤，复心肺之阳而助宣肺化饮之力。待阳复继以猪苓汤育阴、利湿，泻未尽之余热而治血尿。此证如表邪未尽，即用里证之猪苓汤，无异引邪深入，关门缉盗，病势缠绵，难期速效。本例虽有血尿，而用桂麻各半汤者，意在宣通膀胱气机，使病邪外散，用姜桂苓半汤者，意在助心肺之阳，为下步用猪苓汤创连育阴、利湿之条件。

戴立三暑湿癃闭(尿路感染)案

邵某,男,四十余岁。体质素健,曾患痔疮,经数次开刀割治未愈。于1949年春再次复发,下血不止,入昆明惠滇医院再次手术割治。术后数月,体质尚未恢复,随即并发尿路感染,小便不通,胸腹胀痛,每天均须导尿。病者痛苦不堪。然邵某早年曾留学德国,素不信中医。时患者已卧床不起,面垢发热,自汗,懒言,身重而痛。小便不通,脉象濡细,苔白腻。病属癃闭,系由暑湿内蕴,膀胱气化不利所致。治当清暑利湿。暑湿解,其小便自然通利。方用平胃散合六一散加扁豆。处方:

炒苍术9克、炒厚朴9克、广陈皮6克、六一散9克(布包煎)、扁豆9克、甘草梢4.5克。

方中六一散利湿泻热、平胃散燥湿健脾、理气除满,加扁豆清暑利湿,全方解暑利湿,通利小便。

二诊 上方服1剂,发热退其半,身痛全止,面垢渐退,腻苔渐消,小便略通。再踵前意,加通阳化气之品。易方用大橘皮汤加减。处方:

六一散9克、炒泽泻9克、炒白术9克、茯苓15克、猪苓9克、桂枝9克、干姜9克、广木香3克、广陈皮6克、扁豆9克、槟榔6克。

大橘皮汤原方,由二苓、泽泻、白术,桂枝、陈皮、木香、槟榔、滑石、甘草等组成,系六一散合五苓散加味。五苓散化气利尿,六一散利湿泻热,槟榔为坠下之品,又能滑胀利水,陈皮、木香利气,余加扁豆解暑利湿。尤妙在干姜配桂枝,用以温阳化气,促使小便通利。《素问·灵兰秘典论》曰:"膀胱者,州都之官,津液藏焉,气化则能出矣。"方中用姜、桂两味者即本此义也。

三诊 服上方后,发热全退,小便较昨畅通,患者乃以悦快之声调告余曰:"小便经化验,菌已减少十之二矣!"唯因病久体弱,精神疲倦,饮食欠佳,脉弱无力,舌苔薄白。应益气健脾,增强机体抵抗力。方用《局方》六君子汤。处方:

苏条参15克、炒白术12克、法夏9克、炙甘草6克、陈皮6克、烧生姜3片、大枣3个、茯苓15克。

本方培元固本,使气足脾运,则诸脏受荫,不仅膀胱功能可望恢复,体力亦可因之增强。方中条参补益元气,白术、茯苓健脾燥湿而利水,陈皮利气,法夏燥湿降逆,炙草甘温益气,和胃补中,姜枣补益元气。

四诊 精神大佳,小便稍长,已不必再导尿,脉已有力。今虽气足脾运,但尿中尚有细菌。系余邪未尽,还应正本清源,三焦并治,以根治其癃闭。方用《局方》清心莲子饮和《类证治裁》萆薢分清饮合方化裁。处方:

北口芪15克、白术12克、升麻6克、焦黄柏6克、萆薢9克、橘核6克、茯苓15克、莲子9

克、石菖蒲3克、车前子9克、甘草梢4.5克、淡竹叶9克、灯芯1束。

方中黄柏坚肾益阴,最能祛湿,且能利小便之涩结。橘核行肝气,菖蒲化浊通窍。萆薢、茯苓、草梢、车前、灯芯、竹叶清热和尿。妙在加口芪、升麻益气升举,助以白术、莲子健脾运湿。全方合用,以增强三焦气化。《素问·灵兰秘典论》曰:"三焦者,决渎之官,水道出焉。"上焦不宣,则下焦不通,开其上则下自通,此治癃闭之关键所在。本方主治在下而兼及中上,使三焦气化畅行而水道自通也。

五诊、六诊　均依上法加减,唯白术一味,自12克加至30克,因扶脾大有助于利水也。

如是施治,小便中所含细菌,由7万减至4万。服本方第二剂后,即降至二千,服3剂后竟减至二百。至是小便全通,毫无痛苦,诸症告愈。患者欣喜异常,握手言谢,深悔昔日鄙视中医药之咎也。不日出院,嘱以桂附八味丸调理。复查验尿,细菌全无,且已精神焕发,体健如常矣!

(《戴立三医案》)

【编按】

案按:癃闭一证,有虚有实,其要不外水道气机阻滞。本例由暑湿内蕴,膀胱气化不利引起。初期亦实证也。《素问·至真要大论》曰:"必伏其所主,而先其所因。"审证求因,病既由暑湿引起,则解暑亦可治癃闭,扶正亦可驱邪外出。最后专治下焦,但加重白术以健中,用升麻、黄芪以举上,其要义已在第四诊中说明。中医视人体为上下联系、内外相通的统一整体,最忌头痛医头、脚痛医脚之形而上学观点。

戴立三脏寒癃胀案

李某,男,40岁。

患腰痛,小便急胀,夜睡不安,经封闭、理疗等,久治未愈,延余诊治。诊其脉沉而弦,舌青滑。此症腰痛,且兼小便急胀,显系肾阳大虚、肝气下陷所致,以肝主疏泄、肾主闭藏。今肾阳大虚,水寒不能生木,肝气下陷而不能生心火。火者,阳也。心火不足,心阳即虚。心阳通于肾阳,心阳虚,肾阳亦虚,故见上述诸症。治法应大温心阳、暖肾温肝。方用肉桂生姜汤。处方:

上肉桂9克、生姜30克。

上方肉桂一味,黄坤载谓:"味甘辛,气香,性温,入足厥阴肝经,温肝暖血,破瘀消症,逐腰腿湿寒,驱腹胁疼痛。"张锡纯谓肉桂"性能下达,暖丹田,壮元阳,补相火。其色紫赤,又善补助君火,温通血脉,治周身血脉因寒而痹,故治关节腰肢疼痛……"因此,余临证,每用肉桂强心,更用肉桂暖肾温肝而升肝木之下陷。以肝木得温始升,肝升才能恢复其正常的疏泄功能。生姜辛温,黄氏谓本品"入肺胃而驱浊,走肝脾而行滞","调和脏腑,宣达荣卫"。二药配伍,不仅温扶心阳,更能暖肾温肝。

患者服上方1剂,即感腰痛减轻,小便急胀亦减,睡眠亦较安适。宜进一步强心温肾,以交阴阳。方用白通汤加味。处方:

黑附片60克、干姜15克、葱白3茎、上肉桂9克、茯苓15克。

方中白通汤以交阴阳,加肉桂、茯苓以升肝木下陷,附子得肉桂又能强心温肾。心肾为先天之本,乃全身阳气之主。嘱服3剂,诸症好转大半。继用扶阳祛寒,补肾强腰之剂,用四逆汤与刘河间金刚丸加味。处方:

黑附片60克、干姜9克、炙甘草6克、炒杜仲15克、炒续断9克、淡大云9克、菟丝子9克、革薢9克。

上方以四逆汤扶元阳,其余诸药补肝肾、强腰膝、治腰痛。金刚丸系治腰痛骨痿之效方。连服十余剂,症状消失。

(《戴立三医案》)

【编按】

案按:本例初诊症状虽较简略,然从舌脉也可知为阳虚、寒湿阻滞。此与肝经湿热所致小便急胀又有不同。阳虚之小便急胀,当有面色皓白,或面色青暗,身重畏寒,目瞑嗜卧,少气懒言,手足逆冷,舌白滑或青滑,脉象沉细或沉弱或沉弦等症。治宜温阳散寒,故可用肉桂生姜汤。属肝经湿热者,多见口苦咽干,胁痛烦躁易怒,小便虽急胀,其色必黄赤,舌苔黄腻,脉象弦数。治宜清肝经湿热,可用龙胆泻肝汤之类。辨证不同,治法迥异。肉桂生姜汤系戴老医师习用的强心方剂,药简义深,凡心肺疾患,出现心肺阳虚或心阳不振,症见唇舌青暗、心胸闷痛、喘息憋气、寒痰上泛者,俱可用此方治之。本方又治心肺阳虚所致鼻流清涕不止等症。

尤怡阴亏阳浮咳喘案

阴亏于下,阳浮于上。服八味丸不效者,以附子走窜不能收纳耳。宜加减法。桂都气丸。

(《评选静香楼医案·上卷》)

【编按】

阳浮于上之见症应是咳喘,“附子走窜不能收纳”,当是尤氏临证经验之语。柳宝诒所言“为用药者开一悟境”,实为医理名言,“悟境”即一种思想的剖析问题能力的层面,愈具剖析力与慎密度,“悟境”就愈具有解析问题的可行度。

诒按:议论精细,可为用药者开一悟境。

邓评:附子既已不合,则桂亦恐碍浮阳,何不参介类以潜之。

尤怡肝火乘凌肾阴案

肾阴不足，肝火乘之，故有筋挛骨痿、耳窍二阴气出等证。夫肝火宜泄，肾精宜闭，于一方之中，兼通补之法，庶几合理，然非旦夕所能奏功也。

生地、川楝子、茯苓、阿胶、丹皮、女贞子。

（《评选静香楼医案·上卷》）

【编按】

诒按：论病深中肯綮，方中可增白芍、牡蛎。

邓评：此属痿症，方从虎潜丸脱胎而来。

尤怡下痿上盛案

形盛脉充，两尺独虚，下体麻痹，火浮气急。此根本不固，枝叶虽盛，未足恃也。

熟地、山药、沙苑、杞子、丹皮、茯苓、桑葚、牛膝。

（《评选静香楼医案·上卷》）

【编按】

诒按：如此脉证，似可参用肾气法以温摄之。

邓评：能于虚实疑似之间探出真谛，胸中既能了了，笔下自无余蕴。

尤怡有升无降肝肾气厥案

内风本皆阳气之化，然非有余也，乃二气不主交合之故。今形寒跗冷，似宜补阳为是。但景岳云：阳失阴而离者，非补阴无以摄既散之元阳。此证有升无降，舌绛牵掣，瘖不出声，足蹴不堪行动。当与河间肝肾气厥同例，参用丹溪虎潜法。

熟地、萸肉、牛膝、锁阳、虎骨、龟板。

再诊 地黄饮子去附子，加鹿鞭子，煎胶打丸。

再诊 生地、阿胶、麦冬、知母、贝母、甘菊、甘草、玄参。

三诊 咽喉干痛。滋清不愈，宜从降导。肾气丸淡盐汤送下。

（《评选静香楼医案·上卷类中门》）

【编按】

证属疑难，难之处在于补阳与补阴难以断然抉择。对此案治疗特点，诒按曰："先清之，继滋之，终用引火下行之法，步伐井然。"然邓评则曰："统阅三方，第一方偏于清火，第二方专重滋阴，第三方复参温导；虽似有步伐，究未能认真病源，归于一律。"诒按又曰："持论明通，立方简当。"邓评再非："此少阴不至则为痔厥，下虚上实之候也。堪为妄用附、桂，动辄谓引火归源者告，虎骨易苁蓉，较与舌绛无碍；方内温润益阳之品足矣，何必再加此味，热风中络，口歪、舌蹇、咽痛，治宜清滋，宜用羚羊角、玄参、钩藤、甘菊、甘草、石菖蒲、生地、竹沥等味。"

疑难疾病的处理，"认真病源，归于一律"的目的固然主要，但病情复杂，一以统之在实际中难以遽然得获，分步、分部治疗的方式，也许是一种更为实际的途径。

尤怡邪伏血郁型虚劳案

罗氏论虚劳之证，多因邪伏血郁而得，不独阴亏一端也。临晚寒热，时减时增，其为阳陷入阴可知。滋肾生肝，最为合法，略加损益，不必更张也。

熟地、白芍、茯苓、丹皮、山药、柴胡、炙草、鳖甲。

再诊 热渐减，头中时痛，脉数不退，喉中痰滞不清。青蒿、丹皮、熟地、鳖甲、炙草、牛膝、茯苓、小麦。

三诊 体虽不热，脉仍细数，宜养阴气。六味丸去萸肉泽泻加：

白芍、牛膝、青蒿、鳖甲。

（《评选静香楼医案·上卷虚损门》）

【编按】

尤氏病案，简要缜密，其基础是对病理机制的了然于胸。这提示我们，一名精当的医者，应该运机于胸，简言炼行，言而有行，行而有言；其繁乱故须机运于胸，其精炼故形于医之言语与施治。

诒按：于养阴中，加柴胡以达邪，佐鳖甲以搜阴。虚实兼到，极为灵巧。然既云邪伏血郁，似宜加当归。似当兼清痰滞，两方中熟地，不如改用生地为稳。

孙评：邪伏血郁，浅学者每蛮补不已，致邪愈伏则阴愈伤，血愈郁则火益炽，虚劳死症成而至不可挽矣。实则仲景大黄庶虫丸、薯蓣丸、鳖甲煎丸三方，早示法则矣。邪伏血郁，用当归之辛润者以透之，最切最妙之法也。柳氏于按语中申明之，省许模拟矣。熟地改用生地极佳。

邓评：凡由寒热成劳者，唯罗氏立法为最善。今观此方，便觉更胜一筹，所谓在于临时权衡耳。所云血郁宜加当归，以其能活血疏邪。此症肝阳已旺，头中时痛，想系柴胡太升，鼓即改用青蒿，且痰滞不清，有欲咳之状矣。前之阳升，仍由阴虚，既体不发热，宜减去蒿、鳖，即

有余邪，丹皮足以清之，或再加当归以疏托。

刘渡舟水肿（慢性肾小球肾炎）案

王某，女，68岁。1994年12月3日初诊。

患慢性肾炎两年，常因感冒、劳累而发水肿，腰痛反复发作，多方治疗，迁延不愈。近半月来水肿加剧，以下肢为甚，小便不利、腰部酸冷、纳呆、腹胀，时有咽痒、咳嗽。视其面色晦暗不泽、舌质红、苔厚腻，切其脉滑略弦。尿检：蛋白+++，红细胞20个，白细胞少许。血检结果为BUN：9.2mmol/L，Scr：178μmol/L，胆固醇：7.8mmol/L，Hb：80g/L。

刘老辨为湿热治毒壅滞三焦。经曰："少阳属肾，故将两脏。"故三焦为病可累及肺、肾。治以通利三焦湿热毒邪，荆防肾炎汤主之。

荆芥6克、防风6克、柴胡10克、前胡10克、羌活4克、独活4克、枳壳10克、桔梗10克、半枝莲10克、白花蛇舌草15克、生地榆15克、炒槐花12克、川芎6克、赤芍10克、茯苓30克。

服14剂。水肿明显消退，小便量增多，尿检：蛋白+，红细胞少许。药已中的，继以上方出入。大约又服30余剂，水肿尽退，二便正常。尿检：蛋白±。血检：BUN：4.9mmol/L，Scr：8.5μmol/L，胆固醇：4.2mmol/L，Hb：110g/L。舌淡红、苔微薄腻，脉濡软无力。此大邪已退，正气不复之象。

改用参苓白术散14剂善后，诸症皆愈。随访半年，未曾复发。

（《刘渡舟医案》）

【编按】

案按：本案为湿热毒邪壅滞三焦所致。邪滞三焦，气化不利，使肺失宣降，脾失健运，肾失蒸腾，故水肿伴有咳嗽、纳呆、腹胀、小便短赤、舌红苔黄腻等症。治以清利三焦湿热毒邪为法，使邪有出路，用自拟荆防肾炎汤。本方由荆防败毒散加减而成。方中巧妙运用对药：荆芥、防风发表达邪，有逆流挽舟之用；柴胡、前胡疏里透毒，以宣展气机为功；羌活、独活出入表里；枳壳、桔梗升降上下；半枝莲、白花蛇舌草清利湿热毒邪；生地榆、炒槐花清热凉血止血；更用川芎、赤芍、茜草、茯苓等药入血逐瘀，以祛血中之湿毒。本方执一通百，照顾全面，共奏疏利三焦，通达表里，升降上下，溃邪解毒之功。临床用于慢性肾炎属湿热毒邪壅滞者，屡奏效验。

刘渡舟水肿（慢性肾小球肾炎）案

包某，女，49岁，农民。1994年10月3日就诊。

患者素体虚弱，于4个月前发现下肢有轻度水肿，当时未介意，后因水肿日趋加重，并逐渐波及全身，惧而求医。当地医院诊断为慢性肾小球肾炎，中西药迭进，肿势有所减轻。因正值三秋农忙之时，患者参加劳动二日，因之水肿又发，虽延医服药治疗而疗效并不明显。现症，身面俱肿，下肢尤甚，按之如泥，小便短少，腰部酸楚不堪，胸中气满，呼吸气短，纳谷不香，舌淡，苔白腻，脉濡弱。尿检：蛋白+++，颗粒管形+，红细胞5~7，白细胞偶见。血检Hb：90g/L，BUN、Scr正常。

此乃水湿之邪先伏三焦，又因过劳伤气，使脾虚不运，引动水湿泛发，上干于肺，下壅于肾，升降出入枢机不利所致。治疗之法应当外散内利，"去菀陈莝"。选用茯苓导水汤治疗。

茯苓30克、泽泻15克、白术10克、桑白皮12克、大腹皮10克、木香10克、木瓜10克、陈皮10克、砂仁6克、苏叶6克、猪苓20克、槟榔10克。

服14剂，小便量增多，肿势顿挫，但大便溏薄、日行两次，气短乏力，畏恶风寒，两手指尖发凉，带下质多清稀，舌脉如前。此水邪虽减而脾肾之阳气虚衰，气化不及，正不胜邪，水湿残留为患。治以通阳消阴，温补脾肾，化气利水，而用实脾饮加味。

茯苓30克、白术10克、草果10克、木瓜10克、大腹皮10克、木香10克、干姜5克、炮附子10克、厚朴9克、防己12克、黄芪16克、炙甘草6克。

上方服30余剂，水去肿消，小便畅利，尿检正常，诸症随之而愈。嘱服金匮肾气丸，以巩固疗效。

（《刘渡舟医案》）

【编按】

案按：本案患者体质素弱，水湿充盛，实为本虚标实之候，不任峻利猛攻，唯宜疏利水湿的同时，兼调脾肺之气以固其本。茯苓导水汤由四苓汤合五皮饮加减而成，功专调理脾肺，通利水湿。方中桑白皮、苏叶宣肺以利水，以开水之上源；四苓汤健脾渗利水湿，崇土以制水；陈皮、砂仁和胃化湿。气行则水行，气滞则水肿，故又以木香、槟榔、大腹皮、木瓜等药行气利水。本方药性平和，利水而不伤正，对形体素弱或年老体衰患者之水肿，尤为适宜。待水湿去其大半，脾肾阳气不振之时，又当在渗利水湿的同时加温补阳气之品，俾使阳气来复，促进水湿化气，这是治疗水肿病比较重要的一环。因水湿为阴邪，日久易损伤人体的阳气，更使水湿难化，从而导致水肿迁延不愈。实脾饮主治阴水证，有温阳健脾、化气行水之功，服之能使脾阳来复，肾阳渐振，水湿乃化，以脾执中以运四旁。故《医宗必读》指出："治水当以实脾为首务也。"

刘渡舟小便不利(急性泌尿系感染)案

包某，女，42岁，住北京朝阳区。1994年6月22日就诊。

尿急、尿频，小便时尿道灼热涩痛。尿检：白细胞10～16个，红细胞3～4个。某医院诊断为急性泌尿系感染，服氟哌酸等西药，效果不佳。伴腰酸、小腹胀、足踝部略有水肿、心烦少寐、口干不欲饮、微咳，大便偏干、二日一行，小便黄，舌红、苔薄腻，脉滑细。刘老辨为血虚挟有湿热下注，治当养血清热利湿。方用《金匮要略》之当归贝母苦参丸。

当归20克、浙贝15克、苦参12克。7剂。

服4剂后，症状明显减轻，小便灼痛消失、排尿通畅，然足踝处之水肿兼有腿重、乏力为瘥。转方当归贝母苦参汤与防己黄芪汤合方，清热除湿之中并扶卫气之虚。

防己15克、黄芪20克、白术10克、茯苓30克、当归20克、浙贝15克、苦参12克。

又服7剂，诸症悉除，尿常规化验为阴性。

（《刘渡舟医案》）

【编按】

案按：本案为血虚湿热下注，又加上上焦肺气不宣，上壅下闭，水道不利，湿无从出所致。故上有微咳、口干、心烦，下见尿频、尿急、尿痛，血虚不润，则大便偏干。此虚实挟杂之证，若使用清利，则必伤津化燥。刘老以“金匮当归贝母苦参丸”养血润燥，清热通淋。本方原为“妊娠小便难”而设，方中当归养血润肠；贝母开郁结利肺气，通调水道；苦参清利膀胱之湿热。全方上下并调，标本兼顾。临床用于治疗妇人小便不利、其色发黄、尿道热涩，或见大便秘结、身发虚弱之证，屡有效验。

刘渡舟小便不利（慢性肾小球肾炎）案

王某，女，45岁。

患慢性肾小球肾炎一年有余，尿中常有蛋白及红、白血球，小便量少，一直住院服用激素治疗，病情不见好转。近日因情绪波折使病情陡然加重，小便点滴难下，而有尿毒症之险恶，已发出病危通知，家属急邀刘老会诊。

见患者面色青暗无泽，神情抑郁，腹胀如鼓，小便点滴而下，肢肿胀，按之凹陷。问其大便干结一周未行，伴胸胁满闷、口燥咽干、五心烦热、低热不退。视其舌红绛无苔，握其两手，脉弦出于寸口。辨为肝火刑金，灼伤肺阴，不能通调水道之证。急以开郁凉肝，清降肺气，开水之源头，以利三焦水道。处以“化肝煎”加味。

青皮9克、陈皮9克、丹皮9克、栀子9克、白芍12克、土贝母9克、泽泻6克、麦冬30克、沙参30克、紫菀9克、栝蒌皮12克、枇杷叶12克、通草9克、茯苓40克。

服药后小便缓缓而下，大便畅通，肿胀渐消，两周内体重减去15斤，余症皆随之好转。继以调理肝脾之法，终于转危为安。

（《刘渡舟医案》）

【编按】

案按:癃闭一证,情属危急之候,见于临床,有虚有实。本案癃闭继发于慢性肾炎之后,其危重之势可知,处理不当,每可导致阴阳离决,上下不通的“关格”证。本案辨证关键在于“脉弦出于寸口”,寸部候肺,弦为肝脉,寸部脉弦,则为肝郁化火、刑金伤肺之象。金被木刑,肺阴灼伤,肺气失于清肃下降之职,不能“通调水道,下输膀胱”,故见小便量少、点滴而下。正如李用粹《证治汇补》所说:“一身之气关于肺,肺清则气行,肺浊则气壅,故小便不通由肺气不能宣布者居多。”小便不下,水液因之蓄积于内,则必伴腹胀如鼓。肝气郁结,则胸胁满闷、面色青暗。肺失清肃则呼吸不畅、大便不行。身热、口燥、咽干、五心烦热、舌绛无苔,皆为肝火妄,肺阴虚之证。故治当疏肝清热,润肺降气。肺气一降,则水之上源洞开;肝气疏达,则三焦水道通利。化肝煎出于《景岳全书·新方八阵》,由青皮、陈皮、芍药、丹皮、栀子、土贝母、泽泻七味组成,为疏肝清热降气之良方。方用青皮、陈皮疏肝理气;丹皮、栀子清热开郁;白芍养肝阴,清肝热,敛肝气;贝母降气化痰;泽泻通利下行。但本方疏肝、清肝之品有余,而润肺、降肺之药不足,故于方中加沙参、麦冬滋养肺阴;加紫菀、枇杷叶肃降肺气;加栝蒌皮宽胸利气,清肺化痰;加通草、茯苓以通利水道。全方疏散之中佐以酸收,清降之余伍以润养,俾使肝火降敛,肺气清肃,则水津自历三焦水道而下输于膀胱,小便得通。药中其鹄,故获良效。

刘渡舟滑精走泄案

刘某,男,56岁,北京人。

既往有冠心病史,经常出现心悸、气短等症。最近因打制家具,操劳过度,因而大便溏泻,每日三四次,饮食减少,周身疲惫。并自觉两腿阴股时有麻酥酥之感,甚则上连于前阴,则自行走泄,不能控制。失精之后,则头晕腿软,无力支持,不能劳作。切其脉软而无力,舌胖嫩而苔滑。此证为脾气虚衰,清阳下陷,升举无力,真元不固。治当补脾升清,提摄真元为法。

黄芪30克、红人参9克、升麻3克、柴胡3克、山萸肉10克、桔梗3克、知母3克。

连服3剂,气力有增。又服3剂,阴股发麻与走泄不发。接连再服,心悸、气短等症随之而减。

(《刘渡舟医案》)

【编按】

案按:滑精多因恣情纵欲,竭伤肾元,使精关不固所致。而本例则由劳倦过度,使脾气内伤、清阳不升、气不摄精而成。辨证从大便溏泄之突出证候与滑泄并见,故用参、芪甘温以补之;升麻、柴胡以升之;加山萸肉以敛精气;加桔梗之舟楫以载药上浮;加知母以秘阴而凉肝肾。用药巧妙有法而耐人寻味。

程卫东小儿尿频案

刘某某,男,5岁,1986年5月19日初诊。

半年前因患尿路感染,见尿频、尿急、尿痛等症。经服中药治疗后,尿急、尿痛消失,而尿频尚存,近一月逐渐加重,每小时达3~5次。患儿平素畏寒、自汗、有尿床史。诊见舌质淡,苔薄白,脉沉细。查尿常规阴性。治以补肾因涩,投缩泉九加昧。服药3剂阁效。虑有自汗,故改投桂枝汤以调和营卫。方药:

桂枝4克、白芍6克、生姜3克、甘草4克、大枣3枚。水煎服,1曰1剂。

服6剂,畏寒、白汗消失,尿频减半,效不更方,继服原方10剂而愈。

(《伤寒名医验案精选》)

【编按】

案按:《素问·脉要精微论》云:"水泉不止者,是膀胱不藏也。"膀胱不藏,起因较多,虚实皆有。本案尿频兼有自汗、畏寒等太阳表证,乃卫气不与营和之征。盖卫气"温分肉,充皮肤,肥腠理,司开合"。开合失司,太阳经气不约,则外而自汗,内而尿频;又温养不得,自感畏寒。当此之时,缩固无用,唯调和营卫是为正法,投桂枝汤使营充卫固,协调互用,是为方证相对,果获佳效。

伤寒病

祝味菊壮热烦渴案

刘老七十有四，禀赋素强，身体健康。一日突患伤寒发热，医投辛温之药，病不少减，而反增重。壮热烦渴，六脉洪实，谵妄无度，不可终日。举家惊慌，于是再请一医生为其诊治。医曰："此为温病，虑其病入心包，有痉厥之变。"处方则银翘散之类，自夸轻可去实。服药2帖，毫无效果。病者不安，更为狂妄，于是又换一医诊治曰："病者年高病重，慎防暴脱之变。予潜阳之品，亦无效果。闻祝师之名，请其出诊。"祝诊之曰："病者禀斌素强，服桂枝汤而转入阳明，可用白虎汤法，如体质虚弱者，可加人参，即人参白虎汤。今迁延日久，所幸正气未虚，可以大剂速抑病邪。"处方：

生地30克、石膏30克、知母12克、麦冬12克、犀角粉2克、羚羊角粉2克。

家属睹其方，颇以为异。认为祝医生以用温药而传远近，今此病用此大凉之药，患者年老，是否有碍？祝曰："余之常用温药者，因近人阳虚者多，刘君禀赋强，热度高，宜及时清热抑邪，可放心服之。"果然一剂热减，二剂热退神清，三剂能下床行走矣。

（《祝味菊名医类案回忆录》）

【编按】

伤寒症杂机繁，随证漫治，犹如随波逐流，故需治之有法。如《重庆堂随笔》（卷上）言："生齿日繁，地气日热，所以古人最重伤寒，今世偏多温热也。费建中以治疫之法治瘟，岂非千古只眼？治疫之法，唯清热、解毒、宣气六字为扼要，而宣气尤为首务，未有气不宣而热能清、毒能解者。"

祝味菊阳虚易脱神昏案

沪上儿科名医徐君，衣钵相传，已有二世，以时方著称。慕祝氏对中医有特殊见解与治

疗方法，而未心悦诚服也。虽然如此，仍命其子拜祝为师，以学究竟。一日其子患伤寒甚剧，热度逐日上升，昏眩昏愦，呓语呢喃。醒时又了了自清，而脉不洪数。徐君甚忧之，因惧祝用药与其观点有所不同，遂邀请同道数人，共同诊治，共同处泻心汤法。祝闻之转告徐曰："此非泻心法所宜也。"徐答以服药后尚无不可，祝劝其谨慎从事。

越数日，病情逐渐加重，神昏不醒。呓语郑声，饮食不能入，泛泛欲恶。徐此时已知其子病严重，再邀请诸医会诊，一致认为热入心包，而脉现伏象，为热邪内闭之危急症候，如不转机，内闭外脱，即在目前。应早服清宫汤方，特别要先服紫雪丹，或可挽救生命于垂危。徐氏方寸无主，而亲朋之探病者，群集于病人住室，空气秽浊，扰攘不安。其时祝味菊亦至徐家探病，见此情景即曰："病人系吾之弟子。是否在余诊断之前，各药哲停。"于是至病人榻前，仔细观察，望色闻声按脉。有顷，徐氏及家人皆来询问。祝曰："病人神昏愦系由渐而成，呓语郑声，脉现伏象，不是中热毒昏愦突然而来。实系阳虚易脱之象，并非中热毒，吾意不能用清宫汤紫雪丹类。君等倘听吾言，信余安排，吾徒病倘不能愈，余不复言医矣！"当夜祝宿于徐家。投以强心扶阳诸药：

活磁石（先煎）45克、生龙齿（先煎）30克、石决明（先煎）45克、附片（先煎）12克、酸枣仁24克、朱茯神12克、石菖蒲9克、姜半夏12克、桂枝9克、生白芍9克、麻黄6克。

当晚即服1剂，至夜半病情未有好转，举家惊慌。祝曰："夜半再服1剂，当可转危为安。"及至天明，病人汗出热大减，神识逐渐转清，但身体颇为衰惫。照原方去麻黄加人参9克（先煎）。

服药后呓语呕恶均止，与人谈话对答颇清，一星期热退，体力稍支，一月后体力恢复。徐子现年将80岁。久为儿科名医，身体亦颇强健。

（《祝味菊名医类案回忆录》）

【编按】

案按：祝味菊先生尝曰："医学与哲学犹两轮之不可离也。以科学方法检寻病源，分析病理，以哲学观点观察症候，综合诊断。此相需而又相成。以伤寒重要症候昏愦而言，浑浑噩噩，似无知觉，呼之不应，问之不答，此中热毒也。神衰之人则不然，不耐高热，初病即多梦呓，而醒时则了了自清，继则心烦善言，所言皆日常习行之事，间有一二不近情理之语，此时已露阳用日虚之象。倘与清心凉剂，则阳气愈衰，白昼亦多乱语。大抵中毒昏愦，骤然而来，神衰昏愦，由渐而成。中毒之人，服犀羚可收镇静缓和之效；神衰之人，用温潜益正之品，能防厥脱之变。倘辨证不当，论治失误，其为害不可设想矣。"祝氏之言，颇为精当。

祝味菊辛温透达麻疹案

曾幼，4岁，发热头昏不退，已经3日，鼻塞、喷嚏、眼羞明流泪、声音嘶哑、咳嗽不爽、倦怠思睡、颜面略有疹点、胸闷烦躁不安、小溲短黄、舌苔薄腻、脉象浮数，专家以小儿内蕴胎毒，外受风热，用辛凉之剂2贴，不仅无效，反而发热增高、咳嗽气急、痰不易出、烦躁无汗。祝师诊治曰："无恐也。"用辛温之剂，予以外透。

川桂枝、葛根各6克，生麻黄3克，光杏仁9克，活磁石(先煎)30克，黄郁金9克，陈皮6克，陈枳壳、生薏仁、姜半夏、苏叶各9克。

病人家长略知医，因其药辛温而畏惧。祝曰："君何惧之有，麻疹郁闷不出，肺气闭塞，如再不外透，则病变百出。用辛温透达，汗一外出，则汗出疹显而病退矣。"于是先服1剂。汗出溱溱，痧子外出，颜面上身及四肢点点外显，咳嗽即爽，气急亦平，小儿喃喃作语，思欲饮食，举家欢欣，再服2贴，热退咳减痰活而愈。

(《祝味菊名医类案回忆录》)

【编按】

案按：祝师曰："医麻疹也要辨证，不能以疹为热毒成见，横于胸中，大汗壮热不退，方须用凉药，如竹叶石膏之类，其他如颜面及鼻上均未见疹，俗称白面痧子，即为中寒，温药可用，附子肉桂一温即出，痧子初起，未见热象，宜忌辛凉，桂枝葛根为主药，卫气闭时，可用麻黄。"此案为其论言之验。

祝味菊虚脱型麻疹案

何幼，4岁，体质素弱，近日染麻疹，热度不高，大便溏薄，医用葛根黄芩黄连汤，全身疹点已隐，颜面鼻部始终未见痧子(中医名为白鼻痧子)。此时小儿四肢无力，手足不温，大便溏薄，咳嗽气急，痰不易出。再请医为其诊治，此时痧子不出，咳嗽气急，大便溏薄，确属险症，用辛凉加辛温与和中之品以塞责，药后毫无效果，病儿精神更加不振，不能坐起。转请祝师诊治。一诊即曰："痧子未透而回，而身体日渐衰弱，病势颇重，其重在于虚弱易脱也。"如今之计，救虚脱为主，佐以和中化痰疏透之品，尚可挽回。甚惧旁言掣肘，不能成其功也。

黄厚附片(先煎)9克，人参(先煎)6克，活磁石(先煎)30克，葛根、川林枝各6克，姜半夏、橘皮、黄郁金、莱菔子(包)各9克，广木香6克，炒枳壳9克，生薏仁12克。

家属考虑热药对病情不利，将此方分4次服之。2贴后，手足温和，泄泻减少，痧子再现，大便不溏，患儿能坐起思食，再服3贴，胸闷舒，气急平而愈。

(《祝味菊名医类案回忆录》)

【编按】

案按：弟子问师曰："生等阅读儿科医书不少，皆以小儿为纯阳之体，麻疹为内蕴胎毒，外受风湿而成，未见有用附桂人参之属以挽痧子危亡病例者。"祝曰："不能人云亦云。吾亦非独创。不过善于掌握辨证论治耳。"此案一出，时为20世纪30年代，其时沪上儿科名医徐君，

亦心悦诚服与祝交流经验数次。该医为之倾倒曰:“听君一席话,胜读十年书。”由于徐君之吸收经验,常用附子治虚弱麻疹,同行学习者不少,而祝附子之名,亦传闻遐迩也。

祝味菊高热神昏案

上海国医学院学生徐某之弟,病伤寒甚剧,诸医束手。祝师当时在该院执教,徐某信仰其理论,征得父亲同意,邀祝诊治。徐弟高热两旬不退,神昏谵妄,前医佥谓热入心包,主用清宫。祝诊之,不能苟同。处方:

附片12克(先煎)、活磁石30克(先煎)、麻黄6克、桂枝9克、生姜9克、朱茯神12克、苏梗6克、郁金9克、姜半夏9克、生龙齿30克(先煎)、酸枣仁15克。

服后诸恙依然,翌晨又为处方如前。徐父慌乱之余,又延名医会诊,皆认为热药之误。一医且笔之于方案,谓邪入心包,误投温燥,法在不救。家中人更慌,皆出怨言。徐乃见祝师,祝问:“前方服后厥恙好转否?”徐曰:“未也。”“然则能变否?”答曰:“亦未也。”祝曰:“不好不变,药力未及也,何用惊为。”徐以实告:“名医某某等皆谓服师药已无救矣。”祝遂与徐同往,其父蹙额相迎。祝问:“前方服否?”徐父有难色曰:“顷间名医会诊,以为非是,未敢服也。”言下唏嘘不已。祝曰:“有斯哉!病以吾药而剧,吾不得辞其咎,然吾知此病不即死也。吾使人来侍病者五日,前所服之药过五日其药性当已消矣,其不及五日而亡者,药之过也,可毁我招牌,并鸣之于报端,为庸医杀人之戒。苟过五日而不死者,非吾之罪也,任令更医诊治。”徐父闻此而谢曰:“吾固深信夫子者,医生有割股之心。先生既知其不死,幸始终拯救之。”于是出纸笔,促之处方。祝曰:“无更只字,连服2帖,不分昼夜续进,明日不需延请,自来诊视。”

次晨,祝破扉而入,急问昨宵病人有变否?徐氏谢曰:“小子服夫子药,汗出热减,神静而得安寐矣,夫子真神人也。”复出纸笔请处方。祝曰:“无更只字,再服2帖。”次日仍照原方又服2帖,诸恙大愈。因谓徐父曰:“向者一纸热药,即被断为杀人,今连服6剂而热退神清,是非明矣。”徐父谢曰:“倘非夫子真知灼见,小子其病毙矣,今而后始知名医之所以为名医也。”

(《祝味菊名医类案回忆录》)

【编按】

高热神昏而用温药,实出于常识,有医诊而谓“邪入心包,误投温燥,法在不救”,亦不为过,然而证机的把握度就在这样微妙之际分晓庸妙。祝氏能于此际厘清寒邪滞表抑或热邪入营,实为不易,当然有其所凭舌脉之象,这些在案中未明确表述。但祝氏行医亮节,深值嘉许,名医章次公曾赞曰:“危险重疾,在别人摇首却走的时候,祝先生却一力承揽,转危为安。古之名医,是不是为病家具结,来完成治疗任务,我在文献上,还没有找到,然而这种治疗方式，在祝先生竟是家常便饭。”

少阳里证食入即呕案

少阳主寒热，属于半表则为经，属于半里则为府，今邪在半里，寒热相搏于中，故食入即呕，是为火炎之象，振胃阳以开格逆，乃一定法程，主本汤：

参、连、芩、姜各钱半。

（《南雅堂医案》）

【编按】

少阳证特点是半表半里，此案认为“属于半表则为经，属于半里则为府”，是一种独特的见解。

张石顽寒伤营恶寒不止案

湖广礼部主事范求先讳克诚，寓金阊之石窝庵，患寒伤营证，恶寒三日不止。先曾用过发散药二剂，第七日躁扰不宁，六脉不至，手足厥逆。其同寓目科方耀珍，邀石顽诊之，独左寸厥厥动摇，知是欲作战汗之候，令勿服药，但与热姜汤助其作汗，若误服药，必热不止，后数日枉驾谢别，询之，果如所言，不药而愈。

（《张氏医通·伤寒》）

【编按】

张石顽有言“伤寒以攻邪为务，杂病以调养为先”，但明确指出攻邪并不是盲目与简拙的，攻邪方法多样，其旨要在于达邪外出，阴气与阴分、阳气与阳分平和不受邪扰，阴阳调和而体自安。案中诊脉精当，“六脉不至，手足厥逆，独左寸厥厥动摇，知是欲作战汗之候”，病机要目一点而瞭。

张石顽阴寒挟暑入中手足少阴案

文学范铉甫孙振麟，于大暑中患厥冷自利，六脉弦细芤迟，而按之欲绝；舌色淡白，中心黑润无苔，口鼻气息微冷；阳缩入腹，而精滑如冰。问其所起之由，因卧地昼寝受寒，是夜连走精二度，忽觉颅胀如山，坐起晕倒，便四肢厥逆，腹痛自利，胸中兀兀欲吐，口中喃喃妄言，与湿温之证不殊。医者误为停食感冒，而与发散消导药一剂，服后胸前头颈汗出如漉，背上

愈加畏寒，而下体如冰，一日昏愦数次。此阴寒挟暑，入中手足少阴之候，缘肾中真阳虚极，所以不能发热。遂拟四逆加人参汤，方用：

人参（一两）、熟附（三钱）、炮姜（二钱）、炙甘草（二钱）。

昼夜兼进，三日中进6剂，厥定，第四日寅刻阳回，是日悉屏姜附，改用保元，方用：

人参（五钱）、黄芪（三钱）、炙甘草（二钱），加麦门冬（二钱）、五味子（一钱）。

清肃膈上之虚阳。4剂食进，改用生料六味加麦冬、五味，每服用熟地八钱。以救下焦将竭之水，使阴平阳秘，精神乃治。

（《张氏医通·伤寒》）

【编按】

“阴寒挟暑，入中手足少阴之候”，诊断既明，又点明伤寒常见之发热一症不见，其因在于“肾中真阳虚极，所以不能发热”。治疗亦不固守一方，先扶阳，三日阳回即易以清肃膈上虚阳之方，邪气除又易填精之剂。治疗环环相扣，步步跟进，以期身体重获阴平阳秘之态。

张石顽玳瑁瘟案

洪德敷女，于壬子初冬，发热头痛，胸满不食。已服过发散消导药4剂，至第六日，周身痛楚，腹中疼痛，不时奔响，屡欲圊而不可得；口鼻上唇，忽起黑色成片，光亮如漆，与玳瑁无异。医者大骇辞去，邀石顽诊之。喘汗脉促，而神气昏愦；虽证脉俱危，喜其黑色四围有红晕鲜泽，若痘疮之根脚，紧附如线，他处肉色不变，许以可治。先与：

葛根黄芩黄连汤，加犀角、连翘、荆芥、防己、紫荆、人中黄。

解其肌表毒邪，俟其黑色发透，乃以凉膈散加人中黄、紫荆、乌犀。

微下二次，又与犀角地黄汤加人中黄之类。调理半月而安。

（《张氏医通·伤寒》）

【编按】

案按：此证书所不载，唯庞安常有玳瑁瘟之名，而治法未备，人罕能识。先是牙行徐顺溪患此，误用发散消克药过多，胃气告匮，辞以不治。又绸铺王允吉侄，患此濒危，始邀予往，其口目鼻孔皆流鲜血，亦不能救。一月间，亲历此证十余人：大抵黑色枯焦不泽，四围无红晕，而灰白色暗者，皆不可救；其黑必先从口鼻至颧颊目胞两耳及手臂足胫，甚则胸腹俱黑，从未见于额上肩背阳位也。

张石顽时疫中脘斑白案

山阴令景昭侯弟介侯，辽东人。患时疫，寒热不止，舌苔黄润；用大柴胡下之，烦闷神昏；杂进人参白虎、补中益气，热势转剧；频与芩、连、知母不应。因遣使兼程过吴，相邀石顽到署。

诊之左脉弦数而劲，右脉再倍于左，而周身俱发红斑，唯中脘斑色皎白。时湖绍诸医群集，莫审胸前斑子独白之由，因论之曰："良由过服苦寒之剂，中焦阳气失职，所以色白，法当透达其斑，兼通气化，无虑斑色不转也。"遂用犀角、连翘、山栀、人中黄。

昼夜兼进二服，二便齐行，而斑化热退，神清食进，起坐徐行矣。昭侯、曦侯，同时俱染其气，并进葱白、香豉、人中黄、连翘、薄荷之类。

皆随手而安。

（《张氏医通·伤寒》）

【编按】

斑白由于苦寒阻遏中焦阳气，故周身红斑而唯中脘斑色皎白。虽苦寒所困，而唯中焦阳气受阻，并非阳气受伤导致阳虚之候，用药弃气分而用营分药，药力达所，邪退气运而症息。

张石顽谷食调息危证案

吴介臣伤寒，余热未尽，曲池臃肿，不溃不消，日发寒热。疡医禁止饮食，两月余。日服清火消毒药，上气形脱，倚息不得卧，渴饮开水一二口，则腹胀满急；大便燥结不通，两月中用蜜导四五次，所去甚难，势大濒危。

邀石顽诊之，其脉初按绷急，按之绝无。此中气逮尽之兆，岂能复胜药力耶，乃令续进稀糜，榻前以鸭煮之，香气透达，徐以汁啜之。是夕大便，去结粪甚多；喘胀顿止，饮食渐进，数日后肿亦渐消。

此际虽可进保元、独参之类，然力不能支，仅唯谷肉调理而安。近松陵一人过饵消导，胃气告匮，闻谷气则欲呕，亦用上法，不药而痊。

（《张氏医通·伤寒》）

【编按】

谷食培养后天阴阳之气，最为适合人体生理所需。谷气合于阴阳化生之气，便有扶正驱邪之功。

张石顽伏气自内由少阳发越案

飞畴治郑月山女，寡居二十载。五月间忽壮热多汗，烦渴，耳聋胁痛。月山为女科名宿，谓证属伤寒，委之他医，用柴、葛、桂枝等剂，其热弥甚，汗出不止，胸满昏沉，时时噫气。

邀予诊之，右脉数大，左脉少神，舌苔微黑。此伏气自内少阳发出，故耳聋胁痛，法当用白虎清解，反行发表，升越其邪，是以热渴转甚；汗出多，故左脉无神；胃液耗，故昏沉胸满；其噫气者，平素多郁之故。今元气已虚，伏邪未解，与凉膈去硝黄易栝蒌根、丹皮、竹叶。

一服，热减得睡，但汗不止，倦难转侧，或时欲呕，此虚也。以生脉加枣仁、茯神、白芍，扶元敛阴，兼进粥饮以扶胃气。渴止汗敛，而脉转虚微欲绝；此正气得补，而虚火潜息之真脉也。复与四君、归、地，调补而痊。

（《张氏医通·伤寒》）

俞震伤风戴阳症案

石开晓病伤风咳嗽，未尝发热，自觉急迫欲死，呼吸不能相续。西昌诊之，见其头面赤红，躁扰不歇；脉亦豁大而空。谓曰："此证颇奇，全似伤寒戴阳症，何以伤风小恙亦有之？急宜用人参附子等药，温补下元，收回阳气。不然，子丑时一身大汗，脱阳而死矣！"渠不信，及日落，阳不用事，愈慌乱不能少支。忙服前药，服后稍宁片刻，又为床侧添同寝一人，逼出其汗如雨。再用一剂，汗止身安，咳嗽俱不作。询其所由，云："连服麻黄药四剂，遂尔躁急欲死，然后知伤风亦有戴阳证，与伤寒无别，总因其人平素下虚，是以真阳易于上越耳。"

（《古今医案按·伤风》）

【编按】

"戴阳"与"格阳"都属真寒假热的病理变化，格阳证是内真寒而外假热，戴阳证是下虚寒而上假热，实际上病情发展到这种严重阶段，两者常可互见，不能截然分开。伤寒可见，中风亦可见，要在下虚。

俞震伏气郁发成风温案

王肯堂治黄以宽，风温十余日，壮热神昏，语言难出，自利溏黑，舌苔黑燥，唇焦鼻煤。先前误用发散消导药数剂，烦渴弥甚。张石顽曰："此本伏气郁发，更遇于风，遂成风温。"风温脉气本浮，以热邪久伏少阴，从火化，发出太阳，即是两感，变患最速。今幸年壮质强，已逾三日六日之期，证虽危殆，良由风药性升，鼓激周身元气，皆化为火，伤耗真阴；少阴之脉，不能内藏，所以反浮。

考诸南阳先师，原无治法，而少阴例中，则有救热存阴，承气下之一证，可借此以迅扫久伏之邪。审其鼻息不鼾，知肾水之上源未绝，无虑其直视失溲也。时歙医胡晨敷在座，同议凉膈散加人中黄、生地黄。服后，下溏粪三次，舌苔未润，烦渴不减，此杯水不能救车薪之火也。更与大剂凉膈，大黄加至二两，兼黄连、犀角，三下方能热除。于是专用生津止渴，多服而愈。

（《古今医案按·温热病》）

张锡纯风寒脉闭案

天津张某，38岁，于季冬得伤寒证，且无脉。旬日前曾感冒风寒，经医治愈，继出门做事，又感风寒遂得斯病。内外俱觉寒凉，头疼，气息微喘，身体微形寒战，六脉皆无。盖其身体素弱，又在重感之余，风寒深入阻塞经络，是以脉闭。拟治以麻黄汤，再重加补气之药，补其正气以逐邪外出，当可奏效。处方：

麻黄（三钱）、生箭（一两）、桂枝尖（二钱）、杏仁（二钱，去皮）、甘草（二钱）。

先煎麻黄数沸，吹去浮沫，再入余药同煎汤一大盅，温服，被复取微汗。服药后周身得汗，其脉即出，诸病皆愈。

（《医学衷中参西录·医案伤寒脉闭》）

【编按】

伤寒脉闭一证不多见，张氏辩证则确，而治法虽似简易，但寓意明确，治法得当，是简中现定见之例。是方以麻黄汤独加重一味黄芪，得以顾全正气亏虚，是方之灵便之一现。

案按：此证或疑系少阴伤寒，因少阴伤寒脉原微细，微细之至可至于无也。而愚从太阳治者，因其头疼、微喘、寒战，皆为太阳经之现象，而无少阴证蜷卧但欲寐之现象也。是以于麻黄汤中，重加生黄一两，以助麻、桂成功，此扶正即以逐邪也。

张锡纯阳明经府之热上逆头疼案

一叟年七十有一，因感冒风寒，头疼异常，彻夜不寝。其脉洪大有力，表里俱发热，喜食凉物，大便三日未行，舌有白苔甚浓。知系伤寒之热，已入阳明之府。因头疼甚剧，且舌苔犹白，疑犹可汗解。治以拙拟寒解汤，加薄荷叶一钱。

头疼如故，亦未出汗，脉益洪实。恍悟曰：“此非外感表证之头疼，乃阳明经府之热，相并上逆，而冲头部也。”为制仙露汤，分三次温饮下，头疼愈强半，夜间能安睡，大便亦通。复诊之，脉象余火犹炽，遂用仲景竹叶石膏汤，生石膏仍用三两，煎汁一大碗，分三次温饮下，尽剂而愈。

仙露汤：生石膏（三两，捣细）、玄参（一两）、连翘（三钱）、粳米（五钱）。上四味，用水五盅，煎至米熟，其汤即成。治寒温阳明证，表里俱热，心中热，嗜凉水，而不至燥渴，脉象洪滑，而不至甚实，舌苔白浓，或白而微黄，或有时背微恶寒者。

（《医学衷中参西录·仙露汤》）

【编按】

中医临床治疗并不是缓慢见功的特点，更多的是急症急治，以期达到“尽剂而愈”的效果。是故中药施治有一特点，急症急治，缓症慢医，这才符合中医的临床治疗特点。

张锡纯热毒入胃发为大头瘟案

一人，年二十余，得温疫。三四日间头面悉肿，其肿处，皮肤内含黄水，破后且溃烂。身上间有斑点，闻人言，此证名大头瘟。其溃烂之状，又似瓜瓤瘟，最不易治。惧甚，求为诊视。其脉洪滑而长，舌苔白而微黄。问其心中，唯觉烦热，嗜食凉物。遂晓之曰，此证不难治。头面之肿烂，周身之斑点，无非热毒入胃而随胃气外现之象。能放胆服生石膏，可保痊愈。遂投以青盂汤，方中石膏改用三两、知母改用八钱。

煎汁一大碗，分数次温饮下。1剂病愈强半；翌日，于方中减去荷叶、蝉蜕，又服1剂痊愈。

青盂汤：荷叶（一个用周遭边浮水者良鲜者尤佳）、生石膏（一两，捣细）、真羚羊角（二钱，另煎兑服）、知母（六钱）、蝉蜕（三钱，去足土）、僵蚕（二钱）、金线重楼（二钱，切片）、粉甘草（钱半）。治瘟疫表里俱热，头面肿疼，其肿或连项及胸。亦治阳毒发斑疹。

（《医学衷中参西录·青盂汤》）

【编按】

案注：荷叶禀初阳上升之气，为诸药之舟楫，能载清火解毒之药上至头面，且其气清郁，更能解毒逐秽，施于疫毒诸证尤宜也。至于叶宜取其浮水者，以贴水而生，得水面轻气最多，故善发表。如浮萍之生于水面，而善发汗也。金线重楼，一名蚤休，一名紫河车草。味甘而淡，其解毒之功，可仿甘草。然甘草性温，此药性凉，以解一切热毒，尤胜于甘草，故名蚤休。言若中一切蛊毒，或蝎螫蛇咬或疮疡用之而皆可早早止住。古蚤与早，原相通也。古谚赞蚤休曰：“七叶一枝花，深山是我家。痈疽遇着我，一似手捻拿。”盖此物七叶对生茎腰，状如莲花一朵，自叶中心出茎，至巅开花一朵，形扁而黄，花上有黄丝下垂，故又名金线重楼。重楼者，其叶与花似各作一层也。其名紫河车草者，盖紫河为初生之地点，其处蕃多，可采之盈车，俗名为草河车误矣。其形状皮色皆如干姜。若皮不黄，而微带紫色者，其味必微辣而不甘，含毒性，即不可用。若无佳者，方中不用此味亦可。羚羊角与犀角，皆性凉而解毒。然犀角禀水土之精气而生，为其禀土之精，故能入胃，以消胃腑之实热。为其禀水之精，故又能以水胜火兼入心中，以消心脏本体之热力。而疫邪之未深入者，转因服犀角后，心气虚冷，不能捍御外邪，致疫邪之恣横，竟犯君主之宫，此至紧要之关系，医者不可不知。羚羊角善清肝胆之火，兼清胃腑之热。其角中天生木胎，性本条达，清凉之中，大具发表之力。与石膏之辛凉，荷叶、连翘之清轻升浮者并用，大能透发温疫斑疹之毒火郁热，而头面肿处之毒火郁热，亦莫不透发消除也。曾治一六岁孺子，出疹三四日间，风火内迫，喘促异常。单投以羚羊角三钱，须臾喘止，其疹自此亦愈。夫疹之毒热，最宜表散清解，乃至用他药表散清解无功，势已垂危，而单投以一味羚羊角，即能挽回，其最能清解而兼能表散可知也。且其能避蛊毒，《神农本草经》原有明文。疫病发斑，皆挟有毒疠之气也。僵蚕乃蚕将脱皮时，因受风不能脱下，而僵之蚕。因其病风而僵，故能为表散药之向导，而兼具表散之力。是以痘疹不出者，僵蚕最能表出之。不但此也，僵蚕僵而不腐，凡人有肿疼之处，恐其变为腐烂，僵蚕又能治之，此气化相感之妙也。

张锡纯表里大热喘促案

治一人，年二十余。当仲夏夜寝，因夜凉，盖单衾冻醒，发懒，仍如此睡去。须臾又冻醒，晨起微觉恶寒。至巳时已觉表里大热，兼喘促，脉洪长而浮。投以清解汤，方中生石膏，改用两半，又加牛蒡子（炒捣）三钱，服后得汗而愈。

由斯观之，其初非中于太阳乎，然不专在太阳也。人之所以觉凉者，由于衣衾之薄。其气候究非寒凉，故其中于人不专在太阳，而兼在阳明。且当其时，人多蕴内热，是以转阳明甚速也，然此所论者风温耳。若至冬受春发，或夏发之温，恒有与太阳无涉者。故《伤寒论》温病提纲中，特别之曰："风温之为病。"明其异于"冬伤于寒，春必病温"之温病也。又杏仁与牛蒡子，皆能降肺定喘，而杏仁性温、牛蒡子性凉，伤寒喘证，皆用杏仁，而温病不宜用温药，故以牛蒡子代之。

清解汤：薄荷叶（四钱）、蝉蜕（三钱，去足土）、生石膏（六钱，捣细）、甘草（一钱五分）。

治温病初得，头疼，周身骨节酸疼，肌肤壮热，背微恶寒无汗，脉浮滑者。

（《医学衷中参西录·清解汤》）

【编按】

张注：《伤寒论》曰："太阳病，发热而渴，不恶寒者，为温病。若发汗已，身灼热者，名曰风温。风温为病，脉阴阳俱浮，自汗出，身重，多眠睡，息必鼾，言语难出。"此仲景论温病之提纲

也。乃提纲详矣，而后未明言治温病之方。及反复详细观之，乃知《伤寒论》中，原有治温病方，且亦明言治温病方，特涉猎观之不知耳。其六十一节云："发汗后，不可更行桂枝汤。汗出而喘，无大热者，可与麻黄、杏仁、甘草、石膏汤主之。"夫此证既汗后不解，必是用辛热之药，发不恶寒证之汗，即温病提纲中所谓若发汗已也(提纲中所谓若发汗，是用辛热之药强发温病之汗)。其汗出而喘，无大热者，即温病提纲中，所谓若发汗已，身灼热及后所谓自汗出、多眠睡、息必鼾也。睡而息鼾，醒则喘矣。此证既用辛热之药，误发于前，仲景恐医者见其自汗，再误认为桂枝汤证，故特戒之曰："不可更行桂枝汤，而宜治以麻杏甘石汤。"此节与温病提纲遥遥相应，合读之则了如指掌。然麻杏甘石汤，诚为治温病初得之的方矣。而愚于发表药中不用麻黄，而用薄荷、蝉蜕者，曾于葛根黄芩黄连汤解后详论之，兹不再赘。

今者论温病之书甚伙，而郑卫红紫，适足乱真。愚本《内经》、仲景，间附以管见，知温病大纲，当分为三端。今逐端详论，胪列于下，庶分途施治，不至错误。

一为春温。其证因冬月薄受外感，不至即病。所受之邪，伏于膜原之间，阻塞脉络，不能宣通，暗生内热。迨至春日阳生，内蕴之热，原有萌动之机，而复薄受外感，与之相触，则陡然而发，表里俱热。《内经》所谓"冬伤于寒，春必病温"者是也，宜治以拙拟凉解汤。热甚者，治以拙拟寒解汤。有汗者，宜仲景葛根黄连黄芩汤，或拙拟和解汤，加生石膏。若至发于暑月，又名为暑温，其热尤甚。初得即有脉洪长，渴嗜凉水者，宜投以大剂白虎汤，或拙拟仙露汤。

一为风温。犹是外感之风寒也，其时令已温，外感之气已转而为温，故不名曰伤寒、伤风，而名风温，即《伤寒论》中所谓风温之为病者是也。然其证有得之春初者，有得之春暮者，有得之夏秋者，当随时序之寒热，参以脉象，而分别治之。若当春初秋末，时令在寒温之间，初得时虽不恶寒，脉但浮而无热象者，宜用拙拟清解汤，加麻黄一二钱，或用仲景大青龙汤。若当暑热之日，其脉象浮而且洪者，用拙拟凉解汤或寒解汤。若有汗者，用拙拟和解汤，或酌加生石膏。

一为湿温。其证多得之溽暑。阴雨连旬，湿气随呼吸之气，传入上焦，窒塞胸中大气。因致营卫之气不相贯通，其肌表有似外感拘束，而非外感也。其舌苔白而滑腻，微带灰色。当用解肌利便之药，俾湿气由汗与小便而出，如拙拟宣解汤是也。仲景之猪苓汤，去阿胶，加连翘亦可用。至湿热蓄久，阳明府实，有治以白虎汤，加苍术者，其方亦佳。而愚则用白虎汤，以滑石易知母，又或不用粳米，而以生薏米代之。至于"冬不藏精，春必病温"，《内经》虽有明文，其证即寓于风温、春温之中。盖内虚之人，易受外感，而阴虚蕴热之人，尤易受温病。故无论风温、春温之兼阴虚者，当其发表、清解、降下之时，皆宜佐以滋阴之品，若生山药、生地黄、玄参、阿胶、生鸡子黄之类均可酌用，或宜兼用补气之品，若白虎汤之加人参，竹叶石膏汤之用人参，诚以人参与凉润之药并用，不但补气，实大能滋阴也。

上所论温病，乃别其大纲及其初得治法。至其证之详悉，与治法之随证变通，皆备于后之方案中。至于疫病，乃天地之疠气，流行传染，与温病迥异。

方中薄荷叶，宜用其嫩绿者。至其梗，宜用于理气药中，若以之发汗，则力减半矣。若其色不绿而苍，则其力尤减。若果嫩绿之叶，方中用三钱即可。薄荷气味近于冰片，最善透窍。其力内至脏腑筋骨，外至腠理皮毛，皆能透达，故能治温病中之筋骨作疼者。若谓其气质清轻，但能发皮肤之汗，则浅之乎视薄荷矣。蝉蜕去足者，去其前之两大足也。此足甚刚硬，有开破之力。若用之退目翳消疮疡，带此足更佳。若用之发汗，则宜去之，盖不欲其于发表中，寓开破之力也。蝉蜕性微凉、味淡，原非辛散之品，而能发汗者，因其以皮达皮也。此乃发汗中之妙药，有身弱不任发表者，用之最佳。且温病恒有兼瘾疹者，蝉蜕尤善托瘾疹外出也。石膏性微寒，《神农本草经》原有明文。虽系石药，实为平和之品。且其质甚重，六钱不过一大撮耳。其凉力，不过与知母三钱等。而其清火之力则倍之，因其凉而能散也。尝观后世治温之方，至阳明府实之时，始敢用石膏五六钱，岂能知石膏者哉！然必须生用方妥，熟者用至一两，即足偾事。又，此方所主之证，或兼背微恶寒，乃热郁于中，不能外达之征，非真恶寒也。白虎汤证中，亦恒有如此者，用石膏透达其热，则不恶寒矣。

或问："外感中于太阳则恶寒，中于阳明则不恶寒而发热。时至春、夏，气候温热，故外感之来，不与寒水相感召，而与燥金相感召，直从身前阳明经络袭入，而为温病。后世论温病者，多是此说。而《伤寒论》温病提纲，冠之以太阳病者何也？"答曰："温病初得，亦多在太阳，特其转阳明甚速耳。"

张锡纯温病失神案

治一少年，孟夏长途劳役，得温病，医治半月不效。后愚诊视，其两目清白，竟无所见，两手循衣摸床，乱动不休，语不省人事。其大便从前滑泻，此时虽不滑泻，每日仍溏便一两次。脉浮数，右寸之浮尤甚，两尺按之即无。因此证目清白无见者，肾阴将竭也。手循衣摸床者，肝风已动也。病势之危，已至极点。幸喜脉浮，为病还太阳。右寸浮尤甚，为将汗之势。其所以将汗而不汗者，人身之有汗，如天地之有雨。天地阴阳和而后雨，人身亦阴阳和而后汗。此证尺脉甚弱，阳升而阴不能应，汗何由作？当用大润之剂，峻补真阴，济阴以应其阳，必能自汗。遂用熟地、玄参、阿胶、枸杞之类。

约重六七两，煎汤一大碗。徐徐温饮下，一日连进2剂，即日大汗而愈。审是，则发汗原无定法。当视其阴阳所虚之处，而调补之，或因其病机而利导之，皆能出汗，非必发汗之药始能汗也。

（《医学衷中参西录·寒解汤》）

【编按】

案按：寒温之证，原忌用黏腻滋阴、甘寒清火，以其能留邪也。而用以为发汗之助，则转能逐邪外出，是药在人用耳。

张锡纯卫生防疫宝丹治霍乱案

【案一】

1924年6月,友人杜某之母得霍乱证,上吐下泻,转筋腹疼,六脉闭塞。生诊视后,为开卫生防疫宝丹方,共研作粉,每次服一钱。服第一次,吐泻稍止。服第二次,病即痊愈。

【案二】

斯年初冬,邓某之儿媳得霍乱证,时已夜半,请为诊视。吐泻转筋,六脉皆无,心中迷乱,时作谵语。治以卫生防疫宝丹,初服仍吐,服至二次,脉即徐出而愈。

(《医学衷中参西录·卫生防疫宝丹》)

【编按】

张注:卫生防疫宝丹,粉甘草(十两,细末)、细辛(两半,细末)、香白芷(一两,细末)、薄荷冰(四钱,细末)、冰片(二钱,细末)、朱砂(三两,细末)。先将前五味和匀,用水为丸如桐子大,晾干(不宜日晒)。再用朱砂为衣,勿令余剩。装以布袋,杂以琉珠,来往撞荡,务令光滑坚实。如此日久,可不走气味。

治霍乱吐泻转筋,下痢腹疼,及一切痧症。平素口含化服,能防一切疠疫传染。若治霍乱证,宜服80丸,开水送服。余证宜服四五十丸。服后均宜温复取微汗。若平素含化以防疫疠,自一丸至四五丸皆可。此药又善治头疼、牙疼(含化),心下、胁下及周身关节经络作疼,气郁、痰郁、食郁、呃逆、呕哕。醒脑养神,在上能清,在下能温,种种利益,不能悉数。临证急用,不暇为丸,可制为散,每服一钱,效更速。

张锡纯痰饮舍证从脉案

同邑友人毛某之三子,32岁。素有痰饮,得伤寒证,服药调治而愈。后因饮食过度而复,服药又愈。后数日又因饮食过度而复,医治无效。四五日间,延愚诊视,其脉洪长有力,而舌苔淡白,亦不燥渴,食梨一口即觉凉甚,食石榴子一粒,心亦觉凉。愚舍证从脉,为开大剂白虎汤方,因其素有痰饮,加清半夏数钱,其表兄高某在座,邑中之宿医也,疑而问曰:"此证心中不渴不热,而畏食寒凉如此,以余视之虽清解药亦不宜用,子何所据而用生石膏数两乎?"答曰:"此脉之洪实,原是阳明实热之证,其不觉渴与热者,因其素有痰饮湿胜故也。其畏食寒凉者,因胃中痰饮与外感之热互相胶漆,致胃府转从其化与凉为敌也。"毛某素晓医学,信用愚言,两日夜间服药十余次,共享生石膏斤余,脉始和平,愚遂旋里。

隔两日复来相迎,言病患反复甚剧,形状异常,有危在顷刻之虑。因思此证治愈甚的,何至如此反复。既至(相隔三里强),见其痰涎壅盛,连连咳吐不竭,精神恍惚,言语错乱,身体颤动,诊其脉平和无病,唯右关胃气稍弱。愚恍然会悟,急谓其家人曰:“此证万无闪失,前因饮食过度而复,此次又因戒饮食过度而复也。”其家人果谓有鉴前失,虑其病状若此,不能进食,数日之间,所与饮食甚少。愚曰:“此无须用药,饱食即可愈矣。”

(《医学衷中参西录·石膏解》)

【编按】

辨证过程中,脉证表现不一致,经全面分析,认为脉象反映了疾病本质,即以脉象作为治疗的依据。徐灵胎曰:“有宜从证者,有宜从脉者,必有一定之故。宜从脉者,虽症极险,而脉和,亦决其必生。如脱血之人,形如死状,危在顷刻,而六脉有根则不死,此宜从脉不从症也;如痰厥之人,六脉或促或绝,痰降则愈,此宜从症不从脉也。”在《伤寒论》中,又多可见舍证从脉的治疗方法,如病发热头痛,脉反沉,身体痛,当温之,宜四逆汤;结胸症具,当与陷胸汤下之,脉浮大者,不可下,当与桂枝人参汤温之。凡此辨证与治疗的方法,对脉与症之间的辩证关系进行了深入的解析,从而形成一个中医临床中有效的工具性、方法性理论观念。

吴又可疫病吐血案

吴江沈青来正,少寡,素多郁怒,而有吐血证,岁三四发,吐后即已,无有他证,盖不以为事也。

三月间,别无他故,忽有小发热,头疼身痛,不恶寒而微渴,恶寒不渴者,感冒风寒,今不恶寒微渴者,疫也。至第二日,旧证大发,吐血胜常,更加眩晕,手振烦躁,种种虚躁,饮食不进,且热渐加重,医者病者,但见吐血,以为旧证复发,不知其为疫也,故以发热认为阴虚,头疼身痛,认为血虚,不察未吐血前一日,已有前证,非吐血后所加之证也。诸医议补,问予可否?余曰:“失血补虚,权宜则可。盖吐血者内有结血,正血不归经,所以吐也。结血牢固,岂能吐乎?”能去其结,于中无阻,血自归经,方冀不发。若吐后专补内则血满,既满不归,血从上溢也。设用寒凉尤误。投补剂者,只顾目前之虚,用参暂效,不能拔去病根,日后又发也。况又兼疫,今非昔比,今因疫而发,血脱为虚,邪在为实,是虚中有实,若投补剂,始则以实填虚,沾其补益,既而以实填实,灾害并至。于是暂用:

人参二钱,以茯苓、归、芍佐之。

2剂后,虚证咸退,热减六七,医者病者皆谓用参得效,均欲速进,余禁之不止,乃恣意续进,便觉心胸烦闷,腹中不和,若有积气,求哕不得,此气不时上升,便欲作呕,心下难过,遍体不舒,终夜不寐,喜按摩捶击,此皆外加有余之变证也。所以然者,止有三分之疫,只应三分之热,适有七分之虚,经络枯涩,阳气内陷,故有十分之热。分而言之,其间是三分实热,七分虚热也。向则本气空虚,不与邪搏,故无有余之证。但虚不任邪,懊恼、郁冒、眩晕而已,今投

补剂，是以虚证减去，热减六七，所余三分之热者，实热也，乃是病邪所致，断非人参可除者，今再服之，反助疫邪，邪正相搏，故加有余之变证，因少与承气微利之而愈。按此病设不用利药，宜静养数日亦愈。以其人大便一二日一解，则知胃气通行，邪气在内，日从胃气下趋，故自愈。间有大便自调而不愈者，内有湾粪，隐曲不得下，下得宿粪极臭者，病始愈。设邪未去，恣意投参，病乃益固，日久不除，医见形体渐瘦，便指为怯证，愈补愈危，死者多矣。

（《瘟疫论·乘除》）

【编按】

吴氏之论，重在全气血之形，如论疫病治疗过程中的变症，有传变不常、急证急攻、表里分传、热邪散漫、内壅不汗等，其中在调气血以至于平。

王秉衡痰嗽发热案

徐月岩令正，年逾四旬，暮春患痰嗽发热。医者询知病当汛后，于荆、防发散中加当归、姜、枣为方。服3剂，血随痰溢，口舌起如紫葡萄者八颗，下唇右角肿凸如拇指大，色如黑枣，咽疼碍饮。或云瓜瓤瘟，或云葡萄瘟，或云玳瑁瘟，或云捻颈瘟，或云翻唇瘟，医皆望而却走。月岩追忆乙巳之病，浼余往视。口秽喷人，颊如漆，舌紫而苔色如靛，臂斑或黑或蓝，溲若沸油，渴呃多汗，脉形细涩，数夜无眠。此乃阴分素亏，热伏营分，气机郁结，痰阻上焦。询其胸背，斑已遍身，幸而血溢汗多，毒邪犹有出路，故不昏陷，尚可望生。令取：

锡类散吹喉，并以童溺、藕汁、梨汁频灌。随用：

元参、丹参、紫草、花粉、银花、栀子、鲜斛、大青、竹茹、枇杷叶、夏枯草、蔷薇根、海浮石、煎调神犀丹。

2剂后舌本转赤，苔色见黄。4剂后血止咽松，脉转弦数。6剂便行，而口秽始减，平而唇肿亦消。8剂嗽平而苔退脉柔，斑回而痕如黑漆。始改轻清善后，径愈。

（《重庆堂随笔·读〈全体新论〉》）

周扬俊温病误与真武汤至神昏案

吕沧州治一人，脉虚自汗，误与真武汤，遂至神昏，时时熟睡。脉伏不至，而肌热灼指，此营热致斑之候，非阳病阴脉之比。先与白虎加人参汤化其斑。复以桃核承气下之而愈。

（《温热暑疫全书·春温集补证治并方》）

【编按】

周禹载曰："发斑之证，已致慎其下，及用辛热，更无是理。"而病情之变，复有如三案者。

可见病机不可执一，妙在临证化裁耳，故附之，以广识见云。

姚贞白太阳阳明证合病案

陈某，男，成人，干部。1964年12月。

初诊 患者出访归国，途经昆明，忽卧病，邀余往诊。自云因在国外，寒温失宜，至昆又感风寒。症见头疼身困，恶冷发烧，胸闷，脘腹作痛，小便短黄，便稀不爽，日二三行。诊脉浮紧，两关兼滞，舌红苔黄腻。证属太阳阳明合病，表里不清，食积胃滞。治宜葛根汤加减。

粉葛根12克、藿香梗6克、烧神曲9克、法半夏9克、广陈皮6克、白茯苓12克、炒谷、麦芽各9克、焦山楂9克、豆蔻4.5克、净竹茹6克、生姜2片、小枣7枚、烧鸡金2个。

复诊 服药得汗，寒热已罢，便爽溺黄，胸腹较舒。头眩身困，饮食尚差。脉缓微弦，舌腻退薄。此太阳阳明证罢，表里渐和，但脾胃未调。续拟下方：

藿香梗4.5克、西砂仁6克(冲)、陈皮6克、法半夏9克、茯苓神12克、猪苓片9克、炒谷麦芽各9克、甘草3克、净竹茹6克、烧鸡金1个、小枣7枚。

三诊 各症消除，脉和，舌润，唯神倦乏力，消化尚弱。续拟调脾健胃，和中益气，病遂痊愈。处方：

苏条参12克、漂白术9克、广木香2.4克、冲砂仁6克、茯苓神15克、广陈皮6克、甘草3克、竹茹4.5克、荷项2个、小枣7枚。

(《姚贞白医案·伤寒太阳阳明证》)

【编按】

方剂的选用和组成，首先依据的是治法。然而以这一条原则指导组方遣药，难以准确把握配组方剂的具体要领，所以大原则之下应该分化出一些小原则。分原则是有的，治疗八法、奇偶大小七剂法等分原则都是，但具体地、灵活地应用它们在实践中却存在医学思维能力的障碍。这一方面需要吃透原则的内涵，另一方面要形象化和生动化这些理念。案中治疗取伤寒法而用药活变，非畏麻桂辛燥，实因人、地之异使然。由此而见，选方组方需要的是中医本质性能力方面的思维底蕴。

姚贞白妊娠伤寒案

李某，女，30岁，家庭妇女，住本市大兴街。1932年春。

初诊 结婚十年不孕，经余调治，已妊八月。近因感寒，头疼发热，身痛恶冷。服双解散、桂枝汤，恶寒稍减，而现壮热，口苦思饮，便秘，溺赤。胎动不安，入夜烦躁谵语，病情转急重。证见颜面潮红，口唇干燥，前板齿焦，咳嗽痰浓带血，谵妄烦躁不安，脉象浮、洪、滑、数，重按有力。舌苔干黄，尖红少津。此属妊娠伤寒，太阳未罢，转传阳明，肺胃两燔，气津受灼，病情严重，宜防热极风动，痉厥早产。法当清热泻火，兼解肌表，养胃益阴，以护胎元。方宜仲景白虎汤加味治之：

生石膏30克、炒知母6克、粉葛根9克、炒黄芩6克、焦栀子6克、淡豆豉6克、生甘草3克、烧鸡金2个、白粳米15克、净竹茹6克。

复诊 上方已服2剂，脉转弦数而滑。舌苔较退，略布津液。壮热减，神识渐苏，烦躁谵语渐平。咳嗽痰浓仍带血，二便虽通不畅。胎动不安。此太阳症罢，阳明热邪逼胎，阴虚肺燥。续宜清热润肺，益气生津。原方化裁。

白元参9克、大寸冬9克、生石膏15克、炒知母6克、炒黄芩6克、炒杭芍9克、云茯神15克、生甘草3克、净竹茹6克、冬桑叶9克、白粳米15克。

三诊 上方服2剂，烧热全退，神识已清，咳嗽轻减，痰血已止，二便通畅。能进少量稀粥，自觉精神倦怠。胎动未安，腰酸，时出自汗。脉细弦而滑，舌苔转润。法当养血滋阴、固气安胎。

白人参6克(另煨兑服)、净杷叶3片、麦门冬9克、当归身12克、炒杭芍9克、菟丝子12克、炒黄芩6克、广橘络9克、桑寄生12克、生甘草3克、浮小麦15克、小枣10枚。

连服5剂，病遂痊愈，足月顺产一子，母子均安。

(《姚贞白医案·妊娠伤寒证》)

【编按】

案按："有故无殒"虽经有明训，然而临此险证，能明断病机，直驱其邪，实属难能。况邪去正虚，复以养血滋阴，固气安胎。可见，承先启后，策乃万全。

姚贞白少阴中寒伏湿化热(急性肾炎)案

丁某，男，21岁，高温操作工。1957年6月。

初诊 患者因劳累过度，大汗淋漓，适天气炎热，骤行冷水淋浴，当晚即感身疼，恶冷发烧。次日腰痛尤甚，无汗咳嗽，面足浮，溺短黄。脉沉细而紧，苔白腻。症属汗出水激，邪中少阴，寒湿相搏，玄府郁闭，膀胱气化失司。拟麻黄附子细辛汤加味治之。

川附片18克(开水先煨透)、北细辛2.4克、生麻黄6克、川独活6克、桑寄生15克、生甘草3克、生姜2片、小枣7枚。

二诊 上方服后，得微汗，烧退，恶寒已罢。腰痛，不能转侧，仍咳，纳呆，溺短，便秘。西医诊断：急性肾炎。脉弦滑，舌质红，苔黄腻。此寒邪已解，湿气化热。法当清热祛湿，通利三焦。

汉防己6克、白茯苓15克、川独活6克、桑寄生15克、猪苓片9克、炒泽泻9克、川秦艽12克、炒续断9克、法半夏9克、光杏仁9克、木通片9克、焦黄柏2.4克、伸筋草15克。

三诊 上方连服4剂后，咳减，大便通畅，小便清长，腰背肢体困重减轻，思饮食。脉滑缓，苔薄黄。湿热渐化，仍宗上方加减。

生苡仁15克、光杏仁9克、法半夏9克、汉防己6克、白茯苓15克、怀牛膝9克、川续断9克、木通片6克、桑寄生12克、青木香3克、芦根12克、生甘草3克。

四诊 上方连服4剂，食神俱增，咳止，颜面足部浮肿消失，腰痛大减，脉细缓，舌粉润，苔退，湿热已化，肾气未复。拟下方调理：

细生地12克、淮山药12克、白茯苓15克、粉丹皮6克、炒泽泻9克、山萸肉6克、怀牛膝9克、车前仁9克(布包煨)、桑寄生12克。

上方服将10剂，经西医尿常规复查，全部正常，一月后恢复工作。

(《姚贞白医案·少阴中寒伏湿化热证》)

【编按】

案按：高温劳动，消耗汗津，气阴素虚，又兼伏湿，当外寒直中，搏于肾府，投麻辛附子汤，先散其寒，而后阴亏湿气化热。随即顺风转舵，改行淡渗通利，湿热尽。再拟六味以复肾阴，病旋霍然。

姚贞白伤寒少阴热化证案

李某，男，18岁，学生，昆明市人。1938年秋初。

初诊 患者烧热月余不退，初期烦渴饮水，继则神识昏蒙，住某医院，诊断为肠伤寒症。经治疗无效，病危笃。家属惶恐，延余诊治。症见高烧，神昏，谵语，溺赤失禁，便下黑色清水，腹部硬满灼热。脉细弱欲绝，舌绛，苔干黄，中心乌黑有裂纹。此伤寒失于汗下，病入少阴，邪从热化，热结旁流，阴液耗伤，病情危殆！因家属求治情殷，余又详诊其脉，但觉其脉根未绝，尚有生机，考虑再三，勉拟仲景黄连阿胶鸡子黄汤加味，希图挽救。症属重险，慎防不测。处方：

东阿胶30克(化服)、炒黄芩6克、炒黄2.4克、生杭芍30克、焦栀子6克、生大黄9克、生甘草3克、玄明粉9克、鲜鸡子黄1枚(分3次兑服)。

二诊 上方服后，效果不显，家属焦虑，于深夜邀余再往复诊。脉仍微细，舌苔黑裂稍减，但黄厚而干。壮热，神昏，谵语，烦乱不休，循衣摸床，扬手掷足。此仍属黄连阿胶鸡子黄症，邪热未除，故病势不减。续用下方，背水一战。

东阿胶30克(化服)、生地黄30克、生杭芍30克、野黄连3克、焦栀子6克、炒黄芩6克、生大黄9克、生甘草3克、玄明粉9克、细枳实4.5克(炒冲)、鲜鸡子黄1枚(3次兑服)。

三诊 上方服后，便下乌黑，中有硬结燥屎多枚，小便有知。神识稍清，谵语烦乱较平，壮热略减。脉转细弦而数，舌苔黄厚而干，中心乌黑逐退。此腑积得通，阴液渐回，心神较安，病趋好转，仍守原意出入。处方：

东阿胶1.8克（化服）、大生地15克、京元参9克、大寸冬9克、生杭芍15克、野黄连2.4克、焦栀子6克、炒黄芩4.5克、生甘草3克、鲜鸡子黄1枚（3次兑服）、白粳米30克（煎汤代水煨药）。

四诊 上方服后，壮热烦渴轻减，下利已止，神识渐苏，脉弦数，舌红，苔黄厚退薄，有津。但耳听不聪，此病已脱险，真阴未复，续用下方2剂，滋养调理。

东阿胶18克（化服）、大生地15克、京元参9克、大寸冬9克、生杭芍12克、野黄连2.4克、鲜石斛9克、生甘草3克、鲜鸡子黄1枚（3次兑服）、白粳米30克（煎汤代水煨药）。

五诊 脉缓和，舌润，苔退。神识清楚，热净身凉，可纳薄粥，夜能静卧，并可起坐。听觉仍差，形体消瘦，此病已脱险，势趋稳定。仍宜滋养调理。

干地黄18克、京元参9克、生杭芍9克、白茯神15克、金石斛9克、生苡仁15克、大寸冬9克、生甘草3克、野黄连2.4克、东阿胶15克（化服）。

六诊 上方连服3剂，食眠增加，二便正常。已能行走，肌肤润泽，脉缓舌润，病已全瘥，再拟下方调理善后。

干地黄12克、淮山药12克、白茯苓15克、粉丹皮6克、山萸肉4.5克、炒泽泻9克、金石斛9克、建莲子15克（去心）。上方连进多剂，体力日增，听觉恢复。患者至今健在，与余往来未绝。

（《姚贞白医案·少阴热化证》）

【编按】

案按：少阴热化证，用黄连阿胶鸡子黄汤，育阴清热，正法也。本案又兼热结旁流，能于一派危象之中，察其脉根未绝，而加入承气，急下救阴，逆流挽舟。

姚贞白春温神昏案

陈某，女，25岁，昆明市人。1939年春。

初诊 烧热多日，脉象虚数，舌绛卷缩难伸，苔黑龟裂。面垢齿焦，神昏谵语，手足抽搐。自汗淋漓不收，二便失禁。此春温坏证，因烧热日久，肝肾阴亏，津枯风动，病情危笃。勉拟下方，急救其阴，希图万一。

生龟板18克、大生地15克、黑玄参9克、大寸冬9克、生杭芍9克、醋别甲15克、野黄连3克、生牡蛎12克、生甘草3克、东阿胶15克（烊化兑服）、鸡子黄1枚（分次兑服），每服点童便三匙。

因患者神昏，服药困难，嘱采用频频滴喂法。

二诊 服药后神识稍苏，抽搐渐停，自汗减少。能进少量薄粥，痰凝微咳。脉转虚弦滑数，舌绛能伸，苔黑龟裂已减，仍干燥少津。此风势渐平，阴津未复，伏热未清，再以育阴、生津、化热为治。

东阿胶24克（烊化服）、炙龟板21克、醋别甲15克、黑玄参9克、野黄连3克、大寸冬9克、生杭芍9克、广橘络9克、生甘草3克、淡菜5枚、鸡子黄1枚（分次兑服）。

三诊 上方服2剂，神识渐清，但语言蹇涩。烧退，午后仍潮热。咳嗽自汗，神倦，二便能自约，溺尚黄赤。纳可，脉象滑数，舌红苔黑，龟裂较退，略布津液，续宗前法，嘱服4剂。

大生地21克、醋别甲15克、生杭芍9克、地骨皮15克、炒知母4.5克、广橘络9克、茯神木15克、野黄连3克、鲜芦根30克、生甘草3克、竹茹6克、鸡子黄1枚（分次兑服）。

四诊 上方服2剂，神识、语言已清，潮热、自汗、咳嗽均减，抽搐全止。思饮食，能起坐，舌红润，黑苔龟裂已退，脉尚滑数。仍用原方加减。

大生地15克、黑玄参9克、大寸冬9克、地骨皮12克、鲜芦根21克、生甘草3克、净竹茹6克、鸡子黄1枚（分次兑服）。

五诊 服上方后，潮热退，自汗收，咳嗽止，纳谷佳，二便正常。舌红润有津，脉滑微数。症至此已转危为安。续用下方，以善其后。

大生地12克、空沙参12克、广玉竹9克、天门冬9克、金石斛9克、大寸冬9克、生杭芍9克、茯神木15克、净杷叶3片、广橘络9克、生甘草3克、竹茹6克。

（《姚贞白医案·春温证》）

【编按】

案按：此例春温，因热邪久伏下焦血分，真阴受损，津枯风动，神明失养，病势危殆。此时若妄用追风搜散，必有“阴阳离绝”之虞，而清热泻火则无济于事。乃本内经“燥者濡之”“散者收之”，当机立断，应用温病条辨大定风珠以育阴潜阳。方中滇产野黄连，有清心化热解毒之功，童便助三甲引火归原。第次增损，竟奏全功。

姚贞白暑风神昏（乙型脑炎）案

李某，男，25岁，工人。1958年7月至传染病院会诊。

初起头痛、发热，经中西药物治疗，高热不退。病逾二周，头痛加剧，神昏谵语，手足抽搐，乃入院，诊断：乙型脑炎。症见壮热昏迷，面红唇焦，息高气促，角弓反张，时发抽搐。大便一周未行，小便失禁。脉洪、大、弦、数，舌绛，苔黄燥而厚腻。症由暑热内陷心包，气阴受灼，风动痉厥，是属暑温重症。法当清温化热，醒脑熄风。嘱用局方至宝丹一丸水化先服。处方：

生石膏60克(打碎先煎20分钟)、炒知母9克、藿香4.5克、佩兰叶9克、金银花9克、黑栀子12克、代赭石9克(醋煅)、钩藤9克、桑枝15克、生甘草3克、真犀角4.5克、全蝎2对、金头蜈蚣2条、鲜米泔水二碗。同煎,因吞咽消失采用鼻饲。

二诊 上方昼夜尽剂,抽搐较减,清晨偶有苏醒。午后仍复高烧,神昏谵语,烦躁。便闭未通,痰鸣。脉洪、弦、滑、数,舌黄腻未退,干燥无津。续加减原方,以遏猖獗之势。

生石膏90克、细生地24克、代赭石12克(醋煅)、金银花9克、佩兰时9克、石菖蒲9克、醋郁金6克、钩藤6克、桑枝24克、犀羚角各4.5克(磨兑)、全蝎3对、蜈蚣3条、安宫牛黄丸1丸(分次调兑)。

三诊 上方连进2剂,神识渐清,其热晨挫午扬。抽搐已稀,痰鸣减少,频呼头痛。口干,思冷饮,小便有知,大便仍秘。脉弦滑而数,舌黄腻。虽风势渐平,积热尚重,守原意出入。处方:

细生地24克、生石膏60克、炒知母9克、金银花9克、醋郁金6克、代赭石6克、钩藤6克、广木香3克、生大黄9克、生甘草3克、羚角4.5克、安宫牛黄丸1丸(分次调服)。

四诊 烧热全退,神识已清,吞咽自如,小便能禁,大便畅行。痰声消失,渴饮亦减。自觉头昏神倦,身软乏力。脉象弦滑,舌质转淡,苔腻退薄。此热化风平,再拟下方:

细生地1.5克、京元参9克、大寸冬9克、白茯神15克、炒杭芍9克、金石斛9克、明玉竹9克、净杷叶3片、黑小豆15克、生甘草3克、生苡仁12克、冬桑叶9克、净竹茹6克。

连服5剂,后用六味地黄方调理,痊愈出院。

(《姚贞白医案·暑风证》)

【编按】

案按:阳明热盛,气津受灼,似当急下存阴一战驱邪,然因暑邪内陷,热极生风,下之过早,必致他变。故先以清心解暑,醒脑熄风正法,继后因势酌行通导,使邪无所据症遂解。凡此邪正交争,诸状凶险之际,治疗的先后层次是要极慎重的。

姚贞白冬温案

赵某,男,12岁,学生,住昆明市。1932年冬。

初诊 患儿平素嗜辛辣香甜,伏热甚重。病经廿余日,初发热而渴,不恶寒,烦喘,其外祖通晓医道,予服银召散、普济散而烧热不退,咳嗽不宣,胸胀便秘,溺短赤,烦躁咽干。继又服双解散、栀豉汤等药,便仍不通,反壮热,腹胀满,呼吸迫促,食不,烦渴更甚。余往诊,时值冬令,患儿周身滚烫如火,息满唇焦,面垢齿燥,神昏谵语。脉数、关上弦硬而实,舌红、苔干黄少津。此冬温重症,因肝肺积热,心火燔灼,又兼阳明腑积不通,三焦壅闭,形成此证。法当清下,涤荡腑实,预期药后以得战汗为佳,否则亦当鼻衄或发斑疹。姑拟一方,敬备高明酌夺。

生石膏12克、杭菊花6克、冬桑叶9克、生大黄9克、细枳实6克(炒冲)、白通草3克、焦山楂9克、飞滑石9克、寒水石9克、楚薄荷4.5克,鲜京竹叶50片为引。

二诊 上方尽剂后,患儿下燥屎十数枚,腥臭异常。烧热较退,神识渐清。咳嗽不宣,痰凝,鼻微衄,身痒,遍体发出芝麻状细粒白痦,扪之拐手。纳呆,喜冷饮,溺尚黄。脉弦数且滑,舌渐润,苔黄腻。此温证得下,发痦且衄,三焦气化渐宣,趋好转之机,续以清宣透达。处方:

金银花6克、广连翘6克、生石膏9克、川贝母6克(冲)、冬桑叶9克、天花粉9克、大寸冬9克、广橘络6克、生甘草3克、鸡内金2枚(烧)、羚羊角3克(磨水兑服),鲜京竹叶30片为引。

三诊 烧热轻减,白痦续出,饮水减少,纳增,二便通畅,鼻仍微衄。咳嗽渐宣,痰凝,耳听失聪。脉弦滑而数,舌转润,苔黄渐退。此伏邪由里达表,营分积热由气分外透,再拟滋阴清热,宣肺化痰之方:

黑玄参9克、大寸冬9克、白茅根13克、冬桑叶9克、川贝母6克(冲)、广连翘6克、金银花6克、生甘草3克、竹茹6克、鸡内金2枚(烧)。

四诊 上方连服2剂,烧热甫退,鼻衄止,咳嗽已宣,略出多量浓痰。全身白痦渐退,二便正常。纳佳,脉细弦而滑,舌润苔薄。此伏邪将尽,肺燥余热不清,续用下方:

细生地9克、黑玄参3克、大寸冬9克、吴白芷9克、川贝母4.5克(冲)、白茯苓12克、金银花6克、广连翘6克、冬桑叶9克、生甘草3克、生苡仁12克、鸡内金2枚(烧)。

五诊 烧热退净,咳减,痰少。白痦脱屑,积之盈捧,听聪已复。脉象转现和缓,舌红润有津。再用滋养调理之方。

细生地9克、淮山药9克、白茯苓12克、炒杭芍9克、红饭豆12克(冲)、绿小豆9克(冲)、炒苡仁12克、广橘络6克、净杷叶3片、冬桑叶9克、丝瓜络6克、生甘草3克。

(《姚贞白医案·冬温证》)

【编按】

案按:症由腹胀便秘,壮热后又息满唇焦,面垢齿燥,神昏谵语,是病势趋由卫气渐传入营,似当清营透热,唯阳明腑积不通,三焦气化壅闭,故涤荡腑实为当务之急,遂用寒凉通导佐以清心化热,宣达肺气,兼顾其表。药后大便通畅,鼻衄,并且周身发出白痦,因而三焦气化得到枢转,病邪由营转气外透,实属佳兆。后再拟健脾化痰,清络育阴之品,调理善后。

姚贞白霍乱二案

【案一 寒霍乱】

苏某,女,52岁,昆明市郊区。1941年夏。

初诊　因于田间劳动至午，暑热醋什，渴饮沟水数捧，旋觉腹中雷鸣绞痛，吐泻交作。余时因抗日期间，疏散在乡，患者家属延往救治。症见神识昏蒙、面青唇绀、四肢厥逆、冷汗不止，诊脉濡微沉细，舌淡白。余谓此寒霍乱也，卒中阴寒，脾阳大伤，脱变之势甚危!急拟下方挽救：

党参15克、附片30克（开水先煨透）、炒苍术12克、茯苓15克、苏合香4.5克、西砂仁9克（冲）、公丁香3克（冲）、上肉桂6克（冲服或泡水兑服）、煅龙骨12克、炙吴萸4.5克、灶心土1块（烧红淬水煎药）。

二诊　上方急煎后，频频灌服，昼夜尽剂。翌日，神识渐苏，厥回、汗收、吐泻轻减。面仍苍白，尚呃逆，腹鸣。脉象渐起，舌转淡红。此阳回中虚，胃滞气逆。拟方续以温运：

党参15克、附片30克（开水先煨透）、炒苍术9克、茯苓15克、西砂仁6克、法半夏9克、上肉桂6克（泡水兑服）、丁公香3克（冲）、干姜9克、秫米15克、陈米15克、小枣10枚。

三诊　上方服后，胃气渐复，思饮食，并能起坐，脉弱缓，舌粉润。脱危之象已解，现正虚体弱。当温调兼补，数剂而安。处方：

党参15克、白术12克、干姜9克、西砂仁9克、上肉桂6克（冲服或泡水兑服）、附片30克（开水先煨透）、甘草3克、大枣3枚、炒玉米12克、老米12克。

【案二　热霍乱】

张某，男，34岁，昆明市郊区。1941年夏。

初诊　天暑劳累，坐卧湿地，恣啖冷物。后即心烦，头晕，吐泻暴作，昼夜数十次。而口唇干燥，烦热，溺短，自汗不止，胸中挥霍缭乱。症见思者面赤烦乱，脉象浮滑且数，舌红，苔黄。急索冷饮，呕泻仍频。此热霍乱也，是伤于暑湿，而心胆火灼，故清浊相干、气机逆乱。与前案病同症异。治宜清暑利湿，芳香化浊。处方：

香薷6克、藿香6克、生扁豆12克（冲）、茯苓12克、益元散12克、波蔻9克（冲）、炒谷麦芽各9克、秫米30克、淡竹叶9克、烧鸡金2个。

二诊　服上方后，面赤、烦渴、汗出均减。发热较退，呕泻止半。纳呆食少，胸闷腹鸣，小便稍清。脉象滑数，舌苔黄腻。此暑热较解，气化调顺。续拟芳香清化：

藿香6克、粉葛9克、醋法半夏9克、益元散12克、茯神15克、猪苓片9克、波蔻9克（冲）、佩兰叶9克、秫米30克、烧鸡金2个、车前仁6克、净竹茹9克。

三诊　汗、渴，烦、热、呕、泻等症均减。脉滑，舌腻微黄。症得药力已效，再以清化。处方：

藿香6克、醋法半夏9克、茯苓15克、猪苓片9克、波蔻6克（冲）、炒扁豆15克（冲）、广陈皮6克、车前子6克、秫米15克、竹茹6克、烧鸡金2个、炒枳壳6克。

四诊　上方服2剂，诸症渐熄，思饮食，神疲乏力。脉滑缓，舌微黄。吐泻既多，中气未复。为拟健运调理、滋养之剂而痊。处方：

白术12克、茯苓15克、猪苓片9克、泽泻6克、炒扁豆15克、苏条参15克、寸冬9克、波蔻

6克(冲)、广陈皮6克、甘草3克、炒玉米12克、老米12克。

(《姚贞白医案·霍乱》)

【编按】

案按:霍乱一证,对我国人民之危害,自古而然。历代医家,纷述治验。迄至新中国成立,医疗卫生条件改善,斯疾极少流行。本书二例发生于1941年,当时昆明地方霍乱大流行,死者甚众。上述两例皆属霍乱,但病同症异,一寒一热。前者为寒霍乱,因脾阳大伤、元气欲脱,所以采用回阳救厥;后者为热霍乱,因肝胆火灼、气化逆乱,所以采用芳香化浊等法。两例并皆获效。

许恩普表证误补案

福建陆路提督程魁齐军门年六旬伤寒,时医以年老气衰,重用参芪补药,固邪于内,痰喘不眠,病剧。延余诊视,脉紧数,知系闭塞寒邪,化热痰喘。拟以小青龙汤加减,解寒邪,疏通肺气化痰之品。佥曰:"年老气衰,不可服。"余曰:"有症无损,开门逐盗之法,姑试少服。"其弟从周军门天姿过人,以为然,嘱先服半,咳喘顿减,终服大好,依方加减10日而愈。

(《许氏医案》)

【编按】

闭门留寇之患,医家并非不识表证,只是过于考虑气虚的因素,在补虚与祛邪的权衡过程中倾向于补虚,因此犯忌。所以在扶正与祛邪方面,应多加斟酌,以免顾此失彼。

许恩普咳逆误用苦寒案

吴燮臣司业父刑部毓春公咳喘呃逆,延余诊视脉,七八至将绝之候,服殿撰陈冠生方石膏、黄连多日,以至此剧。余拟肾气汤加减,以救垂绝之阴阳,服之见效。次早来请,以为得手,至则见喘。已轻,呃逆已止,精神大好,原可挽回复,依原方加以滋阴扶阳之品。适陈冠生至,持方连曰:"火上添油也。"余请示姓名,知为殿撰。曰:"何知为热?"陈曰:"脉数曰浮数为风热,沉数为寒热,洪数为大热,数而有力为实热,数而无力为虚热。今数而无力,不及之象,犹灯油将尽,拍拍欲绝之候,添油犹恐不然,若加滴水即灭矣,脉之理微。"曰:"诚然,然优人胡琴二弦三指挑拨五音合调,君能之乎?"陈曰:"未习也。"曰:"以此即知脉理,未习故不知也。"遂辞。燮臣司业送出,询以病势,余曰:"若听陈君主政,预备后事,不出三日也。"旋陈病自用苦寒之药亦亡。

(《许氏医案》)

【编按】

案中所反映的是中医之罔的一种通病现象。中医之学其旨慎微，需要学者与习医者必具一定之法，方能知中医诊治疾病的要领。中医之要在于顺应机体生理自然之态，这种自然之态所指的就是周运不息的气化机能。凡症有其病机的根基，症只为冰山之一角，而其根基则变化多端，需审其变化之机要，方能临证有条不紊、治惬病机。可谕之“执法以绳、必中肯綮”。

吴鞠通邪犯上焦入里案

初六日，风温，脉浮数，邪在上焦。胸痞微痛，秽浊上干清阳。医者误认为痰饮阴邪之干清阳，而用薤白汤。又有误认伤寒少阳经之胁痛，而以小柴胡治之者。逆理已甚，无怪乎谵语烦躁，而胸痞仍不解也。议辛凉治温以退热，芳香逐秽独以止痛。

连翘（三钱）、知母（钱半）、藿香梗（二钱）、银花（三钱）、苦桔梗（二钱）、牛蒡子（二钱）、人中黄（一钱）、薄荷（八分）、石膏（五钱）、广郁金（钱半），牛黄清心丸一丸。日三服。

初七日，风温误汗，昨用芳香逐秽，虽见小效，究未能解。今日脉沉数，乃上行极而下也，渴甚。议气血两燔之玉女煎法，合银翘散加黄连。夜间如有谵语，仍服牛黄丸。

生石膏（八钱）、连翘（四钱）、知母（四钱）、生甘草（二钱）、丹皮（五钱）、真川连（钱半）、银花（六钱）、细生地（六钱）、连心麦冬（六钱）。煮取三碗，分三次服。

初八日，大势已解，余焰尚存，今日脉浮，邪气还表。

连翘（二钱）、麦冬（五钱）、银花（六钱）、白芍（钱半）、丹皮（二钱）、炒知母（一钱）、黄芩炭（八分）、细生地（三钱）、生甘草（一钱）。今晚一帖，明早一帖。

初九日，脉沉数有力，邪气入里，舌老黄微黑，可下之。然非正阳明实证大满、大痞可比，用增液足矣。

元参（两半）、麦冬（一两）、细生地（一两）。煮成三碗，分三次服完。如大便不快，再作服，快利停服。

初十日，昨服增液，黑粪已下。舌中黑边黄，口渴，面赤，脉浮，下行极而上也。自觉饥甚，阳明热也。仍用玉女煎加知母，善攻病者，随其所在而逐之。

生石膏（八钱）、细生地（五钱）、生甘草（三钱）、生知母（六钱）、麦冬（六钱）、白粳米（一撮）。断不可食粥，食粥则患不可言。

十一日，邪少虚多，用复脉法，二甲复脉汤。

（《吴鞠通医案·风温》）

【编按】

案中一语“善攻病者，随其所在而逐之”，为点睛之言。凡辨证总为识病之体，即病位、病性、病势,知病之所在,治病便能有根据,这是辨证施治的基础与保障。

吴鞠通风热犯表案

赵某,26岁,乙酉年四月初四日。六脉浮弦而数,弦则为风,浮为在表,数则为热,症现喉痛。卯酉终气,本有温病之明文。虽头痛身痛恶寒甚,不得误用辛温,宜辛凉芳香清上。盖上焦主表,表即上焦也。

桔梗(五钱)、豆豉(三钱)、银花(三钱)、人中黄(二钱)、牛蒡子(四钱)、连翘(三钱)、荆芥穗(五钱)、郁金(二钱)、芦根(五钱)、薄荷(五钱)。煮三饭碗,先服一碗,即饮百沸汤一碗,覆被令微汗佳。得汗后,第二、三碗不必饮汤。

服一帖而表解,又服一帖而身热尽退。初六日,身热虽退,喉痛未止,与代赈普济散,日三四服。三日后痊愈。

(《吴鞠通医案·风温》)

【编按】

人体气机是贯通的,上下表里因势而有关联度的疏密差异。"上焦主表,表即上焦"之言,是言气行于上,势在散越,散则在表、越则在上,故如是言。所提示我们的,是人体气化活动的一体性,这种浑然一体的气化涵体,不能因为解剖结构的划分而在我们的思维中产生机械生硬的影响,以为五脏六腑的划分分割了整体的气,这种意识对我们体会人体内太极状气化状态的景象是不利的。

吴鞠通体虚肝郁感邪案

张某,67岁,甲申年正月十六日。

本有肝郁,又受不正之时令浊气,故舌黑苔,口苦,胸痛,头痛,脉不甚数,不渴者年老体虚,不能及时传化邪气也。法宜辛凉芳香。

连翘(三钱)、桔梗(三钱)、豆豉(三钱)、荆芥(二钱)、薄荷(钱半)、生甘草(一钱)、郁金(二钱)、元参(三钱)、银花(三钱)、藿梗(三钱)。共为粗末,芦根汤煎。

十七日,老年肝郁挟温,昨用辛凉芳香,今日舌苔少化,身有微汗,右脉始大,邪气甫出,但六脉沉取极弱,下虚阴不足也,议辛凉药中加护阴法。

桔梗(三钱)、麦冬(三钱)、元参(五钱)、甘草(钱半)、豆豉(二钱)、细生地(三钱)、连翘(二钱)、银花(三钱)、芦根(三钱)。今日一帖,明日一帖,每帖煮二杯。

十八日,老年阴亏,邪退十分之七,即与填阴,耳聋脉芤,可知其阴之所存无几,与复

脉法。

炙草(三钱)、白芍(六钱)、阿胶(三钱)、麦冬(八钱)、麻仁(三钱)、大生地(八钱)。

十九日,较昨日热退大半,但脉仍大,即于前方内加鳖甲六钱,以搜余邪。

二十日,脉静便溏,再于前方内加牡蛎八钱收阴、甘草三钱守中。

(《吴鞠通医案·风温》)

【编按】

年老体虚,不能化邪,辛凉以解肌,芳香以利窍;邪透而阴虚见著,辛凉药中加护阴法;邪退大部,虑其患已微,重填阴精以复脉;脉浮而见大,加鳖甲搜邪,如此而邪去正复。治病思路清晰,曰之酣畅,故舒配塘赞曰:"风温者,震方司令而化温也。温邪化热,先伤乎肺,继而变证甚繁,总之手三阴见症为多,治法宜辛凉,不宜辛温,宜甘润,不宜苦降。盖辛温烁肺,苦降伤胃。今观先生之治,则有辛凉解肌,甘寒退热,芳香利窍,甘苦化阴,时时轻扬,存阴退热诸法,种种有条,方全法备,则先生不亦神圣工巧之手乎。"

俞嘉言真寒假热案

一人伤寒,六七日身热目赤,索水到前,复置不饮,异常烦躁,将门牖洞开,身卧地上,展转不快,更求入井。医欲与承气汤服之。

嘉言诊其脉,洪大无伦,重按无力。谓曰:"此用人参、附子、干姜之症,奈何认为下症耶?"医曰:"身热目赤,有余之邪,躁急若此,再以人参、姜、附之剂,逾垣上屋矣!"嘉言曰:"阳欲暴脱,外显假热,内有真寒,以姜、附投之,尚恐不胜其任,况用纯阴之药,重劫其阳乎?观其得水不欲咽,情已大露,岂水尚不欲咽,而反可咽硝、黄乎?天气燠蒸,必有大雨,此症顷刻大汗一身,不可救矣!唯用姜、附,所谓补中有发,可以散邪退热,一举两得,至稳至当之法,何可致疑。"乃以:

人参三钱,姜、附、甘草各二钱,煎成冷服。

服后寒战,戛齿有声,以重棉和头复之,缩手不肯与诊,阳微之状始着。又与前药一齐,微汗热退而安。

(《顾松园医镜·射集·伤寒温病》)

【编按】

案按:传经伤寒,谓之热病者,盖风寒初客皮毛。即毛孔闭,平素有火之人,阳气为风寒所闭,不得外泄而生热,非风寒能变热也。但是因风寒而生热,所以有风化为热,阳郁为热之说。故仲景以风寒之邪为热邪,热邪传里,必由皮毛经络而肌肉,而脏腑积久愈热,决无忽反变寒之理,故直谓之热病。然人禀赋有偏阴偏阳之不同,如太阴之人,虽暑月不离复衣,食饮稍凉,便腹痛泄泻,其平日阳气衰微不振,阴寒久已用事,一旦感召风寒,斩关直入阴经,寒复加寒，阴盛于内，则逼阳于外，故有阴极似阳之证。但此种偏阴之人，假阳之证，乃千百难逢一二。附录兹案，欲使学人临证，当知内经所云无者求之也。

俞嘉言内伤而外感病亡案

崇明蒋中尊，病伤寒临危，求肉汁淘饭半碗，食毕，大叫一声而逝。

人问其故，嘉言曰："今人外感病，兼内伤者多，用药解全用分别。如七分外感，三分内伤，则治外感药中，宜用缓剂小剂，及姜、枣和中为引，庶无大动正气汗血等累。若七分内伤，三分外感，则用药全以内伤为主，但加入透表药一味，而热服以助药势，则外感自散。盖以内伤之人，才有些微外感，实时发病，不似壮盛之人，必所感深重，其病乃发也。蒋中尊者，向曾见其满面油光，已知其精神外用，非永寿之人也。人唯歉然不足，方有余地、可以应世，可以当病。若夫神采外扬，中之所存，宁复有几耶？近闻其宦情与声色交浓，宵征海面，冒蜃烟蛟雾之气，尚犯比目之戒，则其病纯是内伤，而外感不过受雾露之气耳。雾露之邪，其中人也，但入气厘清道，原不传经，故非发表攻里所能驱，唯培元气，浓谷气，则邪不驱而自出。设以其头晕发热，认为太阳之症，误表其汗，则内伤必转增，而危殆在所必至矣。且内伤之人，一饱一饥，早已生患，又误以为伤寒，而绝其食，已虚益虚，致腹中馁惫，求救于食，食入大叫一声者，肠断而死也。此理甚明，如饥民仆地即死，气从中断，不相续也。又如膈病，辗转不能得食，临危每多大叫而逝，以无外感之邪乱其神明，是以炯炯自知其绝也。果有外邪与正交争，其人未死前，先已昏惑不省矣。"

问曰："每见人之神采外扬者，病发恒多汗而躁急，不识何药可以治之？"曰："上药在以神治神。盖神既外扬，必须内守，方能逆挽。若夫草木之性，则取其下达而味沉浓者，用之恒使勿缺，仿灌园之例，频频予沃之以水，而防其枯竭可也。"

问曰："临危索饭之时，尚有药可救否？"曰："独参汤可以救之。吾尝治一孕妇伤寒，表汗过后，忽唤婢作申冤之声，知其扰动阳气，急迫无奈，令进参汤，不可捷得。遂以白术三两，熬浓汁一碗与服，实时安妥，况人参之力，百倍白术耶！"

（《顾松园医镜·射集·伤寒温病》）

【编按】

外感兼内伤，治法应该区别，俞氏有云："外感病，兼内伤者多，用药解全用分别。如七分外感，三分内伤，则治外感药中，宜用缓剂小剂，及姜、枣和中为引，庶无大动正气汗血等累。若七分内伤，三分外感，则用药全以内伤为主，但加入透表药一味，而热服以助药势，则外感自散。"案例分析中，体现了他的一个主要观点，是培本顾源、扶正为要的祛邪观，正如所言："雾露之邪，其中人也，但入气厘清道，原不传经，故非发表攻里所能驱，唯培元气，浓谷气，则邪不驱而自出。"

邓铁涛灯芯蘸治新生儿破伤风案

1965年下乡巡回医疗时曾治疗1例新生儿破伤风。接诊时，病儿之母将孩子放下便扭头走掉了，大概她认为患儿是无法救治的了。当时患儿正在撮口抽搐，面色紫黑，急取灯芯按十三蘸法，一蘸囟门，一声哭叫，撮口即开，面色转好，接着眉心、人中、承浆、少商(双)、脐中各一蘸，脐外周边六蘸，共十三蘸火，抽搐缓解。另处下方：

蝉蜕49只，全蝎、僵蚕各9克，煎服1剂。

3天后又有轻微抽搐，再用十三蘸火1次，经后来追踪，病已痊愈。我所经手者，只此1例，未能说明此法是否真正有效。广州著名儿科医家杨鹤龄，清末在有住院病床之育婴堂当医生，能全面观察患儿治疗之经过，积累了丰富而可靠的宝贵经验，后由门生为他总结，写成《杨氏儿科经验述要》一书。他治脐风用灯芯火八蘸，即眉心、人中、承浆、脐正中及离开肚脐约半寸之上下左右各一蘸。他说："余经手治疗此证颇多，深知此证必须施用灯芯火，始有转机，不可轻视也。"从《幼科铁镜》(1695年)到杨氏历经两百多年，一脉相承，都云有效，足以说明这仅仅1例可作为有一定效果之旁证。

(《诊余医话》)

【编按】

取角孙穴灯芯蘸治痄腮方法，实值得推广应用于临床。灯芯蘸之，有"火者散也"之意，用火攻，能散肌表郁结之邪。角孙为手少阳三焦经、足少阳胆经以及足阳明大肠经的交会穴，在该穴施治，能同时振奋少阳两经，经脉流通，气血畅旺，郁结之邪得以驱散，腮部漫肿疼痛得以清除。此病为温毒之邪从口鼻而入，壅阻少阳，郁结于腮部而成，但"温邪上受，首先犯肺"，所以肺卫亦同时受病，大肠与肺相表里，今阳明大肠经气振奋，则腑气能通，肺能清肃，气机通调，"肺朝百脉"之功能得以保障，从而调动起全身正气以抗邪。故能取效，其中最要借鉴的是灯芯蘸散郁结之邪的特点，这种治法治疗疾病的医学原理大概以此为据。

邓案：灯芯蘸，多流行于乡村民间，医院用者甚少，其实灯火蘸可以治病，而且可以治难病大病。其法选用一根灯芯，蘸食油后在纸上轻轻一搓，使含油适量，点燃之后，对准某穴位一窒，灯火爆开，发出"啪"的响声而火灭，便是一蘸。方法简单，有验、便、廉之效应，值得提倡。用此法治疗痄腮(腮腺炎)，效果满意。治痄腮用内服药兼外敷或外搽药，虽然可愈，但时日较长，疼痛减轻不够理想。若用此法，宜及时早用。当一侧初起，即于患侧之角孙穴用灯火一蘸，只一蘸便够(亦可加服中药，不用其他外治法)，往往另一侧便不发病，而且疼痛减轻较快。若两侧齐发，则每侧角孙穴各一蘸，加服中药，亦易治愈。由于疗效快，故继发睾丸炎者极少，我用此法多年，未见失败之病例。角孙穴之功效能清热散风，清肿化瘀。此穴不但在手少阳三焦经上，而且为足少阳胆经的交会穴，此二少阳经一者绕耳背而过耳下，一者走耳前而达腮颊;其名"角孙",是指该穴位在头角,有一孙脉从穴分出屈行下颊,故名"角孙"。在该穴施治,则能同时振奋两经,经脉流通,气血畅旺,郁结之邪得以驱散,腮部漫肿疼痛得以清除。

邓铁涛甘温除热法治疗发热案

【案一】

1970年,我在广东新会县崖西公社卫生院带实习时,与卫生院陈医生一起治疗一位5岁女孩,发热20多天不退,卫生院初步诊断为肠伤寒,曾用氯霉素、青霉素和链霉素,住院10天,体温仍在38.5℃(腋探)之间,诊其面色黄,舌质淡,苔白润,脉缓。遂拟甘温除热法,用:

桂枝加龙骨牡蛎汤2剂,热稍降;后用桂甘龙牡汤2剂而热退净。

【案二】

黄某,男性,20岁,工人。1966年8月6日。

患者恶寒发热,体温在39.8℃上下,历经几家医院治疗,曾用青霉素、链霉素、氯霉素、四环素、激素等治疗无效,经各种检查未能明确诊断。入院时症见发热(发热时手足冷),怠倦,心悸,盗汗,腰酸软无力,小便淡黄,形体瘦弱,面白微黄无华,唇淡白,肌肤甲错,言语声低,舌质淡红,尖稍红,苔薄白,脉弦略数,夜晚体温38.2℃,中午体温36.2℃,血压90/60mmHg(12/8kPa),白细胞数12.9×10^9/L。经过集体会诊,分析此证中怠倦,腰酸,心悸,言语声低,面色无华,舌质淡,是气虚不足所致,而舌尖红、脉弦略数是阴分不足之证。此种发热,是气阴两虚的虚劳发热。治法以益气养血,滋阴清热,清骨散加减。

黄芪30克、当归12克、白芍12克、糯稻根30克、胡连6克、生地30克、鳖甲45克、银柴胡6克、地骨皮15克、知母12克。

服药3剂,盗汗减少。后再加白薇、石斛,服2剂而发热全退。住院治疗27天,精神体力恢复出院。

再诊 患者于1967年11月7日又再发热,县医院又介绍其来附院治疗。

主要症状为发热,体温39℃,病情与上一年发病大致相同,但精神与体力较上一年为好。我们犯了唯心主义的错误,便照搬上一次的治疗方法,用清骨散加减,无效。于是改用抗菌素加激素治疗,其间先后调换了几种抗菌素(青、链、氯、金霉素,四环素等),用药当天体温下降,但翌日体温又复上升。中西药治疗十多天无效,后从中医仔细辨证,患者除发高热,日间为甚,夜多盗汗,每夜更衣七八次,面色暗滞少华,形体不瘦,舌胖淡嫩,脉大稍数而无力,胃口尚好。此属脾虚内伤的发热,治以甘温健脾。处方:

归脾汤(黄芪25~30克)。

头两天体温仍在38~39℃之间,盗汗逐渐减少,乃坚持用归脾汤,体温逐步下降,观察10

余天，精神体力恢复出院，并嘱其继续服归脾丸1个月。

【案三】

患者何某，32岁，曾产3胎，这次1产4婴，宫缩无力，大出血，经产科手术、输血等抢救，术后3天血止。但高热38～40℃，经大量抗菌素及其他药物治疗仍未退热，病情有所发展。患者神疲，懒言，面白，自汗，头晕，心悸，虽发高热，但怕冷盖棉被，渴喜热饮，唇舌淡白，脉虽数大而中空（芤脉），白细胞5.1×10⁹/L，中性75%。患者一派虚象，故用甘温除热法。处方：

黄芪60克、党参30克、白术5克、当归15克、川芎9克、熟地25克、白芍18克、首乌25克、益母草15克、艾叶9克、香附9克、炙甘草6克。

此方即十全大补去肉桂、云苓加首乌、益母、艾叶、香附。去肉桂、云苓是虑其劫津，加首乌以养肝血，加益母草、艾叶、香附，以调带脉与冲、任而理产后经脉之失调。服药2剂体温下降至正常，其他症状明显改善，再服药数天痊愈出院。

【案四】

万友生大夫曾治一李姓患者，为急性淋巴细胞白血病合并大叶性肺炎，高热达40℃以上不退，白细胞降至0.6×10⁹/L，经用各种抗菌素和清肺解热中药无效。患者高热而多汗，肢冷背寒，面、唇舌淡白，精神萎靡，声低气细，恶心厌食，咳嗽，胸痛，吐血痰，脉虚数甚。投以补中益气汤加减方：

黄芪、党参各50克，白参、白术各15克，西洋参、升麻、柴胡、陈皮、炙甘草各10克。

2剂服后体温降至38.7℃，复诊守上方：

柴胡加重至15克，更加青蒿15克，继服8剂。

三诊 体温降至正常，其他症状大为好转，唯仍咳嗽、胸痛、吐血痰。守上方加入：

桔梗、枳壳、橘络、丝瓜络、紫菀、款冬花等药。

更进20余剂，复查胸片示肺炎全部吸收，血象示急性淋巴细胞白血病缓解。

（《诊余医话》）

【编按】

甘温除热法是李东垣的发明，《内外伤辨惑论·辨寒热》云："是热也，非表伤寒邪皮毛间发热也，乃肾间受脾胃下流之湿气，闭塞其下，致阴火上冲，作蒸蒸而燥热，上彻头顶，旁彻皮毛，浑身燥热作，须待坦衣露居，近寒凉处即已，或热极而汗出亦解。"采用甘温除大热法的依据，关键在于抓住气虚或阳虚这一本质，治疗并不拘于补中益气汤，可以采用升阳益胃汤、黄芪人参汤、归脾汤、桂附八味丸等其他方剂。

案按：兼有肺热的伤阳络之证，治病必求其本，故投以补中益气汤方解决主要矛盾，气虚发热证解除了，肺热灼伤阳络之证也就迎刃而解。当然，对于虚实夹杂之证，除了可采用李东垣主张的补中益气汤为基本方以外，还应根据中气虚弱之重轻，累及脏腑之多寡，兼夹证之有无等等而辨证加减，灵活运用，对于气虚与实邪兼夹之发热，并非单纯虚热，故治疗除了甘温益气以外，并不排除配合苦寒药，这也符合东垣补中益气加减黄芩之类治法。《中医杂志》1990年8期笔谈《甘温除大热的理论与实践》时,8位专家一共报道了10个典型病案,其中超过40℃的有4例,所涉及的病种范围相当广泛,如急性白血病、黄疸性急性甲型肝炎、中毒性心肌炎、硬皮病、乙脑、迁延性肺炎、大叶性肺炎、麻疹合并肺炎、心衰、产后高热、子宫切除术和脾切除术术后高热以及原因未明之长期高热等。

翟竹亭通因通用安胎案

毗邻周华堂妻,年三十余,身孕五月,患疫。初得寒热往来,某医投以解表辛散之药,而病日剧,兼大便脓血,日夜二三十度,胎儿上冲心,思饮冰水,腹疼如锥刺,又请某医,以为痢疾,急于安胎,遂投十全大补、八珍、胶艾等汤。

泄泻胎动,竟无宁刻。不得已迎余往治,诊得六脉同等洪大已极,知邪流入大肠,乃挟热下利证也。吴又可云:"古有悬钟之喻,梁腐而钟未有不落者。"更加某医发表温补,大剂连进,火上添油,能无坠胎之虞,非大下决无生理。此时,芒硝、大黄即是安胎良药,治乱能将也,用大承气汤加减,辰时服下,午时大便不解。又服一碗,至戌时泻下,如坏瓜烂肉者甚多。至夜渐能安枕,热去六七。《内经》云:"大毒治病,衰其半而止。"后改四物汤,加养阴退热清温化毒诸味,十日外,方得战汗而愈。子母两安,儿子已十余岁矣。某医生只知安胎,不知通因通用,有是证则投是药,智圆何碍行方。

加减大承气汤:大黄15克、芒硝10克、厚朴10克、当归12克、金银花12克、枳壳10克、连翘10克、木通6克。

加减四物汤:当归12克、川芎10克、白芍12克、生地10克、黄芩6克、柴胡10克、地骨皮10克、知母6克、金银花12克、栀子6克、连翘10克、甘草6克。

(《湖岳村叟医案·瘟疫门》)

【编按】

案按:先生对温疫论的攻下逐邪法体会较深,方法灵活,即使是妊娠时疫,亦放胆用硝黄攻下。瘟疫本为急证,妊娠瘟疫尤为险候,古人有悬钟腐梁而钟未有不落之喻。翟氏抓住六脉洪大已极,腹痛如锥刺,急用承气攻下,非有胆有识,何敢遣硝、黄于孕妇!

疫病伤阴强发汗案

成化二十一年,新野疫疠大作,死者无虚日。邻人樊滋夫妇,卧床数日矣。余自学来,闻其家人如杀羊声,不暇去衣巾,急往视之,见数人用棉被覆其妇,床下致火一盆,令出汗,其妇面赤声哑,几绝。余叱曰:"急放手,不然死矣。"众犹不从,乃强拽去被,其妇跃起,倚壁坐,口

不能言。问曰:“饮凉水否?”颔之。与水一碗,一饮而尽。始能言,又索水,仍与之。饮毕,汗出如洗,明日愈。或问其故曰:“彼发热数日,且不饮食,肠中枯涸矣,以火蒸之,速死而已,何得有汗?今因其热极,投之以水,所谓水火既济也,得无汗乎?观以火燃枯鼎,虽赤而气不升,注之以水,则气自来矣。”遇此等症者,不可不知。

(《名医类案卷一·瘟疫》)

【编按】

此案情形与急性病毒性肝炎反应期症状及病理趋势相似。首先是有外感疫疠邪气;其次是机体抗病反应剧烈,实际属于正邪俱盛交争状态;于此之际,调理机体气血津液达至平衡,则正气得顺畅而顾护抗邪之势以畅达强,疫邪自息而正复归于平。

疫病不宜禁食案

万历十六年,南都大疫,死者其众。余寓鸡鸣僧舍,主僧患疫十余日,更数医,皆云:“禁饮食,虽米饮不容下咽。病者饥甚,哀苦索食。”余曰:“夺食则愈,虽有是说,此指内伤饮食者言耳。”谚云:“饿不死伤寒,乃邪热不杀谷,虽不能食,亦不致死。”经云“安谷则生”,况病挟内伤不足之证,禁食不与,是虚其虚,安得不死?强与稀粥,但不使充量,进补中益气汤而愈。若此类者甚众,余未尝禁饮食,而活者不少。每见都城诸公,但说风寒二字,不辨有无内伤虚实,一例禁绝饮食,有二十余日,邪气已尽,米饮尚不容入口而饿死者,何限?表而出之,以为习俗之戒。

(《名医类案卷一·瘟疫》)

【编按】

瘟疫于当今虽属隐匿性卫生问题,但其突涌而现之势难以全扼。治疫之法一需适宜的药物治疗,而更主要者在于正气抗病之力的扶助,即是免疫能力是治愈疫疠最可依赖处,这是诊疗疾病的一条原理。所谓“冬不藏精者,春必病瘟”,就是指机体体能状态与免疫力的顾护,精气充沛者自然有强的抵御疾病的能力。这可以是一条推广于民众的护生观念,简明而扼要。当然繁多的病原体有些是超出人体免疫界限的,特定对应的药物治疗在此时就是关键的治疗途径,所以不能以偏概全,强调正气而忽视现代医学针对病原体治疗方法的价值,两者是要并举的。

宿按:《内经》云“冬不藏精者,春必病瘟”,是以多感于房劳辛苦之人,安药者,未之有也。一皆触冒四时不正之气,而为病焉,大则流于天下,次则一乡,次则一家,悉由气运郁发,有胜有伏,迁正退位之所致也。视斯疾者,其可不推运气而治之乎?仲景无治法,后人用败毒散,治甚得理,切不可作伤寒证治,而大汗大下,但当从乎中,而用少阳、阳明二药,加减和治,殊为切当。

时毒发为上热下寒证案

罗谦甫治中书右远姚公茂，六旬有亡，宿有时毒。至元戊辰春，因酒再发，头面耳肿而疼，耳前后肿尤甚，胸中烦闷，咽嗌不利，身半以下皆寒，足胫尤甚，热壅于上。由是以床相接作炕，身半以上卧于床，身半以下卧于炕，饮食减少，精神困倦而体痛。命罗治之，诊得脉浮数，按之弦细，上热下寒明矣，若以虚治则误。《内经》云："热背则肿。"又曰："春气者，病在头。"《难经》云："畜则肿热，砭射之也，盖取其易散故也。"急则治标，遂于肿上约五十余刺，其血紫黑如露珠之状，顷时，肿痛消散；又于气海中大艾炷灸百壮，乃助下焦阳虚，退其阴寒；次于三里二穴，各灸三七壮，治足胻冷，亦引导热气下行故也。遂处一方，名曰"既济解毒汤"，以热者寒之。病有高下，治有远近，无越其制度。以黄芩、黄连苦寒，酒制炒，亦为引，用以泻其上热，以为君；桔梗、甘草，辛甘温上升，佐诸苦药，以治其热，柴胡、升麻，苦平味之薄者，阴中之阳，散发上热以为臣；连翘苦辛平，以散结消肿，当归辛温，和血止痛，酒煨大黄苦寒，引苦性上行至巅，驱热而下，以为使。投剂之后，肿消痛减，大便利，再服减大黄，慎言语，节饮食，不旬日良愈。

（《名医类案卷一·大头天行》）

【编按】

时毒伤寒邪气为病，邪毒为患的特点是不同的，这是由于邪毒的属性差异与气候环境、个体体质差异相结合出现的。临床施治就要求有个体治疗方案，但是在疫病这一矛盾体中，有时候邪毒的特性是病理发生和发展的主导因素，所以针对抑制邪毒或病理过程中机体某一特定有效环节的用药，就成为治疗疾病的关键点，这时候就出现了"特效药"这一群众喜闻乐见的医药现象。《名医类案卷一·瘟疫》云："靖康二年春，京师大疫。有异人书一方于斋舍，凡因疫发肿者，服之无不效。其方黑豆二合，炒令香熟，甘草二寸，炙黄，以水二盏煎其半，时时呷之。"就是一种防止疫病的"特效药"现象。

范中林厥阴证头痛眩晕（美尼尔氏综合征）案

黄某，女，34岁。成都市某商店职工。1970年以来，经常患头痛、眩晕、干呕，甚则晕倒，经数家医院皆诊断为美尼尔氏综合征。

初诊 1972年1月来诊，头顶痛甚，干呕，吐涎沫；眩晕时，天旋地转，如坐舟中；四肢无力，手足清凉。面色萎白无华，舌淡润少苔，脉微细。此为肝胃虚寒，浊阴上逆，病属厥阴寒逆头痛眩晕。法宜暖肝温胃，通阳降浊，以吴茱萸汤主之。处方：

吴茱萸10克、潞党参20克、生姜30克、红枣30克,4剂。

《伤寒论》中,吴茱萸汤主治病证有三条:一属阳明之胃家虚寒;二属少阴吐利;三属厥阴寒证。其共同之点,皆有呕吐这一主证。阳明虚寒食谷欲呕;少阴吐利;厥阴干呕吐涎沫,其病机之共性,皆为中虚气逆,浊阴上犯。但本例厥阴干呕吐涎沫,还有头痛一证,此乃病属厥阴经之显著特征。其所以成为特征:一是因为厥阴受邪,循经气而上逆巅顶,故头痛,且其部位常在头顶。二是厥阴受寒,肝木横逆,寒邪挟浊阴之气上逆而犯胃土,以致中气虚弱,脾气不升,胃气不降。清阳不足,干呕气逆上冲则头痛;其眩晕,正如《素问·至真要大论篇》所云:"诸风掉眩,皆属于肝。"总其要,厥阴肝寒为本,阳明胃寒为标,病属厥阴寒证。

二诊 上方服4剂,呕吐止。头痛,眩晕,明显减轻。但仍眩晕,其所以眩晕者,因其病在肝,而其根在肾。宜继进温补脾肾之剂,以理中汤加味缓缓服之。处方:

潞党参20克、炒白术18克、炙甘草15克、干姜30克、制附片30克(久煎)、茯苓15克、上肉桂10克(研末冲服)。

服20余剂,诸恙悉安。1979年7月追访,自从痊愈以来,再未重犯,始终坚持全勤。

(《范中林六经辨证医案》)

【编按】

案按:本例厥阴头痛眩晕之证,与美尼尔氏综合征相似。其病因现代医学至今尚未完全清楚。中医虽无此病名,但根据辨证,多属肝肾。《灵枢·海论篇》云:"髓海不足,则脑转耳鸣,胫酸眩冒,目无所见。"亦即此理。邪入厥阴,从阴化者居多,常见干呕、吐涎。其标在胃寒,其病在肝寒,其根在肾寒,故先后投以燠土、暖肝、温肾之剂,病祛根除而晕痛皆止。

程杏轩寒中阴经重用姜附案

郑鹤鸣,君平之流,冬月适患伤寒,初起寒热身痛,不以为意。延挨数日,陡然肢冷,脉伏肌肉青紫,面赤烦躁,呃逆频频,请同道曹肖岩翁诊视。

询知系欲事后起病,以为少阴下亏,寒邪乘之,逼其真阳外越,与六味回阳饮。服之不应,势已濒危,邀予商酌。予曰:"景岳回阳二方,皆能救急,其中尚有分别。夫寒中阴经,审其阴阳俱伤,而病尚缓者,则从阴阳两回之法。苟真阳飞越,重阴用事,须取单骑突入重围,搴旗树帜使,既散之阳,望帜争趋。若加合阴药,反牵制其雄入之势。"定方单用:

姜、附、参、草四味。

煎令冷服,外用葱艾炒热熨脐,老姜附子皮煮汁蒸洗手足。于是一昼夜厥始回,脉始出,唯呃未止,每呃必至百声,知为肾气上冲,于前药中参以熟地枸杞五味丁香,摄纳真元。诸恙渐减,改用右归饮,与服二日,目辣舌燥,投六味地黄汤,浮阳顿平。复为调理脾胃及脾肾双补而起。

(《程杏轩医案·初集》)

程杏轩痘证并妇感证濒危救逆案

族兄女,3岁,出痘如蚕种,医初认为麻,越日始识为痘,骇甚辞去,更医泛投清解套药。延至九朝,色白顶陷,势欲痒塌。

兄商于予,予曰:“毒盛气虚,船轻载重,本属险逆,初起按法图治,尚望生机,今无及矣。”兄恳救治,勉订保元汤,用糯米鲫鱼羊肉煮汁煎药,昼夜频灌。喜得浆行陷起,再加熟地、当归、枸杞、鹿茸温补之品,侥幸收功。

无何,妇病感证,两进逍遥散不应,热盛脉数,口渴舌黄,照方加生地黄芩,次日证仍未减,神昏舌苔干黑。予曰:“疾急矣,非重剂莫挽。”乃用大剂甘露饮,令其浓煎数碗,尽今日夜服尽,翌朝复视。昏热舌黑如故,反增胸腹胀闷。旁议二冬寒凉,二地滋腻,与胀不合。予曰:“古人论治感证,始终以存津液为主,今热炽舌涸如斯,舍是别无良法。”兄曰:“固知药好,然腹胀药势不行奈何。”沉思良久,令市大西瓜一枚,取汁与服。汁尽少顷,忽作寒战,目阖昏睡,汗出如雨,衣被皆濡,至晚始定。兄问故,予曰:“此战汗也,非此则邪不能达,今无忧矣。”嗣此热退神清,知饥纳食,唯觉身轻如叶,倦怠不支,徐为培养血气而安。

(《程杏轩医案·初集》)

时热症邪伏募原案

陆廷佐,年五旬,乙丑五月。时热四日,头痛身热,舌苔腻白,胸闷,口干而喜热饮,脉俱沉象,邪伏募原。

蔓荆子(二钱)、防风(一钱半)、草蔻仁(一钱)、煨槟榔(三钱)、焦谷芽(三钱)、秦艽(二钱)、广藿香(一钱半)、陈皮(一钱半)、姜制厚朴(一钱半),加生姜皮五分、葱一大枝。

服后热渐缓,胸稍宽,而头痛、舌白未减,此邪仍未离膜原也。

又,复诊方:羌活(一钱)、半荆芥(一钱)、半淡豆豉(三钱)、制半夏(一钱)、半槟榔(二钱)、草果(八分)、煨制厚朴(一钱半)、赤茯苓(一钱半)、甘草(六分),加葱白两枚。

服此,头不痛,热又减,甚妥。

又,午后大汗,热势渐退。主家因头汗过多、四肢清凉,以为虚脱之象。余至,细绎病情:“出汗未半刻,所以汗多者,因棉被过遏所致,非虚脱之汗也。况病者清爽,问答明白。表邪

固从汗解，而里热亦从斯而退矣，否则，问答何能自如？而脉象唯有细数，并无虚脱之象。倘轻信旁言，自无主见，未免误人。”察脉审证，望色听声，于四诊中悉心推索，庶几得之矣。汗解后，用后方清其余热。

细生地（三钱）、丹皮（一钱半）、炒麦冬（一钱半）、生甘草（去心，六分）、瓜蒌仁（三钱）、赤苓（一钱半）、陈皮（一钱半）、块滑石（三钱），加灯芯三尺。

服后热退身凉，舌苔从尖上渐退至舌心，胸亦不闷，唯不思食，此胃土未和也。

又，复诊方：鲜石斛（四钱）、生谷芽（三钱）、广藿香（一钱半）、甘草（五分）、赤茯苓（一钱半）、白通草（八分）、新会皮（一钱半）、麦冬（一钱半）。

服后渐能进粥，腹中渐疏，时有转失气。再剂，大便结粪一次未畅，原方加鲜首乌四钱。再剂，又大便一次，舌苔退清，食增睡安。后以养胃生津，调理而安。

（《竹亭医案》）

【编按】

案中一语“细绎病情”启人心扉，病之潜伏于人体，其状现为症而其机隐于内，必用心至细至微、丝丝扣环，方能捉住疾病发生、留滞、变化发展的机制，从而于病状迷惑中厘清思路。

任继学风温初起咸补甘泻酸收治法案

吴某，女，63岁。1987年11月21日。

因晨起外出跑步锻炼，汗出去衣，至晚觉头痛头晕，鼻塞流涕，咳嗽喉痒，身酸楚，肢节不舒，动则身汗放出而不达；颜面不红，口唇红润，舌淡红，咽不赤，苔薄白而润，尺肤微热，脉沉缓无力。病发于小雪前两日，为运气正值终之气运，为顺化之季，候反温，其病温治宜咸补，以甘泻之，以酸收之。

桂枝15克、芍药10克、甘草5克、生姜3片、大枣3枚。

服药后吸热粥以助药力，1剂而痊。

（《伤寒名医验案精选》）

【编按】

案按：本证乃风温初起之候，由正虚外感风热所致。《温病条辩》曰：“太阳风温、温热、温疫、冬温，初起恶风寒者，桂枝汤主之。”盖温病初起，虽有风寒之状，亦不可“汗而发之”，但宜解肌法邪，调和阴阳。正如吴瑭所说：“盖温病忌汗，最喜解肌，桂枝扬本为解肌，且桂枝芳香化浊，芍药收阴敛汗，甘草败毒和中，姜枣调和营卫。温病初起，原可用之。”据任氏经验，桂枝汤不但善治虚人外感风寒之病，而且善治虚人外感风热之热，临床上常用于治疗冬春两季感冒（风寒或风热侵袭），每获佳效。

汗出偏沮案

孙某,男,39岁。患病为左半身经常出汗,而右半身则反无汗,界限分明,余无不适;脉缓而略浮,舌苔薄白。此左右阴阳气血不相协和,应调和阴阳,令气血和则愈。宜桂枝汤:

桂枝9克、白芍9克、生姜9克、大枣12枚、炙甘草6克,3剂。

服药后饮热粥,得微汗而愈。

(《伤寒名医验案精选》)

【编按】

案按:《素问·阴阳应象大论》云:"左右者,阴阳之道路也。"营卫阴阳于周身循环往复,周而复始。本案汗出偏沮,乃营卫不和,阴阳失调之例证。如不及时治疗则营卫相悖,阴阳不维,就可能导致半身不遂之"偏枯"证。《素问·生气通天论》所谓"汗出偏沮,使人偏枯",即为此意。本病往往由外感风邪引起,用桂枝汤祛风解肌、调和营卫、顺复阴阳,不失为正治之法,方证相对,故三投而愈。

刘渡舟重症虚劳治以桂枝汤案

刘某,男,18岁。早婚,素体气怯,婚后半年见腰酸腿软,头晕耳鸣,小便频数而短,淅淅恶寒,双下肢有麻冷感,夏伏天裹棉衣仍感肢冷,动则汗出;纳差腹胀,口中甜腻,夜寐多梦,思色欲动。体质日衰,进人参、鹿茸培补无效。

形瘦气怯,面萎神衰,语声低微,切两脉沉细而弱,验舌质红嫩,苔少。脉证合参,谓斯疾因房劳过度,耗气伤精,脏腑功能失调,阴阳亏损所致。理应补肾以培本,但参前医用人参、鹿茸不效,且以桂枝汤调理阴阳着手。处方:

桂枝15克、白芍15克、炙甘草6克、生姜6克、大枣10枚,5剂。

药后诸症大减,但病员虚损,自难速效,继服上方,加怀山药15克、炒白术12克、鸡内金10克,以培补后天;并加服桂附八味丸以补肾气。

半月后告曰:"药后精力充沛,饮食倍增,诸病皆除。"

(《伤寒名医验案精选》)

【编按】

案按:本案因早婚,纵欲伤精,渐成虚劳。观其夏天裹裘,动则汗出,舌质红嫩,脉象沉弱,乃阳虚之证;又腰酸腿软,头晕耳鸣,夜寐梦多,舌红少苔,为阴虚之象。阴阳不调,则营卫难和,法当调和阴阳为治,不然,难以奏效,前医用人参、鹿茸大补即是明鉴。刘老识证真

切,巧用桂枝汤滋阴和阳,调和营卫,正中病鹄。待阴平阳秘,精神内守,则虚劳可愈。又于病去七八,增培土健脾之品,意在培后天以养先天也,俾肾之阴阳充盈,而顽疾尽拔。

刘渡舟上热下寒案

韩某,男,28岁,未婚,宁夏回族自治区人。

患者背热如焚、上身多汗、齿衄、烦躁不安,但自小腹以下发凉,如浴水中,阴缩囊抽,大便溏薄,尿急尿频,每周梦遗两到三次。在当地易数医治疗无效,专程来京请刘老诊治。视其舌质偏红,舌苔根部白腻,切其脉滑而缓。刘老曰:此上热下寒之证,治当清上温下。然观病人所服之方,率皆补肾固涩之品,故难取效。刘老处以附子泻心汤:

黄芩6克、黄连6克、大黄3克(沸水浸泡十分钟去渣)、炮附子12克,文火煎40分钟,兑"三黄"药汤,加温后合服。

药服3剂,大便即已成形,背热减轻,汗出止,小腹转暖,阴囊上抽消失。又续服3剂而病愈。

(《刘渡舟医案》)

【编按】

案按:人体的水火阴阳借赖脏腑气机运动的升降出入,周济于表里上下,维持着一个相对的平衡。一般而言,火在上而下行以温水寒,水在下而上升以济火热;阳卫外以守阴,阴守内以助阳。从本案的脉证分析,显为上热下寒,水火不能上下交济所致。病变的焦点则在于上交热盛,盛则亢,亢则不下行,则下寒无火以温,故呈现上热下寒的病理局面。徒用补肾固涩之法,则隔靴搔痒,定难取效。治当清上热而温下寒,而用附子泻心汤。黄芩、黄连、大黄用沸水浸渍,在于薄其味而取其轻清之气,治上达下,以泄在上之热;附子熟用,文火久煎,取其醇厚之味,则力大气雄,以温下焦之寒。诸药合用,则如尤在《伤寒贯珠集》所言:"寒热异其气,生熟异其性,药虽同行,而功则各奏。"服之则热得三黄而清,寒得附子而温,阴阳调和,水火既济,其寒热错综复杂之证自愈。

刘渡舟气郁发热案

陈某,女,36岁。1993年6月2日初诊。

患者一年前因高热全身不适,眼睑皮疹,下肢肌肉剧痛无力,某医院诊为"急性皮肌炎"收入住院。经治疗肌肉疼痛基本痊愈。但出院后,每日低烧不止,体温在37~38℃波动,胸胁满闷,心烦,夜寐不安,身体虚羸,频频外感;舌边尖红,苔白,脉弦。属少阳气郁发热之证,治当疏肝解郁，本“火郁达之”之义。方药：

柴胡12克、生姜10克、党参10克、炙甘草10克、大枣7枚、当归15克、白芍15克。

共服7剂，热退身爽，诸症亦安。

（《刘渡舟医案》）

【编按】

案按：本案断为“气郁发热”，其辨证眼目有二：一是胸胁满闷，心烦不寐，此为少阳枢机不利，气郁不疏之象；二是舌边尖红，脉弦。低热不退又为肝胆之郁热不得宣畅之所致。治疗这种发热，既不能滋阴壮水以制阳光，也不能苦寒直折以泻壮火，唯宗《内经》“火郁发之”“木郁达之”之旨，以疏达发散郁火为法，投小柴胡汤治疗。本方为治气郁发热之代表方剂，因久病之后，发热不止，必伤阴血，故加当归、白芍以养血滋阴，兼柔肝气。

蒲辅周暑湿并重（流行性乙型脑炎）案

王某，男，9岁。1956年8月23日住某医院。诊断为流行性乙型脑炎。

发病，高热、头痛、嗜睡。次日发现神识不清，23日入院，已见昏迷；体温39.6℃，无汗，目赤，无大便，小便黄，脉象浮洪有力，舌苔黄腻。确为暑湿并重之证，拟用辛凉重剂。处方：

银花（三钱）、连翘（三钱）、生石膏（二两）、知母（二钱）、淡竹叶（三钱）、甘草（二钱）、粳米（三钱）、淡豆豉（一两）、葱白（五寸）、鲜芦根（一两）。

次日，体温38℃，目赤已退，仍昏睡，未出汗，小便黄，大便仍未行，口不渴，舌苔黄腻，脉仍浮数有力。是暑湿之邪尚伏而未去，宜清暑利湿。处方：

茯苓皮（三钱）、杏仁（二钱）、香薷（二钱）、鲜藿香（三钱）、郁金（二钱）、生石膏（一两）、滑石（五钱）、连翘（三钱）、黄芩（二钱）、白通草（一钱五分）、茵陈（三钱）、神曲（三钱）、淡竹叶（三钱）。

服药之后，汗出热解，体温降为36.8℃，神识清楚，脉亦缓和，予以清热和胃之剂。处方：

茯苓皮（三钱）、苡仁（四钱）、蒺藜（三钱）、钩藤（后入，三钱）、连翘（三钱）、桑枝（五钱）、生稻芽（四钱）、鲜荷叶（一两）。

服后食欲恢复，余证皆愈，次日出院。

（《蒲辅周医案》）

【编按】

案按：本例暑湿弥漫三焦，营卫闭塞，汗腺不通，热不得解。故先予辛凉解表，新加白虎中复以葱、豉，防其内犯；而热去湿伏仍宜宣透，乃更以二香与正气散加减。服后湿泄热透，引邪外达，遂无惊厥之患。这使我们体会到，温病虽然忌汗，而于清解之中，辛开宣透之药仍不可少。

蒲辅周风暑湿内闭(流行性乙型脑炎)案

沈某,男,7岁。因5天前突然发高烧,伴有头晕、恶心、呕吐、食欲不振,近二天病情转重,于1964年8月13日住某医院。住院检查摘要:体温41℃,脉搏86次/分,呼吸32次/分,血压110/70毫米汞柱,发育中等,营养欠佳,前胸可见针尖大小出血点。双目发直,呈抽风状态,但无谵语。神经系统检查:颈项强直,克氏征(+),布氏征(+),巴氏征(+),膝反射亢进。脑脊液检查:外观毛,蛋白微量,糖1~5管(+),细胞数450/立方毫米,中性29%,单核71%。血化验:白细胞24500/立方毫米,中性84%,淋巴16%。补体结合试验结果1:8。咽拭子培养为大肠杆菌。临床诊断:流行性乙型脑炎(重型)。病程与治疗:入院前5天突然发高烧,伴有头晕、恶心、呕吐、食欲不振,经用抗菌素无效。近二天病情转重,高烧持续不退,嗜睡明显,但无谵语,双目发直呈抽风状态,呕吐,不能纳食,大便干,小便少。入院后,经用抗菌素和解热剂病势仍不解。

于8月15日请蒲老会诊:高烧持续在41℃以上,身无汗,不时抽风,烦躁,深度昏睡,唇焦,舌少津而不思饮,小便少,面青黄,脉浮弦,舌质淡、苔白厚挟黄。此为风暑湿内闭,三焦遏郁,治宜清暑去风,渗湿宣闭为主。处方:

鲜藿香(二钱)、香薷(二钱)、扁豆花(二钱)、杏仁(二钱)、金银花(二钱)、川厚朴(一钱五分)、川黄连(八分)、白僵蚕(二钱)、钩藤(二钱)、淡竹叶(二钱)、白通草(一钱)、六一散(五钱,纱布包煎)。

水煎取汁,频频温服之;并以紫雪丹一钱,分5次冲服。

8月16日复诊:前方服后未再抽风,神志稍清,而高烧虽减不显,仍处于昏睡状态,动则烦躁,周身仍无汗,面色青黄如前,舌质同前,苔稍薄,脉弦数,前方再服1剂。

8月17日复诊:身热减,神志清,手心潮润,身仍无汗,大便日二次,舌质淡苔转白腻,脉濡数。

原方去厚朴,香薷减为一钱;再加苡仁四钱、白蔻仁一钱五分、绵茵陈三钱、紫雪丹一钱,分5次冲服。

8月18日复诊:体温再降,仅微有低热,神志已完全恢复,食纳增加,脑症状消失,乃继续服中药调理,痊愈出院。

(《蒲辅周医案》)

【编按】

案按:乙型脑炎有偏热、偏湿、暑风和暑厥等不同,因此,中医治疗乙型脑炎,在目前说来,尚不能拘守于一法、一方、一药,必须强调辨证论治。本例在入院前5天突然高烧,伴有头晕,恶心呕吐,食欲不振,入院后高热持续不退,并出现抽风等症状,可见乃暑湿挟风所致,风暑湿内闭，三焦遏郁。由于诊断明，因而在治疗上采用宣透开闭而奏效。

蒲辅周麻毒内陷案

阮某，女，7岁。1959年1月19日。

初诊 麻疹出现3天，疹形不透，高热烦躁，呛咳憋气，咽喉疼痛；小便不利，大便不通，腹内不适，但不硬满；脉滑数，舌质暗红而干，苔黄腻。此为麻毒内陷，肺气郁闭，因服寒凉药过早，冰伏其毒所致，脉尚滑数者易治。法宜宣肺透毒为主，佐以生津泄热之品。处方：

苇根（五钱）、银花（三钱）、连翘（三钱）、牛蒡子（一钱五分）、天花粉（三钱）、桑白皮（二钱）、生甘草（八分）、黄芩（一钱）、生石膏（四钱）、竹叶（二钱）、通草（一钱）。

复诊 疹形已透，热略降，仍烦不寐，余证同前，脉舌亦无变化，因余热尚甚，热郁津伤，拟养阴生津，兼清余热。处方：

玉竹（二钱）、麦冬（二钱）、天花粉（三钱）、瓜蒌仁（三钱）、玄参（二钱）、川贝母（一钱）、竹叶（二钱）、生石膏（四钱）、芦根（五钱）、桑白皮（二钱）、炒莱菔子（二钱）、生知母（一钱）。

三诊 前方连服2剂，热退津生，微汗出，咳减有痰，咽痛消失，能安睡，小便畅利，大便仍未通，脉细数，舌苔减少。再以清燥养阴为治，前方纳蜂蜜二两续服。

四诊 大便已通，体温正常，唯饮食不佳，尚有微烦，脉沉滑微数，舌苔转秽腻中心黄，此属余毒未尽，内伏湿热互结，壅遏肺胃，改用调和肺胃，清泄湿热。处方：

冬瓜仁（四钱）、杏仁（二钱）、苡仁（四钱）、苇根（五钱）、滑石（三钱）、天花粉（二钱）、桑白皮（二钱）、黄芩（一钱）、山茵陈（二钱）、麦芽（二钱）、通草（一钱）。

连服2剂，诸证消失，口舌知味，二便畅通，脉象缓和，恢复正常。

（《蒲辅周医案》）

【编按】

案按：本例由麻疹初起使用寒凉药过早，失于宣透，疹毒不得外达，以致内陷，肺气郁闭而见高热烦躁、呛咳、憋气、喉痛等证。《医宗金鉴》云："凡麻疹出贵透彻，宜先用表发，使毒尽达于肌表。若过早用寒凉，冰伏毒热，则必不能出透，多致毒气内攻，喘闷而毙。"案中采用清宣透毒为主，佐以生津泄热之品。服后疹透热减，里热未行，继用养阴清热、生津润便和养阴清燥等法，使内陷疹毒逐渐清解，但内伏湿热互结，转清湿热并调和肺胃而愈。说明麻疹重在宣透，即使内陷，仍宜先透后清。通过本例治疗体会到，中医治病重在辨证，临证依据病情，立法选方，随证施治，这就是祖国医学的治疗原则。

蒲辅周喉痧(猩红热)案

吴某,女,30岁。

初诊 患者发热恶寒,周身发出红疹,始于耳后颈部,随而蔓延,一日内遍及全身;痒如针刺状,咽峡疼痛;脚发湿气,两手浮肿,五心烦躁,口苦思凉饮;大便四日未行,小便黄而短;舌苔白腻,脉象两寸浮数,两关弦数,两尺滑。此由风、热、湿合而为病,表里不通,气营并阻,治宜双解。处方:

桑叶(二钱)、荆芥(二钱)、僵蚕(二钱)、蝉衣(一钱)、牛蒡子(一钱五分)、苦桔梗(一钱五分)、连翘(二钱)、银花(二钱)、酒军(一钱五分)、玄参(三钱)、生甘草(一钱)、生石膏(五钱)、浮萍(三钱)、升麻(一钱五分)、葱白(三寸),2剂。

二诊 服后,红疹出透,两下肢尤多;两耳流黄水微觉疼,两手指肿,骨酸痛,周身皮肤刺痒;咽峡疼,食欲不振,大便二次量少;舌苔减退,脉同上。拟清血解毒,处方:

银花(三钱)、连翘(二钱)、黄芩(二钱)、黄连(一钱)、栀子(二钱)、酒军(一钱五分)、生石膏(五钱)、绿升麻(一钱五分)、地骨皮(三钱)、丹皮(二钱)、生甘草(一钱)、僵蚕(二钱)、淡竹叶(二钱),再服2剂。

三诊 面部及两手之红疹渐退色,并有少许脱皮,胸腹背及两下肢仍有红疹;目痛畏光,耳流黄水,喉痛;夜发热,腹泻数次,红黄而稀溏,小便少;脉左沉细,右沉弦,舌苔薄黄。

原方去升麻,加银花藤五钱、细生地四钱、荷叶四钱,4剂。

四诊 一般情况好转,胸部红疹亦退色而脱皮,两下肢仍有残余红疹,咽、口、鼻均干燥,耳流黄水减少,大便通,小便清,已不发热,此属湿热未尽之象,治宜苦辛淡渗。处方:

茯苓皮(三钱)、杏仁(二钱)、苡仁(四钱)、桑皮(三钱)、豆卷(四钱)、茵陈(三钱)、滑石(三钱)、黄芩(二钱)、猪苓(二钱)、银花(三钱)、通草(一钱)、荷叶(三钱),3剂。

五诊 全身红疹退尽,昨日两手足均开始脱皮,咽间微有痰阻,两脚发湿气,耳流水大解,全身发软,食、眠、便属正常,舌苔秽腻,脉沉弦,仍宜续清余毒,再利湿热养阴解毒以善其后。处方:

茵陈(三钱)、豆卷(三钱)、土茯苓(五钱)、银花藤(三钱)、黄柏(一钱五分)、苡仁(五钱)、川郁金(二钱)、细生地(四钱)、黄芩(一钱五分)、连翘(三钱)、蒲公英(三钱)、甘草梢(一钱)、荷叶(三钱)。

3剂后停药观察,诸证消失,食欲增进,逐渐康复。

(《蒲辅周医案》)

【编者】

疫疠性疾病治疗是中医病案中一块主要的理论实践经验,疫疠疾病发病迅速,治疗必须把握精准，有效的治疗体现出正确的方法与措施，并且应该成为预防医学中受到重视的一些医学思想观点。

案按：喉痧又名“烂喉丹痧”（现代医学叫“猩红热”），属于温毒的范畴。其治疗原则以清热解毒为主，本例初用双解，使病毒从表里分途外出，旋以清利湿热，兼清营解毒而愈。

徐大椿刖足伤寒案

嘉善黄姓，外感而兼郁热。乱投药石，继用补剂，邪留经络，无从而出，下注于足，两胫红肿大痛，气逆冲心，呼号不寐。余曰：“此所谓刖足伤寒也，足将落矣。”急用外治之法薰之、蒸之，以提毒散瘀；又用丸散内消其痰火，并化其毒涎，从大便出；而以辛凉之煎剂，托其未透之邪，三日而安。

大凡风寒留于经络，无从发泄，往往变为痈肿，上为发颐，中为肺痈、肝痈、脾积，下为肠痈、便毒，外则散为斑疹疮疡，留于关节则为痿痹拘挛，注于足胫则为足矣。此等证具载于《内经》诸书，自内外科各分一门，此等证遂无人知之矣。

（《洄溪医案》）

【编按】

机体是统一的整体，肢端、局部的病症，总是与气血的运行与化生相关的。伤寒邪气留滞经络、下注于足，内外合治而效，内治法中，取意为“化其毒涎，从大便出”，实值得玩味。邪毒之气即谓之气，指明了邪毒的变化性，是邪毒顺应机体生理化生之势，在人体内发生的一些变化。这种变化或从表散，或从二便走，或咳唾而消，或留结，或流注，或从化为六邪气，或伤损于五志，或伤肌肤筋骨，或伤经络而影响气血的运行，种种情形不一而定。

徐大椿清凉芳烈兼辟邪毒法治瘟疫案

雍正十年，昆山瘟疫大行，因上年海啸，近海流民数万，皆死于昆，埋之城下。至夏暑蒸尸气，触之成病，死者数千人。汪翁天成亦染此症，身热神昏，闷乱烦躁，脉数无定。余以清凉芳烈：

鲜菖蒲、泽兰叶、薄荷、青蒿、芦根、茅根等药，兼用辟邪解毒丸散。

进之，渐知人事；因自述其昏晕时所历之境，虽言之凿凿，终虚妄不足载也。余始至昆时，惧应酬不令人知，会翁已愈，余将归矣。不妨施济，语出而求治者二十七家，检其所服，皆香燥升提之药，与证相反。余仍用前法疗之，归后有叶生为记姓氏，愈者二十四，死者止三

人,又皆为他医所误者,因知死者皆枉。

(《洄溪医案》)

【编按】

案按:凡治病不可不知运气之转移,去岁因水湿得病,湿甚之极,必兼燥化,《内经》言之甚明。况因证用药,变化随机,岂可执定往年所治祛风逐湿之方,而以治瘟邪燥火之证耶。

雄按:风湿之邪,一经化热,即宜清解,温升之药,咸在禁例。喻氏论疫,主以解毒,违矣。而独表彰败毒散一方,不知此方虽名败毒,而群集升散之品,凡温邪燥火之证,犯之即死,用者审之。

徐大椿参附治寒而寒愈剧案

洞庭卜夫人,患寒疾,有名医进以参附,日以为常,十年以来,服附子数十斤,而寒愈剧,初冬即四面环火,棉衣几重,寒栗如故。余曰:"此热邪并于内,逼阴于外。"《内经》云:"热深厥亦深。"又云:"热极生寒。"当散其热,使达于外。用芦根数两,煎清凉疏散之药饮之,三剂而去火,十剂而减衣,常服养阴之品而身温。

逾年,附毒积中者尽发,周身如火烧,服寒凉得少减,既又遍体及头、面、口、鼻俱生热疮,下体俱腐烂,脓血淋漓。余以外科治热毒之法治之,一年乃复。以后年弥高而反恶热,与前相反。如不知其理,而更进以热药,则热并于内,寒并于外,阴阳离绝而死,死之后,人亦终以为阳虚而死也。

(《洄溪医案》)

【编按】

参附治寒证本属正治之法,然案中病人服参附年久而寒愈剧,徐氏认为病机为"热邪并于内,逼阴于外",这样的病象解释较难理解,应该是其中间的思路被省略而然。完整的病象思路是,久服热药使人体自身的相火生成机能减弱,身体需要的温煦之气赖于参附药力,而非原精滋生的人体生理阳气;当药物并不赖久的热力一过,缺失生阳机能之体便畏寒不禁。所以"逼阴"之说,或是误解,或是略解而使人困惑,"生阳机能减退"之说则更合于逻辑。对于"热深厥亦深""热极生寒"之说,也可以从这一思路进行解读。凡药三分毒,参、附久服必积为热邪之气留存于体,清疏之间,伏热旁突周现自不为怪。

徐大椿盛暑呕吐厥僵案

余寓郡中林家巷,时值盛暑,优人某之母,忽呕吐厥僵,其形如尸,而齿噤不开,已办后事矣。居停之,仆怂恿求救于余。余因近邻往诊,以箸启其齿,咬箸不能出。余曰:"此暑邪闭塞诸窍耳。"以紫金锭二粒水磨灌之,得下,再服清暑通气之方。明日,余泛舟游虎阜,其室临河,一老妪坐窗口榻上,仿佛病者。归访之,是夜黄昏即能言,更服煎剂而痊愈。此等治法,极浅极易,而知者绝少。盖邪逆上,诸窍皆闭,非芳香通灵之药,不能即令通达,徒以煎剂灌之,即使中病,亦不能入于经窍,况又误用相反之药,岂能起死回生乎。

(《洄溪医案》)

徐大椿虚补痰火郁结案

苏州府治东首杨姓,年三十余,以狎游私用父千金,父庭责之,体虚而兼郁怒,先似伤寒,后渐神昏身重。医者以为纯虚之证,唯事峻补,每日用人参三钱,痰火愈结,身强如尸,举家以为万无生理。余入视时,俱环而泣。余诊毕,又按其体,遍身皆生痰核,大小以千计,余不觉大笑,泣者尽骇。余曰:"诸人之泣,以其将死耶?试往府中借大板重打四十,亦不死也。"其父闻之颇不信,曰:"如果能起,现今吃人参费千金矣,当更以千金为寿。"余曰:"此可动他人,余无此例也,各尽其道而已。"立清火安神极平淡之方,佐以末药一服,三日而能言,五日而能坐,一月而行动如常。其时牡丹方开,其戚友为设饮花前以贺,余适至,戏之曰:"君服人参千金而几死,服余末药而愈,药本可不偿乎?"其母舅在旁曰:"必当偿,先生明示几何?"余曰:"增病之药值千金,去病之药自宜倍之。"病者有惊惶色,余曰:"无恐,不过八文钱,萝卜子为末耳。"尚有服剩者,群取视之,萝卜子也,相与大笑。其周身结核,皆补住痰邪所凝成者,半载方消。邪之不可留如此,幸而结在肤膜,若入脏则死已久矣。

(《洄溪医案》)

【编按】

徐氏大椿自幼习儒,旁及百家,聪明过人。年近三十,因家人多病而致力医学,攻研历代名医之书,速成深邃。悬壶济世,洞明药性,虽至重之疾,每能手到病除。性通敏,喜豪辩。自《周易》《道德》《阴符》家言,以及天文、地理、音律、技击等无不通晓,尤精于医。案中言辞之间,徐氏鲜明活泼的精神风貌跃然纸上,性格的活泼并不影响其思想的深邃与严肃。如其自述中所云:"医,小道也,精义也,重任也,贱工也。古圣人之治病也,通于天地之故,究乎性命之源,经络、脏腑、气血、骨脉,洞然如见,然后察其受病之由,用药以驱除而调剂之。"他编著了十几部很有价值的医学著作,其中《难经经释》《医学源流论》《神农本草经百种录》《医贯砭》《兰台轨范》《伤寒类方》等,据王孟英说,后学均奉为金科玉律。他的《兰台轨范》《神农本草经百种录》尤为一般中医所喜爱。徐大椿治学态度严谨,一丝不苟,往往十年"磨一书"。在《难经经释·序》中,他说:他研究医学十余年,乃注《难经》,又十余年才注《本草》,又十余年才作《医学源流论》,又五年才著《伤寒类方》。写《伤寒论类方》,他已满67岁,完稿后又钻研

了7年，五易其稿而成。

雄按：今夏刘午亭，年63岁，久患痰喘自汗，群医皆以为虚，补剂备施，竟无效。徐月岩嘱其浼余视之，汗如雨下，扇不停挥，睛凸自高，面浮颈大，胸前痞塞，脉滑而长，妻女哀求，虑其暴脱。余曰："将塞死矣，何脱之云？"与导痰汤加旋覆、海石、泽泻、白前，一饮而减，七日后囟门始平，匝月而愈。继有顾某年56岁，肥白多痰，因啖莲子匝月，渐觉不饥，喘逆自汗无眠，以为虚也。屡补之后，气逆欲死，邀余视之，苔黄溲赤，脉滑不调，以清肺涤痰治之而愈，旋以茯苓饮善其后。

伤寒化为虚热案

己丑年，京畿道胡贷青病剧，延余诊视，舌黑，谵语，不省人事，诸医均以为实热实结，拟用大承气汤。余诊脉，洪而无力，不渴，复以姜片擦舌即淡，证若伤寒，化为虚热，拟用人参竹叶石膏汤。一服便行见效，加减数剂而愈。后月余，舌退一壳，如枳壳，即书中所谓六十样舌中之镔甲舌，阴亏也。设证不辨虚实，则死生反掌矣。

(《许氏医案》)

【编按】

"证不辨虚实，则死生反掌"，是需要注意的一个临床要领。

许恩普虚人外感助气解表案

庚寅张季端殿撰夫人体虚难眠，延余诊视，脉沉细，用温补药数服而愈。嗣后感冒风寒，渠以为旧症，用参芪等药服之以致沉重，复延诊视。脉紧无力，知为虚人外感，治以再造散加减。解邪和中之剂，服之寒战，似药不合，渠言奈何？余复诊之脉动，言时发汗以姜白糖水饮之助气。夫人胞叔杨子琛明府知医，信余不错，药邪相争，故寒战耳。张留余俟之至十点钟时，果汗而愈矣。

又，张次子二岁时，素患腿疼，不能行走，教人捶打，以重物厌之方眠。余诊视脉弱极，两尺几无，知为先后天不足之故，拟用十全大补汤加杜仲、牛膝，下注三阴，数服遂愈。

(《许氏医案》)

【编按】

案中治后天不足腿疼方，其要在于"十全大补汤加杜仲、牛膝，下注三阴"。其意是使滋养气血之味引于下肢，充养三阴之经脉，治证则显其效。

叶天士阴精损伤身为消烁案

钱某，阳外泄为汗，阴下注则遗，二气造偏，阴虚热胜。脑为髓海，腹是至阴，皆阳乘于阴。然阳气有余，益见阴弱，无以交恋其阳；因病致偏，偏久致损，坐功运气，阴阳未协，损不肯复，颇为可虑。今深秋入冬，天令收肃，身气泄越，入暮灼热，总是阴精损伤，而为消烁耳。

川石斛、炒知母、女贞子、茯神、糯稻根、小黑、豆皮。

又，暮夜热炽，阴虚何疑。但从前表散，致卫阳疏泄；穿山甲钻筋流利后，致经络气血劫撒；内损不复，卫阳藩篱交空，斯时亦可撑半壁矣。失此机宜，秋收冬藏主令，其在封固蛰藏耳，张季明谓元无所归则热灼亦是。丸方：

人参、河车、熟地、五味、莲肉、山药、茯苓。食后超时，服六神汤。

（《临证指南医案·虚劳》）

叶天士暑热经腑窒塞不通案

陈某，暑热不得解散，臃肿癃闭，宜通六腑，已现痉厥，非轻小症。

防己、茯苓皮、猪苓、通草、海金沙、苡仁。

又，经腑窒热不通，治在气分，三焦之病何疑。

滑石、石膏、寒水石、猪苓、泽泻、蚕砂汤煎药。

又，定三焦分消。

葶苈、杏仁、浓朴、大腹皮、猪苓、泽泻、海金沙煎汤。

（《临证指南医案·便闭》）

叶天士寒客太阳膀胱经气逆

杨某，42岁，太阳脉行，由背抵腰，外来风寒，先伤阳经。云雾自下及上，经气逆而病发，致呕痰涎头痛，小溲数行病解，膀胱气通，斯逆者转顺矣。当通太阳之里，用五苓散，倘外感病发再议。

（《临证指南医案·寒》）

【编按】

表里证治要分先表后里、先里后表及表里同治，经气逆则病及于腑，而表证随之入里。

此时通达经脏之气为治疗之要，故言之"倘外感病发再议"。

叶天士风温病四案

【案一】

某人，风温从上而入，风属阳，温化热；上焦近肺，肺气不得舒转，周行气阻，致身痛，脘闷，不饥。宜微苦以清降，微辛以宣通。医谓六经，辄投羌防，泄阳气，劫胃汁，温邪忌汗，何遽忘之。

杏仁、香豉、郁金山栀、栝蒌皮、蜜炒橘红。

【案二】

秦某，63岁，体质血虚，风温上受，滋清不应，气分燥也，议清其上。

石膏、生甘草、薄荷、桑叶、杏仁、连翘。

又，照前方去连翘、薄荷，加陈蒌皮、郁金、栀皮。

【案三】

某人，风火上郁，耳后结核，目眶痛。

薄荷、牛蒡子、前胡、象贝、连翘、黑栀皮、赤芍、生甘草。

【案四】

某人，风温热伏，更劫其阴，日轻夜重，烦扰不宁。

生地、阿胶、麦冬、白芍、炙草、蔗浆。

（《临证指南医案·风温》）

叶天士温热病四案

【案一】

王某，吸入温邪，鼻通肺络，逆传心包络中，震动君主，神明欲迷，弥漫之邪，攻之不解。清窍既蒙，络内亦痹，幼科不解，投以豁痰降火理气，毫无一效。忆平脉篇，清邪中上，肺位最高，既入胞络，气血交阻，逐秽利窍，须借芳香。议用局方至宝丹。

【案二】

顾某，饮酒又能纳谷，是内风主乎消烁，当春尽夏初，阳气弛张，遂致偏中于右，诊脉左弦且坚，肌腠隐约斑点，面色光亮而赤，舌苔灰黄，其中必挟伏温邪，所怕内闭神昏，治法以清络宣窍，勿以攻风劫痰，扶助温邪，平定廓清，冀其带病久延而已。

犀角、生地、元参、连翘心、郁金、小青叶、竹叶心、石菖蒲。

又，目瞑舌缩，神昏如醉，邪入心包络中，心神为蒙，谓之内闭，前案已经论及，温邪郁蒸，乃无形质，而医药都是形质气味，正如隔靴搔痒，近代喻嘉言，议谓芳香逐秽宣窍，颇为合理，绝症难挽，聊尽人工。

至宝丹四丸。匀四服。凉开水。调化。

【案三】

陈某，温邪逆传膻中，热痰蔽阻空窍，所进寒凉消导，徒攻肠胃，毫无一效，痰乃热熏津液所化，膻中乃空灵之所，是用药之最难，至宝丹芳香，通其神明之窍，以驱热痰之结极是，但稚年受温邪，最易阴亏津耗，必兼滋清以理久伏温邪为正。

犀角、鲜生地、元参、连翘心、丹皮、石菖蒲化服至宝丹。

【案四】

某人，湿为渐热之气，迷雾膈间，神机不发，三焦皆被邪侵，岂是小恙，视其舌伸缩如强，痰涎黏着，内闭之象已见，宜通膻中，望其少苏，无暇清至阴之热。至宝丹四分，石菖蒲金银花汤送下。

(《临证指南医案·温热》)

叶天士暑热湿邪弥散三焦案

杨某，28岁，暑热必挟湿，吸气而受，先伤于上。故仲景伤寒，先分六经；河间温热，须究三焦。大凡暑热伤气，湿着阻气，肺主一身周行之气，位高，为手太阴经。据述病样：面赤足冷，上脘痞塞，其为上焦受病显著。缘平素善饮，胃中湿热久伏，辛温燥烈，不但肺病不合，而胃中湿热，得燥热痼闭，下利稀水即协热下利。故黄连苦寒，每进必利甚者，苦寒以胜其辛热药味尚留于胃底也；然与初受之肺邪无当，此石膏辛寒，辛先入肺，知母为味清凉，为肺之母气，然不明肺邪，徒曰生津，焉是至理。昔孙真人未诊先问，最不误事，再据主家说及病起两旬，从无汗泄。经云："暑当汗出勿止。"气分窒塞日久，热侵入血中，咯痰带血，舌红赤，不甚渴饮，上焦不解，漫延中下，此皆急清三焦，是第一要旨。故热病之瘀热，留络而为遗毒，注腑肠而为洞利，便为束手无策。再论湿乃重浊之邪，热为熏蒸之气，热处湿中，蒸淫之气，上迫清窍，耳为失聪，不与少阳耳聋同例。青蒿减柴胡一等，亦是少阳本药。且大病如大敌，选药若选将，苟非慎重，鲜克有济。议三焦厘清治，从河间法。

飞滑石、生石膏、寒水石、大杏仁、炒黄竹茹、川通草、莹白金汁、金银花露。

又，暮诊，诊脉后，腹胸肌腠，发现瘾疹，气分湿热，原有暗泄之机，早间所谈，余邪遗热，必兼解毒者为此。下午进药后，诊脉较大于早晨，神识亦如前，但舌赤中心甚干燥；身体扪之，热甚于早间，此阴分亦被热气蒸伤，瘦人虑其液涸；然痰咯不清，养阴药无往而非腻滞。议得早进清膈一剂，而三焦热秽之蓄，当用紫雪丹二三匙，借其芳香宣窍逐秽斯锢热可解；浊

痰不黏，继此调理之方，清营分，滋胃汁，始可瞻顾；其宿垢欲去，犹在旬日之外，古人谓下不嫌迟，非臆说也。

紫雪丹一钱六分、知母、竹叶心、连翘心、炒川贝、竹沥、犀角、元参、金汁、银花露。

又，一剂后用。竹叶心、知母、绿豆皮、元参、鲜生地、金银花。

又，一剂后，去银花、绿豆皮，加人参、麦冬。

又，经月时邪，脉形小数，小为病退，数为余热，故皮腠麸蜕、气血有流行之义。思食欲餐，胃中有醒豁之机，皆佳兆也；舌赤而中心黄苔，热蒸既久，胃津阴液俱伤，致咽物咽中若阻；溺溲尿管犹痛，咯痰浓浓，宿垢未下。若急遽攻夺，恐真阴更涸矣，此存阴为主，而清腑兼之。故乱进食物，便是助热，唯清淡之味，与病不悖。自来热病，最怕食复劳复，举世共闻，非臆说也。

细生地、元参心、知母、炒川贝、麦冬、地骨皮、银花露、竹沥。

又，脉证如昨，仍议滋清阴分余热，佐清上脘热痰，照昨日方去地骨皮、银花露，加盐水炒橘红。

（《临证指南医案·暑》）

【编按】

叶氏之言“下不嫌迟，非臆说”“自来热病，最怕食复劳复……非臆说”等，是其感触深切而发。案中依症缕析，主症兼症，无一疏漏，尤善者，症症相扣，从中识机，灵巧而着，此为辨证施治要道。

叶天士邪入三焦逆走膻中案

朱某，疫疠秽邪从口鼻吸受，分布三焦，弥漫神识。不是风寒客邪，亦非停滞里证，故发散消导，即犯劫津之戒，与伤寒六经大不相同。今喉痛，丹疹，舌如朱；神躁暮昏，上受秽邪，逆走膻中。当清血络，以防结闭，然必大用解毒，以驱其秽，必九日外不致昏愦，冀其邪去正复（疠邪入膻渐干心包）。

犀角、连翘、生地、玄参、菖蒲、郁金、银花、金汁。

（《临证指南医案·暑》）

【编按】

邪入三焦以上焦为重，邪逆走膻中是病机。当此之时，治证之要，是“清血络以防结闭”，祛除疫疠秽邪为治疗的关键。考今“非典”、H7N9流感等肺脏受损性疫病，邪毒之性迅捷孟浪，一般机体难以依靠自身的免疫机能（正气）、应变能力抑制和消除病邪侵害，唯以驱邪为治疗机枢。这些方法，实可提炼为中医辨证施治体系中规范性治疗原则。

叶天士痧疹伏热被寒邪郁遏案

费某，暴寒骤加，伏热更炽，邪郁则气血壅遏，痧疹不肯外达；痰气交阻，神迷喘促，渐入心包络中，有内闭外脱之忧；热注下迫，自利黏腻不爽。法当开其结闭，消毒解其膻中之壅，必得神清，方保无变（热邪入胞络）。

连翘心、飞滑石、石菖蒲、炒金银花、射干、通草煎化牛黄丸一丸。

（《临证指南医案·痧疹瘰》）

【编按】

邪入膻中已现结闭证象，当开结闭。消毒解壅是治法，连翘心、菖蒲通于膻中，金银花、射干清解邪毒，滑石、通草通下膻中痰湿。三法并治，效应桴鼓。

叶天士痛证三案

【案一】

章某，痛乃宿病，当治病发之由，今痹塞胀闷，食入不安，得频吐之余，疹形朗发，是陈腐积气胶结，因吐，经气宣通。仿仲景胸中懊憹例，用栀子豉汤主之。

又，胸中稍舒，腰腹如束，气隧有欲通之象，而血络仍然锢结，就形体畏寒怯冷，乃营卫之气失司，非阳微恶寒之比，议用宣络之法。

归须、降香、青葱管、郁金、新绛、柏子仁。

【案二】

朱某，头巅至足，麻木刺痛，热炽（阴分伏热）。

滋肾丸。

【案三】

张某，初受寒湿，久则化热，深入阴分，必暮夜痛甚。医用和血祛风，焉能直入阴分，议东垣滋肾丸，搜其深藏伏邪。

肉桂（八钱，忌见火）、黄柏（四两）、知母（四两），俱盐水炒，水泛丸。

（《临证指南医案·诸痛》）

怀远阴虚伤寒麻黄伤阴案

一友积劳后，感寒发热，医者不审，以麻黄汤进。目赤鼻衄，痰中带血，继以小柴胡汤，舌干乏津。余诊之：脉来虚数无力，乃劳倦而兼阴虚候也；误投热药，能不动血而竭其液耶？连进地黄汤三剂，血止而神尚未清；用生脉散及归脾汤去术投之，神虽安而舌仍不生津。予曰："肾主五液，而肺为生化之源，滋阴益气，两不见效，何也？"余熟思之，乃悟麻黄性不内守，服之而竟无汗，徒伤其阴，口鼻见血，而药性终未发泄，故津液不行。予仍以生脉散固其本，用葛根、陈皮引之，遂得微汗，舌果津生，后以归脾汤六味丸而痊。

（《古今医彻·太阳论》）

【编按】

积劳阴虚、伤寒发汗更伤其阴，建中滋阴而不见功。审知药性未至发泄津液，而加用葛根、陈皮行散其气机，机运气行则津液畅行。此为津液辩证一观。

怀远瘀血发热兼内伤案

一男子发热，面白无神，脉得微涩欲绝；大便黑，时头眩。余曰："此瘀血症，而脉如此，何敢攻之？"连进地黄汤4剂，觉安甚。又加桂4剂，所去瘀血不计，但口干舌燥，加五味子四剂。又下瘀血，腹中安舒，而脉与舌犹故，痰中见血。以门冬、贝母、生地、丹皮等，渐愈。盖此症兼内伤元气，赖温补而效，肺经未免受克，故以保肺收功。

（《古今医彻·蓄血》）

妇科病

祝味菊老年阴挺案

李妇,年五十余岁,白带较多,身体衰弱,四肢无力,时自觉腹中不舒,一月后,下腹部如有物重坠,自检阴中有物外挺。腰部酸痛,小溲频数,不能行路。请中医诊治,医曰:“此病属于子宫下坠,老年妇女患此为多。”用补中益气法,如参、芪、升、柴等药。原属对症,但病深药浅,虽服20余帖,并无效果。

遂请祝医生诊治,祝曰:“治病方药均可,唯药力不足。”即于方中加附子等药,处方:

黄芪、党参各18克,炒白术16克,陈皮9克,升麻6克,柴胡9克,黄厚附片18克(先煎),活磁石30克(先煎),桑螵蛸12克,淮山药9克,炙草6克,当归、金樱子、菟丝饼各12克。

服药10帖后,少腹坠胀已轻,后在原方中加人参12克,再服10帖。少腹不胀,子宫已不下坠。

(《祝味菊名医类案回忆录》)

【编按】

“病深药浅”是临床用药常见的问题,用药知机当有定见,方能药力不济时,有把握地调节用药剂量以求达到疗效。邓老《诊余医话》言:“子宫脱垂,治以补中益气汤加首乌。加首乌之意,一者在于引经,二者因胞宫冲任所系,全赖阴血所养,气得血养,血得气行,气血充和,冲任得调,所系之胞宫则能复其原位。若能配合针灸,加强冲任之调理,则取效更捷。”此亦一子宫脱垂治疗方法,可相参以鉴。

张锡纯流产后满闷案

天津张姓妇,26岁,流产之后胃脘满闷,不能进食。孕已四月,自觉胃口满闷,倩人以手为之下推,因用力下推至脐,遂至流产。流产之后,忽觉气血上涌充塞胃口,三日之间分毫不

能进食。动则作喘,头目眩晕,心中怔忡,脉象微弱,两尺无根。此证因流产后下焦暴虚,肾气不能固摄冲气,遂因之上冲。夫冲脉原上隶阳明胃府,其气上冲胃气即不能下降(胃气以息息下行为顺),是以胃中胀满,不能进食。治此等证者,若用开破之药开之,胀满去而其人或至于虚脱。宜投以峻补之剂,更用重镇之药辅之以引之下行,则上之郁开而下焦之虚亦即受此补剂之培养矣。处方:

大潞参(四钱)、生赭石(一两,轧细)、生怀山药(一两)、熟怀地黄(一两)、玄参(八钱)、净萸肉(八钱)、紫苏子(三钱,炒捣)、生麦芽(三钱)。

共煎汤一大盅,分两次温服下。药煎服一剂,胃中豁然顿开,能进饮食,又连服两剂,喘与怔忡皆愈。方中用生麦芽,非取其化食消胀也。诚以人之肝气宜升,胃气宜降,凡用重剂降胃,必须少用升肝之药佐之,以防其肝气不舒。麦芽生用原善舒肝,况其性能补益胃中酸汁,兼为化食消胀之妙品乎。

(《医学衷中参西录》)

【编按】

产后胃脘满闷,不能进食,多见于血虚、气逆证,而气逆是直接的病机,需疏肝气以平气逆。案中峻补之余,重镇之剂引药下行,治法合理故治之收效。

张锡纯产后手足抽掣案

天津于氏妇,年过三旬,于产后得四肢抽掣病。产时所下恶露甚少,至两日又分毫恶露不见,迟半日遂发抽掣。心中发热,有时觉气血上涌,即昏然身躯后挺,四肢抽掣。其腹中有时作疼,令人揉之则少瘥,其脉左部沉弦,右部沉涩,一息四至强。此乃肝气胆火,挟败血上冲以瘀塞经络,而其气火相并上冲不已,兼能妨碍神经,是以昏然后挺而四肢作抽掣也。当降其败血,使之还为恶露泻出,其病自愈。

怀牛膝(一两)、生杭芍(六钱)、丹参(五钱)、玄参(五钱)、苏木(三钱)、桃仁(三钱,去皮)、红花(二钱)、土鳖虫(五大个,捣)、红娘虫(即樗鸡,六大个,捣)。

共煎汤一盅,温服。此药煎服2剂,败血尽下,病若失。

(《医学衷中参西录》)

张锡纯产后虚羸少食蓐劳案

族弟妇产后虚羸少食,迁延月余,渐至发灼、自汗、消瘦、乏气、干呕、头晕等症,此方书所谓蓐劳也。经医四人治不效,并添颧红作泻。适生自安东归,为之诊视,六脉虚数。检阅所服之方，有遵《医宗金鉴》三合饮者，有守用养荣汤者，要皆平淡无奇。然病势至此，诚难入手，幸脉虽虚数，未至无神，颧虽红，犹不抟聚(若抟聚则阴阳离矣，不抟聚是其阴阳犹未离)，似尚可治。

此盖素即阴虚，又经产后亡血，气亦随之，阴不中守，阳不外固，故汗出气乏；其阴阳不相维系，阴愈亏而阳愈浮，故发烧咳嗽头晕；其颧红者，因其部位应肾，肾中真阳上浮，故发现于此，而红且热也；其消瘦作泻者，以二阳不纳，无以充肌肉，更不特肾阴虚，而脾阴胃液均虚，中权失司，下陷不固，所必然者。此是病之原委欤？再三思维，遂处方：

生怀山药(二两)，白术(三钱)，玄参(四钱)，鸡内金、牛蒡子(各二钱，此系资生汤原方稍加重)，外加净萸肉、龙骨、牡蛎各五钱，止汗并以止泻。

5剂后，汗与泻均止，饮食稍进，唯干咳与发热仅去十之二三。又照原方加粉甘草、天冬、生地等味，连服7剂。再照方减萸肉，加党参二钱，服4剂后，饮食大进，并能起坐矣，唯经尚未行。更按资生汤原方，加当归四钱。服数剂后，又复少有加减，一月经脉亦通。

(《医学衷中参西录·资生汤》)

【编按】

产后出现疲乏倦怠，伴有寒热时作、喘憋咳嗽、腹痛等病状称“蓐劳”，又名“产后痨”，可因风寒侵袭、肝郁脾虚、气血亏损等发病。案中因气血亏损致病，宜健脾益胃。资生汤：生山药(一两)、玄参(五钱)、白术(三钱)、生鸡内金(二钱，捣碎)、牛蒡子(三钱，炒，捣)，热甚者，加生地黄五六钱。脾为后天之本，能资生一身，脾胃健壮，多能消化饮食，则全身自然健壮。

张锡纯温冲汤治不育案

一妇人，自二十出嫁，至三十未育子女。其夫商治于愚。因细询其性质禀赋，言生平最畏寒凉，热时亦不敢食瓜果。至经脉则大致调和，偶或后期两三日，知其下焦虚寒，因思《神农本草经》谓紫石英“气味甘温，治女子风寒在子宫，绝孕十年无子”。遂为拟此汤，方中重用紫石英六钱，取其性温质重，能引诸药直达于冲中，而温暖之。服药30余剂，而畏凉之病除。后数月遂孕，连生子女。益信《神农本草经》所谓治十年无子者，诚不误也。温冲汤：

生山药(八钱)、当归身(四钱)、乌附子(二钱)、肉桂(二钱，去粗皮后入)、补骨脂(三钱，炒捣)、小茴香(二钱，炒)、核桃仁(二钱)、紫石英(八钱，研)、真鹿角胶(二钱，另炖，同服，若恐其伪可代以鹿角霜三钱)。治妇人血海虚寒不育。

(《医学衷中参西录·温冲汤》)

【编按】

案按：人之血海，其名曰冲，在血室之两旁，与血室相通。上隶于胃阳明经，下连于肾少阴经；有任脉以为之担任，督脉为之督摄，带脉为之约束；阳维、阴维、阳跷、阴跷，为之拥护，

共为奇经八脉。此八脉与血室，男女皆有，在男子则冲与血室为化精之所，在女子则冲与血室实为受胎之处。《内经·上古通天论》所谓："太冲脉盛，月事以时下，故有子"者是也。是以女子不育，多责之冲脉。郁者理之，虚者补之，风袭者祛之，湿胜者渗之，气化不固者固摄之，阴阳偏胜者调剂之。冲脉无病，未有不生育者。而愚临证实验以来，凡其人素无他病，而竟不育者，大抵因相火虚衰，以致冲不温暖者居多，因为制温冲汤一方。其人若平素畏坐凉处，畏食凉物，经脉调和，而艰于生育者，即与以此汤服之，或十剂或数十剂，遂能生育者多矣。

张锡纯固冲汤治气虚下血二案

【案一】

一妇人，年三十余。陡然下血，两日不止。及愚诊视，已昏愦不语，周身皆凉，其脉微弱而迟。知其气血将脱，而元阳亦脱也。遂急用此汤：

去白芍，加野台参八钱、乌附子三钱。

一剂血止，周身皆热，精神亦复。仍将白芍加入，再服一剂，以善其后。

【案二】

一妇人，年四十许。骤得下血证甚剧，半日之间，即气息奄奄，不省人事。其脉右寸关微见，如水上浮麻，不分至数，左部脉皆不见。急用生黄芪一两，大火煎数沸灌之，六部脉皆出。然微细异常，血仍不止。观其形状，呼气不能外出，又时有欲大便之意，知其为大气下陷也。遂为开固冲汤方，将方中黄芪改用一两。中午11点钟，将药服下，至下午3点钟，即愈如平时(后在京又治一血崩证，先用固冲汤不效，加柴胡二钱，一剂即愈，足见柴胡升提之力，可为治崩要药)。

固冲汤：白术(一两，炒)、生黄芪(六钱)、龙骨(八钱，捣细)、牡蛎(八钱，捣细)、萸肉(八钱，去净核)、生杭芍(四钱)、海螵蛸(四钱，捣细)、茜草(三钱)、棕边炭(二钱)、五倍子(五分，轧细药汁送服)。

治妇女血崩。脉象热者加大生地一两；凉者加乌附子二钱；大怒之后，因肝气冲激血崩者，加柴胡二钱。若服2剂不愈，去棕边炭，加真阿胶五钱，另炖同服。服药觉热者宜酌加生地。从前之方，龙骨、牡蛎皆生用，其理已详于理冲丸下。此方独用煅者，因煅之，则收涩之力较大，欲借之以收一时之功也。

或问："血崩之证，多有因其人暴怒，肝气郁结，不能上达，而转下冲肾关，致经血随之下注者，故其病俗亦名之曰气冲。兹方中多用涩补之品，独不虑于肝气郁者，有妨碍乎？"答曰："此证虽有因暴怒气冲而得者，然当其血大下之后，血脱而气亦随之下脱，则肝气之郁者，转可因之而开。且病急则治其标，此证诚至危急之病也。若其证初得，且不甚剧，又实系肝气下冲者,亦可用升肝理气之药为主,而以收补下元之药辅之也。”

(《医学衷中参西录·固冲汤》)

【编按】

张按:《傅青主女科》,有治老妇血崩方,试之甚效。其方用生黄芪一两、当归一两(酒洗)、桑叶十四片、三七末三钱(药汁送下)。水煎服,二剂血止,四剂不再发。若觉热者,用此方宜加生地两许。诸城友人传一治血崩秘方,用青莱菔生捣取汁,加白糖数匙,微火炖温,陆续饮至三大盅,必愈。

西药中有麦角,原霉麦上所生之小角,其性最善收摄血管,能治一切失血之证,而对于下血者用之尤效。角之最大者,长近寸许,以一枚和乳糖(无乳糖可代以白蔗糖)研细,可作两次服。愚常用之与止血之药并服,恒有捷效。

治女子血崩有两种草药:一种为宿根之草,一根恒生数茎,高不盈尺,叶似地肤,微宽,浓则加倍,其色绿而微带苍色,孟夏开小白花,结实如杜梨,色如其叶,老而微黄,多生于宅畔路旁板硬之地,俗呼为牛蛋,又名臭科子,然实未有臭味。初不知其可入药也。戊辰孟夏,愚有事回籍。有南关王氏妇,患血崩,服药不效。有人教用此草连根实锉碎,煮汤饮之,其病顿愈。后愚回津言及此方,门生李某谓:“此方余素知之,若加黑豆一小握,用水、酒各半煎汤,则更效矣。”一种为当年种生之草,棵高尺余,叶圆而有尖,色深绿,季夏开小白花,五出,黄蕊,结实大如五味,状若小茄,嫩则绿,熟则红,老则紫黑,中含甜浆可食,俗名野茄子,有山之处呼为山茄子。奉省医者多采此草阴干备用,若遇血崩时,将其梗叶实共切碎煎汤服之立愈。在津曾与友人张某言及此草,张谓,此即《本草纲目》之龙葵,一名天茄子,一名老鸦睛草者是也。而愚查《本草纲目》龙葵,言治吐血不止,未尝言治血崩。然治吐血之药,恒兼能治下血,若三七、茜草诸药是明征也。以遍地皆有之草,而能治如此重病,洵堪珍哉。

张锡纯理冲汤治癥瘕案

【案一】

一妇人,年三十余。癥瘕起于少腹,渐长而上。其当年长者稍软,隔年即硬如石。7年之间,上至心口,旁塞两肋,饮食减少,时觉昏愦,剧时昏睡一昼夜,不饮不食,屡次服药竟分毫无效。后愚为诊视,脉虽虚弱,至数不数,许为治愈,授以此方。病患自揣其病,断无可治之理,竟置不服。次年病益进,昏睡四日不醒。愚用药救醒之,遂恳切告之曰:“去岁若用愚方,病愈已久,何至危困若斯。然此病尚可为,甚勿再迟延也。”仍为开前方。病患喜,信愚言,连服30余剂,磊块皆消。唯最初所结之病根,大如核桃之巨者尚在。又加生水蛭(不宜炙)一钱,服数剂痊愈。

【案二】

奉天孙姓妇,年四十许。自幼时有癥瘕结于下脘,历二十余年。癥瘕之积,竟至满腹,常常作疼,心中怔忡,不能饮食,求为延医。因思此证,久而且剧,非轻剂所能疗。幸脉有根柢,犹可调治。遂投以理冲汤,加水蛭三钱。恐开破之力太过,参、芪又各加一钱,又加天冬三钱,以解参、芪之热。数剂后,遂能进食。服至四十余剂,下瘀积若干,瘕消有强半。因有事还籍,药遂停止。阅一载,腹中之积,又将复旧,复来院求为延医。仍照前方加减,俾其补破凉热之间,与病体适宜。仍服四十余剂,积下数块。又继服三十余剂,瘀积大下。其中或片或块且有膜甚浓,若胞形。此时身体觉弱,而腹中甚松畅。恐瘀犹未净,又调以补正活血之药,以善其后。

理冲汤:生黄芪(三钱)、党参(二钱)、白术(二钱)、生山药(五钱)、天花粉(四钱)、知母(四钱)、三棱(三钱)、莪术(三钱)、生鸡内金(三钱,黄者)。

治妇女经闭不行或产后恶露不尽,结为癥瘕,以致阴虚作热,阳虚作冷,食少劳嗽,虚证沓来。服此汤10余剂后,虚证自退,30剂后,瘀血可尽消。亦治室女月闭血枯。并治男子劳瘵,一切脏腑瘕、积聚、气郁、脾弱、满闷、痞胀及不能饮食。用水三盅,煎至将成,加好醋少许,滚数沸服。服之觉闷者,减去白术。觉气弱者,减三棱、莪术各一钱。泻者,以白芍代知母,白术改用四钱。热者,加生地、天冬各数钱。凉者,知母、花粉各减半,或皆不用。凉甚者,加肉桂(捣细冲服)、乌附子各二钱。瘀血坚甚者,加生水蛭(不用炙)二钱。若其人坚壮无他病,唯用以消瘕积聚者,宜去山药。室女与妇人未产育者,若用此方,三棱、莪术宜斟酌少用,减知母之半,加生地黄数钱,以濡血分之枯。若其人血分虽瘀而未见癥瘕或月信犹未闭者,虽在已产育之妇人,亦少用三棱、莪术。若病患身体羸弱、脉象虚数者,去三棱、莪术,将鸡内金改用四钱,因此药能化瘀血,又不伤气分也。迨气血渐壮、瘀血未尽消者,再用三棱、莪术未晚。若男子劳瘵,三棱、莪术亦宜少用或用鸡内金代之亦可。

初拟此方时,原专治产后瘀血成瘕,后以治室女月闭血枯亦效,又间用以治男子劳瘵亦效验,大有开胃进食,扶羸起衰之功。《内经》有四乌鱼骨一茹芦丸,原是男女并治,为调血补虚之良方。此方窃师《内经》之意也。从来医者调气行血,习用香附,而不习用三棱、莪术。盖以其能破瘕,遂疑其过于猛烈。而不知能破症瘕者,三棱、莪术之良能,非二药之性烈于香附也。愚精心考验多年,凡习用之药,皆确知其性情能力。若论耗散气血,香附犹甚于三棱、莪术。若论消磨癥瘕,十倍香附亦不及三棱、莪术也。且此方中,用三棱、莪术以消冲瘀血,而即用参、芪诸药,以保护气血,则瘀血去而气血不至伤损。且参、芪能补气,得三棱、莪术以流通之,则补而不滞,而元气愈旺。元气既旺,愈能鼓舞三棱、莪术之力以消瘕,此其所以效也。人之脏腑,一气贯通,若营垒联系,互为犄角。一处受攻,则他处可为之救应。故用药攻病,宜确审病根结聚之处,用对证之药一二味,专攻其处。即其处气血偶有伤损,他脏腑气血犹可为之输将贯注,亦犹相连营垒之相救应也。又加补药以为之佐使,是以邪去正气无伤损。世俗医者,不知此理,见有专确攻病之方,若拙拟理冲汤者,初不审方中用意何如,但见方中有三棱、莪术,即望而生畏,不敢试用。自流俗观之,亦似慎重,及观其临证调方,漫不知病根结于何处,唯是混开混破。恒集若香附、木香、陈皮、砂仁、枳壳、浓朴、延胡、灵脂诸药,或十余味或数十味为一方。服之令人脏腑之气皆乱,常有病本可治,服此等药数十剂而竟至不治者,更或见有浮火虚热,而加芩、栀、蒌实之属,则开破与寒凉并用,虽脾胃坚壮者,亦断不能久服,此其贻害尤甚也。

(《医学衷中参西录·理冲汤》)

【编按】

理冲汤方药固然药专力宏,然张氏立方之意更为畅达。如其所言:“人之脏腑,一气贯通,若营垒联系,互为犄角。一处受攻,则他处可为之救应。故用药攻病,宜确审病根结聚之处,用对证之药一二味,专攻其处。即其处气血偶有伤损,他脏腑气血犹可为之输将贯注,亦犹相连营垒之相救应也。又加补药以为之佐使,是以邪去正气无伤损。”此中医理,医象明晰、主治明确、机制井然,诚为胸有成竹之医范卓识。

张锡纯清带汤治带下案

【案一】

一妇人,年二十余,患白带甚剧,医治年余不愈。后愚诊视,脉甚微弱。自言下焦凉甚,遂用此方,加:干姜六钱,鹿角霜三钱,连服10剂痊愈。

【案二】

一媪年六旬。患赤、白带下,而赤带多于白带,亦医治年余不愈。诊其脉甚洪滑,自言心热头昏,时觉眩晕,已半载未起床矣。遂用此方,加白芍六钱,数剂白带不见,而赤带如故,心热、头眩晕亦如故;又加苦参、龙胆草、白头翁各数钱,连服七八剂,赤带亦愈,而诸疾亦遂痊愈。

自拟此方以来,用治带下,愈者不可胜数。而独载此两则者,诚以二证病因,寒热悬殊。且年少者用此方,反加大热之药,年老者用此方,反加苦寒之药。欲临证者,当知审证用药,不可拘于年岁之老少也。白头翁不但治因热之带证甚效也。剖取其鲜根,以治血淋、溺血与大便下血之因热而得者甚效,诚良药也。是以仲景治厥阴热痢有白头翁汤也。带证,若服此汤未能除根者,可用此汤送服秘真丹一钱。

清带汤:生山药(一两)、生龙骨(六钱,捣细)、生牡蛎(六钱,捣细)、海螵蛸(四钱,去净甲捣)、茜草(三钱)。治妇女赤白带下,单赤带,加白芍、苦参各二钱;单白带,加鹿角霜、白术各三钱。

带下为冲任之证。而名谓带者,盖以奇经带脉,原主合同束诸脉,冲任有滑脱之疾,责在

带脉不能约束，故名为带也。然其病非仅滑脱也，若滞下然，滑脱之中，实兼有瘀滞。其所瘀滞者，不外气血，而实有因寒因热之不同。此方用龙骨、牡蛎以固脱，用茜草、海螵蛸以化滞，更用生山药以滋真阴固元气。至临证时，遇有因寒者，加温热之药，因热者，加寒凉之药，此方中意也。而愚拟此方，则又别有会心也。尝考《神农本草经》龙骨善开瘕，牡蛎善消癥瘕，是二药为收涩之品，而兼具开通之力也。乌鱼骨即海螵蛸，茹芦即茜草，是二药为开通之品，而实具收涩之力也。四药汇集成方，其能开通者，兼能收涩，能收涩者，兼能开通，相助为理，相得益彰。

（《医学衷中参西录·清带汤》）

【编按】

张按：带下似滞下之说，愚向持此论。后观西法，亦谓大肠病则流白痢，子宫病则流白带，其理相同。法用儿茶、白矾、石榴皮、没石子等水洗之。若此证之剧者，兼用其外治之法亦可。又：其内治白带法，用没石子一两捣烂，水一斤半，煎至一斤，每温服一两，日三次。或研细作粉，每服五分，日二次亦可。又可单以之熬水洗之，或用注射器注射之。按：没石子味苦而涩，苦则能开，涩则能敛，一药而具此两长，原与拙拟清带汤之意相合。且其收敛之力最胜，凡下焦滑脱之疾，或大便滑泻，或小便不禁，或男子遗精，或女子崩漏，用之皆效验。今之医者，多忽不知用惜哉。又东人中将汤，治白带亦甚效。玉烛汤下，载有其方，可采用。若以治赤带，方中官桂、丁香，宜斟酌少用，苦参宜多用。赤白二带，赤者多热，白者多凉。而辨其凉热，又不可尽在赤白也，宜细询其自觉或凉或热，参以脉之或迟或数，有力无力，则凉热可辨矣。治法宜用收涩之品，而以化瘀通滞之药佐之。清带汤，证偏热者，加生杭芍、生地黄；热甚者，加苦参、黄柏，或兼用防腐之药，若金银花、旱三七、鸦胆子仁皆可酌用；证偏凉者，加白术、鹿角胶；凉甚者，加干姜、桂附、小茴香。近阅《杭州医报》，载有俗传治白带便方，用绿豆芽连头根三斤，洗净，加水两大碗，煎透去渣，加生姜汁三两、黄蔗糖四两，慢火收膏，每晨开水冲服。约12日服一料。服至两料必愈。按：此方用之数次，颇有效验。

张锡纯胎动下血案

一少妇，其初次有妊，五六月而坠。后又有妊，六七月间，忽胎动下血，急投以：

生黄芪、生地黄各二两，白术、山萸肉（去净核）、龙骨（捣）、牡蛎（捣）各一两。

煎汤一大碗，顿服之，胎气遂安。将药减半，又服一剂。后举一男，强壮无恙。

（《医学衷中参西录·寿胎丸》）

【编按】

张按：此为胎气已动，或至下血者的急救之方。而预防护胎有寿胎丸：菟丝子（四两，炒炖）、桑寄生（二两）、川续断（二两）、真阿胶（二两）。上药将前三味轧细，水化阿胶和为丸一分重(干足一分)。每服二十丸,开水送下,日再服。气虚者加人参二两,大气陷者加生黄芪三两,食少者加炒白术二两,凉者加炒补骨脂二两,热者加生地二两。愚于千百味药中,得一最善治流产之药,乃菟丝子是也。寿胎丸重用菟丝子为主药,而以续断、寄生、阿胶诸药辅之,凡受妊之妇,于两月之后徐服一料,必无流产之弊。

张锡纯消乳汤治乳痈案

在德州时,有张姓妇,患乳痈,肿疼甚剧。投以消乳汤,两剂而愈。然犹微有疼时,怂恿其再服一两剂,以消其芥蒂。以为已愈,不以为意。隔旬日,又复肿疼,复求为治疗。愚曰:"此次服药不能尽消,必须出脓少许,因其旧有芥蒂未除,至今已溃脓也。"后果服药不甚见效。遂入西医院中治疗,旬日后,其疮外破一口,医者用刀阔之,以期便于敷药。又旬日,内溃益甚,满乳又破七八个口,医者又欲尽阔之使通。病患惧,不敢治。强出院还家,复求治于愚。

见其各口中皆脓、乳并流,外边实不能敷药。然内服汤药,助其肌肉速生,自能排脓外出,许以十日可为治愈。遂将内托生肌散,作汤药服之,每日用药一剂,煎服二次,果十日痊愈。

消乳汤:知母(八钱)、连翘(四钱)、金银花(三钱)、穿山甲(二钱,炒捣)、栝蒌(五钱,切丝)、丹参(四钱)、生明乳香(四钱)、生明没药(四钱)。

治结乳肿疼或成乳痈新起者,一服即消。若已作脓,服之亦可消肿止疼,俾其速溃。并治一切红肿疮疡。又有一治结乳肿疼兼治乳痈方,用生白矾、明雄黄、松萝茶各一钱半,共研细,分作3剂,日服一剂,黄酒送下,再多饮酒数杯更佳。此方用之屡次见效,真奇方也。若无松萝茶,可代以好茶叶。

(《医学衷中参西录·消乳汤》)

张锡纯升肝舒郁汤治阴挺案

一妇人,年三十余。患此证,用陈氏《女科要旨》,治阴挺方,治之不效,因忆《傅青主女科》有治阴挺之方。其证得之产后,因平时过怒伤肝,产时又努力太过,自产门下坠一片,似筋非筋,似肉非肉,用升补肝气之药,其证可愈。遂师其意,为制此汤服之。数剂即见消,10剂痊愈。

升肝舒郁汤:黄芪(六钱)、当归(三钱)、知母(三钱)、柴胡(一钱五分)、生明乳香(三生钱)、生明没药(三钱)、川芎(一钱五分)。

治妇女阴挺，亦治肝气虚弱，郁结不舒。肝主筋，肝脉络阴器，肝又为肾行气。阴挺自阴中挺出，形状类筋之所结。病之原因，为肝气郁而下陷无疑也。故方中黄芪与柴胡、芎䓖并用，补肝即以舒肝，而肝气之陷者可升；当归与乳香、没药并用，养肝即以调肝，而肝气之郁者可化；又恐黄芪性热，与肝中所寄之相火不宜，故又加知母之凉润者，以解其热也。

（《医学衷中参西录·升肝舒郁汤》）

产后恶露案

庠生陆符九夫人，系董文敏公之孙女也。怀孕三月，忽崩涌如泉，胎坠而胞息，胀闷昏沉，发热谵语，上视见鬼，面黑流涎，已三日矣。此皆瘀血灌满胞中，上掩心肺，故恶证毕现，治法须分先后。

肉桂、归尾、泽兰、香附、红花、牛膝、元胡索，煎成调失笑散，去其胞中垢秽，使不上升；继以参、耆、芎、归，助其传送，庶或有救。

如方修服，神思稍清，觉痛阵连腰，恍恍如下坠，将鹅翎探入喉中，一呕而胞下胀闷诸苦若失。

（《旧德堂医案》）

【编按】

病属产后恶露案，治法稳健、有条不紊。先去其污之源，降污气下达于其应排除的脏窍处；继而补血益气，温运气血达济周身，清涤血气而使症除。

脾胃气虚不能摄血型血崩案

槜李孝廉沈天生夫人，血崩不止，势如涌泉。医谓血热则行，血寒则止。四物加芩、柏等剂，两昼夜不减。延家君往治，诊其脉息安静，全无病象，肌体清癯，原非壮实。知为脾胃气虚不能摄血，苦寒杂进反以潜消阳气，须用甘温之品以回生长之令。乃以：

补中益气汤加阿魏、炮姜。

大补脾元、升举阳气。2剂而崩止，以后调理渐安。

（《旧德堂医案》）

胎孕积热胎肿喘急案

河间司李朱思皇长公令方夫人，坐孕七月，胎肿异常，喘急不能言，并不能卧者月余，举家彷徨，投药甚乱。一医用人参、白术以实脾，一医改用商、陆、葶苈以润肺，相去天渊，益增疑思，邀予决言。予曰："此症似危，脉幸洪滑，产前可保无虑，即应分娩之后颇费周旋耳。舍前两治，余不过一二剂便获安枕矣。"座中讶出言之易，各言辩驳，予据理析之曰："胃为清阳之海，肺为元气之龠，故呼吸升于丹田，清浊输化赖于中土，若平素膏粱太过则中州积热。况胎孕内结，则相火有余，至六七月以来，肺胃用事胎渐成大，故胎气愈逼而火愈旺，凑逆于上，喘呼不卧，名曰子悬者是也。兹用参、术温补，则肺气壅塞；若用葶苈苦寒，则胃气孤危，均致变症蜂起，岂非实实虚虚之患乎。"疏方用：

苏梗、枳壳、腹皮（各三钱），茯苓、陈皮、半夏（各钱半），甘草（五分），生姜（三片）。

一帖便能言，再剂则安卧。合门信为神丹，余曰："无欢也，胎前喘急药石易疗，恐临盆在迩其喘复生，虽灵丹在握不能为也。须预备奇策，调护真元，不致临产涣散，乃可万全。"不数日产一子，甚觉强健，越两日喘果复作，惊呆无措，进食亦减常时。此胃土虚而不能生金之象，以大剂参、术、苓、草、五味、肉桂，数剂乃安。

（《旧德堂医案》）

【编按】

"呼吸升于丹田，清浊输化赖于中土"道出了此案的关键。阳运而阴化自然气达血畅，若胎孕兼中州积热，相火必盛。补则气更盛而壅塞，其见症以肺之喘促为著；苦寒泄气则令寄养胎孕之阳气不足。祛湿利气，治法适当。

胎孕寒热误治案

疡科君略曹先生长君大美内正，日晡潮热，经候不至。治者皆云血枯经闭，用通经之品，寒热愈甚，呕吐恶心。予诊两手滑利，为结胎之兆，非经闭也；寒热者乃气血护养胎元，不能滋荣肌肤耳；至五六月后胎元已充，气血自盛则寒热自止。时以予言为谬，延原医调理，仍加破血之剂。忽夜半崩如泉，痛势频逼，下一肉块而形已成矣。此时尚未得子，悔恨不逮，染成产褥，逾年而卒。

（《旧德堂医案》）

妊娠恶阻案

徽商朱圣修内人,呕逆吐食,出多入少,皆利痰白沫,眩晕气急,半月有余,大肉尽消。治者咸谓反胃,谓吐沫脾败,已无救矣。干余调治。手少阴脉动甚,两尺滑利,为结胎之兆,而恶阻之候非翻胃也。用:

人参、橘红、白术、半夏、苏梗、桔梗、赤苓、砂仁、枇杷叶、伏龙肝,水煎服。

3剂而吐减,数剂而全瘥,后产一女。

(《旧德堂医案》)

产后患痢以塞治通案

娄江祭酒吴梅村夫人,产后患痢,昼夜百余次,不能安枕,用滞下通导而后重转增。延家君治之,断为阴虚阳陷。用六味汤加肉桂,以保衰败之阴;以补中汤加木香,以提下陷之气。盖新产之后营卫空虚,阴阳残弱,咸赖孤脏之力生血生气,庶可复后天资生之本。既患下痢唯知元阳已虚,又投峻剂必使真阴愈竭,唯舍通法而用塞法,易寒剂而用温剂,俾胃关泽而魄门通畅,仓廪实而传道运化自然,精微变化清浊调和矣。可见胎前产后所恃者脾元也,所赖者阳气也,坤厚既旺,乾健自复。丹溪云:“产后以大补气血为主,虽有杂症以末治之。”诚者是言也。

(《旧德堂医案》)

【编按】

“产后以大补气血为主,虽有杂症以末治之。”此言当析。产后自是气血虚弱为主要生理特点,产后病见多端,此案病机以虚为要,自当实仓廪温肾关;若恶露类污浊致病,正虚邪实,虽虚亦应以引邪外出为要,而救扶正气兼杂以治。所以,凡医家之言,不可偏执,必析而指导临床辨证施治。

丁甘仁新产痉厥案

新产五日,陡然痉厥不语,神识时明时昧,脉弦滑,舌薄腻。良由气血亏耗,腠理不固,外风引动内风,入于经络。风性上升,宿瘀随之,蒙蔽清窍,神明不能自主,所以痉厥迭发,神糊不语,症势重险,勉拟清魂散加减,和营祛风,清神化痰。

吉林参须（五分）、炙甘草（五分）、琥珀屑（冲，六分）、嫩钩钩（后入，三钱）、紫丹参（二钱）、朱茯神（三钱）、鲜石菖蒲（八分）、泽兰叶（一钱五分）、炒黑荆芥炭（八分）、炙远志（一钱）、童便（炖冲服，一酒盅）。

（《丁甘仁医案·产后案》）

【编按】

产褥期感染常可见神昏痉证，病情急迫，治疗不当可危及生命。此案扶正和营化瘀，合于病机大要，临证变化多端，似可酌入清气凉营血之品，降上逆浊热之气清泄于下，方为全面。

妊娠伤寒治以附子理中案

贰尹闵介眉甥媳，素禀气虚多痰，怀妊三月。因腊月举丧受寒，遂恶寒不食，呕逆清血，腹痛下坠；脉得弦细如丝，按之欲绝。与生料干姜人参半夏丸，二服，不应；更与附子理中，加苓、半、肉桂调理而康。

门人问曰："尝闻桂、附、半夏，孕妇禁服，而此并行无碍，何也？"曰："举世皆以黄芩、白术为安胎圣药，桂、附为陨胎峻剂，孰知反有安胎妙用哉？盖子气之安危，系乎母气之偏胜，若母气多火，得芩、连则安，得桂、附则危；母气多痰，得苓、半则安，得归、地则危；母气多寒，得桂、附则安，得芩、连则危。务在调其偏胜，适其寒温，世未有母气逆而胎得安者，亦未有母气安而胎反堕者。"所以《金匮》有怀妊六七月，胎胀腹痛恶寒，少腹如扇，用附子汤温其脏者。然认证不果，不得妄行是法，一有差误，祸不旋踵。非比芩、术之误，犹可延引时日也。

（《张氏医通·伤寒》）

【编按】

妊娠用药，期在母气阴阳平衡，不可为"安胎圣药"所惑。"子气之安危，系乎母气之偏胜"之言，实可谓安胎要旨。

姚贞白伤寒伤阴经闭案

李某，女，廿九岁，住昆明市沙朗巷。1936年春。

初诊 病经数月，始因烧热咳嗽，服发散、止咳及敛肺之方而症不减；寒热往来，月经闭止，咳嗽不宣，痰凝；后又复感风寒，头疼身痛，再进滋阴解表及止咳退热剂，仍无效验。症见两颧发赤，形体消瘦；恶寒、潮烧，头疼身痛，喉干口燥，胸痛；大便秘，小便短黄；月经停闭四月，时感腰楚腹痛；诊脉右浮弦兼滑数，左细弦，尺部沉涩；舌质红，苔黄燥。此虽烧咳日久，

肝肺之阴及气血受损，冲任失调，但少阳证未罢。因本内经“急则治标”法拟和解、宣肺，然后再议调理冲任气血。处方：

醋炒柴胡6克、醋法夏9克、炒黄芩6克、生杭芍9克、楚薄荷6克、光杏仁9克、苏梗片9克、生甘草3克、嫩生姜2片、小红枣11枚。2剂。

二诊 右脉弦滑而数，左细弦，尺部滞涩，苔仍黄燥；恶寒较减，潮烧未退，头目眩晕，余症如前。此病久阴虚，气血两亏，缓图调治，嘱服下方3剂：

醋炙别甲12克、银柴胡9克、醋炒青蒿6克、炒黄芩6克、醋法夏9克、光杏仁6克、苏梗6克、炒知母4.5克、嫩生姜2片、小红枣9个，鲜京竹叶20克为引。

三诊 恶寒已罢，潮烧亦减，两颧仍赤，手足心热，口燥思饮；夜卧不宁，咳嗽痰凝，食少，身软无力，微汗；诊脉右滑数，左细弦；苔黄少津。此少阳之邪渐解，肝肺郁热未清，气弱阴虚。再拟下方：

醋炙别甲12克、银柴胡9克、细生地12克、粉丹皮4.5克、地骨皮9克、炒杭芍9克、大寸冬9克、京半夏9克、藕干3克、广橘络9克、净杷叶3片。

四诊 上方服3剂。脉细弦，尺弱；舌润苔薄；潮烧退，颧微赤，咳嗽胸痛轻减，痰凝渐化；饮食增加，二便转正常；唯神倦乏力，经闭未行，腰腹时觉酸痛。此系邪热退后，肝肾阴虚，气血不足，冲任失调，以下方调治。

全当归9克、细生地9克、赤芍药9克、粉丹皮4.5克、地骨皮9克、炙香附6克、川芎片4.5克、白茯苓12克、桑寄生12克、京半夏9克、黑小豆12克、净杷叶3片。

五诊 上方服五剂，诸症悉退，正气未复，经仍未行；腰楚，少腹时痛；脉细微弦，两尺仍弱；舌淡苔薄。此冲任两虚，经脉气滞之侯，续宜调达滋养。处方：

生熟地各9克、全当归9克、赤芍药9克、川芎片6克、粉丹皮6克、炙香附6克、紫丹参9克、炒续断9克、淮牛膝6克、小红枣9枚、净杷叶3片、大寸冬9克。

六诊 上方进七八剂后，经行，量少，色紫黑，腰腹微痛；舌红润，脉弱，续拟调和气血以凑全功。处方：

全当归15克、细生地9克、炒杭芍9克、白茯苓15克、老川芎6克、粉丹皮6克、空沙参9克、生口芪12克、炒续断9克、炙香附6克、生甘草3克、小枣7个、荷叶顶3个。嘱兼服十珍香附丸。

（《姚贞白医案·烧咳伤阴经闭》）

【编按】

案按：此例患者，病情复杂，本“急则治其标”之旨，首以枢转少阳为主，柴胡、杏仁、苏梗，宣疏清化；继拟滋养肝阴，清热理肺，意再枢托。少阳证罢，血弱阴虚内热，乃重滋血齐阴。潮热全退，即为养血调经，气血冲任得养，经讯复来。《内经》云：“仅察阴阳所在而调之，以平为期。”妇科机理，错综若斯，在确定其治疗之标本缓急步骤上，必须审慎。

姚贞白气血不调不孕案

李某,女,28岁,教师。1970年。

初诊 患者结婚已五年,不孕,平日月经常前期,五至十日不等;每月经行时,多感腰酸腹痛,经色紫黑有块,量少;头昏神倦,胸胁胀满,易怒烦躁,口干思饮,颜面及手足心午后潮热;脉象弦数有力,舌质红,苔薄黄。证属气血不调,兼有郁热,冲任受病。治宜理气解郁,清经化热。方用丹栀逍遥散加减。处方:

楚薄荷4.5克、炒柴胡9克、当归12克、川芎6克、炒杭芍9克、粉丹皮6克、炒山栀6克、广陈皮6克、炙香附6克、生甘草3克、生姜2片、小枣9个,多服数剂。

二诊 上方服5剂,月经来潮,日期仍提前三四天,经色深红而紫,块状已减少,量增多;午后颜面及手足心潮热减轻;口干、思饮、胸闷、善怒,亦有显著好转;仍觉头昏神倦,心烦,梦多易醒,腰腹不时作隐痛;复诊脉象细弦而软,舌苔淡黄而润。此气郁较舒,血热未净,续以加味清经汤(古方两地汤)调治。处方:

干生地12克、地骨皮12克、当归12克、炒杭芍9克、川芎6克、粉丹皮6克、茯神15克、炙香附6克、炒续断9克、炒柴胡6克、生甘草3克,多服数剂。

三诊 上方连服两月,共十余剂,至第三、四月来诊,经期及数量已接近正常,色转正红;腰酸、腹痛、心烦、性躁、眠差多梦等症消失;脉象调和,舌苔红润。拟加味八珍汤调理:

大熟地12克、全当归12克、炒杭芍9克、川芎6克、白术9克、茯神15克、上党参12克、炙香附6克、粉丹皮4.5克、建莲子15克、生甘草3克。

上方每于月经前后服3至5剂。1971年春,来院复诊,已怀孕二月,至冬季分娩,母子均安。

(《姚贞白医案·调经》)

【编按】

凡治病有八纲之论、有脏腑之论、有三焦经络之论,也有病因之论,所论之义在于指导药能致效于病所。凡药之效,总参与到全身气化运行过程中,上焦在于宣发与肃降,中焦在于升降枢转,下焦在于温升之基、上下通调之顺(无寒之凝滞、热之错忤、血瘀及其他导致的浊气不通上冲等)、重浊废物之排泄。妇科之所位在下焦,凡病可见气虚、血虚、血瘀、血热、宫寒、痰湿、肝郁、肾虚等病理征象,治在纠正其相应病机中阴阳、气血津液的盛衰属性,达到气血流畅、温上之基厚实、经事顺调、降泄通达的生理状态。

案按:姚老诊治妇科月经病,颇注重调理肝脾气血及冲任。如本例,先去郁热并舒肝以调顺气机,继则清经养血,至三诊才取气血双补,加入香附、丹皮等品,补而不滞,且补中有清。

姚贞白不孕经闭案

周某，女，30岁，思茅专区干部。1958年8月。

初诊 结婚近十年，从未生育，平时月经常过期，量少，色紫黑，有块状，经期当中，感腰酸腹胀；腹中有块，往来流动，胀痛无常；平时头昏神倦，饮食不思，睡卧不宁，夜尿频数，渐至身体孱弱，肌肤消瘦。曾经当地中医多方诊治，或行攻破，或用温补，效果不明。又经西医检查，认为有子宫肌瘤及卵巢囊肿的可能。注射黄体酮、卵巢素、链霉素等针水，亦未好转。后又改用草药十余次，月经遂闭止不通，迄今已四年余。患者精神极感痛苦，乃专程来昆，往我院治疗。脉象乍按弦细而紧，重取沉濡无力，舌苔薄腻少津。中医诊断：长期闭经，攻补针药杂投，气血两虚，肝脾受病，冲任损伤，属血证气瘕之候。先宜滋养冲任，调达肝脾，再行气活血，舒络通经。处方：

苏条参15克、炒柴胡9克、鹿角霜15克、炙别甲15克、当归15克、川芎6克、茯神15克、炒杭芍9克、川续断9克、炙香附6克、西砂仁6克、生甘草3克。

二诊 前方服5剂后，腰酸腹胀稍减；仍感头昏，神倦，食欲欠佳，夜卧不宁；腹中痛胀如故，仍无定处；夜尿尚数，此闭经日久，血证气瘕，兼而有之；脉转弦缓，重取细濡，舌仍薄白微腻。续用前方加减：

苏条参15克、当归18克、川芎6克、炒柴胡9克、炙别甲15克、鹿角霜9克、紫丹参9克、炙香附6克、元胡索9克、西砂仁6克、生甘草3克、炒小茴香6克、荔枝7枚。

三诊 上方连服10余帖后，患者腰腹部瘕积未散，有时大如鸡卵，有时缩如蚕豆，忽胀忽消，痛无定处，发无定时；食眠渐好，大便正常，尿仍频；头尚晕，此服药后，冲任渐得滋养，肝脾较为调和，而体弱气虚，不能行血；脉象弦细，尺部沉渣，舌淡红。续用原方化裁，兼佐通经活血之剂。处方：

苏条参15克、炒柴胡6克、全当归15克、老川芎6克、元胡索9克、炙香附6克、生三七粉4.5克(分次兑服)、紫丹参9克、郁金6克、川续断9克、粉丹皮6克、生甘草3克、打荔枝7枚、紫苏叶4.5克。

四诊 前方续服10余剂，患者腰腹部有阵发性酸痛，饮食渐思，睡眠尚可；腹中瘕积转动频作，夜尿已减，大便正常；此服药后，肝脾调达，气渐行，血渐活之兆；脉弦而软，舌红苔润。宜趁此时机，宣络通经，行气活血，使经汛早通。拟方：

炒柴胡6克、当归15克、川芎6克、京三棱9克、蓬莪术9克、炙香附6克、元胡索9克、炒川断9克、紫丹参9克、桃仁泥9克、生三七粉4.5克(分次冲兑)、红花4.5克，每服，点清酒少许为引。

五诊 上方服至第3剂，患者于当日晚间，觉腹中疼痛不休，至午夜时，闭止近五年之月经,忽然来潮,色紫黑,有块者数枚。翌晨,余往查房,闻而为之庆慰,当为复诊;脉息转现柔缓调和,弦象已减,舌如前;余无不适。即为续用下方:

炒柴胡6克、当归15克、川芎6克、炒杭芍9克、炙香附6克、炒荆芥4.5克、紫丹参9克、丹皮6克、川断9克、元胡索6克、桑寄生12克、生三七粉4.5克(分次冲兑)。

六诊 患者连服上方5剂,月经续得畅下,至七八日乃止;经期中食眠均佳,二便正常;自紫黑血块下后,腹中硬块若失;脉象调和弱缓,舌如前。患者因工作关系,不能在昆耽搁,当为拟常用药方,并嘱常服八珍丸、逍遥散等药,以资巩固。

至1960年因公来昆,到院自述,回原单位后常服汤丸方剂,月经均按期而至,并无其他不适云。常服处方:

炒柴胡6克、当归15克、炒杭芍9克、川芎6克、茯苓12克、白术9克、炙香附6克、粉丹皮6克、西砂仁6克、桑寄生12克、甘草3克、生姜2片、小枣12枚。

(《姚贞白医案·经闭》)

【编按】

姚按:此证是我医治妇女长期闭经证中比较突出之一例,原因是患者冷热不匀,饮食不节,引起经闭。后经当地中医多人使用攻破温补药物不效,遂形成妇科中的癥瘕。我根据《内经》的论述"石瘕生于胞中,寒气客于子门,子门闭塞,气不得通,恶血当泻不泻,衃以留止……月事不以时下,皆生于女子,可导而下"的记载,认为本病虽未到石瘕"日以益大,状如怀子"的程度,但是经闭日久,再发展下去,就更难着手。根据辨证施治的精神,认为攻破过猛,既损伤了冲任,温补杂进,又引起气血壅滞。所以在治疗方面,首先认定治病"必求其本",先宜调和冲任,滋养肝脾,如人参、归、芎、鹿角、别甲、香、砂等味,然后再理气活血,宣络通经,如元胡、丹参、三棱、莪术、桃仁、红花、三七等味,总之,先肯定治疗的程序,再确定逐步的处方用药,最后月经畅通,诸病痊愈。

姚贞白妊娠子痫重证案

王某,女,25岁,干部。1969年。

初诊 怀孕八月余,常感头晕目眩,心悸气短,面色潮红,肢体浮肿,手足麻木。经某医院检查为妊娠高血压症。近数日来,自觉头昏眼花更重,耳鸣,夜卧不安。日前卒然倒扑,不省人事,双目直视,牙关紧闭,颈项强直,口流白沫,手足抽搐,自汗不止。即送某医院抢救后,稍有转机,而抽搐频发不停,神智仍模糊不清,延余前往会诊。脉象弦大而滑,舌苔浮薄微干。证属平素肝肾不足,阴虚阳亢,精不养神,血不荣筋,以致血燥生风,手足抽搐,阳气不潜,上浮而为眩晕昏厥,逆为妊娠子痫重证。治则:宜祛风宣络,养血育阴,潜阳镇逆。方用羚羊钩藤汤加味:

羚羊角3克(磨水兑服)、双钩藤9克、当归15克、桑寄生15克、广木香4.5克、细生地12克、炒杭芍9克、茯神15克、云母石9克(煅)、生石决明12克、生龙骨12克、生甘草3克、竹茹6克、蛇胆陈皮末2支(分次调入)。

二诊 上方连服2剂后,神识稍苏,抽搐渐减,口干思饮,自汗时出;时常悲伤叹息,胸闷嗳气,有时烦躁不安;不思食,小便少,大便秘;脉象弦大渐平;舌苔淡黄、微润。此风势渐平、血不养肝、阴虚脏燥之象。除用原方续服外,再拟《金匮要略》中甘麦大枣汤频频灌服。处方:

生甘草15克、浮小麦30克、大枣5牧。

三诊 上二方续服3剂后,神志完全苏醒,抽搐已止。自觉精神倦怠,身软无力;二便已通,稍能静卧,能进少量饮食;仍有头昏耳鸣、心悸、自汗、胎动等症状;脉息细弦带滑,舌苔薄黄有津。此病退气弱,血衰而不养胎,心神不足之候。续用下方调理:

干地黄15克、当归身15克、炒杭芍12克、炒枣仁15克、茯神15克、沙蒺藜15克、黑芝麻15克、桑寄生12克、菟丝子15克、浮小麦18克、小红枣12枚、广陈皮6克、生甘草3克。

上方服5剂后,子痫证已不再发,产后痊愈出院。

(《姚贞白医案·子痫》)

【编按】

姚按:"子痫"在妇科病症中病例不多,治疗一面要养血祛风,一面要镇静通络。古代医家云:"治风先治血,血行风自灭。"余治疗此一病例,就是本此治则,而收显效。

姚贞白产后恶露不畅发为眩晕案

张某,女,35岁,家住昆明市。1946年。

初诊 产后三日,恶露不畅,头眩晕,起则欲仆;少腹拘痛,面色苍白夹青;舌淡、苔白、少津,脉象濡弱无力。此产后血亏肝虚,瘀郁不化,风热上越,发为眩晕。治法如下。先用打醋汤熏法:用栗炭和铁器烧红,置于盆中,淬好醋,使冒烟,令患者吸入。内服方:

当归15克、川芎6克、苏木6克、红花2.4克、川续断9克、醋炒荆芥6克、茯神15克、黑芝麻15克、香白芷6克、荷叶顶2个。点童便、黄酒各半酒杯,为引。

二诊 上方服1剂,恶露畅行,并下紫黑色瘀块,腹痛渐止,眩晕轻减,夜能安卧。脉转细弦,苔薄白腻。续用下方清化调理:

醋炒荆芥6克、当归15克、川芎6克、益母草9克、茯神15克、黑芝麻15克、炒杭芍9克、法半夏9克、荷叶顶2个、苏木6克、生炒蒲黄各6克,点黄酒(一小匙)为引。

三诊 上方服2剂后,眩晕已止,恶露干净,食眠均佳,可哺乳,唯觉身困肢软;脉转平和,舌红润。证属肝虚风热渐化,瘀郁已去,气血不足。续用下方加减调治:

干地黄12克、当归15克、炒杭芍9克、淮山药12克、茯神15克、桑寄生12克、炙口芪12克、白术12克、甘草3克、广陈皮6克、荷叶顶2个、醋炒荆芥6克。

（《姚贞白医案·产后血晕》）

【编按】

案按：产后亏虚瘀郁而为眩晕，不可骤补。此例以养血活血，清化瘀郁风热之品；先用打醋汤熏法，以其酸辛之气味，疏达肝经，肝气得舒，清升浊降，眩晕立除。又，姚老医师认为醋炒荆芥具有醒脑、散血、分风热、止眩晕之功效。用量可由2.4克至30克，据病情酌定。

姚贞白少阳别络不通乳结案

钱某，女，24岁，某厂职工。1973年9月。

初诊 患者初产七日，恶露已净，因无哺乳经验，遂致乳汁留滞，乳房胀痛，渐发红肿，右侧硬结有块；昼夜呼痛，手不能触；发寒热，夜烦，口干，便秘，溺短黄。经注射青、链霉素，外敷中草药，效果不显。就诊时，呈痛苦病容，自诉右乳部疼痛如鸡啄。诊脉弦滑而数，舌边、尖俱红，苔薄黄。证属产后郁热、厥阴、少阳别络不通，发为乳结。治宜疏肝理气、化热、散结、通络。处方：

炒柴胡9克、醋郁金9克（冲）、老川芎6克、天花粉9克、全瓜蒌1个（打碎）、吴芷9克、炒橘核9克（冲）、浙贝母6克（冲）、醋煅牡蛎12克、蒲公英9克、炒黄芩4.5克、白通草3克、甘草梢3克、藕节3个，

上方以苞谷须煎水煨药；外用芙蓉叶捣汁，加酸醋调匀，外敷乳部。

二诊 上方服2剂，右乳硬结变软，尚感隐痛，可挤出少量乳汁；寒热及烦躁轻减，仍便秘溺短；不思饮食；脉转细弦，舌红苔黄。除外敷乳部外，续以清肝散结、化热润燥为治。处方：

炒柴胡9克、紫苏叶6克、赤芍药9克、吴白芷9克、焦山楂9克、天花粉9克、醋郁金9克（冲）、郁李仁9克（冲）、蒲公英9克、炒橘核9克（冲）、通草3克、全瓜蒌1个（打碎）。

上方服3剂，便秘已通，烦躁全退，乳部红肿胀痛及硬结消失；乳汁已下，而神疲食少。证属乳结散后，血弱阴虚，肝脾不调，脉象细弦，舌红苔薄。

当归12克、白元参9克、寸冬9克、炒杭芍9克、广陈皮6克、醋炒柴胡4.5克、茯神12克、天花粉9克、广木香3克、生甘草3克、小红枣11个、藕节3个。

（《姚贞白医案·乳结》）

【编按】

案按：内经云“厥阴之脉其支者，复从肝别贯膈，少阳之脉其支者，以下胸中贯膈”，恶者，产后畏惧哺乳，肝气不舒，热滞厥阴，少阳之别络，乳汁停留，硬结红肿。对证用药，以柴胡、

苏叶、郁金和芍药,疏肝理气定痛;以吴芷、牡蛎、橘核散结软坚;以浙贝、黄芩、郁李、瓜蒌、山查和通草,清润通导;再以归、芍、元、麦滋血养阴。

顾松园泻肾汤治阴痒案

一妇阴中不时作痒,痒极难忍,同治于余。余言:"经曰肾开窍于二阴,肝脉过阴器。"又言:"前阴者,宗筋之所聚,为太阴阳明之所合。此因肾肝脾胃有湿热,湿热郁久,则生虫作痒。"用海藏泻肾汤,加知柏,袪肾经之湿热;胆草、青黛袪肝经之湿热;麦冬、石斛袪脾胃之湿热;山栀、车前清热利水。外用蛇床子、苦参煎浓汤浸洗,复以猪肝切条,葱、椒油煎纳阴中,引虫外出。

遂愈,竟不再发。

(《顾松园医镜·射集·火》)

邓铁涛单味血余炭治血崩案

曾治一许姓妇人,48岁,患血崩。1958年11月起病,每于月经来潮的头几天,血下如崩,即头晕卧床,十多天后月经渐止,需炖服人参等补品,才能起床做轻微之劳动。服中西药近5年未愈,曾用价值200多元的人参、鹿茸、肉桂等峻补之品制成蜜丸,服完后不但无效,且血崩更甚。到诊时正值月经过后,精神不振,体倦乏力;观其面色萎黄少华,舌质淡嫩,苔少;切其脉细弱,一派虚象。究其致虚之由,乃因冲任不固,月经失常,失血过多,为病之根本,血虚为病之标。故前医累用补气以至大补气血阴阳之剂未效。若塞其流,使病人赖以濡养之血液不致崩耗,则病可愈而身体日壮矣。

为之收集广州中医学院某年级学生自己理发所积存的头发约数斤,洗净分3次煅成血余炭120克,研为极细末,嘱每服1.5~3克,日服3次,每于月经来潮第2天开始服,连服3~5次,血来多则多服,血止则停服。每次月经来时依法服用(并嘱其停服一切补品,补药及其他药物)。第一个月患者服药第三四天血崩渐止,第二个月即无血崩现象,且月经5天干净,但经量仍多于正常,之后月经逐月减少,如是者服药半年,共用血余炭120多克而收效,体亦日健,5年之后,年虽五十多,在干校劳动之强度为一般年轻妇女所不及。

(《诊余医话》)

【编按】

案按:止血塞流,应用何药?根据多年之经验,血余炭当属首选。血余炭性平,药力温和,为人发煅炭而成,有止血、散瘀之功。且发为血之余,又为肾之荣,肾主藏精、生髓,故煅炭存性之血余炭又有固阴之效,十分适用妇科失血证。本品既能止血,又不留瘀;既能活血,又可固阴,寓开源于塞流之中,治失血证之妙,非他药可比。故余治妇科失血方中,每每伍入此药,多能收到满意的疗效。治此患者亦不例外,单味使用,冀其药力之至专。因考虑市上出售之血余炭杂而不纯,若能用血气旺盛的青年人之头发制成,效力最好。

蒲辅周气滞血瘀型闭经案

白某,女,27岁,已婚。1956年5月11日。

初诊 患者月事不以时下已二年半之久。近一月来头晕目眩,心中胸膈不舒,睡眠不佳,饭后脘胀,消化力弱,二便尚调,颈部右侧淋巴腺肿大约一年。现已两年零两个月经水未来潮,自觉脐下有软包块,按之则痛,肌肉日见消瘦。检查:脉搏82次/分,体温37.4℃,血压104/64毫米汞柱。颈部右侧淋巴腺肿大,约1厘米×1厘米,心、肺正常,肝在肋下能扪到边缘,腹部胀气,子宫体正常大小,后倾能动,左右穹窿无扪痛,子宫颈口有轻度糜烂。

脉象两寸微,两关弦,两尺沉涩,此属肝郁脾弱,心肾不交。《内经》谓"二阳之病发心脾",女子不月,治宜先调肝脾。处方:

抱木茯苓(三钱)、炒白术(三钱)、当归(二钱)、白芍(二钱)、醋炒竹柴胡(一钱五分)、丹皮(一钱五分)、炒栀子(一钱五分)、甘草(一钱)、制香附(三钱)、夏枯草(三钱)、吴萸(八分)、生姜(三片),4剂。

复诊 服上方,头晕、目眩略减,饮食渐增,胸膈略舒,大便正常,月事仍未至,颈部淋巴腺仍肿大,脉如前,原方加消瘀之品。处方:

抱木茯苓(三钱)、炒白术(三钱)、当归(二钱)、白芍(三钱)、醋炒竹柴胡(一钱五分)、甘草(一钱)、丹皮(一钱)、炒栀子(一钱五分)、川芎(一钱五分)、制香附(三钱)、夏枯草(三钱)、莪术(二钱)、三棱(二钱)、海藻(三钱)、牡蛎(四钱),5剂。

三诊 服上方食眠较好,浑身皮肤觉痒,颈淋巴核略软,午后微短气,并见手足心热,脉尚如前,此经闭日久,络脉受阻,气血不和,仍宜调和肝脾,并主通经和络,病程日久,宜以丸剂徐图,兼服下方。处方:

当归(二钱)、白芍(二钱)、白术(三钱)、桂枝(二钱)、泽泻(二钱)、川芎(二钱)、茯苓(三钱)、甘草(一钱)、制香附(三钱)、鳖甲(五钱)、鸡内金(三钱)、川楝炭(二钱),5剂,每日上午服一次。另大黄蛰虫丸十丸,每夜服一丸,开水送下。

四诊 药后腰腹胀,仅下白物,未见红色,午后手足心热减,大便正常,消化稍差,舌苔秽滞,脉象如前,宜原方加减续服:

当归(二钱)、白芍(二钱)、醋炒柴胡(二钱)、白术(二钱)、川芎(一钱五分)、制香附(二钱)、三棱(二钱)、莪术(二钱)、官桂(一钱)、鸡内金(五钱)、川楝子(炮,二钱)、炒小茴(一

钱)、藕节(五钱),3剂。另大黄蛰虫丸六丸,服法同前。

五诊 药后三天下少许红液,有似月经,间日以见少许,腰痛,小腹胀痛,二便正常,脉象转为弦滑,此血滞络阻日久、肌肉消瘦,若不能经消瘀,终必经闭血枯,今经有欲通之象,宜乘势续进。处方:

当归(二钱)、川芎(二钱)、白芍(三钱)、桂枝(三钱)、三棱(三钱)、莪术(二钱)、丹皮(二钱)、延胡索(二钱)、五灵脂(三钱)、炙鳖甲(五钱)、川楝子(二钱)、鸡内金(五钱)、乳香(一钱)、没药(一钱),3剂。另大黄蛰虫丸六丸。

六诊 3次攻剂之后,下血之量虽不多,兼有黏膜及白物。小腹按之痛,脉沉小紧,大积大聚,衰其半而止,改用调胃理气和血之剂。处方:

茯苓(五钱)、白术(二钱)、当归(二钱)、白芍(三钱)、桂枝(二钱)、香附(三钱)、橘核(二钱)、川楝子(炮,三钱)、泽泻(二钱)、鸡内金(五钱)、官桂(一钱)、木香(一钱),5剂。

七诊 病情比较缓解,阴户下气(阴吹),时有黏膜脱出,小腹及腰仍有胀痛,脉弦滑,改用舒肝理脾,疏利积气。处方:

竹叶柴胡(一钱五分)、制香附(三钱)、当归(二钱)、川芎(一钱五分)、川楝子(二钱)、五灵脂(三钱)、京三棱(二钱)、蓬莪术(二钱)、鸡内金(三钱)。先后10剂,并送茴香橘核丸,每次二钱,日二次。

八诊 月经来潮,量尚不多,有小血块,色紫黑,共行四天,腰已不痛,食、便正常,脉弦滑,病人至此经事已通,气血初顺,仍以原法调理,再过两月,而体力精神渐复,以后又有妊娠。

(《蒲辅周医案》)

【编按】

翔实而生动的病案,记录和展现出病者的症情和医生临证时的思维过程,体现出具体而形象的中医理论实践过程,这有利于我们理解中医,把握和领悟中医理论在临床上的思维要领和方法。

案按:月经闭止而见肌肉消瘦,头晕目眩,气短心慌,手足心热,饮食较差,欲作风消之候,人见之莫不知其为虚,但颈部淋巴结核,气郁之象,少腹胞块能移,血瘕之征。根据《内经》:“二阳之病发心脾。”先调肝脾,使其饮食渐增,头晕目眩渐减,而后通经化瘀,以法攻之。若只知其为虚,而补气补血;不知其月经久停,络脉受阻,气血不和,瘀结已成,而忽视通经化瘀,则虚者愈虚,闭者日闭,瘀者日瘀,而为血枯经闭。故用三攻之法,而月经即有欲通之机,虽不补而补已寓其中,气以通为补,血以和为补,三攻之后,而即用调胃理气和血之剂,虽不再攻而攻已尽其用,“大积大聚,其可犯也,衰其大半而止”。

蒲辅周补肝肾并建中气治滑胎(习惯性流产)案

姚某,女,35岁,已婚。1958年5月30日。

初诊 婚后12年,先后流产或早产5次。其中一次是妊娠4个月流产,余均为5个月和6个月。每于妊娠一个月后必漏血十余天,并同时出现血压降低,引起头晕,至三四个月左腿及左腰疼痛,虽屡次积极进行保胎措施,仍不能避免妊娠之中断。在第四次妊娠时,曾服胎产金丹亦未获效。现已怀孕2个多月,近20天内有恶心呕吐,择食,大便稍干,小便正常;精神较差,睡眠尚可;诊其脉左关沉弦短,右沉滑,舌正无苔。根据病史西医诊断为习惯性流产,中医则属滑胎。现有恶阻之象,治宜先调脾胃,次固肝肾,待脾胃健强,续予补肝肾以固胎本,并建中气以养胎元。处方:

台党参(二钱)、白术(二钱)、茯苓(二钱)、炙甘草(一钱)、广陈皮(一钱五分)、砂仁(一钱,打)、藿香(二钱)、山药(三钱)、生姜(三片)、大枣(三枚)。

此方缓服3剂,恶阻止后,继服下方。以泰山磐石与安胎银苎酒加减合方:

熟地黄(四钱)、白术(二钱)、制黑川附子(一钱)、别直参(一钱)、杜仲(三钱)、当归(一钱)、桑寄生(三钱)、杭巴戟(三钱)、苁蓉(三钱)、川续断(二钱)、苎麻根(三钱)。

此方每剂煎两次,每次煎一小时,共取400毫升,分2次温服。一周服1剂,并绝对控制性生活,以免扰动胎元。患者按法服之,直至足月顺利分娩。

(《蒲辅周医案》)

【编按】

案按:本例5次流产,已成滑胎之征,每次妊娠月余时,必漏血十余天,又兼胎漏之象。究其原因,一系脾胃较弱,胎气失养,一系肝肾不足,胎本不固。即习惯性流产。治之之法,首调脾胃,继强肝肾,使胎得所养而本且固。佐以苎麻根等以兼顾胎漏,因而第六次妊娠赖以足月顺产,其效甚显。

徐大椿清通胎中毒火案

南门陈昂发夫人怀娠三月,胎气上逆,舌肿如蛋,色紫黑,粒米不能下,医者束手,延余治。余曰:“此胎中有毒火冲心,舌为心苗,故毒聚于舌,肿塞满口,则饮食绝矣。”乃用珠黄散及解毒软坚之药,屡涂其舌,肿渐消而纳食;复用清凉通气之方,消息治之。

或谓解毒清火,与胎有害。余曰:“不然。”胎气旺甚,愈凉愈安,但热毒伤阴,当滋养其血气耳。乃专服余药,孪生二子。后询其得病之故,乃曾听邪人之言,服不经之药,几至伤生,

可为戒也。

（《洄溪医案》）

徐大椿产后风热案

西濠陆炳若夫人，产后感风热，瘀血未尽，医者执产后属虚寒之说，用干姜、熟地治之；且云必无生理，汗出而身热如炭，唇燥舌紫，仍用前药。余是日偶步田间看菜花，近炳若之居，趋迎求诊。余曰："生产血枯火炽，又兼风热，复加以刚燥滋腻之品，益火塞窍，以此死者，我见甚多，非石膏则阳明之盛火不解。"遵仲景法，用竹皮、石膏等药。余归而他医至，笑且非之，谓自古无产后用石膏之理。盖生平未见仲景方也。其母素信余，立主服之，一剂而苏。明日炳若复求诊，余曰："更服一剂，病已去矣，无庸易方。"如言而愈。医者群以为怪，不知此乃古人定法，唯服姜、桂则必死。

（《洄溪医案》）

【编按】

寒热不分，泥执产后属虚寒之说，则误。中医辨证施治有常法，亦可谓无常法。其常法是脏腑经络、八纲阴阳等纲要；无常法是指辨证论治过程中，各家之论言，只是就某一医象、某一病症特定的条件而言，对其切要的论断，不加条件地应用于全部疾病诊疗过程中。所以规范而又灵便的辨证识病方法，是临床诊疗的一个特点，应该在临床中避免陷入僵化思维的泥潭，就是要辩证地分析问题，避免机械的、形而上学的思维方式。

徐大椿产后恶露不出血臌案

苏州顾某继室，产后恶露不出，遂成血臌，医者束手，顾君之兄掌夫，余戚也，延余治之。余曰："此瘀血凝结，非桃仁等所能下，古法有抵当汤，今一时不及备，以唐人法，用肉桂、黄连、人参、大黄、五灵脂成剂，下其瘀血。"群医无不大笑，谓寒热补泻并相犯之药合而成方，此怪人也。其家因平日相信，与服。明日，掌夫告余曰："病不可治矣！病者见鬼窃饮所服药，乃大呼曰：'我不能食鬼之所吐也。'先生可无治矣？"余往验之，药本气味最烈之品，尝之与水无二，怪之。仍以前方煎成，亲往饮之，病者不肯饮，以威迫之，惧而饮，是夕下瘀血升余，而腹渐平，思食。

余以事暂归，隔日复往，其门首挂榜烧褚，余疑有他故，入门见者皆有喜色，询之，则曰："先生去之夕，病者梦其前夫人怒曰：'汝据余之室，夺余之财，虐余之女，余欲伤汝命，今为某所治，余将为大蛇以杀汝，即变为大蛇。'大惊而醒，故特延僧修忏耳。"盖前夫人以产后血臌亡，病状如一，而医者治不中病，遂致不起。盖一病有一病治法，学不可不博也。

（《洄溪医案》）

【编按】

人参与五灵脂相犯而古人有用法，对畏、反药性的经验我们不可信其无，也不可因之裹足不前，应该针对常用药物的一些配伍禁忌，从古人用药实践和现代药理研究成果中总结出准确观念，以正确地指导临床用药。徐氏所感“学不可不博”提示，中医不仅需要思辨性的辨证施治作为医学思想的基础，也需要博学多识作为体现医学实践能力的保障，如此才可谓之医者。

徐大椿产后瘀血冲厥案

东山水利同知，借余水利书，余往索出署，突有一人拦舆喊救命，谓我非告状，欲求神丹夺命耳。其家即对公署，因往视病者，死已三日，方欲入棺，而唇目忽动，按其心口尚温，误传余能起死回生，故泥首哀求。余辞之不获，乃绐之曰：“余舟中有神丹可救。”因随之舟中，与黑神丸二粒，教以水化灌之，非能必其效也。随即归家。后复至山中，其人已生。盖此乃瘀血冲心，厥而不返，黑神丸以陈墨为主，而以消瘀镇心之药佐之，为产后安神定魄去瘀生新之要品。医者苟不预备，一时何以奏效乎？

（《洄溪医案》）

【编按】

中医方剂丰富而效著，其中丸剂一在便捷，一在救急。完备的中医应该有丰富的制剂作为行医的保障，这一方面需要质量可靠的产业化体系和便捷的市场流通体系，一方面也需要医生备有一些经典配方制剂。针、药充箱，胸有病理成竹，方能临危不乱、救死扶伤。

韭菜根醋熏法治产时搐搦案

己丑，工部员外杨味春夫人吴勤惠公小姐产时搐搦，不省人事，集医治，以肝风不效。适夫人嫡堂兄吴纯甫太守进京，引见与余，父子世交，延余诊视。脉虚，知为血晕，非肝风也。先用韭菜根置两壶中加醋煮开，以壶两嘴对两鼻孔热气熏之，立时生男，苏醒，拟以当归参芪千金汤服之安。然继而胞衣不下者一日，阖家惊惶，余着寻鸡头、菱叶，撕破，加炒皂刺三钱，同煎，服之。时许，胞衣随恶血分碎而下，安然无恙矣。

（《许氏医案》）

【编按】

韭菜根醋熏法治疗便捷,只是一般药物不储,其治疗之意总在辛温开通。

泰山磐石散治习惯性小产案

李实之太史放甘肃主考时,夫人住京,系朱相国之孙女,湖北廉访之女,内阁章京伯平之妹,产后病剧。延余诊视,脉沉细,四肢拘挛,瘫痿溺黑,知受风寒化热为痹。拟以独活寄生汤加减见效,继为加减数服而愈。朱即请以夫人小产数胎为忧,余诊视,脉沉无力,气血两虚。拟以:

泰山磐石散、千金保胎丸合参。

令有孕时服30剂,果胎安矣。连举二子。

(《许氏医案》)

达生散重剂促产案

甲午,农部李有荣之夫人,临产三日未落草,咸谓胎死腹中,夫人自期亦死。情急许稳婆百金下死胎,以保夫人之命。稳婆无策,延余诊视,脉缓舌苔面色均无青赤,知胎无恙。询之稳婆,向言尚未顺胎,知经人早浆破血竭,犹鱼在盆,无水不行,数日不生者多也。安熨夫人不要慌乱,静心安卧,保管无恙。即重用达生散加重参、芪、归、芎各一两,外加葱头七个,黄杨脑七个。熊亦奇太史知医,斟酌意药太重,余言:"非此重剂,不能壮气生血,毋疑。"幸李素信余医,留坐茶点稍待,服药时许,家人报喜生一少爷,母子均安然矣。

(《许氏医案》)

【编按】

羊水早破分娩延迟,重剂达生散,壮气生血而得顺产。分娩除胎位不正等造成难产的情况外,主要依赖母体气力充沛、精血丰盈,气血足则分娩容易,这是助产用药的要领之一。

叶天士调经六案

【案一】

程某,37岁,13年不孕育,其中幻病非一。病患述经期迟至,来期预先三日:周身筋骨脉络牵掣酸楚,不得舒展。凡女人月水,诸络之血,必汇集血海而下。血海者,即冲脉也,男子藏精，女子系胞。不孕、经不调，冲脉病也。腹为阴，阴虚生热；肢背为阳，阳虚生寒。究竟全是产后不复之虚损，或见病治病之误，有终身不育淹淹之累。肝血阴虚，木火内寄，古人温养下焦，必佐凉肝坚阴，勿执经后期为气滞，乱投破气刚药劫阴。

河车胶、生地、枸杞、沙苑、生杜仲、白薇、山楂、黄柏、白花益母草。

【案二】

朱某，经云："阳维为病，苦寒热。"缘上年冰雪甚少，冬失其藏，春半潮湿，地气升泄，以肝肾血液久亏之质，春生力浅。八脉隶乎肝肾，一身纲维，八脉乏束固之司，阴弱内热，阳微外寒矣。膂脊常痛，经事愆期，血海渐涸，久延虚怯，情景已露。局方逍遥散，固女科圣药，大意重在肝脾二经，因郁致损，木土交伤，气血痹阻。和气血之中，佐柴胡微升，以引少阳生气，上中二焦之郁勃，可使条畅。今则入暮病剧，天晓安然，显是肝肾至阴损伤，八脉不为约束，故热无汗。至阴深远，古人谓阴病不得有汗也，当宗仲景甘药之例，勿取气辛助阳可矣（肝肾奇脉阴虚）。

炙甘草、阿胶、细生地、生白芍、麦冬、牡蛎。

【案三】

某妇，阴亏内热，经事愆期（阴虚）。

雄乌骨鸡、小生地、阿胶、白芍、枸杞、天冬、茯苓、茺蔚子、女贞子、桂圆上十味，用青蒿汁、童便、醇酒熬膏，加蜜丸。

【案四】

张某，43岁，寒热间日，经来腹痛（郁伤气血滞）。

小生地、丹皮、知母、花粉、生鳖甲、泽兰。

【案五】

某妇，20岁，先腹痛而后经至，气滞为多，晨泄腹鸣，亦脾胃之病，与下焦瘕泄则异。

川芎、当归、香附、煨广木香、楂肉、茯苓。

【案六】

傅某，大凡痞满在气，燥实在血。腹胀，经水仍来，大便微溏，固是气分病也，下之暂愈，气得泄也；继而腹胀，经水不来，气与血俱病也。病非轻渺，议中满分消方法。

生白术、猪苓、泽泻、椒目、鸡内金、青皮汁、浓朴。

（《临证指南医案·调经》）

【编按】

病案的阅读，有一要点是在读懂病案中病机的基础上，体会处方中每一味药的用处，入气入于何部、入营入于何部、升降寒热、合而作用如何等等，以这些问题作为引导，意会处方药效的作用之象。这样，一张处方，就是一个生动兵演之所的动景，如此才易于领会医家处方遣药时的意象。叶氏有言："固属扼要，其次最重调肝，因女子以肝为先天，阴性凝结，易于拂郁，郁则气滞血亦滞，木病必妨土，故次重脾胃，余则血虚者养之，血热者凉之，血瘀者通

之，气滞者疏之，气弱者补之，其不治之症。”调兵遣将之态明。“将”为君药，“兵”为臣、佐、使、引之味，凡方剂，以将为先，以兵为势，这是组方之要义。

叶天士淋带五案

【案一】

某妇，阳明脉虚，手麻足冷身动，带下如注，用通摄方（胃虚）。

人参、桂枝木、桑螵蛸、生杜仲、归身、茯苓。

又，胸中似冷，热饮乃爽。

照前方去杜仲，加白芍、炮姜。

【案二】

蒋某，带下不止，少腹内踝连痛，至不能伸缩，络脉不宣，最有结痈绵缠，不可不虑，医云肝气，岂有是理（血虚脉络滞痛）。

桂枝、生沙苑、远志、当归、鹿角霜、杞子、茯苓。

【案三】

袁某，舌光赤，头涨身热，带下如注，此五液走泄，阳浮热蒸，当用摄剂，若与鹿角霜、沙苑，仍是升举动阳，则无效矣（阴虚阳浮）。

熟地炭、阿胶、芡实、茯苓、湖莲肉、炒山药。

又，照前方去阿胶、山药，加桑螵蛸、萸肉炭。

【案四】

某妇，女科病，多倍于男子，而胎产调经为主要。淋带瘕泄，奇脉虚空，腰背脊膂牵掣似坠，而热气反升于上，从左而起。女人以肝为先天也，医人不晓八脉之理，但指其虚，刚如桂附，柔如地味，皆非奇经治法。

先以震灵丹固之，每服一钱五分。

又，淋带瘕泄，诸液耗，必阴伤，此参附姜桂，劫阴不效，而胶地阴柔，亦不能效，盖脉隧气散不摄，阴药沉降，徒扰其滑耳，必引之收之固之，震灵丹意，通则达下，涩则固下，唯其不受偏寒偏热，是法效灵矣，后方常用：

人参（一钱）、鹿角霜（一钱半）、沙苑（一钱半）、桑螵蛸（三钱）、炒杞子（一钱半）、茯神（三钱）、炙草（五分）、人参（二两，隔纸烘研）、麋茸（二两，切烘研）、生菟丝子（二两，研）、淡补骨脂（一两，半炒）、生紫石英（一两，二钱）、生余粮石（一两二钱）、茯苓（一两半）、炒黑小茴（五钱）、炒黑远志（五钱）；晚服妙香三钱。

【案五】

某妇，少腹拘急，大便燥艰，淋带赤白，此属液涸（阴阳并虚）。

肉苁蓉、枸杞子、河车、当归、柏子仁、郁李仁。

又，淋带年久，少腹拘急胀痛；溲不爽，大便艰涩，得泄气则胀宽；食物少纳，脘中不降，必抚摩始下。此病久脏阴腑阳皆伤，热药难受，以通阳固阴兼之。

早服，人参、归身、炒杞子、茯苓、麋茸、河车；暮服，震灵丹20粒。

（《临证指南医案·淋带》）

叶天士崩漏三案

【案一】

文某，55岁，产育频多，冲任脉虚，天癸当止之年。有紫黑血如豚肝，暴下之后，黄水绵绵不断。三年来所服归脾益气，但调脾胃补虚，未尝齿及奇经为病。论女科冲脉即是血海，今紫黑成块，几月一下，必积贮之血，久而瘀浊，有不得不下之理，此属奇经络病，与脏腑无异。考古云："久崩久带，宜清宜通。"仿此为法（奇脉虚血滞）。

柏子仁、细生地、青蒿根、淡黄芩、泽兰、樗根皮接服斑龙丸。

【案二】

张某，50岁，五旬天癸当止，而经淋周身牵掣，右肢渐不能举，不但冲任督带损伤，阳明胃脉衰微少气，乃最难向安之病（冲任胃皆虚）。

生黄、炙草、炒沙苑、炒杞子、炒归身。

【案三】

成某，冲任二脉损伤，经漏经年不痊，形瘦肤干畏冷。由阴气走乎阳位，益气以培生阳，温摄以固下真（冲任阳虚）。

人参、鹿角霜、归身、蕲艾炭、茯神、炮姜、紫石英、桂心。

（《临证指南医案·崩漏》）

【编按】

致病之由，有因冲任不能摄血者，有因肝不藏血者，有因脾不统血者，有因热在下焦，迫血妄行者，有因元气大虚，不能收敛其血者，又有瘀血内阻，新血不能归经而下者。

叶天士崩漏年久案

某妇，经漏三年。诊色脉俱夺，面浮跗肿，肌乏华色；纳谷日减，便坚不爽，自脊膂腰髀酸楚如堕。入夏以来，形神日羸。思经水必诸路之血，贮于血海而下，其不致崩决淋漓者，任脉为之担任，带脉为之约束，刚维跷脉之拥护，督脉以总督其统摄。今者但以冲脉之动而血下，

诸脉皆失其司，证固是虚，日饵补阳不应，未达奇经之理耳。考内经于胸胁支满妨食，时时前后血，特制乌鲗骨丸，咸味就下，通以济涩；更以秽浊气味为之导引，同气相需。后贤谓："暴崩暴漏，宜温宜补，久漏久崩，宜清宜通。"正与圣经相符。况乎芪、术皆守，不能入奇脉，无病用之，诚是好药，借以调病，焉克有济。夏之月，大气正在泄越，脾胃主令，岁气天和，保之最要。

议以早进通阴以理奇经；午余天热气泄，必加烦倦，随用清暑益气之剂，顺天之气，以扶生生。安稳百日，秋半收肃令行，可望其藏聚气交。而奇络渐固，此久损难复，非幸试速功矣（奇脉阴虚风阳动）。

早上汤药议以通阴潜阳方法，早服，龟甲心（秋石水浸）、鹿角霜、真阿胶、柏了霜、生牡蛎、锁阳。另煎清，汤入清药，煎取五十沸。鹿性阳，入督脉；龟体阴，走任脉；得济水沉伏，味咸色黑，熄肝风，养肾水；柏子芳香滑润，养血理燥，去湿消肿，咸固下。仲景云："病患腰以下肿者，汤。"固下焦之阳气。乃治八脉之大意。乌鲗骨方：乌鲗骨四分（米醋炙，去甲，另研水飞）、芦茹一分。上为细末，用雀卵量捣为丸，每服三钱，用药前先饮淡鲍鱼汤一小杯为导引。

又，进潜阳颇投，但左耳鸣甚，肠中亦鸣。肝阳内风升动未息，减气刚用柔。

龟甲心（照前制）、真阿胶、柏子霜、天冬、女真实、旱莲草。另煎人参汤二钱，加入滤清药内，再煎五十余沸，早服。

又，两进柔润清补颇投，询知病由乎悲哀烦劳，调理向愈；继因目病，服苦辛寒散太过，遂经漏淋带，年前七八日始净；今则两旬而止。此奇脉内乏，前议非诬，据述周身累现瘾疹，瘙痒不宁。想脂液久渗，阴不内营，阳气浮越，卫怯少固，客气外乘。凡六淫客邪，无有不从热化。内经以疮痍诸病，皆属于火。然内证为急，正不必以肌腠见病为治。刻下两三日间，又值经至之期，议进固脉实下，佐以东垣泻阴火意，经至之先用此方：

龟甲心、真阿胶、人参、桑螵蛸、生白龙骨、旱莲草、茯神、知母，早上服。

又，当经行，周身寒凛，腰酸腹膨，白疹大发，议用固气和血方。

人参、熟地、阿胶、川芎、当归、白芍、南山楂、蕲艾，早上服。

又，经来腹坠腰酸，疹现肌痒，鼻孔耳窍皆然。想阴血下注，必阳气鼓动，内风沸起。风非外来，乃阳之化气耳。昨因经至，用胶艾四物汤，和补固经；今午诊脉，右大而涩，左小数，中有坚疾如刃之象，洵乎液枯风动。初定乌鲗鱼丸当进，其早上汤药，凡气味之辛裁去；虽为补剂，勿取动阳耗液也。

人参、生地、天冬、阿胶、生白芍、女贞子、旱莲膏、地榆，早上服。

又，两日早进清补柔剂，夕用通固下焦冲任，是月经来甚少，起居颇安。与先哲云："暴崩当温涩，久漏宜宣通。"若合符节矣，连次候脉，必小弱为少安，则知阳动不息，内风必旋。芪术呆守，归艾辛温；守则气壅，辛则阳动，皆不知变化之旨，坐失机宜耳。余未能久候，焉有经年经月之恙，骤期速愈。故丸药创自内经七方之一，世多渺忽，实出轩岐秘奥。再议理阴熄风早用，谅不致误，拟长夏调理二法，晚服乌鲗丸三钱，晨进养肝阴和阳熄风以安胃。盖冲脉，即血海，隶于阳明胃脉，乃仿经旨立方。

人参、阿胶、白芍、生地、旱莲膏、女贞子、桑寄生、咸秋石、细子芩、三角胡麻药末，胶膏，再加熟蜜三两，捣千余杵，丸，宜细光，早上服四钱，小暑至处暑，生脉散送。

又，此番经后，带下仍有，久漏奇脉少固，前案申说已着。丸剂专司通摄冲任，恪守定然必效，但外来寒暄易御，内因劳嗔难调，余谆谆相告者为此。

人参、生地、阿胶、龟甲心、茯神、女贞子、旱莲膏、小黑、豆皮，早上服。

又，昨晚烦冗，阳动气升，头额震痛，经再下注，更定镇摄一法，久后亦可备用。

人参、生地、阿胶、龟甲心、生牡蛎、天冬、黑壳建莲。

又，十二日午，诊脉，仍用初十日早服方法，去豆皮加生牡蛎。交小暑后骤热。午后另煎生脉散微温服一次。

（《临证指南医案·崩漏》）

【编按】

案中治法，早进通阴以理奇经，午用清暑益气顺天之气以扶生生；药用鹿入督脉，龟走任脉，阿胶熄肝风养肾水，柏子养血理燥，牡蛎固下，锁阳固下焦阳气，以治八脉。久病之体，主佐《内经》乌鲗骨方以治，视今对此方临床应用加多，值得推广；尤其方组蕴意尤可深析。岐伯曰："病名血枯，此得之年少时，有所大脱血。若醉入房，中气竭，肝伤，故月事衰少不来也。以四乌鲗骨一藘茹，二物并合之，丸以雀卵，大小如豆，以五丸为后饭，饮以鲍鱼汁，利肠中，及伤肝也。"方药力之专宏，于文中可知。此方中乌鲗骨涩敛入骨（走肾，以此入通八脉），味重；藘茹即茜草，入血，味轻。骨味为主补，亦为引导入经之气源，携茜草涤清血气，正与叶氏所求"达奇经"之意相合。

叶天士胎前病症四案

【案一】

王某，先寒后热，咳呛，是春月风温肺病。风为阳邪，温渐变热，客气着人，即曰时气。怀妊九月，足少阴肾脉养胎，上受热气，肺痹喘急，消渴胸满，便溺不爽，皆肺与大肠为表里之现证，状若绘矣。芎归辛温，参术守补，肉桂沉香辛热，皆胎前忌用，致大热烦闷，势属危殆。议以清肺之急，润肺之燥，俾胎得凉则安，去病身安，自为不补之补；古人先治其实，实者邪也（热伤肺阴）。

泡淡黄芩、知母、鲜生地、花粉、阿胶、天冬。

又，喘热减半，四肢微冷，腹中不和，胎气有上冲之虑，昨进清润之方，漐漐有汗，可见辛燥耗血，便是助热，今烦渴既止，问初病由悲哀惊恐之伤，养肝阴，滋肾液为治，稳保胎元，病体可调。

复脉,去桂、麻、姜、枣,加天冬、知母、子芩。

【案二】

朱某,脉右涩小数,左弦促;纳食脘胀,常有甘酸浊味,微呕吐清涎;旬朝始一更衣,仍不通爽。询知病起情怀抑郁,由气郁化热,如内经五志过极,皆从火化,就怀妊恶阻。按徐之才逐月安养,亦在足少阳经,正取清热养胎,况肝胆相火内寄,非凉剂无以和平。古人治病,以偏救偏,幸勿畏虚以贻患(郁热)。

金石斛、黑山栀、茯苓、半夏曲、橘红、竹茹、枳实。

【案三】

某妇,触胎下血。腹痛而坠(触胎下血)。

人参、炒白芍、炙草、广皮、熟地炭、炒砂仁末加纹银一二两和青苎一两。

又,照前方去熟地加炮姜、熟术。

又,人参、熟地、炒归身、炒白芍、炙草、茯神、广皮、炒砂仁。

【案四】

某妇,三月胎漏,用固下益气。

人参、熟术、熟地、阿胶、白芍、炙草、砂仁、艾炭。

(《临证指南医案·胎前》)

【编按】

天一生水,水属肾,肾脏先生,地二生火,火属心,心又次生,天三生木,木属肝,肝又次生,地四生金,金属肺,肺又次生,天五生土,土属脾,脾又次生,天既以五行生五脏,而仁义礼智信之五德,亦即寓于其中。朱夫子所云:天以阴阳五行,化生万物,气以成形,而理亦赋焉,此之谓也,因此古人重胎教,所以端其本也。叶先生案:胎前大约以凉血顺气为主,而肝脾胃三经,尤为所重,因肝藏血,血以护胎,肝血失荣,胎无以荫矣,肝主升,肝气横逆,胎亦上冲矣,胎气系于脾,如寄生之托于苞桑,茑与女萝之施于松柏,脾气过虚,胎无所附,堕滑难免矣。至于胃为水谷之海,妊妇全赖水谷之精华,以养身护胎,故胃气如兵家之饷道,不容一刻稍缓也,其余有邪则去邪,有火则治火,阴虚则清滋,阳虚则温补,随机应变,无所执着。

叶天士产后病症十一案

【案一】

程妇,冲脉为病,男子内结七疝,女子带下瘕聚。故奇脉之结实者,古人必用苦辛,和芳香,以通脉络;其虚者,必辛甘温补,佐以流行脉络,务在气血调和,病必痊愈。今产后体虚,兼瘀而痛,法当益体攻病,日期已多,缓治为宜(体虚兼瘀)。

生地、生姜、丹皮、琥珀末(调入)。

此苦辛偶方，加丹皮以通外，琥珀以通内，所以取效。

又，回生丹，取米醋煮大黄一味，约入病所，不碍无病之所，故亦效。二法皆入络药。

又，小生地、归须、红花、郁李仁、柏子仁、茯神。

又，照前方去红花、郁李仁，加泽兰。

【案二】

唐妇，产后骤脱，参附急救，是挽阳固气方法。但损在阴分，其头痛汗出烦渴，乃阳气上冒，凡开泄则伤阳，辛热则伤阴，俱非新产郁冒之治道。尝读仲景书，明本草意，为是拟方于后，亦非杜撰也(郁冒)。

生左牡蛎(一钱)、生地(二钱)、上阿胶(二钱)、炒黑楂肉(三钱)、茺蔚子(一钱半)。

【案三】

吴妇，新产阴气下泄，阳气上冒。日晡至戌亥，阳明胃衰，厥阴肝横，肝血无藏，气冲扰膈，致心下格拒；气干膻中，神乱昏谵，若恶露冲心则死矣，焉有天明再醒之理。回生丹酸苦直达下焦血分，用过不应，谅非瘀痹。想初由汗淋发热，凡外感风邪，邪滞汗解，此热昏乱，即仲景之新产郁冒也。倘失治，必四肢牵掣，如惊似风痫则危，议从亡阳汗出谵语例，用救逆法。

生龙骨(三钱)、生牡蛎(三钱)、桂枝(五分)、淮小麦(百粒)、炙甘草(三分)、南枣(二钱)。

又，气从涌泉小腹中，直冲胸臆，而心下痛，巅晕神迷。此肝肾内怯，无以收纳自固，每假寐必魂魄飞越，惊恐畏惧，非止一端，救逆法镇阳颇应，但少补虚宁神，益之固之耳。

人参(二钱)、龙齿(三钱，捣)、枣仁(三钱)、茯神(三钱)、炒黑杞子(二钱)、黑壳建莲肉(五钱)、紫石英(一两，捣碎)，用水三盏，煎减半，用以煎药。

又，两法皆效，下元虚损无疑，八脉无气把握，带下淋漓不止，梦魂跌仆，正经旨下虚则梦坠也，议镇固奇脉方。

人参(二钱)、龙齿(三钱)、枣仁(三钱)、茯神(三钱)、桑螵蛸(炙二钱)、炒黑远志(五分)，用紫石英煎汤，煎药。

又，昨午忧悲嗔怒，大便后，陡然头晕，继以呕逆，胸痞止，心洞嘈杂，仍不能食；子夜寒战鼓栗，寅刻津津微热，神昏妄见；巅痛乳胀，腹鸣，短气呵欠，似乎叹息之声。此乃下元根蒂未坚，偶触心机，诸阳神飞旋动舞。仲景论先厥后热，知饥不能食，干呕，列于厥阴篇中。盖危病初效，未沾水谷精华，则胃土大虚，中无砥柱，俾厥阴风木之威，横冲震荡，一如释典混沌劫，于地水火风卒来莫御矣。当此医药，全以护阳固阴，但血舍耗涸，刚猛及滋腻，总在难施之例，无暇理病，存体为要。

人参(五钱)、熟附子(一钱)、川桂枝木(一钱)、炮姜炭(一钱)、炙黑甘草(五分)、茯苓(三钱)。

【案四】

吴妇，产后十二朝，先寒战，后发热，少腹疞痛，腹膨满，下部腰肢不能转侧伸缩，小溲涩少而痛。此败血流入经络,延及变为疡证,议用交加散(败血入经络为疡)。

小生地、生姜、车前、牛膝、五灵脂、炒楂肉,调入琥珀末一钱。

又,十六朝,诸证稍减,每黄昏戌亥时,冲气自下而上,至胸中即胀闷,肢冷汗出,右腹板实。此厥阴肝脏,因惊气逆,今恶露未清,重镇酸敛,均为暂忌,拟和血调血为稳。

归须、炒桃仁、延胡、炒楂肉、官桂、香附、川楝、小茴。

又,人参、当归、白芍、炙草、茯神、香附、桂心、广皮。

【案五】

虞某,32岁,背寒心热,天明汗出乃凉,产后两三月若此,此属下焦真阴已亏,渐扰阳位,二气交乘。并非客症,头晕、耳鸣、心悸,寒热后必泻,内风震动,当与静药(阴虚风阳动)。

人参、炙草、白芍、麦冬、炒生地、炒乌梅。

又,前法酸甘,益阴和阳,诸病皆减,然此恙是产后下焦百脉空乏,谓之蓐损。填隙固髓为正治,缘谷食未加,沉腻恐妨胃口,加餐可用丸药。

人参、炙草、阿胶、生地、麦冬。

又,照前方加桂枝木、茯苓、南枣。

又,产后都属下焦先损,百脉空隙,时序夏秋,天暖发泄加病,此扶阳益阴得效,今诸证向愈,寝食已安,独经水未至,其冲任奇脉不振,须脏阴充旺,脉中得以游溢耳。

熟地(水制)、人参、阿胶、萸肉、远志炭、山药、茯神、建莲、乌骨鸡膏丸。

【案六】

邹某,32岁,阳不入阴,不寐汗出。产伤,阴先受损,继而损至奇经。前主温养柔补,谓阴伤不受桂附刚猛,阅开列病情,全是阴虚阳浮,漏经几一月,尤为急治。夜进局方震灵丹五十粒,前方复入凉肝,益阴配阳,是两固法则(阴虚阳浮经漏)。

人参、麋茸、枸杞、天冬、茯神、沙苑。

【案七】

潘某,胎前水溢浮肿,喘满不得卧。余用开太阳膀胱获效,既产浮肿自然渐退,女科不明产后下虚,专以破气宽胀,百日来腹大且满,按之则痛。此皆气散弥漫,丸药又补涩守中,益助其钝气血凝涩,经候不来,为难治之病。议肾气汤,药成炭,取其气之通,勿令味浊;兼调琥珀末以调其血涩,仿古法中之所有,非杜撰也(阳虚肿胀)。

桂七味加车前、牛膝,炒炭,水洗煎,临服调入琥珀末。

【案八】

方某,产后腹大,半年不愈。近日有形冲突,肠如刀绞,据述坐蓐艰产,血去盈斗,而腹形即已胀满。想八脉不用,肾气散越不收,非瘀血积气为病,议用大全方乌鸡煎丸(奇脉虚肾气不摄肿胀)。

乌骨鸡、人参、苍术、附子、乌药、肉桂、陈皮、草果、红花、海桐皮、黄芪、白术、蓬术、川乌、延胡、白芍、木香、肉果、琥珀、丹皮。即以鸡挦去毛头嘴爪肠杂,将药放鸡肚内,贮砂锅中,以好酒一斗同煮，令干，去鸡骨，以油单盛焙令干，为末，蜜丸。

【案九】

许某，实喘属肺，虚喘属肾。产后下虚最多，痰饮易于上泛，喘嗽食减，有浮肿胀满，不得卧之忧，不可小视。

茯苓、生白芍、干姜、五味。

【案十】

王某，产后未复，风温入肺，舌白面肿喘咳，泄泻，小水渐少，必加肿满，不易治之症(风温客肺饮邪上逆)。

芦根、苡仁、通草、大豆黄卷。

又，淡渗通泄气分，肺壅得开而卧，再宗前议。

通草、芦根、苡仁、大豆黄卷、木防己、茯苓。

又，过投绝产凝寒重药，致湿聚阻痰，两投通泄气分已效，再用暖胃涤饮法。

半夏、姜汁、黍米、茯苓。

又，支饮未尽，溏泻不渴，神气已虚，用泽术汤。

生白术、建泽泻、茯苓、苡仁。

【案十一】

某妇，脉小左弦，咳逆脘闷，小便不利，大便溏泻，不思纳谷，嗳气臭秽。此皆胎前气上逆冲，浊得盘踞膈间，肺失清肃降令，上窍痹，致下窍不利，汤食聚湿，气不宣行。怕延出浮肿腹满，喘急不卧诸证，不独以产后通瘀为事(湿浊踞膈、肺不肃降)。

郁金汁、杏仁、通草、桔梗、茯苓皮、苡仁。

(《临证指南医案·产后》)

【编按】

回生丹(《万病回春》卷六)组成：大黄500克(为末)，苏木60克(锉，用河水1升，煎取汁600毫升)，红花90克(炒黄色，入好酒1升，同煮三五滚，取汁)，黑豆200克(煮熟，取汁600毫升)、当归、川芎、熟地黄、白茯苓(去皮)、苍术(米泔浸)、香附米、乌药、玄胡索、桃仁(另研)、蒲黄、牛膝(去芦)各30克，白芍(酒炒)、甘草、陈皮、木香、三棱、五灵脂、羌活、地榆、山萸(酒浸，去核)各15克，人参、白术(去芦)、青皮(去瓤)、木瓜各9克，良姜12克，乳香、没药各3克。用法：先将大黄末以好米醋600~800毫升搅匀，以文武火熬成膏，如此二遍，次下红花酒、苏木汤、黑豆汁，搅开，再熬成膏取出。如有锅巴，再焙干，与其余药物共为细末，用大黄膏为丸，如弹子大。每服1丸，酒顿化，通口服。主治：孕妇调养失宜，劳复胎动；或胎漏，恶露时下，脏极寒，久不成胎；或胎痿燥不长，过期不产；或产时未至，恶露先下，致令难产；或胎死腹中，腹上冰冷，口唇青黑，出冷沫；或恶露上攻，昏闷不省，喘促汗出，及恶露不下，脐腹冷痛，寒热往来；或因产劳虚损，身羸而黄，体瘦心怯，盗汗，饮食不进，渐成劳疾。兼治崩漏带下，室女经闭，月水不调。

叶天士妇科癥瘕三案

【案一】

谭妇,瘕聚有形高突,痛在胃脘心下,或垂夯腰少腹,重按既久,痛势稍定,经水后期,色多黄白,此皆冲脉为病,络虚则胀,气阻则痛,非辛香何以入络,苦温可以通降(气血凝络、脘痛经阻)。

延胡、川楝、香附、郁金、茯苓、降香汁、茺蔚子、炒山楂、乌药。

又,瘕聚瘤结,痛胀妨食,得食不下,痛甚;今月经阻不至,带淋甚多。病由冲任脉络,扰及肝胃之逆乱,若不宣畅经通,日久延为蛊疾矣。

炒桃仁、当归须、延胡、川楝子、青皮、小茴、吴萸、紫降香、青葱管。

【案二】

陆某,16岁,经阻半年,腹形渐大,痛不拒按,溲短便通,据形色脉象,不是用通经丸者,下气还攻于络,有形若癥瘕(肾气不摄、经阻腹痛胀)。

炒枯肾气丸。

【案三】

缪某,脉弦左搏,数年胃痛不痊,发时手不可按;胁中拘急,少腹左傍,素有瘕聚之形;气自下焦冲起,为胀为呕。此乃惊忧嗔怒,致动肝木,乘其中土,胃伤失降,脉络逆并,痛势为甚。初起或理气获效,久发中衰,辛香气燥,脾胃不胜克伐矣。议疏肝木,安土为法,冀其渐缓,再酌后法(气血凝络、肝逆胃痛呕)。

川楝子、川连、干姜、桂枝、当归、川椒、生白芍、乌梅。

又,少腹疝瘕多年,冲起散漫,胃脘两胁痛甚欲呕。年前用安胃泄肝颇效,但下焦至阴,足跗发瘰裂水,久留湿热瘀留,经脉络中交病,若非宣通气血壅遏,恐非至理。

桃仁、柏子仁、川芎、当归、小茴、小香附、茯苓、山栀(姜汁炒)。为末,用青葱管百茎,加水一杯,取汁法丸。

(《临证指南医案·产后》)

【编按】

治病须知其一,亦知其二,进而知其三,方可以见证识机,病象稀暸于胸。知其一,是见证能有治疗方法;知其二,是随治疗后的变化随时变方适其变化;知其三,是从整体上能把握疾病的转归。这样才是一条完整的医疗途径和思路,否则临证失措,知一而乱局。

赵绍琴子宫肌瘤案

张某,女,41岁。1991年7月10日。

初诊 多发性子宫肌瘤确诊三年余。近日作B超确定最大的一个肌瘤直径约7.9厘米;月经量多,经期延长至10余天,每次月经后一身疲乏无力;面色萎黄,血色素降至7克;诊脉濡滑且数,舌红苔白,夜寐梦多。肝胆郁热,血分瘀滞,先用清泄肝胆,并活血化瘀,以消其瘤。

柴胡6克、黄芩10克、川楝子6克、荆芥炭10克、防风6克、生地榆10克、赤芍10克、丹参10克、三棱6克,7剂。

二诊 上方服后自觉适舒,夜寐安稳,烦躁减轻,月经量减少。患者每月服上方约20剂。近日B超检查,肌瘤缩小,最大者直径为6~7厘米。微觉疲乏无力;诊脉濡滑,按之力弱;舌红苔白且润。络脉瘀阻,气分不足,改用益气化瘀方法。

黄芪20克、党参15克、丹参15克、赤芍10克、莪术10克、茜草10克、大黄1克、水红花子10克,7剂。

三诊 上方服20余付,自觉气力有增,精神好转,近日夜梦较多。诊脉弦滑,按之濡数,舌红苔白,仍用益气化瘀方法。

黄芪20克、丹参10克、赤芍10克、茜草10克、夏枯草10克、苏木10克、马鞭草10克、水红花子10克,7剂。

四诊 近日B超复查,只发现一个肌瘤,直径为3.1厘米,其余肌瘤均已消失。患者自述原有乳腺增生,两乳房胀痛,药后也显著减轻。诊脉濡滑,舌白苔腻,仍用前法进退。

黄芪20克、牛膝10克、丹参10克、赤芍10克、马鞭草10克、苏木10克、焦三仙各10克、水红花子10克、瓜蒌30克,7剂。

五诊 上方续服至今,经B超复查,肌瘤直径已缩至2.6厘米。脉仍濡滑,继用益气活血通络方法。

黄芪20克、马鞭草10克、苏木10克、丹参10克、茜草10克、水红花子10克、瓜蒌仁30克、丝瓜萎10克、桑枝10克,7剂。

六诊 上方续服1个月,一切感觉良好,月经时间经量均已正常。脉仍濡滑,继用前法增损。

黄芪30克、苏木10克、赤芍10克、丹参10克、茜草10克、焦三仙各10克、水红花子10克、三棱6克,7剂。

七诊 近日复查B超,肌瘤全消。月经复常,食眠均佳,脉象濡滑。病已向愈,再以前法加减,以资巩固。

黄芪30克、马鞭草10克、苏术10克、赤芍10克、丹参10克、茜草10克、焦三仙各10克、水红花子10克、当归10克，10剂。

（《赵绍琴医案·癥》）

【编按】

确定基本治法是治疗痼疾的关键，案中赵氏治癥瘕以活血为基法，药物出入于丹参、茜草、赤芍、马鞭草、苏木、三棱、当归之间。用药灵活，但变换药味的依据为何，值得探究以揭其深意。

案按：治疗可分为两个阶段，第一阶段即初诊用清肝热与活血化瘀并重，用药5个月，瘤体已明显缩小。此后为第二阶段，根据脉象濡软，以及病情需长期治疗这一情况，决定改用益气活血通络方法。主用黄芪与活血化瘀药配伍，使气充则血得行，活瘀而不伤正，收到了明显的治疗效果。瘤体日渐缩小，直至全消。其所用活血药物并不多，出入于丹参、茜草、赤芍、马鞭草、苏木、三棱、当归等药之间，每诊必变换数药，而基本治法益气活血化瘀不变，体现了治法不变而用药灵活的特点。总之，像子宫肌瘤这样实质性瘤体的消除需要一个较长的过程，患者必须有耐心坚持治疗。医生则在把握其病机的基础上，确定一个基本的治法，不能朝三暮四。若是打一枪换一个地方，恐怕难以取得理想的效果。

赵炳南双侧输卵管炎症包块案

杜某，女，32岁。1961年6月20日。

两侧小腹部肿块、坠痛已月余，近一周来发烧。近五六年来月经前期腰酸，小腹部胀痛，今年5月初自觉左侧下腹部有拳头大样肿块，有明显压痛。近一个月来阴道出血3次，量少，腹痛明显，一周来发烧，体温在38%以上，不恶寒，无汗，口渴思冷饮，胃纳不佳，小便黄，尿时灼热。6月12日住院治疗。入院后会用青、链霉素，3日后发烧未退，腹痛未感，又给予“合霉素”，药后出现过敏性皮疹，停用西药遂请赵老医生会诊。月经史：14岁初潮，周期为20～30天，一般带经3日，血量中等色暗，有瘀血块。婚姻、生育史：17岁结婚，爱人体健，婚后曾妊娠二次，一胎流产，一胎出生后抽风而死，13年来未生育。检查：发育正常，营养中等，神清，体温38%，脉搏104次/分。腹部检查左侧下腹部可触及8厘米×8厘米大小的肿块，推之不活动，有明显的压痛。妇科检查：外阴经产型，宫颈轻度糜烂，子宫水平位，大小正常，穹隆左侧有一10厘米×8厘米×4厘米的肿块，右侧有一6厘米×6厘米×4厘米的肿块，质地较硬，压痛明显，肿块与子宫粘连，活动度很小。化验检查：血红蛋白12.9克，红细胞计数3,890,000/立方毫米，白细胞计数14,001/立方毫米，中性粒细胞79%，淋巴细胞19%，嗜酸粒细胞2%，其他均属正常。西医诊断：双侧输卵管炎症性包块。

脉沉滑略数。舌苔白厚，舌质暗红。辨证为毒热内蕴、气滞血郁结成症块。治法清热解毒,理气活血。

金银花(五钱)、连翘(四钱)、公英(五钱)、败酱草(五钱)、生石膏(四钱)、鲜生地(四钱)、归尾(三钱)、赤芍(三钱)、丹参(三钱)、丹皮(三钱)、生苡米(三钱)、川楝子(三钱)、生甘草(一钱)。

二诊 上方服3剂后,发烧已退,腹痛稍减轻,继服6剂后精神好转,胃纳好,腹部肿块压痛减轻,大小未见变化,白细胞已恢复正常。脉沉涩,舌质仍暗,毒热已减而血瘀症块仍在,拟以破血化瘀、软坚消症为主,佐以清热以解余毒。

京三棱(三钱)、蓬莪术(三钱)、赤芍药(三钱)、丹参(三钱)、桃仁(三钱)、生苡米(五钱)、金银花(四钱)、公英(五钱)、败酱草(三钱)、地丁(三钱)、香附(三钱)。

三诊 上方服6剂后,腹痛消失,体力已复,腹部包块逐渐缩小。

出院后来我院门诊治疗。继服第二方30余剂,无不适,月经按期来潮,血量较多,色紫暗,仍有血块,经期腹痛已减。妇科检查,右侧穹隆部包块已消失,左侧尚有如核桃大包块,质软无压痛。经期后又复查一次,两侧穹隆部包块完全消失。随访三年未见复发。

(《赵炳南临床经验集》)

【编按】

案按:本病属于癥瘕范围,从其病机来看,主要是由于毒热内蕴,气血瘀滞。嵌血不行聚结成块,气滞不行则少腹作痛,气滞则血瘀,瘀血不化,蕴久更生毒热,故见身热不退、口渴思冷饮、溲黄。所以在治疗上急则治其标、缓则治其本,先以清热解毒以治其标,稍佐理气活血之品。第一方中金银花、连翘、公英、赤芍、生甘草清热解毒;生石膏、生地、丹皮清热凉血;败酱、苡仁米解毒热、消痈肿;归尾、丹参活血化瘀,川楝行气止痛。服药后发热退,腹痛减,标证得解。

妇人为病多数以血病为主,少腹症块多属于血瘀,如《医学汇海》中说:"血症者,妇人经行及产后伤于风寒,或伤饮食,以致内瘀血搏,凝滞不散,久则成块而作痛也。"患者服第一方后,热虽退而症块仍在,病属血证,气血凝聚,非重用破瘀软坚、行气活血之品不足以奏效。所以继以破瘀软坚、活血消症以治其本,稍佐清热之剂以解余毒。方中三棱、莪术破瘀软坚、活血消症,三棱能破血中之气,莪术能破气中之血,再加上赤芍、丹参、桃仁、香附以增强理气活血化瘀的作用,而丹参功同四物,活血之中又能补血,瘀去新生。所以在治疗过程中,月经逐渐恢复正常,炎症性包块也逐渐消失。说明在治疗时要抓住病机,效不更方,善于守方,对于顽固的病症方能奏效。

戴立三经漏血尿案

王某,女,40岁。

已婚多年，从未孕育，性多忧郁。1949年春，自感胁腹疼痛，经漏淋漓不已，并发尿血，尿道灼痛。经西医诊断为子宫肌瘤，建议手术，未曾施行。经某中医用导赤散、清心莲子饮等方未效，乃请余往诊。按其脉，弦而涩。视其舌，青而滑。病已二月之久，以方衡证，尿血而痛用导赤之类，未为不可，何以不效？因思患者之急欲求医调治者，为求生育也。求而不得，抑郁伤肝，肝藏血，肝气郁结，气血失调，此其因也。今观脉证，确系肝郁。

盖厥阴肝脉，"过阴器抵小腹"，故专事清利之导赤散无益也，治劳淋之清心莲子饮亦无济于事。余因之而得到启发，据其主因，不宜从小便之义治。但治经漏何能兼顾尿血、治尿血又怎能顾及经漏？唯既决断为肝郁夹瘀，其病在肝。治宜舒肝解郁。肝气得舒，淋漓可止；肝气不陷，血自归经，尿血可愈。乃处以下方：

白茯苓15克、炒泽泻6克、桂枝9克、炒杭芍9克、炙香附9克、砂仁6克、郁金6克、青皮9克、玄胡索9克、川楝子6克、甘草梢4.5克。

此温肝舒郁法也，茯苓、泽泻渗湿利水；杭芍养血柔肝；香附、青皮、玄胡、川楝、郁金，皆调气舒肝之品，亦能活血；砂仁理气通滞；桂枝一味，达木郁以升肝气，张锡纯谓其"善抑肝木之盛，使不横恣""又善理肝木之郁使之条达"。

上方服2剂，诸证均有减轻，瘀象亦退。方既已效，仍用原方加减。处方如下：

白茯苓15克、炒泽泻6克、桂枝9克、炒杭芍9克、上阿胶9克、生地12克、丹皮6克、焦栀仁6克、浙寸冬9克、生甘草4.5克、血余炭1团。

此在原方基础上，加阿胶养阴益肝；助生地、寸冬养阴润燥；丹皮、焦栀仁化阴生血兼清郁热；血余炭止冲任二脉之血溢下渗；再以苓、泻之渗利湿邪；以桂、芍达郁而平风木。连服5剂后，各证渐愈，尿血全止，月经调畅。次年受孕而举一子。

（《戴立三医案》）

【编按】

此例之愈，全在"辨证求因，审因论治"。患者年已四十而无嗣，忧虑可知。求子不得，肝气日郁，气血瘀阻，冲任失调，故经漏淋漓。瘀血下注，渗入膀胱，必然尿血。肝血不藏，遂使血不归经，绵缠难愈。治疗之法舍舒肝解郁、调理冲任，别无良策。此尚易理解者。如胶柱鼓瑟以"血家禁桂"之说为禁令，则是不深知桂枝之性能与该例尿血之病机。考桂枝辛温，与芍药合用善调气血，与丹皮合用善化厥阴寒凝瘀结。更有妙者，本品善升肝气之下陷，俾冲任和调，血自归经，再佐以育阴润燥之品，何患血之不止！前人虽有"血家禁桂"之论，系指上窍出血之证而言。至于肝气下陷之下窍出血，非但不为禁忌，抑且必用也。故治此类血证，往往加用桂枝，非独此案也。

戴立三习惯性流产案

李某，女，31岁。

曾流产3次，现怀孕3周又有漏血，颜色淡红，淋漓不止，兼见腰脊酸痛。舌红润，苔薄白，脉沉弱。此属气血不足，冲任不固。治宜调补气血以增强冲任，先用仲景胶艾四物汤加减。处方：

生地15克、当归15克、潞党参15克、口芪15克、杭芍9克、阿胶15克、炙艾叶9克、炮姜炭15克、炙甘草6克、苎麻根9克。

此方以四物汤去川芎加参、芪，补血养血；合以阿胶、炙艾则能固经止血；加苎麻根之凉血止血而安胎；又得炮姜、甘草之苦甘化阴而滋血，则胎元可固，流血可止。

连服3剂，漏血止。继以已故成都名中医陈焕甫治习惯性流产之名方保产丸（改汤剂）加减调理，以资巩固。方用：

菟丝子15克、续断9克、桑寄生15克、潞党参15克、杜仲15克、口芪15克、阿胶15克、砂仁3克。

方中菟丝、寄生补肾强腰，固肾安胎；续断、杜仲补肝肾强腰膝而保胎；黄芪、党参补益气血而固胎；阿胶滋补肾阴，益血养胎；砂仁行滞气，并防补药之滋腻碍胃。如此组合，功能补肾气，益气血，使肾气足，气血充，则冲任固而胎自安。嘱每周服3剂，隔日1剂，连服1个月。于是，胎得以安，届期顺利分娩，母子平安。

（《戴立三医案》）

【编按】

案按：妇人胎漏，系指怀孕后阴道有不规则之流血或点滴漏下或淋漓不止等现象，又叫胞漏或漏胎。若不急止其血，则胎元受损，甚至引起流产或小产。本证多因妊妇气血亏虚，冲任不固所致，亦有因血热、房事不节、跌仆损伤所致者。应根据不同情况辨证用药。胶艾四物汤合炮姜甘草汤加苎麻根为治疗一般胎漏之方。气虚明显者加参、芪，有血热现象者加黄芩、地榆，跌仆损伤者，加续断、骨碎补。并告以力戒房事，则疗效颇佳。本方补血，血足则胎得所养。本例因有流产史，故血止后，继用保产丸加减，以补肾固冲。本方适应范围较广，尚可用于胎位不正等证。

戴立三产后发热案

孟某，女，37岁，体质素健。

于1949年春分娩后，高热持续不退，前医曾用养肝补血药多剂，热势依然。延至月余，热势更张，时有神昏、谵语，病情危殆，求余诊治。症见脉洪大，重按有力；舌苔白燥；面垢自汗，烦渴饮冷，手足不时厥冷；面部微浮，四肢轻度肿胀。细询病情，始知病由外感失治，又加滋补所致。脉证合参，病属燥热伤阴，肺胃火郁而发热，乃里热亢盛之征。然病在产后，极易与血虚发热相混淆。若辨认不清，毫厘之差，即千里之谬，生死立见于反掌之间，自应明辨慎思，方不致误。血虚发热，有时证似白虎，亦有发热面赤，烦渴、汗出等症状。但脉象多见细数，而少洪大，舌质多淡白。虽有自汗、烦渴，但不引饮。患者倘系血虚发热，则前所用养肝补血之剂，理应见效。今不效者，足见发热并非里虚。今白虎确证已具，自当以甘寒退热之白虎汤施治。但古人有“石膏为产后禁忌”之说。且产后三大症，以麻仁丸治便秘，小柴胡汤治郁冒，竹叶汤治风痉，并无白虎汤为治之设。

经反复思索，并忆及徐灵胎用石膏治愈西濛陆炳若夫人产后风热之例，结合本案病情，若因循再用补益，而不速投甘寒退热之剂，则阳明独盛，不免导致阳盛阴亡之虞。患者虽在产后，但脉证俱实。遵仲景“观其脉证，知犯何逆，随证治之”的启示，决定用张锡纯白虎加人参，以山药代粳米汤。处方：

生石膏15克(捣碎先煎)、潞党参15克、炒知母9克、生甘草6克、淮山药15克。

方中以白虎汤泻热降火，加党参益气生津，用山药代粳米者，张锡纯谓：“盖粳米不过调和胃气，而山药兼能固摄下焦元气，使元气素虚者不至因服石膏，知母而作泻。且山药多含有蛋白汁，最善滋阴。白虎汤得此，既祛实火又清虚热，内伤外感，须臾同愈。愚用此方救人多矣。”是方服1剂后，症减其半，神识转清，再服1剂，诸症若失。

(《戴立三医案》)

【编按】

产后三大症，以麻仁丸治便秘，小柴胡汤治郁冒，竹叶汤治风痉。但“产后三症三方不能尽其病之变”，故摒“石膏为产后禁忌”之说，用白虎汤清热。总求药证相符，为临证要旨。

案按：古之产后三症三方不能尽其病之变。总之，治病不能墨守成规，必须根据客观实际仔细辨证，灵活处理，方可应万变而不穷。前人虽有许多经验记录值得取法，但必须通过自己进一步的实践而加以检验，才可得出正确结论，用以指导临床。

产后发热，虽有外感、食滞、瘀血、血虚、阴虚、蒸乳等不同，治法亦异。历代医家各有不同见解。《丹溪心法》云：“产后无令得虚，当大补气血为先，虽有杂证，以末治之。”张子和云“产后慎不可作诸虚不足治之”之说，《医宗金鉴·妇科心法要诀》云：“古云胎前无不足，产后无有余，此其常也。然胎前虽多有余之证，亦当详察其亦有不足之时，产后虽多不足之病，亦当详审其每挟有余之证也。”综上所述，丹溪所言者，言其常也，张氏所言者，言其变也。《金鉴》所言者，既言其常，也言其变。总之，临床治疗既要知常，更要知变，不可拘执，方不致犯虚虚实实之戒。戴老医师日常临证，对产后诸病虽不忘百脉空虚、元气易耗这一特点，但亦不囿于“产后无有余之证”的说法，而是本着有是证，立是法，用是药，审因论治，因人、因病制宜。

肢体病

尤在泾手足麻痹案

脉虚而涩,左半手足麻痹,食不知味。此气血不能运行周体,乃类中之渐也。

桂枝、茯苓、归身、半夏、炙草、黄芪、天麻、首乌。

四肢禀气于脾胃,脾胃虚衰,无气以禀,则为振颤。土虚木必摇,故头运也。

归芍六君子汤加黄芪、天麻。

(《评选静香楼医案》)

【编按】

诒按:按语说理朴实,立方以扶正为主。似宜再加熄风之品。其所加之黄芪,恐非肝风升动者所宜。

祝味菊晨醒手足抽动案

蒋姓妇人,年48岁。

每天早晨醒来必手足抽动,甚或大跳,床几为之倒塌,如此者2~3小时,则抽搐自然停止,能勉强进行家务劳动。神志始终清楚,每逢寒暖交替节气,如立春、立秋、冬至等,发作更甚。全家为妇病而担忧,其夫闻有能治此病者,必踵门求医,而所服之方,不外羚羊角、天麻、石决明等药。由于多服凉药,中焦受伤,又并发了胃病,早上呕吐之后,胃痛始减,一病未已,又增一病。后闻祝师善治疑难杂症,即上门求诊。经过诊查,断为虚阳上浮,非肝风也,而胃气受戕,中寒久留。处方:

生龙齿(先煎)30克,活磁石(先煎)45克以潜阳,附子(先煎)12克以益阳气,代赫石(先煎)18克以镇逆,旋复花(包)9克,淡干姜9克温中祛寒理气,全蝎(去毒)6克,大蜈蚣6克以定惊,另佐姜半夏12克、陈皮9克、炒白术12克以理中焦。

服3剂后，抽搐跳动及胃痛呕吐均已大减，虽冬至节降临，疾病亦未大发。药既对症，再用前法。

生龙齿(先煎)30克、活磁石45克、黄附片(先煎)12克、淡干姜9克、姜半夏12克、陈皮9克、石菖蒲9克、嫩钩藤12克、全蝎9克、蜈蚣9克、旋复梗12克、制香附12克。

连服4剂，抽搐大定，胃仅隐痛，呕恶全止，心情愉快，胃纳增加，再续服上方4剂以巩固疗效。以后纵然发作，即以原药方照服3剂，病即霍然。

(《祝味菊名医类案回忆录》)

【编按】

西医强调血清离子钙降低是引起惊厥、喉痉挛、手足抽搐的直接原因。维生素D缺乏的早期，钙吸收减少，血钙降低，而甲状旁腺分泌不足，不能促进骨钙动员和增加尿磷排泄，致血钙进一步下降。当血钙低于1.75～1.88mmol/L(7.0～7.5mg/dl)或血清钙离子浓度1mmol/L(4mg/dl)以下时，即可发病。分析诱发血钙降低的原因有：(1)春季开始，接触日光增多，或开始使用维生素D治疗时，骨脱钙减少，肠吸收钙相对不足，而骨骼已加速钙化，大量钙沉着于骨而致血钙暂时下降；(2)人工喂养儿使用含磷过高的奶制品，导致高血磷、低血钙症状；(3)当合并发热、感染、饥饿时，组织细胞分解释放磷，使血磷增加，抑制维生素D羟化为25-(OH)D和维生素D的两种活性体：25-(OH)D、1,25-(OH)D_2，致离子钙下降，可出现低钙抽搐；(4)血清钙离子水平还受pH值的影响，pH值增高离子钙降低，故合并酸中毒经纠酸治疗后，血pH上升，患儿出现低血钙抽搐。

分析可谓详尽，但问题的关键是，西医讲求机体物质含量平衡性的疾病治疗观，中医讲求生理机能协调状态平衡性的治疗观。二者探究疾病病理的角度不同，治疗方法与思路就有了不同，哪种更可取应以实际因素与状况具体分析，不可一概而论。

祝味菊阳和汤治阴疽案

潘君年七十有四，性情急躁，喜食酒肉，体格尚称强健，唯左腿忽然肿胀疼痛。疡医谓为膏粱之变，足生大疔，况酒肉皆能化热，热聚毒壅成病。处方：

金银花12克、连翘12克、白芷9克、蒲公英15克、防风9克、野菊花9克、当归9克、赤芍9克、丹皮9克、生甘草6克。

共服3剂，不见起色，患处平塌硬肿，日夜呻吟，莫可名状。乃辗转至祝门求医，告其情况。师曰："病虽重，可愈也。"诊其脉沉缓，视其患处，肤色灰暗，平塌硬肿，肿处有一白头，摸之则痛。师曰："此病实为阴疽，而非痈也。属穿骨流注，缩脚阴疼一类之疾，为阴寒凝聚而成。"治以阳和汤温散之法。

熟地12克、麻黄6克、白芥子6克、炮姜6克、炙甘草6克、附子12克、鹿角胶9克、党参9

克、茯苓9克、炒白术12克、炙甲片6克。

此方仅服2剂，患处转为红肿，疼痛更增。病人信仰动摇，师嘱照前方续服2剂，患处化脓，脓赤白黏稠，肿痛立止，病人甚喜。祝师再度诊视之曰："脓血已出，体更虚，宜从补字着眼。"处方：

人参12克、附子12克、当归12克、熟地12克、丹参9克、鹿角胶9克、桔梗9克、炒白术12克、云苓12克、肉苁蓉12克、陈皮6克、巴戟肉9克、红枣6克。连服5剂而愈。

（《祝味菊名医类案回忆录》）

祝味菊手臂寒湿案

受寒湿较重，上及肩胛，下达肘部，手臂既不能上举，又不可下垂，动作维艰，痛苦万状，祝师诊曰："寒湿入于经络，非重用辛温之剂不可。"于是以细辛配合附子为方：

炙细辛6克，黄厚附片（先煎）18克，川羌活15克，川桂枝12克，川独活、当归、生白芍、油松节各15克，丝瓜络、制南星各12克，鸡血藤20克，威灵仙12克。

连服8剂，疼痛减，再服5剂，手臂能活动如常人。

（《祝味菊名医类案回忆录》）

祝味菊风热上冲头痛案

细辛与全蝎、竹节白附配合，治一剧烈之头痛。孙妇年四十余岁，患头痛多年，经临即发，多医罔效，遇一时医曰："余常以川芎茶调散治头痛，药到病除，月经期患此病，加当归、芍药之品，当无往而不效。"其处方为：

川芎、荆芥、防风、薄荷、生甘草、羌活、白芷、当归、白芍。

因诊为头痛风热上冲，惧细辛之辛热而不用，结果适得其反，服药4剂，毫无效果。请祝医生诊治，祝曰："阳虚上凉，经期较甚，每于此期头痛发作。余意为风寒之邪，阻气血之流行，适值经临互为因果耳。"处方：

细辛、竹节白附、全蝎、活磁石（先熏），川芎、白香芷、蔓荆子、乌药，川桂枝、防风、炙姜蚕。

病人见方有难色曰："如此辛热活血祛痰之品，前医皆谓余阴虚风热，服此热药其何以堪，颇虑头痛未已，又生他病，是否可用万全之方。"祝曰："有斯病则用斯药，何惧之有。古人云'药不瞑眩，则厥疾勿瘳也'，倘用无足轻重之方，病不能愈矣。"病人不得已，将全剂分半煎汤而服，觉无不良反应，始将全剂服下，稍觉头痛减轻，次日再服1剂，痛为之逐减。以后每日服原方1剂，8日后，头痛不作，心情颇为喜悦。笑曰："余之宿疾可从此痊愈矣。"

（《祝味菊名医类案回忆录》）

【编按】

风热头痛用川芎茶调散似为合理，而实际不能获得治疗效果。究其原因，一是药与证切合度不够，另一方面偏离了此病的证机要点（气血流畅与否），这也是我们辨证时需要参合的一点要意。

病如气虚头痛，屡治无效，按阳虚头痛，用白通汤加炙甘草治之而愈；素因多湿，偶感风寒，发热恶寒一身手足尽痛，不能自转侧，脉浮大而紧，治以桂枝附子汤而愈。头身疼痛病机把握可以分六淫、分虚实、分气血津液等不同的辨证方法，而于此就有侧重性，其中气血津液的辨证应该是基础。辩证论治当有孜孜深求的做法，案中阳虚头痛中又分轻重之别，以"头痛如碎"为重，"头痛绵绵"为轻，阳虚重则加用参、芪，阳虚轻则温通即可候其病痊。气阳本属一体，欲补气以助阳也，每遇阴雨更甚，必有内湿之应，白术除湿，则邪无所附，病必易愈。"四肢拘急，以及疼痛难忍者，寒甚筋收引也，宜桂枝附子汤"。"四肢拘急系寒收，桂附温经病即瘳。佐以生姜和大枣，再加芍草力方优"。这类论辞强调寒湿痹证治在温经，不仅寒证即使是温热久证，都应意在调养气血，借气血相生、气温煦而化的特性，促进病变组织的功能恢复。

祝味菊胸胁经络疼痛案

一病人躬耕南耕，日晒雨淋，由颈背疼痛起因，发展而为胸痛，夜卧不能翻身，翻身则痛更剧，呻吟床蓐，请医用疏解活络之品，效果不理想。由祝医用大剂温通经络之药；始获效机，处方：

薤白头、制川乌（先煎）、黄厚附片（先煎）、活磁石（允煎）、川羌活、当归、生白芍、黄玉参、陈枳实、桃仁、茯苓。

而病大减，疼痛减轻，续服2剂，寻愈。

（《祝味菊名医类案回忆录》）

祝味菊温药托脓生肌案

一病人腋部红肿疼痛，医生用清热消肿之剂，如金银花、丹皮、赤药、当归、蒲公英之属。服药4剂后，腋部红渐淡，肿转硬，举动困难，换一疡医诊曰："阳证变阴矣，不能再用清凉之药矣。"处方：

生黄芪、当归、生熟地、川芎、党参、白术、茯苓、甘草、炒白芍、大贝母、陈皮。

服药5剂后，寒热早退暮作，腋部肿胀较甚，高高突起，心情烦躁，曰："余病有增无减，此药不对症也。"请祝医生诊曰："疡医处方大致不谬，希勿责怪，但手段太小耳。"刻诊：腋部肿胀高起，按之软凹，而寒热早退暮作医学上称为驰张热，为化脓之征象，疡医用温托之药，量轻似不够全面，吾于其方酌量修改，当可转愈矣。处方：

黄芪、当归、大熟地、人参、炒白术、炒白芍、黄厚附片（先煎）、活磁石（光煎）、柴胡、穿山甲、皂角刺、桔梗。

病人见曰："余请祝师诊视，实虑疡医之药太温，岂料君之药胜其数倍，余将何以服下？"祝曰："腋部已经化脓，要点在使脓外出，汝体力不足以排脓，故用如此大剂，汝何恐之有，如有他变，当力负责也。"病人曰："如是余即服之。"3剂脓出肿消，胃纳增，寒热退，继续服用前方，于桔梗一味加倍，腋部疮口脓白而稠，逐渐出清，肌肉渐增，手部操作如常，精神大增，后改用十全大补丸而愈。病人笑对祝医生曰："人谓医生有割股之心，今遇高明如祝君者，益信此言之不证也。"

（《祝味菊名医类案回忆录》）

张锡纯利关节通经络法治腰疼案

天津李某，34岁，得腰疼证。劳心过度，数日懒食，又勉强远出操办要务，因得斯证。其疼剧时不能动转，轻时则似疼非疼绵绵不已，亦恒数日不疼，或动气或劳力时则疼剧。心中非常发闷，其脉左部沉弦，右部沉牢，一息四至强。观其从前所服之方，虽不一致，大抵不外补肝肾强筋骨诸药，间有杂似祛风药者，自谓得病之初，至今已三年，服药数百剂，其疼卒未轻减。《内经》谓"通则不痛"，此证乃痛则不通也。肝肾果系虚弱，其脉必细数，今左部沉弦，右部沉牢，其为腰际关节经络有瘀而不通之气无疑，拟治以利关节通经络之剂。

生怀山药（一两）、大甘枸杞（八钱）、当归（四钱）、丹参（四钱）、生明没药（四钱）、生五灵脂（四钱）、穿山甲（二钱炒捣）、桃仁（二钱去皮捣碎）、红花（钱半）、土鳖虫（五枚捣碎）、广三七（二钱轧细）。

药共11味，先将前十味煎汤一大盅，送服三七细末一半，至煎渣重服时，再送其余一半。将药连服3剂腰已不疼，心中亦不发闷，脉象虽有起色，仍未复常，遂即原方去山甲加川续断、生杭芍各三钱，连服数剂，脉已复常，自此病遂除根。

（《医学衷中参西录》）

【编按】

腰痛临床习见，然其致病之因各异，尤其临证常虑腰为肾之府，思肾虚多矣。张氏于脉中见"左部沉弦，右部沉牢，一息四至强"，以"肝肾果系虚弱，其脉必细数"推断非肾虚证；又由"左部沉弦，右部沉牢"论之，"为腰际关节经络有瘀而不通之气"。此是舍证从脉之一见。

案按：医者治病不可预有成见，临证时不复细审病因。方书谓腰者肾之府，腰疼则肾脏衰惫，又谓肝主筋肾主骨，腰疼为筋骨之病，是以肝肾主之。治腰疼者因先有此等说存于胸中，恒多用补肝肾之品。究之，此在由于肝肾虚者甚少，由于气血瘀者颇多，若因努力任重而腰疼者尤多瘀证。曾治一人因担重物后腰疼，为用三七、土鳖虫等分共为细末，每服二钱，日两次，服三日痊愈。又一人因抬物用力过度，腰疼半年不愈，忽于疼处发出一疮，在脊梁之旁，微似红肿，状若复盂，大径七寸。疡医以为腰疼半年始发现此疮，其根蒂必深，不敢保好，转求愚为治疗，调治两旬始愈（详案载内托生肌散后）。然使当腰初觉疼之时，亦服三七、土鳖以开其瘀，又何至有后时之危险乎？又尝治一妇，每当行经之时腰疼殊甚，诊其脉气分甚虚，于四物汤中加黄芪八钱，服数剂而疼愈。又一妇腰疼绵绵不止，亦不甚剧，诊其脉知其下焦虚寒，治以温补下焦之药，又于服汤药之外，俾服生硫黄细末一钱，日两次，硫黄服尽四两，其疼除根。是知同是腰疼而其致病之因各异，治之者安可胶柱鼓瑟哉？

张锡纯虚体肝火头疼案

天津李姓，得头疼证，日久不愈。其人素羸弱，因商务操劳遇事又多不顺，心肝之火常常妄动，遂致头疼。头疼不起床者已逾两月，每日头午犹轻，过午则浸加重，夜间疼不能寐，鸡鸣后疼又渐轻可以少睡；心中时或觉热，饮食懒进；脉搏五至，左部弦长，关脉犹弦而兼硬，右脉则稍和平。即此脉象论之，显系肝胆之热上冲脑部作疼也。宜用药清肝火、养肝阴、镇肝逆，且兼用升清降浊之药理其脑部。

生杭芍（八钱）、柏子仁（六钱）、玄参（六钱）、生龟板（六钱，轧细）、龙胆草（三钱）、川芎（钱半）、甘菊花（一钱）、甘草（三钱）。共煎汤一大盅，温服。

服药一剂，病愈十之七八，脉象亦较前和平，遂将龙胆草减去一钱，又服两剂痊愈。或问："川芎为升提气分之品，今其头疼既因肝胆之热上冲，复用川芎以升提之，其热不益上冲乎？何以服之有效也？"答曰："川芎升清气者也，清气即轻气也。按化学之理，无论何种气，若在轻气之中必然下降，人之脏腑原有轻气，川芎能升轻气上至脑中，则脑中热浊之气自然下降，是以其疼可愈也。"

（《医学衷中参西录·医案·头疼》）

【编按】

《辨证录·头痛门》传有一方，名救脑汤，立法有致，药方构思合理。辛夷（三钱）、川芎（一两）、细辛（一钱）、当归（一两）、蔓荆子（二钱）。水煎服，一剂而痛即止。细辛、蔓荆治头痛之药也，然不能直入于脑，得辛夷之导引则入之矣。但三味皆耗气之味，同川芎用之，虽亦得愈头痛，然而过于辛散，邪气散而真气亦散矣；故又加入当归之补气补血，则气血周通于一身，邪自不能独留于头上矣。用治头痛连脑，双目赤红，如破如裂者，所谓正头痛者。与张氏案后问答之意颇为相通。

张锡纯胁下作疼左右不定案

天津陈某，年六旬，得胁下作疼证。因操劳过度，遂得胁下作疼病。其疼或在左胁或在右胁或有时两胁皆疼，医者治以平肝、舒肝、柔肝之法皆不效。迁延年余，病势浸增，疼剧之时，觉精神昏愦；其脉左部微细，按之即无，右脉似近和平，其搏动之力略失于弱。人之肝居胁下，其性属木，原喜条达，此因肝气虚弱不能条达，故郁于胁下作疼也。其疼或在左或在右者，《难经》云："肝之为脏其治在左，其藏在右胁，右肾之前并胃，着于胃之第九椎。"(《医宗金鉴·刺灸篇》曾引此数语，今本《难经》不知被何人删去)所谓脏者，肝脏所居之地也，谓治者肝气所行之地也。是知肝虽居右而其气化实先行于左。其疼在左者，肝气郁于所行之地也；其疼在右者，肝气郁于所居之地也；其疼剧时精神昏愦者，因肝经之病原与神经有涉也(肝主筋，脑髓神经为灰白色之筋，是以肝经之病与神经有涉)。治此证者，当以补助肝气为主。而以升肝化郁之药辅之。

生箭(五钱)、生杭芍(四钱)、玄参(四钱)、滴乳香(三钱，炒)、明没药(三钱，不炒)、生麦芽(三钱)、当归(三钱)、川芎(二钱)、甘草(钱半)。共煎汤一大盅，温服。

方书有谓肝虚无补法者，此非见道之言也。黄芪为补肝之主药，何则？黄芪之性温而能升，而脏腑之中秉温升之性者肝木也。是以各脏腑气虚，黄芪皆能补之。而以补肝经之气虚，实更有同气相求之妙，是以方中用之为主药；然因其性颇温，重用之虽善补肝气，恐并能助肝火，故以芍药、玄参之滋阴凉润者济之；用乳香、没药者，以之融化肝气之郁也；用麦芽、川芎者，以之升达肝气之郁也，究之，无论融化升达，皆通行其经络使之通则不痛也；用当归者，以肝为藏血之脏，既补其气，又欲补其血也，且当归味甘多液，固善生血，而性温味又兼辛，实又能调和气分也；用甘草者，以其能缓肝之急，而甘草与芍药并用，原又善治腹疼，当亦可善治胁疼也。

再诊 将药连服4剂，胁疼已愈强半，偶有疼时亦不甚剧。脉象左部重按有根，右部亦较前有力，唯从前因胁疼食量减少，至此仍未增加，拟即原方再加健胃消食之品。

生箭(四钱)、生杭芍(四钱)、玄参(四钱)、于白术(三钱)、滴乳香(三钱，炒)、明没药(三钱，不炒)、生麦芽(三钱)、当归(三钱)、生鸡内金(二钱，黄色的捣)、川芎(二钱)、甘草(钱半)。共煎汤一大盅，温服。

三诊 将药连服4剂，胁下已不作疼，饮食亦较前增加，脉象左右皆调和无病，唯自觉两腿筋骨软弱，此因病久使然也。拟再治以舒肝、健胃、强壮筋骨之剂。

处方：生箭(四钱)、生怀山药(四钱)、天花粉(四钱)、胡桃仁(四钱)、于白术(三钱)、生明没药(三钱)、当归(三钱)、生麦芽(三钱)、寸麦冬(三钱)、生鸡内金(二钱，黄色的捣)、真鹿角

胶(三钱)。药共11味,将前10味煎汤一大盅,再将鹿角胶另用水炖化和匀,温服。

将药连服10剂,身体浸觉健壮,遂停服汤药,俾用生怀山药细末七八钱,或至一两,凉水调和煮作茶汤,调以蔗糖令其适口,当点心服之。服后再嚼服熟胡桃仁二三钱,如此调养,宿病可以永愈。

(《医学衷中参西录·医案·胁疼》)

【编按】

中医学习中,对于肝脏的左右定位是混淆的,实际早为张氏解析分清,他有论曰:"所谓脏者,肝脏所居之地也,谓治者肝气所行之地也。是知肝虽居右而其气化实先行于左。其疼在左者,肝气郁于所行之地也;其疼在右者,肝气郁于所居之地也;其疼剧时精神昏愦者,因肝经之病原与神经有涉。"我们实际在经过多年的中医学习与思考后,才有了这样清晰的认识。全国中医教学,也许某些院校讲授时能阐释清楚,但至少我们在授学时,没有得到清晰的认识,以至需要多年的深入思考才能有合理的推断。这种基本理念的缺乏,是中医教育中知识结构弊病之一端。

张锡纯寒气内陷两腿疼痛案

高某,年近五旬,资禀素羸弱。一日访友邻村,饮酒谈宴,彻夜不眠,时当季冬,复清晨冒寒,步行旋里。行至中途,觉两腿酸麻,且出汗,不能行步,因坐凉地歇息,至家,遂觉腿痛,用热砖熨之疼益甚。其人素知医,遂自服发汗之药数剂,病又增剧,因服药过热,吐血数口,大便燥结。

延愚诊视,见其仰卧屈膝,令两人各以手托其两腿,忽歌忽哭,疼楚之态万状;脉弦细,至数微数。因思此证,热砖熨而益疼者,逼寒内陷也;服发汗药而益疼者,因所服之药,散肌肉之寒,不能散筋骨之寒,且过汗必伤气血,血气伤,愈不能胜病也。遂用:

活络效灵丹,加京鹿角胶四钱(另炖兑服)、明天麻二钱。

煎汤饮下,左腿遂愈。而右腿疼如故,遂复用原方,以虎骨胶易鹿角胶,右腿亦出凉气如左而愈。

(《医学衷中参西录·活络效灵丹》)

【编按】

证名寒气内陷,其气内陷入居何所呢?张氏以为入于筋骨,故言"散肌肉之寒,不能散筋骨之寒"。治则注目于筋骨,药味归属肝肾。

张锡纯姜胶膏治足部寒痛案

有人因寝凉炕之上，其右腿外侧时常觉凉，且有时疼痛，用多方治之不效。语以此方，贴至二十日痊愈。又有人常在寒水中捕鱼，为寒水所伤。自膝下被水浸处皆麻木，抑搔不知疼痒，渐觉行动乏力。语以此方，俾用长条布摊药膏缠于腿上，其足趺、足底皆贴以此膏，亦数换而愈。

姜胶膏：鲜姜自然汁（一斤）、明亮水胶（四两）。

治肢体受凉疼痛，或有凝寒阻遏血脉，麻木不仁。上二味同熬成稀膏，摊于布上，贴患处，旬日一换。凡因受寒肢体疼痛，或因受寒肌肉麻木不仁者，贴之皆可治愈。即因受风，而筋骨疼痛，或肌肉麻木者，贴之亦可治愈。唯有热肿疼者，则断不可用。盖此等证心中无病，原宜外治。鲜姜之辛辣开通，热而能散，故能温暖肌肉，深透筋骨，以除其凝寒痼冷，而涣然若冰释也。用水胶者，借其黏滞之力，然后可熬之成膏也。若证因受风而得者，拟用细辛细末掺于膏药之中，或用其他祛风猛悍之药，掺于其中，其奏效当更捷也。

（《医学衷中参西录·姜胶膏》）

李用粹湿痰流注下焦病足肿痛案

海宁相国陈素庵，病足肿痛，用补血药则肿愈甚，用补气药则痛益增。延家君往治。诊其脉软而气滑，属湿痰流注下焦，为有余之证，定非不足也。若滋阴则壅沉滞阳气，若补阳则胶固经络，此病之所以增进也。用：

陈皮、茯苓、半夏、独活、苍术、厚朴、桔梗、灵仙。

两服，痛减肿消。故虚虚之祸世所共戒，实实之殃人每蹈之。若徒执补养之法是未明标本缓急、邪正虚实之机也，乌足以与议道哉？所以戴人立法专主驱邪，诚虑夫补实之祸，以救末流时弊耳。

（《旧德堂医案》）

丁甘仁风痰入经中风案

罗某，年甫半百，阳气早亏，贼风入中经，营卫痹塞不行，陡然跌仆成中，舌强不语，神志

似明似昧，嗜卧不醒，右手足不用。风性上升，痰湿随之，阻于廉泉，堵塞神明也。脉象尺部沉细，寸关弦紧而滑，苔白腻，阴霾弥漫，阳不用事，幸小溲未遗，肾气尚固，未至骤见脱象，亦云幸矣。急拟仲景小续命汤加减，助阳祛风，开其痹塞，运中涤痰，而通络道，冀望应手，始有转机。

净麻黄（四分）、熟附片（一钱）、川桂枝（八分）、生甘草（六分）、全当归（三钱）、川芎（八分）、姜半夏（三钱）、光杏仁（三钱）、生姜汁（冲服，一钱）、淡竹沥（冲服，一两）。另再造丸（去壳研细末化服，一粒）。

二诊 两进小续命汤，神识稍清，嗜寐渐减，佳兆也。而舌强不能言语，右手足不用，脉息尺部沉细，寸关弦紧稍和，苔薄腻。阳气本虚，藩篱不固，贼风中经，经络痹塞，痰湿稽留，宗气不得分布，故右手足不用也。肾脉络舌本，脾脉络舌旁，痰阻心脾之络，故舌强不能言，灵机堵塞也。虽见小效，尚不敢有恃无恐，再拟维阳气以祛邪风，涤痰浊而通络道，努力前进，以观后效。

熟附片（一钱）、云茯苓（三钱）、川桂枝（八分）、姜半夏（二钱）、生甘草（六分）、枳实炭（一钱）、全当归（二钱）、光杏仁（三钱）、大川芎（八分）、炙僵蚕（二钱）、生姜汁（冲，一钱）、淡竹沥（冲，一两）。

三诊 又服3剂，神识较清，嗜寐大减，略能言语，阳气有流行之机，浊痰有克化之渐，是应手也。唯右手足依然不用，腑气六七日不行。苔腻，脉弦紧渐和，尺部沉细，肾阳早亏，宗气不得分布，腑中之浊垢，须阳气通，而后能下达，经腑之邪风，必正气旺，始托之外出。仍拟助阳益气，以驱邪风，通胃涤痰，而下浊垢，腑气以下行为顺，通腑亦不可缓也。

生黄芪（三钱）、桂枝（八分）、附子（一钱）、生甘草（五分）、当归（三钱）、川芎（八分）、云茯苓（三钱）、风化硝（五分）、全栝蒌（三钱）、枳实炭（一钱）、淡苁蓉（三钱）、半硫丸（吞服，一钱五分）。

四诊 腑气已通，浊垢得以下行，神识已清，舌强，言语未能自如，右手足依然不用，脉弦紧转和，尺部沉细，阳气衰弱之体，风为百病之长，阴虚之邪风，即寒中之动气，阳气旺一分，邪风去一分。湿痰盘踞，亦借阳气充足，始能克化。经所谓阳气者，若天与日，失其所则折寿而不彰，理有信然。仍助阳气以祛邪风，化湿痰而通络道，循序渐进，自获效果。

生黄芪（五钱）、生白术（二钱）、生甘草（五分）、熟附子（一钱）、桂枝（八分）、全当归（三钱）、川芎（八分）、姜半夏（三钱）、西秦艽（二钱）、怀牛膝（二钱）、嫩桑枝（三钱）、指迷茯苓丸（包，五钱）。

服前方，诸恙见轻，仍守原法扩充。生黄芪用至八钱，间日用鹿茸二分，研细末，饭为丸，陈酒吞服，大活络丹，每五日服一粒，去壳研末，陈酒化服，共服60余帖，舌能言，手能握，足能履。接服膏滋方，药味与煎药仿佛，以善其后。

（《丁甘仁医案·中风案》）

【编按】

中风病因复杂不一，有动脉损害、血液流变学异常、血流动力学异常、血液成分异常以及其他继发因素。辨证施治于此众多病理形式中，不为迷惑，执着于六淫八纲、脏腑经络规导，辨证中寻找机要点，桴鼓而响应。

丁甘仁素患麻木突发中风案

严某，右手足素患麻木，昨日陡然舌强，不能言语，诊脉左细弱，右弦滑，苔前光后腻，此乃气阴本亏，虚风内动，风者善行而数变，故其发病也速。挟痰浊上阻廉泉，横窜络道，营卫痹塞不通，类中根苗显着。经云："邪之所凑，其气必虚。"又云："虚处受邪，其病则实。"拟益气熄风，化痰通络。

吉林参须（一钱，另煎汁冲服）、云茯苓（三钱）、炙僵蚕（三钱）、陈广皮（一钱）、生白术（一钱五分）、竹节白附子（一钱）、炙远志肉（一钱）、黑豆衣（三钱）、竹沥半夏（二钱）、陈胆星（八分）、九节菖蒲（八分）、姜水炒竹茹（一钱五分）、嫩钩藤（后入，三钱）。

二诊 舌强蹇于语言，肢麻艰于举动，口干不多饮，舌光绛中后干腻，脉象右细弱，左弦滑，如昨诊状。心开窍于舌，肾脉络舌本，脾脉络舌旁，心肾阴亏，虚风内动，挟痰浊上阻廉泉。先哲云："舌废不能言，足痿不良行，即是喑痱重症。"再仿地黄饮子意出入。

大生地（三钱）、云茯苓（三钱）、陈胆星（八分）、九节菖蒲（一钱）、川石斛（三钱）、竹沥半夏（二钱）、川象贝（各二钱）、炙远志（一钱）、南沙参（三钱）、煨天麻（八分）、炙僵蚕（三钱）、嫩钩藤（后入，三钱）。

三诊 昨投地黄饮子加减，脉证依然，并无进退。昔人云："麻属气虚，木属湿痰。"舌强言艰，亦是痰阻舌根之故。肾阴不足是其本，虚风痰热乃是标，标急于本，先治其标，标由本生，缓图其本。以养阴之剂，多能助湿生痰，而化痰之方，又每伤阴劫液，顾此失彼，煞费踌躇，再宜涤痰通络为主，而以养正育阴佐之，为急标缓本之图，作寓守于攻之策，能否有效，再商别途。

南沙参（三钱）、云茯苓（三钱）、川象贝（各二钱）、西秦艽（一钱五分）、竹沥半夏（二钱）、炙远志（一钱）、炙僵蚕（三钱）、枳实炭（一钱）、煨天麻（八分）、广陈皮（一钱）、陈胆星（八分）、嫩钩藤（后入，三钱）、九节菖蒲（一钱）、淡竹沥（一两，生姜汁两滴同冲服）。

四诊 脉左细滑，右濡数，舌中剥，苔薄腻。诸恙均觉平和，养正涤痰，通利节络，尚属获效，仍宗原法再进一筹。

前方去秦艽、枳实，加焦谷芽四钱、指迷茯苓丸（包）四钱。

五诊 舌强言语蹇涩，已见轻减，左手足麻木依然，脉象细滑，舌苔薄腻，投剂合度，仍拟涤痰通络为法。

照前方去煨天麻、焦谷芽、指迷茯苓丸，加生白术二钱、云茯苓三钱、竹节白附子八分。

（《丁甘仁医案·类中案》）

【编按】

类中风指风从内生而非外中风邪的中风病症,因非外中风邪,故亦称痱风。是类似中风而实非中风的病证,《医宗必读》指“火中、虚中、寒中、湿中、暑中(中暑)、气中、食中、恶中(中恶)”八种病症。王履首创“真中风”与“类中风”,将内风与外风做了本质上的区别,其著作《医经溯洄集·中风辨》言:“殊不知因于风者,真中风也;因于火、因于气、因于湿者,类中风,而非中风也。”

邓铁涛“开天门”按摩治疗头痛发热案

【案一】

我小孙6岁那年,曾因外感发烧致头痛,在床上乱叫,我让其父给他“开天门”,开始时有所抗拒,后渐渐安静下来,不再呻吟,再服几剂中药,病也就好了。以后他凡觉头痛不适,就主动要求我们给他“开天门”,即使手法重些,他亦愿意接受。

【案二】

“开天门”不但能治头痛,而且还能退热。1984年6月,在去长沙参加“马王堆医书研究第二次学术讨论会”的列车上,傍晚时分,列车广播:寻找医生,要求诊治一名高热女童。到诊时,女童约10岁,昏睡枕卧在其母大腿上,起病之由是上午该女童把头伸出车窗外看风景,迎头撞风约1个多小时,10时许觉头痛不适,中午开始发热,加上周围环境酷热(当时车厢内气温达30多度),致使女孩高热难退。列车医务室的退热药已全用过(如阿司匹林、十滴水等),病情不见好转,反见其精神渐差,昏睡不起。当时呼之懒应,其额发热烫手,其舌红,苔白津干,其脉浮数。此为外感风热,风火相煽所至。

观其药已反复用过未效,又没有其他医生前来诊治,遂嘱随我同行的儿子给她开天门,外加曲池、合谷点穴按摩,施行手法约二十来分钟,见其汗出乃止。并嘱其父母慎避风邪,以观后效。晚上9时多前往探视,病孩高烧渐退,已能坐起与其父母交谈,要求喝水进食,此乃胃气已复,病转向愈。晚上10时许再探视时,该女孩已安睡,其额已无发热烫手之感。第二天早上到达长沙终点站时,其父前来致谢,诉说其女精神已恢复,体温已正常。

(《诊余医话》)

【编按】

案注:头痛作为一种症状,临床各科均可遇见。除了一些急危重症之外,我觉得运用“开天门”的按摩手法治疗头痛不失为一种有利无弊的疗法。此法可分为3个步骤完成。第1步,采坐姿,自然放松,医者站于病者前方,一手扶托患者头部后枕,另一手用拇指在病者眉心印堂穴点揉四五下,然后沿督脉路线,向上向后逆督脉推按至后脑之风府穴,如是反复点揉推按7次。第2步:双手拇指同时并按在病者前额中央,其余4指贴按在左右颞侧,然后用拇指分左右横抹患者前额至发际。如是者亦反复7次。第3步:双拇指并按印堂穴,沿双侧眉棱骨之上缘,分左右横抹至太阳穴,在太阳穴点揉四五下,然后转换中指从鬓角入发际经颞部绕耳背向后推至风池穴,在风池穴点揉四五下,如是者亦反复7次。以上3个步骤为“开天门”的手法。无论外感或杂病头痛,经此手法治疗,都能有不同程度减轻或缓解。

邓铁涛按摩治疗落枕案

我院一中年教师曾患落枕,因前一天晚上休息不好,第二天起床便觉右侧肩颈部疼痛不适,前往卫生所诊治。予去痛片、消炎痛及注射维生素B_1、维生素B_{12}等处理,但症状未见缓解,反越痛越剧,头颈部活动受限,遂上门找余要求中药治疗。到诊时,见其头颈向右侧歪,左手搭肩扶颈,颈肩上贴满镇痛膏,其状甚为痛苦。余边安慰边给他施行按摩手法,由轻至重,大约半小时,其疼痛缓解,头颈部转动自如,于是要求再处一方给他,余答曰:“病痛已除,只要慎避风寒,无须服药。”遂高兴而去,追踪一周,病无复发。

(《诊余医话》)

【编按】

案注:落枕一病,特别是急性发作时,给人很大的痛苦,令人坐卧不宁。我认为治之之法,首选按摩。可先在病者的颈肩部患侧用拇指指肚或大小鱼际部作上下来回较大面积的推按摩擦,手法宜轻,动作要柔和,务使患侧肩颈部的皮肤潮红有热感,此为第1步,意在促进患部的血液循环,活跃经气。第2步是在患部寻找痛点,落枕之人,在患处必有一个或数个痛点,痛点之下多有筋结,是由于风寒湿热瘀等诸因素,痹阻经脉,肌肉痉挛收缩而致,筋结形成,必产生痛点,出现疼痛。当寻找到痛点后,便对痛点下的筋结用手指进行提拉弹拨、点揉推按,各种手法可交替进行,由轻渐重,再由重转轻,施行手法时间视病情轻重而定,务使其筋结变软松解,疼痛消失。第3步是收功手法,可用掌背抽拍患侧肩颈背部,此法可与第1步的手法相结合,交替各做二三次便可收功。施治此法,须讲及时,一病即治,其效神速。

邓铁涛拨正疗法及针刺治疗腰部扭伤案

我曾不慎扭伤腰部,出现腰腿痛,卧床数天,经服药、推拿、外洗、敷贴等处理,腰痛有所缓解,但腿痛不减。下地行走,须猫着腰、屈着腿跛行,苦不堪言。后被《健康报》一女记者运用拨正疗法,一次治愈。

腰部闪扭导致腰痛是骨伤科最常见之病种之一。拨正疗法甚为有效,此法源于中医的推拿复位术,经过解剖学等知识总结和提高,很值得推广,我建议骨伤科医生都应学习和掌

握此疗法。

此外，针刺放血治疗急性腰扭伤亦甚有效。我的博士研究生行将参加毕业论文答辩时，不幸扭伤了腰，又在空调较冷的环境下开会3小时，致腰痛甚。请正骨大夫诊治，不采用中医疗法而主张用封闭疗法，患者不愿意，由另一中医用按摩法治疗，不效，终于接受另一位医生用封闭加按摩治疗。凡更三医而腰痛更甚！卧床不起，翻身都十分困难。更惨的是腰肌间歇性掣痛，其痛如割，从卧室到洗手间，距离不到10尺，由人搀扶加拄拐棍，走了20多分钟！我十分焦急，要求答辩推迟6天，但这样的病情，5天能治好？5天不愈只能延期毕业。第二天我想到针灸学教授靳瑞同志，请他诊治。这已是第四诊：选针人中一穴，进针后行泻法，令患者伸动双腿，并逐步稍加大腰腹转动幅度。本来不易伸直的脚伸直了，腰部掣痛减轻了。术毕出针后患者已能缓慢地翻身。第二天可以起床，于室内扶杖缓行。隔日再请靳教授为之施针。靳教授令患者扶门站立，刺右侧委中穴放血，刺中拔针，血射如注，五六毫升，按压止血后，令患者作提腿、转腰等动作约数分钟，卧于床上再针左侧阳陵泉一穴。前后三天治疗两次，只针三穴。患者第四天已能下楼行走，按原定日期完成费时一个上午的论文答辩，我乃如释重负。

这一病例生动地说明，我们有些中医舍己之长，拾人之短，结果不但无效，反使病情加重。甚至由此得出中医不能治急症重症的错误结论！患者的妻子是西医，目睹治疗经过及其效果，她说："中医简直太神了！"这是由衷之言，她深知西医对此病的治法及其效果，决不能与靳教授的治疗相媲美。三天来我亦为之处方：(1)桂枝汤(上午服)；(2)张锡纯氏活络效灵丹加味(下午服)各3剂，但只起配合作用耳，立竿见影者针术也。

（《诊余医话》）

【编按】

中医治疗手法多端，不可局限思路，作茧自缚。当临证时，灵活思辨，治疗手法多样，方能临危不乱、措施有致。

邓铁涛白砂糖外敷褥疮案

我于20世纪70年代初期在广东新会县巡回医疗时，已有试用砂糖治愈慢性溃疡1例的经历。患者为生产队长，数月前因高热住院，滴注正肾上腺素渗漏以致下肢慢性溃疡，溃疡在右膝内侧之下，面积约2厘米×2厘米，形如漏斗，已看见大隐静脉，数月未愈。取砂糖满盖溃疡面，外用叠瓦式胶布贴紧，3日后溃疡已变小变浅，再敷1次白砂糖遂愈，时间不过10天。

用砂糖作药治疗溃疡，有较久的历史。清代名医王清任(1786—1831年)，他的名著《医林改错》就有用砂糖作药的方剂。方名"木耳散"，本方"治溃烂诸疮，效不可言，不可轻视此方。木耳一两(焙干研末),白砂糖一两(和匀),以温水浸如糊,敷之缚之”。

手术后的伤口常常发生肿脓和感染,通常多采用抗生素治疗,但往往产生副作用,例如菌群失调。法国巴黎比夏医院试用普通砂糖填塞患者创口,已取得明显疗效。下肢慢性溃疡,长期难以愈合,这是由于下肢血液供给较差所致。有人试用砂糖来覆盖溃疡面,同样也取得很好疗效。

(《诊余医话》)

【编按】

案按:对于褥疮所致溃疡,我比较主张用白砂糖外敷法治之。其方法是:把砂糖铺填满溃疡面,并使之稍堆隆起,然后用胶布条叠瓦式封贴好;三五天后,待砂糖溶化,封贴之胶布表面按之出现波动感即可换药,再用砂糖如法敷之,直至溃疡面愈合。

对于白砂糖能抑制细菌的生长,缺少临床经验的年轻医生往往半信半疑,他们在使用砂糖外敷溃疡面时,会同时加入抗生素类药,但往往适得其反,愈合过程反而减慢了。慢性溃疡,局部辨证应为虚损之证,主要矛盾在于正气衰败,气血亏虚,复生不能。抗生素治疗,毕竟是攻伐之法,正气受伐,生机不旺,肌肤怎能复生?砂糖之作用,重点不在于抑菌,而在于给溃疡面有一个营养的环境,这符合中医扶正祛邪的法则,故能生效。

慢性溃疡过度清创排脓,脓液是给排掉了,但新生的组织亦会被清掉,创口会再次受损,并存在重复感染的可能,所以我认为,过度的清创排脓是不利于慢性溃疡的愈合的。当然,中医疮疡科有“成脓勿留”之说,这是指当疮疡成熟时,脓液已成,则应让其穿溃,将脓液排出,消除肿胀疼痛,有利于脓腔的缩小,使疮疡转愈。但对于慢性溃疡,日久不愈之阴疮,亦有“脓能生肌”之说。因为此时病证已不是热毒实证,而已转化为虚损之病,治疗重点亦应从攻邪转移到扶正、内托生肌上来。

范中林太阳伤寒证法治三叉神经痛案

邢某,女,67岁。河北省任丘县马家坞乡,农民。左面部疼痛,其后逐渐转为剧痛,阵阵发作,持续3年。

初诊 来时疼痛加剧,痛甚时脸肿发亮,眼不能睁,夜不能眠,坐卧不宁,生活无法自理。微恶寒,无汗,舌质淡红,苔淡黄润夹白,根稍厚腻。此为太阳伤寒表实证偏头痛,风寒挟湿侵袭,无从达泄,法宜解表开闭,散寒除湿,以麻黄汤加味主之。

麻黄10克、桂枝10克、炙甘草18克、杏仁18克、法夏15克,2剂。

此证头面左侧剧痛,病属偏头痛。头居人之首,位高而属阳。手足三阳经脉,以及脏腑清阳之气,皆会于此。舌质淡红而润,苔淡黄夹白不燥,即为风寒夹湿,入侵肌腠,郁闭不解之象;参之头一侧痛甚,微恶寒无汗,显系邪犯太阳经脉;再参之无阳明、少阳病情,更无三阴

之候，亦可以佐证。因此，本例偏头痛，不必拘于头痛偏侧多属少阳，或头痛日久，多属内伤之常规。而应从实际出发，按六经辨证，太阳伤寒表实之证具，邪无达泄之路而上扰，以致多年头痛不愈。

二诊 服药2剂，疼痛明显减轻，余证亦随之好转。原方再服2剂。

三诊 剧痛消失，夜能安睡，精神顿觉清爽，多年痛楚若失，不胜欣喜。舌质正常，苔黄腻退。头部微觉恶风，头左侧尚有轻微阵痛。风邪未尽，尚有病后营卫不和之象。宜祛风解肌，桂枝汤和之，以善其后。

桂枝10克、白芍12克、炙甘草10克、生姜15克、大枣20克，2剂。

服2剂，病愈，遂停药。嘱其免受风寒。观察约一月，情况良好。患者说："头痛三年，真是痛苦极了，花了二三百元，还是不好。范老看了三次，每付药只四五味，一共只花了一元零一分钱，病就治好了，真使我感动。"遂返回家乡。其后，向其亲属追访，知病未复发。

（《范中林六经辨证医案·太阳证偏头痛》）

【编按】

偏头痛临床常见，时或为顽疾之属。此治立意鲜明精要，一达病所，一和气血，实值借鉴。

案按：三叉神经痛的病因还不十分清楚，老年人患此病尤多，可能与神经传导功能障碍有关。西医治疗，多采用镇痛剂、酒精封闭等法，无效时则考虑开颅行三叉神经根切手术。这样虽能解除剧痛之苦，但术后面部易出现后遗症，且不易为患者所接受。祖国医学认为，举凡风寒暑湿等外邪，气血痰郁之内伤，均可以引起头痛。本例按仲景六经辨证，应属太阳经证，伤于风寒雾露所致。故急投开表、逐邪、发汗之峻剂麻黄汤，直达病所；继而以桂枝汤和之。用麻黄汤加法夏者，其用有四：除湿化痰涎，大和脾胃气，痰厥及头疼，非此莫能治。

厥阴证寒痹（坐骨神经痛）案

郝某，男，70岁。四川某图书馆干部。曾有风湿性关节痛史。1973年冬，臀部及右腿冷痛难忍，不能坚持工作。经医院检查，诊为坐骨神经痛。于1974年3月中旬来诊。

初诊 少腹及下肢发凉，膝关节以下微肿，行走困难，自右侧臀部沿腿至足抽掣冷痛。神疲，头昏，舌质淡红稍乌暗，苔白滑腻满布，脉细弱。证属厥阴寒痹筋痛。以当归四逆汤加味，养血活络，温经散寒为治。

当归12克、桂枝15克、白芍12克、辽细辛5克、木通12克、炙甘草6克、大枣20克、牛膝12克、木瓜12克、独活10克，3剂。

风寒入肝则筋痛，入肾则骨痛，入脾则肉痛。正如《内经》所云："寒痹之为病也，留而不去。"又云："病在筋，筋挛节痛，不可以行。"可见本证显系邪入厥阴肝经，寒邪凝滞，气血受阻所致。又本例冷痛,自臀部痛引下肢,小腹及四肢末端发凉。此为厥阴证之血虚寒凝。气血运行不畅,不通则痛。欲续其脉,必益其血,欲益其血,必温其经。故不以四逆姜附回阳,而以当归四逆温经散寒,养血活络为治。

二诊 服上方,肢痛减轻。原方续服4剂。

三诊 患者可缓步而行,疼痛大减。仍守原方,加苏叶10克,入血分散寒凝;加防风10克,祛经络之风邪。再服10剂。

四诊 半月后,疼痛基本消失,神疲、头晕显著好转,滑腻苔减。唯下肢稍有轻微麻木感,时有微肿。寒邪虽衰,湿阻经络之象未全解,上方酌加除湿之品,以增强疗效。嘱其再服5剂。

当归12克、桂枝10克、白芍12克、木通12克、牛膝12克、茯苓15克、白术15克、苍术10克、苡仁15克、炙甘草6克。

一个月后病基本治愈,步履自如。1979年7月15日追访,7年来病未复发,今年已77岁,身体尚好。

(《范中林六经辨证医案》)

【编按】

《伤寒论》治法方药,是中医学治疗方法复杂丰富的体现,是当时医学技法应用于以疫病为主要疾病范域的伤寒类疾病中的病案与心法记载。这些医疗思想与技法当然不限于疫感性伤寒类疾病,可以推广应用于临床各类疾病治疗过程中。

案按:以上厥阴骨痹、寒痹二例,虽病情、病位不尽相同,但主证皆因血虚寒郁所致,故皆以当归四逆汤主之。《伤寒论》所载当归四逆汤,原主治"手足厥寒,脉细欲绝者"。其病机在于血虚寒滞。由于血被寒邪凝滞之程度和部位不同,则临床见证各异。后世医家对此多有发挥。范老在临证中,据《伤寒论》之学术思想及后贤经验,灵活运用于多种疾病,常获显著疗效。其辨证要点,从主证看:一是少腹或腰、臀部以下发凉,或四肢末端冷;二是少腹、腰、臀以下疼痛,包括阴器、睾丸、下肢筋骨、关节疼痛,以及痛经等。除以上主证外,还可能出现某些兼证。而脉象多细弱,舌质常暗红无泽,或有瘀斑,苔灰白或腻或紧。以上诸证,不必悉具,皆可用之。

桂枝汤加减治落枕案

马某,男,18岁。患落枕,每年3~5次,发作时头不能侧顾,项强及有背拘急疼痛,每次发作针刺按摩3~5次,即能获效。但偶感风寒,旋又发作,偶有汗出、怕风,要求服中药断其根,乃用汤药。就诊时见:舌质淡,苔薄白,脉浮迟。余疏一方,发作时服3剂,再发再服。

疏方:

桂枝9克、白芍9克、生姜3片、大枣5个、炙甘草9克、葛根15克、当归12克。

如此服用两次，遂不再发。

（《伤寒名医验案精选》）

【编按】

案按：落枕常发，发则见项背强几几，汗出，恶风，脉浮迟，桂枝加葛根汤证备，是用之即效。

徐人椿流注三案

【案一】

苏州一小儿，甫九龄，颇聪慧，而患流注，肩背腰胁十余处，百端医治无效。余视之曰："此唯大活络丹能愈。"服至三十余丸，未破者消，已破者收口。更服补气血之药而愈。盖流注一证，由风寒入膜所致，膜在皮中，旁通四达，初无定处，所以随处作患，此真脉络之病，故古人制大活络丹以治之。其余煎丸，皆非正治。所谓一病有一病之法，药不对证，总难取效也。

【案二】

本邑刘近曾夫人，患虚痰流注，色㿠脉虚，发无定处，病极危险，非旦夕可奏功，余辞不能治。郡中一医以百金包好，因留在家治之。闻余有不能治之说，笑曰："我医好后，更请徐君质之，当无言可对耳。"月余，刘君之兄元谷招余诊，近曾出曰："流注之疾，虽向愈而未收口，托在相好，肯一观否？"余因视之，肩后疮孔大如钱，内膜干空，与皮不连，气促脉微。诊毕而出，近曾求方，余笑不答，书"危在顷刻"四字。刘不信，少顷内呼，刘父子入，已气绝矣。群执包好之医，欲加以无礼。余晓之曰："此病本不治，非药误也。但不知生死，为无目耳。"乃释之。

盖流注之证，其类不同，大段皆津液枯而痰流膜内之证，当内外交治，而祛邪补虚，亦另有切病方药，蛮补无益也。

【案三】

嘉善张卓舟，未弱冠，患流注五年，自胁及腰腿，连生七八孔，寒热不食，仅存人形，历年共服人参二三千金，万无生理。父先亡，只有慈母，其伯悉收其田产文契，专待其毙而取之。其从兄汪千造余家哀恳，余颇怜之，破格往视，半身几成枯骨，此乃虚痰流注。医者不能治其经络之痰，徒费重赀而无一中病者，则药之误，而非病之真无治也。余用大活络丹为主，而外敷拔管生肌之药。医者闻之大笑曰："活络丹辛暴之药，岂可入口？"盖彼唯知俗本所载乌头、蚯蚓之活络丹，而不知古方五十余味之大活络丹也。

盖流注之痰，全在于络，故非活络丹不效。以后脓稀肉长，管退筋舒，渐能起立，不二年而肌肉丰肥，强健反逾于常。呜呼！不知对病施药，徒事蛮补，举世尽然，枉死者不知其几也。

（《洄溪医案》）

【编按】

病有定所，治有定向。"流注之痰，全在于络，故非活络丹不效"之语，正可提示治疗疾病时用药要有对作用部位的明确认识，务必使药物气味或药物作用效应到达病位。方亦应辨清，不可执一盖全，不知古方五十余味活络丹，而错意活络之义。

雄按：大活络丹治虚痰流注，深为合法，而外科不知也。若实痰，则控涎丹最妙。

徐大椿数法并进治项疽案

同学沈自求，丧子，忧愁郁结，疽发于项，调治无效。项三倍疮口，环颈长尺余，阔三寸，唯近咽喉处二寸未连，而枕骨直下之筋未断，血流不止。余辞不治，坚恳不已。先进护心丸二粒，令毒不内攻。又付止血散止其血，外用围药厚涂束其根，更以珠黄等药，时时敷疮口上，其膏药长一尺三寸，再以黄芪四两煎汤，煎药服之。势定而饮食稍进，数日血止脓成，肌与腐肉，方有界限。疮口太大，皮肉不能合，以生肌等药，并参末厚涂而封之，月余口乃合。

病家欲备人参斤许以待用，余曰："无庸也。诸痛痒疮，皆属于火；脓流肉腐，皆伤于阴。凡属外证，总以清火养阴为主而加开胃健脾之药，人参止用钱许，数剂即止，此从古一定之法。其用温补，乃后世讹传之术，无不阴受其害。"余凡治大证，无不神效，时人多不之信也。

（《洄溪医案》）

徐大椿对口案

【案一】

白龙桥吴时臣，年七十余矣，患对口，痛欲绝。余视其外无围药，疮内反有插药五条，乃三品一条枪，此古方蚀顽肉之恶药，而近日医者，误以为必用之品，所以痛极昏迷。余悉拔去，掺以珠黄解毒散，其痛立除而神安。复用围药裹住其根，使疮头高而脓易出。或谓："七旬之人，精力已衰，宜用温补。"余曰："外证俱属火，苟非现证虚寒，从无用热药之理。"进清凉开胃之剂，胃气开则肌肉自生，调养月余而愈，精神较胜前矣。

【案二】

平湖徐抡斋，阴毒对口，颈项漫肿而色紫，有头如痘者百余，神烦志乱，医者束手，就治于

余。余曰:“此乃阴毒,兼似有祟。”其家为述:“患病之后,鬼声绕屋,鬼火不断。”余曰:“且敷药试之,色稍鲜,肿亦稍消。”明晨视之,色转淡红,其如痘者,俱出微脓而低软,中聚一头,亦不甚大,势已消其十之三,神亦渐清,而思饮食。病虽属阴,亦不可用热药以增邪火,唯和血通气,使营卫充盈,使血中一点真阳诱出,则阴邪自退。若用热补,则反助毒火,而生机益绝。

故治外科之阴证,非若伤寒之阴证,为外感之寒邪,可专用桂附以驱之也。今之号外科者,唯拾内科之绪论,以为热可御寒,则贻害不小矣。

(《洄溪医案》)

【编按】

神语乎,“使血中一点真阳诱出”!血中真阳,应属分子免疫系统在某一方面的功能增强,从而使邪祛而正复,病损组织得以顺利修复。

徐大椿胎狗方治下疳阴茎根烂案

濮院沈维德,患下疳,前阴连根烂尽,溺从骨缝中出,沥灌肾囊中,哀号痛楚,肛门亦复烂深半寸,载至余家,止求得生为幸。余亦从未见此病,姑勉为治之。内服不过解毒养血之剂,而敷药则每用必痛,屡易其方,至不痛而后已。两月后结痂能行,唯阴茎仅留根耳。余偶阅秘本,有再长灵根一方,内用胎狗一个,适余家狗生三子,取其一,泥裹煨燥,合药付之。

逾二年,忽生一子,举族大哗,谓人道已无,焉能生子?盖维德颇有家资,应继者怀觊觎之心也。其岳徐君密询之,沈曰:“我服药后阳道已长,生子何疑?”徐君乃集其族人共验之,阳道果全,但累生如有节而无总皮。再期又生一子,众始寂然。远近传之,以为奇事,今犹有述之以为异闻者。

(《洄溪医案》)

【编按】

再长灵根方:煅乳石三钱五分、琥珀七分、朱砂六分、人参一钱、真珠七分、牛黄四分、真水粉五分、胎狗一个、雄黄六分,用灵仙、首乌、大力子、寥草汁煮一昼夜,炒如银色。上为末,每服三厘,日进四服,卧又一服;俱以土茯苓半斤,阴阳水十二碗,煎五碗,连送五服;七日验,五十日复生效。

雄按:煮一昼夜而炒如银色之药品,即上文煅乳石等九味也。详玩文义,似宜移上字于用字之上方顺。第胎狗煨燥必黑,全狗分两,又必数倍于诸药,同煮同炒,不知何以能如银色,是必煨时不令黑也。

叶天士血虚风生偏枯案

陈某，脉左数，右弦缓，有年，形盛气衰，冬春之交，真气不相维续，内风日炽，左肢麻木不仁，舌歪言謇，此属中络，调理百日，戒酒肉，可望向愈。

羚羊角、陈胆星、丹皮、橘红、连翘心、石菖蒲、钩藤、川斛。

又，羚羊角、元参、连翘、花粉、川贝母、橘红、竹沥。

又，丹溪云：“麻为气虚，木是湿痰败血。”诊左脉濡涩，有年偏枯，是气血皆虚，方书每称左属血虚，右属气虚，未必尽然。

人参、半夏、广皮、茯苓、归身、白芍、炙草、桑枝。

又，经络为痰阻，大便不爽，昨日跌仆气乱，痰出甚艰，转方以宣经隧。

炒半夏、石菖蒲、广橘红、茯苓、胆星、枳实、竹沥、姜汁。

（《临证指南医案·中风》）

叶天士针药并施治偏头痛案

赵某，偏头痛，鼻窍流涕，仍不通爽；咽喉疳腐，寤醒肢冷汗出。外邪头风，已留数月，其邪混处，精华气血，咸为蒙闭，岂是发散清寒可解；头巅药饵，务宜清扬。当刺风池风府，投药仍以通法，苟非气血周行，焉望却除宿病。

西瓜衣、鲜芦根、苡仁、通草，煎送腊矾丸。

（《临证指南医案·头风》）

【编按】

六淫踞头，痛旋不一，祛风逐邪，望其气血周行。案如：痰火上逆蒙窍，耳鸣头晕，二陈加天麻、钩藤、甘菊、羚羊、蒌皮（《临证指南医案·痰》）。亦必清火祛痰，邪去而气血行，则症释。

叶天士蜣螂丸治血瘕案

王某，37岁，骑射驰骤，寒暑劳形，皆令阳气受伤。三年来，右胸胁形高微突，初病胀痛无形，久则形坚似梗。是初为气结在经，久则血伤入络。盖经络系于脏腑外廓，犹堪勉强支撑，但气钝血滞，日渐瘀痹，而延成瘕；怒劳努力，气血交乱，病必旋发。故寒温消克，理气逐血，总之未能讲究络病工夫。考仲景于劳伤血痹诸法，其通络方法，每取虫蚁迅速飞走诸灵，俾

飞者升，走者降血无凝着，气可宣通；与攻积除坚，徒入脏腑者有间，录法备参末议。

蜣螂虫、蛰虫、当归须、桃仁、川郁金、川芎、生香附、煨木香、生牡蛎、夏枯草，用大酒曲末二两加水稀糊丸，无灰酒送三钱。

（《临证指南医案·积聚》）

【编按】

病发为气血交乱，其治理气逐血，使降血无凝着而气得宣通。病机较乱而识证守机，故治有条不紊。所治在通，气血贵通。又案如：龙某，56岁，久郁气血不行，升降皆钝，外凉内热，骨节沉痛，肌肿腹膨，肤腠无汗；用药务在宣通五郁六郁大旨：香附汁、白蒺藜、钩藤、丹皮、山栀、抚芎、泽兰、姜黄、神曲。故通法多样，通意唯一，务必气血通畅宣和则体健。

叶天士补肾养血治骨痿三案

【案一】

黄某，24岁，冬藏精气既少，当春夏发泄，失血，遗精，筋弛骨痿，不堪行走，精血内怯，奇脉中少气，三年久损，若不绝欲安闲，有偻废难状之疾。

鹿筋胶、羯羊肉胶、牛骨髓、猪脊髓、线鱼胶、苁蓉干、紫巴戟、枸杞子、茯苓、沙苑子、牛膝、青盐。

【案二】

某人，病后，阴伤骨痿。

生杜仲、熟地、龟甲、黄柏、虎骨、牛膝、当归、巴戟。

【案三】

某人，症如历节，但汗出筋纵而痛，冬月为甚，腰脊伛偻形俯。据述未病前，梦遗已久，是精血内损，无以营养筋骨，难与攻迫。议香茸丸，温通太阳督脉。

鹿茸（三两）、生当归（二两）、麝香（一钱）、生川乌（五钱）、雄羊肾三对。酒煮烂。捣丸。

（《临证指南医案·痿》）

【编按】

痿症病案之论，邹滋九所论确当："痿症之旨，不外乎肝肾肺胃四经之病，盖肝主筋，肝伤则四肢不为人用，而筋骨拘挛，肾藏精，精血相生，精虚则不能灌溉诸末，血虚则不能营养筋骨，肺主气，为高清之脏，肺虚则高源化绝，化绝则水涸，水涸则不能濡润筋骨，阳明为宗筋之长，阳明虚，则宗筋纵，宗筋纵则不能束筋骨以流利机关，此不能步履，痿弱筋缩之症作矣。故先生治痿，无一定之法，用方无独执之见，如冲任虚寒而成痿者，通阳摄阴，兼实奇脉为主；湿热沉着下焦而成痿者，用苦辛寒燥为主，肾阳奇脉兼虚者，用通纳八脉，收拾散越之阴阳为主，如下焦阴虚；及肝肾虚而成痿者，用河间饮子虎潜诸法，填纳下焦，和肝熄风为主；阳明脉空、厥阴风动而成痿者，用通摄为主，肝肾虚而兼湿热；及湿热蒸灼筋骨而成痿者，益下佐以温通脉络，兼清热利湿为主；胃虚窒塞、筋骨不利而成痿者，用流通胃气，及通利小肠火腑为主；胃阳肾督皆虚者，两固中下为主；阳明虚、营络热及内风动而成痿者，以清营热熄内风为主；肺热叶焦而成痿者，用甘寒清上热为主；邪风入络而成痿者，以解毒宣行为主；精血内夺，奇脉少气而成痿者，以填补精髓为主。”

叶天士痹证八案

【案一】

鲍某，44岁，风湿客邪，留于经络，上下四肢流走而痛，邪行触犯，不拘一处，古称周痹，且数十年之久，岂区区汤散可效，凡新邪宜急散，宿邪宜缓攻。

蜣螂虫、全蝎、地龙、穿山甲、蜂房、川乌、麝香、乳香上药制末。以无灰酒煮黑大豆汁泛丸。

【案二】

杜某，33岁，温暖开泄，骤冷外加，风寒湿三气交伤为痹，游走上下为楚，邪入经隧，虽汗不解，贵乎宣通。

桂枝、杏仁、滑石、石膏、川萆、汉防已、苡仁、通草。

又，经脉通而痛痹减，络中虚则痿弱无力，周身汗出，阳泄已多，岂可再用苦辛以伤阳泄气乎，内经以筋缓为阳明脉虚，当宗此旨。

【案三】

某氏，风湿发热，萃于经脉，肿痛游走，病名行痹，世俗呼为历节风是也。

桂枝、羌活、石膏、甘草、杏仁、防风。

又，行痹，腹中痛便难，不知饥。

栝蒌皮、紫菀、杏仁、郁金、半夏、山栀、桑枝。

【案四】

方某，左脉弦大，面赤痰多，大便不爽，此劳怒动肝，令阳气不交于阴，阳维阳跷二脉无血营养，内风烁筋，跗痹痛，暮夜为甚者，厥阴旺时也。病在脉络。

金斛、晚蚕砂、汉防已、黄柏、半夏、萆薢、大槟榔汁。

又，痛右缓，左痛，湿热未尽，液虚风动也。

生地、阿胶、龟板、豆皮、茯苓、通草。

【案五】

宋某，病者长夏霉天奔走，内踝重坠发斑，下焦痛起，继而筋掣，及于腰窝左臂。经云：伤

于湿者，下先受之，夫下焦奇脉不流行，内踝重着，阴维受邪，久必化热烁血，风动内舍乎肝胆，所谓少阳行身之侧也，诊得右脉缓，左脉实，湿热混处血络之中，搜逐甚难，此由湿痹之症失治，延为痿废沉矣，三年病根，非仓促迅攻，姑进先通营络，参之奇经为治，考古圣治痿痹，独取阳明，唯通则留邪可拔耳。

鹿角霜、生白术、桂枝、茯苓、抚芎、归须、白蒺藜、黄菊花。

【案六】

某人，初病湿热在经，久则瘀热入络，脓疡日多未已，渐而筋骨疼痛，《金匮》云：经热则痹，络热则痿，数年宿病，勿事速攻。

犀角、元参、连翘心、野赤豆皮、细生地、丹参、姜黄、桑枝，午服；夜服蒺藜丸。

【案七】

某人，痹痛在外踝筋骨，妨于行走，邪留经络，须以搜剔动药。

川乌、全蝎、地龙、山甲、大黑豆皮。

【案八】

某人，病后过食肥腻，气滞热郁，口腻黏涎，指节常有痹痛，当从气分宣通方法。

苏梗、杏仁、蒌皮、郁金、半夏曲、橘红。

【案九】

某人，痹痛偏左，入夜尤甚，血中之气不行。

归须、桑枝、苡仁、白疾黎、姜黄、木防己。

（《临证指南医案·痹》）

【编按】

痹证作为症状可见于西医的风湿热、风湿性关节炎、类风湿性关节炎、反应性关节炎、肌纤维炎、强直性脊柱炎、痛风、坐骨神经痛以及骨质增生性疾病，其他如布氏杆菌病、血栓闭塞性脉管炎、硬皮病、结节性红斑、结节性脉管炎、系统性红斑狼疮、多发性肌炎等也可见到痹证证候。西医病名杂多，从中医而言，其要为一，闭而不通之义。邹滋九论曰："与风病相似，但风则阳受之，痹则阴受之，故多重着沉痛，其在内经，不越乎风寒湿三气，然四时之令，皆能为邪，五脏之气，各能受病，其实痹者，闭而不通之谓也，正气为邪所阻，脏腑经络，不能畅达，皆由气血亏损，腠理疏豁，风寒湿三气，得以乘虚外袭，留滞于内，致湿痰浊血，流注凝涩而得之。故经云：三气杂至，合而为痹，又云风胜为行痹，寒胜为痛痹，湿胜为着痹，以及骨痹、筋痹、脉痹、肌痹、皮痹之义，可知痹病之证，非偏受一气足以致之也，治法不外乎流畅气血、祛邪养正、宣通脉络诸法。"

叶天士肾虚肝风头痛案

徐某，当年下虚，曾以温肾凉肝获效，春季患目，是阳气骤升，乃冬失藏聚、水不生木之征也。频以苦辛治目，风阳上聚头巅，肝木横扰，胃受戕贼，至于呕吐矣。今心中干燥如焚，头中岑岑震痛，忽冷忽热，无非阴阳之逆。肝为刚脏温燥决不相安，况辛升散越转凶，岂可再蹈前辙，姑以镇肝益虚，冀有阳和风熄之理。

阿胶、小麦、麦冬、生白芍、北沙参、南枣。

又，倏冷忽热，心烦巅痛，厥阳之逆，已属阴液之亏，前案申明刚药之非，代赭味酸气坠，乃强镇之品，亦刚药也。考七疝中，子和惯投辛香走泄，其中虎潜一法亦采，可见疝门亦有柔法，医者熟汇成法，苟不潜心体认，皆希图附会矣。今呕逆既止，其阴药亦有暂投，即水生涵木之法，议以固本成方，五更时从阳引导可也。前方加秋石。

（《临证指南医案·头痛》）

【编按】

现代医学对头痛的发病机制解释是，由于颅内、外痛敏结构内的痛觉感受器受到刺激，经痛觉传导通路传导到达大脑皮层而引起。颅内痛敏结构包括静脉窦（如矢状窦）、脑膜前动脉及中动脉、颅底硬脑膜、三叉神经、舌咽神经和迷走神经、颈内动脉近端部分及邻近Willis环分支、脑干中脑导水管周围灰质和丘脑感觉中继核等；颅外痛敏结构包括颅骨骨膜、头部皮肤、皮下组织、帽状腱膜、头颈部肌肉和颅外动脉、第2和第3颈神经、眼、耳、牙齿、鼻窦、口咽部和鼻腔黏膜等。机械、化学、生物刺激和体内生化改变作用于颅内、外痛敏结构均可引起头痛。如颅内、外动脉扩张或受牵拉，颅内静脉和静脉窦的移位或受牵引，脑神经和颈神经受到压迫、牵拉或炎症刺激，颅、颈部肌肉痉挛、炎症刺激或创伤，各种原因引起的脑膜刺激，颅内压异常，颅内5-羟色胺能神经元投射系统功能紊乱等。

邹时乘言："头为诸阳之会，与厥阴肝脉会于巅，诸阴寒邪不能上逆为阳气窒塞，浊邪得以上据，厥阴风火，乃能逆上作痛，故头痛一症，皆由清阳不升、火风乘虚上入所致，观先生于头痛治法，亦不外此，如阳虚浊邪阻塞、气血瘀痹而为头痛者，用虫蚁搜逐血络、宣通阳气为主，如火风变动、与暑风邪气上郁而为头痛者，用鲜荷叶、苦丁茶、蔓荆、山栀等辛散轻清为主，如阴虚阳越而为头痛者，用仲景复脉汤，甘麦大枣法，加胶芍牡蛎，镇摄益虚、和阳熄风为主，如厥阳风木上触，兼内风而为头痛者，用首乌、柏仁、黑豆、甘菊、生芍、杞子辈，熄肝风、滋肾液为主，一证而条分缕析。"

叶天士胁痛二案

【案一】

汪某,68岁,嗔怒动肝,寒热旬日,左季胁痛,难外舒转。此络脉瘀痹,防有见红之事,静调勿劳可愈。

桃仁、归须、五加皮、泽兰、丹皮、郁金。

又,桃仁、归须、丹皮、桑叶、川楝子皮、黑山栀皮。

又,络虚则热,液亏则风动,痛减半,有动跃之状,当甘缓理虚,炙甘草汤去姜桂。

又,痛止,便难,液耗风动为秘,议用东垣通幽法。

当归、桃仁、柏子霜、火麻仁、郁李仁、松子肉、红花。

【案二】

胡某,34岁,诊脉右弦,左小弱涩,病起积劳伤阳,操持索思,五志皆逆。而肝为将军之官,谋虑出焉,故先胁痛。晡暮阳不用事,其病渐剧,是内伤证,乃本气不足,日饵辛燥,气泄血耗。六味滋柔腻药,原非止痛之方,不过矫前药之谬而已。内经肝病三法,治虚亦主甘缓,盖病既久,必及阳明胃络,渐归及右,肝胃同病,人卧魂藏于肝,梦寐纷纭,伤及无形矣。议用甘药,少佐摄镇。

人参、枣仁、茯神、炙草、柏子仁、当归、龙骨、金箔桂圆肉煮浓汁,捣丸。

(《临证指南医案·胁痛》)

叶天士肩臂背痛五案

【案一】

邹某,五旬又四,阳明脉衰,肩胛筋缓,不举而痛。治当通补脉络,莫进攻风。

生黄、白术、当归、防风根、姜黄、桑枝。

【案二】

徐某,52岁,左指胀痛引肩,男子血虚风动,病在肝,形脉不足,以柔药温养。

制首乌、枸杞子、归身、三角胡麻、菊花炭、柏子仁、刺蒺藜、桑枝膏丸。

【案三】

俞妪,高年阳明气乏,肩胛痛难屈伸,法当理卫阳通补。

黄芪、桂枝、归身、片姜黄、海桐皮、夏枯草。

【案四】

孙某,24岁,肾气攻背项强,溺频且多,督脉不摄,腰重头疼,难以转侧。先与通阳,宗许学士法。

川椒(炒出汗三分)、川桂枝(一钱)、川附子(一钱)、茯苓(一钱半)、生白术(一钱)、生远志(一钱)。

凡冲气攻痛,从背而上者,系督脉主病,治在少阴;从腹而上者,治在厥阴,系冲任主病,或填补阳明,此治病之宗旨也。

【案五】

汪某,12岁,肝浊逆攻,痛至背。

淡干姜(八分)、炒黑川椒(三分)、炒焦乌梅肉(五分)、小川连(三分)、川桂枝木(五分)、北细辛(二分)、黄柏(五分)、川楝子肉(一钱)、生白芍(二钱)。

(《临证指南医案·肩臂背痛》)

【编按】

肩背痛病由不一,病机各异,当从邪气性质加以区分,又须从连属脏器之不同加以鉴别。如龚商年所言:"肺朝百脉,肺病则不能管摄一身,故肺俞为病,即肩背作痛,又背为阳明之府,阳明有亏,不能束筋骨、利机关,即肩垂背曲,至于臂,经络交会不一,而阳明为十二经络之长,臂痛亦当责之阳明,但痛有内外两因,虚实迥,异治分气血二致,通补攸殊,如营虚脉络失养,风动筋急者,不受辛寒,当仿东垣舒筋汤之意,佐以活络丹,劳倦伤阳,脉络凝塞。肩臂作痛者,以辛甘为君,佐以循经入络之品,阳明气衰,厥阴风动,右肩痛麻者,用枸杞归身黄羚羊桑枝膏,为阳明厥阴营气两虚主治,血虚风动者,因阳明络虚,受肝脏风阳之扰,用首乌、枸杞、归身、胡麻、柏子仁、刺蒺藜药等味,以柔甘为温养;失血背痛者,其虚亦在阳明之络,用人参、归身、枣仁、白芍、炙草、茯神,以填补阳明;若肾气上逆,则督虚为主病,宜用奇经之药以峻补真阳,至于口鼻吸受寒冷,阻郁气隧;痛自胸引及背者,宗内经诸痛皆寒之义,以温药两通气血。更有古法,如防风汤散肺俞之风,指迷丸治痰流臂痛,控涎丹治流痹牵引,此皆从实证而治,所谓通则不痛也,医者不拘守一法,洞悉病源,运巧思以制方。而技于是进。"

叶天士腰腿足痛十案

【案一】

翁某,35岁,正努力伤腰疼。

生杜仲、当归、五加皮、炒牛膝、枸杞子、茯苓、青盐、生羊腰子。

【案二】

吴氏,脉虚身热,腰髀皆痛,少腹有形攻触,脏阴奇脉交伤,不可作外感治。

当归、炒白芍、桂枝、茯苓、炙草、煨姜大枣。

【案三】

汪某,23岁,脉涩,腰髀环跳悉痛,烦劳即发,下焦空虚,脉络不宣,所谓络虚则痛是。

归身、桂枝木、生杜仲、木防已、沙苑、牛膝、萆薢、小茴。

【案四】

朱某,脉细色夺,肝肾虚,腰痛,是络病治法。

生羊内肾、当归、枸杞子、小茴、紫衣胡桃、茯神。

【案五】

汪妪,老年腰膝久痛,牵引少腹两足,不堪步履,奇经之脉,隶于肝肾为多。

鹿角霜、当归、肉苁蓉、薄桂、小茴、柏子仁。

【案六】

王某,35岁,脉迟缓,饮酒便溏,遗精数年不已,近日腰髀足膝坠痛麻木,此湿凝伤其脾肾之阳,滋填固涩,决不应病。

先议用苓姜术桂汤,驱湿暖土,再商后法。

【案七】

吴某,舌白干涸,脘不知饥,两足膝跗筋掣牵痛,虽有宿病,近日痛发,必挟时序温热湿蒸之气,阻其流行之隧。理进宣通,莫以风药。

飞滑石、石膏、寒水石、杏仁、防己、苡仁、威灵仙。

【案八】

朱某,痛着右腿身前,肌肉不肿,必在筋骨,且入夜分势笃,邪留于阴,间有偏坠,治从肝经。

生杜仲(一两)、当归须(二钱)、穿山甲(二钱炙)、小茴香(一钱炒)、北细辛(三分)、干地龙(炙一钱)。

【案九】

陆某,24岁,饱食则哕,是为胃病,两足骨骱皆痛,阳明胃脉不司束筋骨,攻痛,议转旋阳气法。

苓姜术桂汤。

【案十】

某人,右足患处麻木筋强微肿,老人气血不得宣通,冬病至长夏,食不加餐,脉小弱,主以温养。

虎胫骨(生打,三钱)、淮牛膝(一钱)、归身(炒,一钱)、杞子(炒,三钱)、生杜仲(三钱)、川斛(三钱)、萆薢(一钱)、白蒺藜(炒去刺研,一钱)。

(《临证指南医案·腰腿足痛》)

【编按】

腰痛病机复杂,并不能以肾虚二字一概而论,对此《辨证录·腰痛门》所论有新意。如其所言:"人有两腰重如带三千文,不能俯仰者。夫腰痛不同,此病因房劳力役,又感风湿而成。伤肾之症,治须补肾矣。然有补肾而腰愈痛者,其故何也?盖腰脐之气未通,风湿入于肾而不得出故也。法宜先利其腰脐之气,以祛风利湿,而后大补其肾中之水火,则腰轻而可以俯仰矣。方用轻腰汤:白术(一两)、薏仁(一两)、茯苓(五钱)、防己(五分)水煎服。连服2剂而腰轻矣。此方唯利湿而不治腰,又能利腰脐之气,一方而两治之也。然不可多服者,以肾宜补而不可泻,防己多用必至过泄肾邪。肾已无邪可祛,而反损正气,故宜用补肾之药,而前药不可再用矣。方另用三圣汤:杜仲(一两)、白术(五钱)、山茱萸(四钱)水煎服。此方补肾中之水火,而仍利其腰脐者,肾气有可通之路,则俯仰之间,无非至适也。"

王纶四肢风证案

【案一】

大尹刘孟春,素有痰,两臂顽麻,两目流泪。服祛风化痰药,痰愈甚,臂反痛不能伸,手指俱挛。余曰:"麻属气虚,误服前药,肝火炽盛,肝血干涸,筋无所养,虚而挛耳!"当补脾肺、滋肾水,则风自息、热自退、痰自清。

遂用六味地黄丸、补中益气汤,不三月而痊。

【案二】

一妇人,因怒患痰厥而苏,左手臂不能伸,手指麻木,口㖞眼斜,痰气上攻,两腿骨热,或骨中酸痛,服乌药顺气散之类,诸证益甚,不时昏愦,更加内热晡热。余以为肝经血虚,内热生风,前药复耗肝血,虚火炽盛而益甚也。

先以柴胡栀子散,调养肝经气血;数日后用八珍汤加钩藤钩散,诸证稍愈;又用加减八味丸料,少加酒炒黄柏、知母黑色者数剂,诸证顿退;仍服八珍汤、柴胡栀子散,半载而痊。后劳役即有复作之意,服柴胡栀子散随安。

【案三】

一妇人,四肢挛屈烦痛,自汗,小便短少,畏见风寒,脉浮弦缓,此气血虚而风寒湿热相搏。

先用东垣清燥汤渐愈,再用加味逍遥散及八珍汤加牡丹皮而痊。

(《明医杂着·风证》)

赵绍琴头痛三案

【案一】

余某，女，50岁。头痛十余年，经常发作，痛时连及目珠作胀，必服止痛片方止。近几年来每日必服头痛粉一二包，否则头痛不能自支。寡居二十余年，情志不遂，郁火内生，木火上扰，而作头痛，常理虽然如此，然前服清热养阴、凉血息风之剂，皆未能见效。诊其脉来力弱，舌白且润，并无热象可据。且头为诸阳之会，三阳经脉皆上于头，经云清阳出上窍，乃得耳聪目明，今清阳不主上升，浊阴反犯于上，久则络脉痹阻，故而头痛不止。议用升清阳活血通络方法。

川芎30克、茺蔚子30克，上二味为一剂，煎汤代茶，饮不拘时。患者服上方代茶饮后，头痛即止。

【案二】

孙某，女，37岁。

初诊 脉象弦精细数，心烦梦多，大便干结，血压偏高，头痛偏左，痛如针刺。此阴分不足，血虚不能养肝，肝阳化风，风动则头痛必作，舌红且干，阴伤热生之象也。先用清上实下方法。

桑叶10克、菊花10克、钩藤10克（后下）、生石决明20克、生牡蛎20克、白芍10克、甘草6克、木瓜10克。

二诊 头痛略减，脉象弦细，舌红口干，再以前法，参以养血育阴，冀其风息痛止。

桑叶10克、菊花10克、钩藤10克（后下）、生石决明20克、生牡蛎20克、白芍10克、女贞子10克、旱莲草10克、夏枯草10克、牛膝10克。

三诊 药后痛止眠安，仍以前法进退。忌食辛辣肥甘为要。原方继进10剂。

【案三】

宁某，女，42岁。

初诊 患三叉神经疼痛有年，曾在神经科治疗。常服镇静剂西药，若停药则头痛即发。面色红赤，舌红唇紫，夜寐梦多，心烦急躁。病属木郁化火，肝热生风，络脉瘀滞之证。先当疏调气机，以解肝郁，用活血通络，以止其痛。

蝉衣6克、僵蚕10克、片姜黄6克、大黄1克、木瓜10克、钩藤10克、大腹皮10克、槟榔10克、珍珠母20克，7剂。

二诊 药后痛势稍缓，脉象弦数，按之有力；舌红苔黄唇紫，舌背络脉粗大紫黑，必是血分瘀滞，拟用凉血化瘀通络方：

柴胡6克、黄芩10克、川楝子10克、丹参10克、茜草10克、牛膝10克、川芎20克、钩藤10

克(后下)、生石决明20克、生牡蛎20克、珍珠母20克、蝉衣6克、僵蚕10克、片姜黄6克、大黄1克,7剂。

三诊 痛势再减,可不服安眠药。夜晚睡眠显著改善,心情较前平静。诊脉弦数,舌红苔白,仍用前法加减。

蝉衣6克、僵蚕10克、片姜黄6克、大黄1克、柴胡6克、黄芩10克、川楝子10克、丹参10克、茜草10克、焦三仙各10克、水红花子10克、川芎20克,7剂。

四诊 近因动怒,头痛又作,夜寐不安,噩梦纷纭。五志过极,皆为火热,木火上攻,其痛必作,脉象弦数有力,舌红尖刺苔黄根厚,再以清泄肝胆方法。

柴胡6克、黄芩10克、川楝子10克、龙胆草3克、夏枯草10克、蝉衣6克、僵蚕10克、片姜黄6克、大黄2克、黄连2克、焦三仙各10克,7剂。

上方服后,头痛即止。嘱其戒恼怒,忌辛辣,戒烟酒,保持心情舒畅,每日锻炼,以防复发。

(《赵绍琴医案·头痛》)

【编按】

案按:案一头痛日久不愈,按病久入络对待。川芎活血行气,善治头痛,所谓头痛必用川芎,各加引经药,今重用之,力专效宏,况其气辛温走窜,上达巅顶,下抵厥阴;合茺蔚子活血明目,稍煎即饮,取其清气上达,为治头痛之妙方,屡试屡验,若合入复方中亦可。

案二阴虚则阳亢,下虚则上盛,令头痛偏左,是肝热上冲,肝热之由,在乎阴虚,故用清肝息风以治其标,养血育阴以治其本,标本兼顾,服之即效。

案三三叉神经痛较为顽固,其人面红唇紫急躁易怒,即是肝经郁火上冲之征。用升降散疏解肝经郁滞,升降气机为先,木郁达之是也。从其舌背络脉紫黑粗大,知其血分瘀滞,伏热深重。历来察舌,只观正面舌质舌苔的变化。赵师家传有观舌背面络脉法,令患者张口,伸舌,向上挠起,暴露舌背面,其上有青筋显露两条,若粗大紫黑者即是血分瘀热较重。有时舌面浮苔满布,遍及周边,以致观察舌质不易明了,亦可令患者挠起舌来,察其舌背之质地,是红是赤是绛,或干或燥或润,一目了然,最为准确。本案治疗过程中,患者因动恼而致病情加重,因其病本属肝热,怒为肝之志,大怒而肝气逆上,所谓五志化火,故肝热增重,头痛加剧。治之增加清泄肝胆之品。肝属木,木能生火,故舌红尖刺,是木火两盛之象,方中加入黄连,以泻心火,是实则泻其子也。配伍周全,切中病机,故服之即效。

赵绍琴痹症(类风湿性关节炎)案

张某,女,29岁。

初诊 病发两年余,双手指关节疼痛,遇寒加甚。近来发现指关节肿胀明显,以食指、中

指和无名指关节肿大较甚，略呈梭形，触之疼甚，色暗红，屈曲不利。经查类风湿因子阳性。确诊为类风湿性关节炎。诊脉弦滑而数。舌红苔白略腻。此外受风寒湿邪，留而不去，蕴郁化热，邪阻经络，津液不运，变生痰浊，四末气血不达之所，转为痰浊巢穴，故为肿胀。治以涤痰消肿方法，食忌肥甘，并防寒凉刺激。

大豆卷10克、秦艽10克、戚灵仙10克、苏子10克、莱菔子10克、白芥子6克、冬瓜子10克、皂角子6克、丝瓜络10克、桑枝10克，7剂。

二诊 药后疼痛有减，肿胀未见明显消退。久病络脉痹阻，非旬日不足以见功。脉仍沉滑，为痰郁之征，继用涤痰通络方法。

苏子10克、莱菔子10克、白芥子6克、冬瓜子10克、皂角6克、丝瓜络10克、桑枝10克、海风藤10克、络石藤10克、天仙藤10克、片姜黄6克，7剂。

三诊 关节肿胀见消，疼痛大减，脉仍沉滑，舌白苔润。前法进退。

苏子10克、莱菔子10克、白芥子6克、冬瓜子10克、皂角6克、生苡仁30克、丝瓜络10克、桑桂10克、海风藤10克、络石藤10克、天仙藤10克、焦三仙各10克、水红花子10克。

四诊 关节肿痛消之大半，脉象濡软以滑，舌白苔润，继用前法以涤余痰。谨防冷水刺激为要。

苏子10克、莱菔子10克、白芥子6克、冬瓜子10克、皂角6克、生苡仁0克、丝瓜络10克、桑枝10克、海风藤10克、络石藤10克、焦三仙各10克，7剂。

（《赵绍琴医案·痹症》）

【编按】

案按：类风湿性关节炎发病多因素体虚弱、风寒湿热等外邪乘虚侵袭，内客经络骨节，久留不去，痹阻气血而成。赵绍琴认为本病之初，关节尚未肿大，可按一般痹症辨治，若关节肿大疼痛一旦形成，则应从痰论治。凡关节肿大疼痛多属有形之邪留滞其间，痰浊、水饮、瘀血皆其类也。类风湿之关节肿大，或为梭形肿大，如指关节病变；或为程肿凸起一块，如腕踝关节病变，然其并无骨质增生，但有关节腔水肿或软组织增生。况其肿胀可反复发作，其为痰饮甚明。此皆因外邪久留，经络闭阻，致气血津液停滞而为痰为饮。此等痰饮生于经络之中，留于关节之内，徒以健脾燥湿化痰亦不能速去。当治以涤痰通络之法，选用性滑利善走蹿之品，组成开窍通关之猛剂，以涤除骨节问之留痰浊饮。方名五子涤痰汤，即三子养亲汤加冬瓜子、皂角子而成。方用：

苏子10克、白芥子6克、莱菔子10克、冬瓜子10克、皂角子6克。

若病在早期，表现为四肢关节游走性疼痛，关节并无肿胀，或略显微肿，其痛忽作忽止，倏忽往来者，皆是痰饮流注欲作窠穴之象，治宜祛风胜湿通络剂中加入三子养亲汤，以祛除经络中流痰，方用：

大豆卷10克、秦艽10克、威灵仙10克、丝瓜络10克、桑枝10克、苏子10克、莱菔子10克、白芥子6克。

方中白芥子用量虽小，却是重要的引经药，因其性通利透达，善祛皮里膜外之痰，走于经络之中，故为必用之药。若其病已成，四肢关节肿胀明显，疼痛较剧，触之痛甚。此为痰饮留蓄于骨节间，已成窠穴之势。舌苔白腻水滑，脉象沉细滑或濡滑皆是痰饮深伏之象。此时痰饮聚于骨节，聚成窠穴，难于速去，三子养亲汤已力所不及，可用五子涤痰汤加味。方用：

苏子10克、莱菔子10克、白芥子6克、冬瓜子10克、皂角6克、海风藤10克、络石藤10克、天仙藤10克、丝瓜络10克、桑枝10克。

方中五子合用，善能涤除骨节间痰饮湿浊，合以三藤及桑枝、丝瓜络，更能通利经络、祛风胜湿，使痰饮不致复留为患。方中皂角一味，至为重要，其味辛辣猛烈，走窜力强，善开窍通关涤痰除垢，与白芥子协力，领诸药直达痰饮窠穴，而奏涤痰消肿之功若证见关节肿胀迅速增加，疼痛剧烈，手不可近，是痰饮之势猖獗，非峻剂无以遏其势，宜用上方合控涎丹，装胶囊吞服2～3分，服后泻下痰水样便，即收肿消痛止之效。若证属阳气衰微，寒痰凝滞，漫肿作痛，屈伸不利，六脉沉微，舌淡苔白水滑，面色㿠白，形寒畏冷，是阳衰不能温化所致。宜上方合三淡汤，即淡干姜、淡附片、淡吴萸各6克，重者各用10克，以温阳逐饮。若肾阳不足，虚弱症现，伴见腰膝酸软，神疲乏力，头晕耳鸣，腰以下冷感明显，舌淡胖大，苔白且润，脉沉弱无力者，可于方中加入杜仲10克、川续断10克、补骨脂10克，以补肾壮骨。病至晚期，症见关节肿大变形，周围肌肉萎缩，屈伸不利，运动受限。此属痰瘀互结，治疗较为棘手。治宜涤痰化瘀并举。上方参入补阳还五汤：

加生黄芪30克、炒地龙10克，再酌用乳香、没药、桃仁、红花、赤芍、当归、川芎、茜草等化瘀之品。或为丸服，以图缓效。

依赵师之经验，从痰辨治类风湿可获良效，但临床上尚需要求病人加强患部功能锻炼和走路运动，避免寒冷刺激，注意清淡饮食等。

脚底木硬案

邓氏《笔峰方》云："有人患脚底木硬。以牛皮生姜汁化开，调南星末涂上，烘物熨之。"此症为肾脏受寒，营气凝而不行，以成此疾，即《内经》所谓皮肤不营故为不仁，又曰："北方生寒在气为坚是也。"

（《奇症汇》卷七）

戴立三风寒湿痹案

陈某，男，14岁。

患发热恶寒,头痛,身困,腰酸,恶心欲吐。初服桂枝汤后症状未减,次日出现舌苔微腻,恶寒少而发热增高,症状似风温,又改服银翘散与葱豉汤合方,药后日晡发热如疟状。又服西药阿的平无效,竟转全日发热,下肢剧烈疼痛,夜间发热尤盛,体温39.5℃,卧床不起,烦乱呻吟,不得安寐。起病至今已半月余,症情混杂,寒热莫辨,乃延余诊治。细审之,患者初因气候突变,感受寒邪而发病。症见:舌质青滑,舌苔薄腻,脉浮而无力,面色及口唇发青。病已多日,今仍发热,脉浮为表邪尚在,由于寒湿阻滞经络不通则痛,故下肢疼痛。脉症合参,证属阳虚感寒兼湿邪内滞。先予温经散寒、调和营卫兼理气机之法。处以桂枝加附子汤加味。处方:

附片60克、桂枝12克、杭芍12克、香附9克、麦芽9克、甘草6克、生姜3片、大枣3个。

方中用附片温太阳之经脉;桂枝汤以发表解肌、调和营卫;合香附、麦芽以行太阳之滞气,开太阳气机。

二诊 服上方一剂后,较前安静,但发热未减,下肢仍痛,且出现呕恶,舌脉同前。此乃寒湿凝滞、胃浊不化、浊阴上犯所致。法当以温经通络,祛风散湿,行滞、降逆。处以自拟附子桂枝独活寄生汤:

附片60克、桂枝9克、桑寄生15克、杭芍9克、法夏9克、茯苓15克、台乌9克、陈皮6克、独活6克、防风9克、川芎6克、甘草6克、生姜5片、大枣3个。

方中附片、桂枝、杭芍、甘草、生姜、大枣用以温经散寒通络;陈皮理气健脾燥湿;合与茯苓增强健脾利湿之功;法夏降逆止呕,燥湿化痰;台乌行气、散寒,川芎活血行气,二者合用增强行气止痛之功;防风、独活祛风胜湿、行痹止痛;桑寄生补肝肾、除风湿。

三诊 服上方2剂后,夜间发热稍减,体温渐降,呕止,烦定,已不似前之呻吟,口渴思饮而不多。此系下焦元阳虚衰,阴寒内盛。宜温阳祛寒,处以《伤寒论》吴萸四逆汤:

黑附片60克、炒吴萸6克、干姜9克、甘草5克。

方中吴萸温中散寒,疏肝暖脾,善解厥阴肝经的郁滞而行气止痛,且能降逆止呕,合四逆汤峻扶元阳之不足。

四诊 服上方1剂后,发热大减,口渴亦止,多日卧床不起,现已能起床便溺,溺色稍赤。但仍感下肢疼痛,不能移步,苔转白腻,脉仍濡。此系中阳虚衰,以致寒湿凝滞,气机不畅。宜交通阴阳,散寒祛湿。处方:

第一方:黑附片60克、干姜15克、葱白3个;第二方:麻绒3克、杏仁6克、桂枝6克、白术12克、甘草5克、生苡仁9克。

第一方系白通汤,用以交通心肾之阳,补吴萸四逆汤之不足也。第二方即《金匮要略》麻黄加术汤及麻杏苡甘汤合方,用以温散化湿。

五诊 上二方交叉各服2剂后,发热全退,唯觉下肢仍有疼痛,脉濡缓,舌苔薄腻。此乃脾湿不化,阻滞经络,故下肢仍有疼痛。法当健脾燥湿,祛风通络为治。处方:

猪苓6克、炒泽泻6克、茯苓15克、苡仁9克、淮牛膝6克、土茯苓6克、萆薢6克、焦黄柏6

克、丝瓜络5克、桑枝9克、防风6克、独活6克、甘草5克。

方中猪苓、泽泻利水渗湿，苡仁、白术健脾利水、燥湿，萆薢祛风除湿，合桑枝能利关节除风寒湿痹。丝瓜络通筋络、舒血脉，与桑枝合用增强其通利血脉关节的作用，防风、独活祛风胜湿，疗风痹诸痛，黄柏坚肾、益阴而燥湿，淮牛膝益肾、引药力下达，善治肾虚腰腿疼痛或膝痛不能屈伸。

六诊 服上方1剂后，小便清长，下肢疼痛大减，已能移步。脉已平和，舌心微黄腻。此湿欲化热，处以：

原方减萆薢、桑枝、丝瓜络、甘草，加沙参15克、元参9克、知母6克滋阴降火，再加筠姜散寒、除湿以开气血之凝滞。

七诊 服上方2剂后，竟能自由行走，唯惟步行时感轻微疼痛。考虑患者素禀不足，经此病后，元阳更虚，继以术附、参附、吴萸四逆、白通汤等更番调理而愈。

（《戴立三医案》）

【编按】

案中有两方交替用药法，一病两方用意大致为：方药的气味调适、治疗疾病有病机掺杂时的矛盾、一方对多证时众药杂处难分主次等。交替用药应该在中药临床使用中明确其特定的内涵，以便于指导临床用药。

戴立三手足抖颤案

刘某，男，60岁。

患右侧手足颤抖不止，历时2年多，曾经中西医治疗无效。症见：右手颤抖不已，右手不能取物，亦不能持物。畏寒身重，面色黯暗不泽，精神不振，甚感忧愁。舌苔滑腻，脉象三五不整。索阅所服中药处方，多系养血祛风、清热涤痰之类。此症时日已久，若再迟延，则有"偏枯"之虞。查其病根在于脾肾阳虚，风痰郁阻。因肾阳即命火，命火不足，火不生土，则脾阳不振，水湿难运，湿痰停滞，阻碍肺胃气机之宣达。因脾主四肢，肺主一身之气，脾肺之机能受抑，木气鼓之，故手足颤抖也。因其标乃风痰，其本在脾肾，故滋阴养血，平肝熄风，非其所宜。根据以上分析，先以壮火扶阳、健脾燥湿、祛风豁痰之剂。用术附汤和郑钦安姜附茯半汤加味。处方：

黑附片60克、漂白术30克、生姜30克（取汁分次兑入）、茯苓15克、法半夏9克、炙南星15克、明天麻9克、白芥子6克、甘草6克。

上方附子配白术，名术附汤，专治肾阳虚衰、脾阳不运、湿浊停聚之证。生姜、附子、茯苓、半夏即姜附茯半汤，郑钦安谓为"回阳降逆、行水化痰之方"。生姜宣散壅滞之寒；茯苓、半夏燥湿健脾，降逆化痰；加南星祛风湿，化顽痰，天麻镇静息风，白芥子利气豁痰除寒暖中，

甘草调和诸药。嘱服2剂。

二诊 药后精神较好。为求根治,宜予温肾扶阳、调和营卫、祛风散寒燥湿之剂。因此症不仅肾阳大虚,脾湿不运,而且肺胃气机郁滞,易致营卫失调,风寒湿邪阻遏经络不通。若舍疏通经络、调畅气机之剂,则治病之药不易到达病所。乃用自拟方附子桂枝独活寄生汤加南星。处方:

黑附片60克、桂枝9克、炒杭芍9克、法半夏9克、茯苓15克、川芎6克、防风9克、独活6克、桑寄生15克、台乌9克、炙南星9克、甘草6克、烧生姜3片、大枣3枚。

三诊 服2剂,自觉颤抖有所减轻,患者颇感欣慰,要求续为根治。腻苔已退,此乃寒湿虽化而未净。由于经络疏通,脉出三五不整转为弦大,是脾肾之阳未复也。乃用附子理中汤加味。处方:

黑附片60克、潞党参15克、漂白术15克、干姜15克、法半夏9克、茯苓15克、炙南星9克、明天麻15克、代赭石15克、紫石英15克、赤石脂15克、甘草6克。

上方附子温壮脾肾之阳,理中汤大振中州,执中央以运四旁,此乃理中之旨也,加夏、苓燥湿健脾,降逆化痰,南星祛风痰,天麻、代赭石、紫石英、赤石脂镇肝息风,降逆除湿。

四诊 患者连服3剂,颤抖大减,右手已可取物,精神舒畅,情绪饱满,脉象由弦大而变柔和,舌苔薄腻。此阳气尚虚,寒湿未尽。用《伤寒论》附子汤与桂枝汤合方。处方:

黑附片60克、潞党参15克、漂白术15克、茯苓15克、炒杭芍9克、桂枝9克、甘草6克、生姜9克、大枣3枚。

此方主旨在于温扶元阳,补脾化湿,调和营卫,通畅经络。连服3剂,症状消失而收全功。

(《戴立三医案》)

【编按】

案按:颤抖即颤振,此病方书记载甚少。王肯堂《证治准绳·杂病》谓:“颤,摇也;振,动也。筋脉约束不住而莫能任持,风之象也。”王氏分型,有阴血不足,有气虚,有心虚,有挟痰者。临床所见,尚有湿热所致者,此多见于嗜酒之人,亦有阳虚所致者,本例即是。根据病史及以往所服方药,结合现时表现,断为脾肾阳虚,风痰郁阻。采用壮火扶阳、健脾燥湿、祛风化痰之法,竟获痊愈。其关键性用药在第三诊,方中所用代赭石、紫石英、赤石脂等味,为养肝、祛痰、降逆之要药,由本及标,故见效迅速。但初诊、次诊方,是为第三诊创造条件、奠定治疗基础的。若不经过这两个步骤,开始即用第三诊处方,则不易有此功效。故临床治病,应当注意分清标本缓急,做到胸中有数。否则,欲速而不达,事倍而功半,良好的动机,未必会有良好的效果。

戴立三鹤膝风案

周姓女孩，9岁。患左膝关节肿大，住某医院，诊断为骨结核。治疗两个月，前后开刀五次，病情如故，请余会诊。症见患儿面色㿠白，左膝关节肿大且僵冷，不能站立。开刀之处涔涔流下清稀黑水，无疼痛感觉。终日嗜睡，舌润无苔，脉沉迟无力。详询病史，知发病是由于冬令玩雪而引起。寒邪侵入经脉，治不得法，迁延日久，郁而不解。脉症合参，当用通阳化滞和血之法。用加味阳和汤，处方：

麻绒6克、熟地15克、白芥子9克、鹿角霜15克、桂枝6克、上肉桂5克、炮姜9克、当归15克、甘草9克。

方中熟地、肉桂、鹿角霜温肾阳固肾阴；麻绒开腠理；白芥子消痰化积，消皮里膜外之痰；熟地得麻绒则不凝滞，麻绒得熟地则不表散；此方重用鹿角霜一味，取温补而不黏滞；肉桂、桂枝并用者，取其温心、肺、肾之阳；加当归以补血、活血。全方配合有扶阳固阴之功。

二诊 上方服5剂后，面色由㿠白渐转红润，左膝关节稍转温，肿势渐消。用原方去鹿角霜，每剂兑服鹿茸1.5克，再服5剂。取鹿茸补精髓，壮元阳，大补督脉，强筋健骨。因肾主骨生髓，督脉为周身骨节之主；肾强，精髓足，则督脉盛，寒邪化，经脉通，而关节肿大可望渐消。

三诊 上方服5剂后，膝关节转温，且能站立。面色红润，食欲增进，精神转佳，患部所流之清稀黑水转为黄色脓液。此肾阳虽复，尚须补气活血、生肌。方用张锡纯内托生肌散加减：

生口芪30克、天花粉10克、乳香6克、没药6克、山萸肉15克。

此方重用口芪，取其性温、味甘，《本经》谓："主痈疽日久败疮。"以其补气而能生肌，其溃脓自可排除。花粉治痈肿疮毒，配合黄芪更能增强生肌排毒之功。乳香、没药一可调血中之气，一可调气中之血，乳没合用，宣畅脏腑，疏通经络，善治疮痈，能去瘀滞；山萸肉温肝、补肝以通九窍。全方共呈益气生肌、排脓疏络、解毒之功。服用7剂后，创口逐渐愈合。

（《戴立三医案》）

【编按】

案按：阳和汤一方，为治阴疽内陷方，因具有通阳化滞和血的作用，故命名"阳和"，取其如日光一照，寒邪悉解之意。唯原方剂量过轻，不能胜病。故用时应师其意而不泥其方。本病无常形，医无常方，药无常品，顺逆进退，存乎其时，神圣工巧存乎其人。君臣佐使，存乎其用。如墨守成规，妄用成方，或执不变之方，以治变动不居之证，虽属效方，亦难取胜。

赵炳南创伤性膝关节滑膜—滑囊炎案

孙某,女,28岁。1971年11月24日。

初诊 右侧膝部肿痛已8个多月。今年3月份摔伤后,右侧膝部着地,当时疼痛较重,曾做过封闭、吃过中药,疼痛稍缓解。5月份开始右膝部肿胀,疑诊为风湿性关节炎。血沉、抗链"O"均属正常。曾继服中药及西药保太松,而且穿刺抽出液体约10毫升,5天后局部肿胀更加明显。6月份吃中药略有效果,持续3个月,肿胀见消。活动后则酸痛,夜间较重,两腿无力,天气寒冷后则症状加重,膝关节活动不利。右侧膝关节较对侧明显肿胀,扪之有囊样波动,浮髌试验阴性。活动轻度受限,而且有明显压痛。脉沉弦,舌苔白薄。辨证为外伤而致经络阻隔,气血瘀滞,复感寒湿之邪。治法温经通络,除湿散寒。方药:

熟地(五钱)、鹿角胶(三钱)、白芥子(五钱)、上肉桂(包,一钱)、炮姜(三钱)、麻黄(二钱)、附片(二钱)、炙甘草(二钱)、黄芪(一两)、泽泻(三钱)、牛膝(三钱),外用铁箍散膏。

二诊 服上方7剂后,局部肿见消,右膝活动较以前灵活。改服阳和丸。外用药同前。

三诊 检查时,膝关节肿胀已消。按前法方药如下:

上肉桂(一钱五分)、麻黄(三钱)、熟地(一两)、炮姜(三钱)、白芥子(一两)、附子(三钱)、黄芪(一两)、牛膝(五钱)、泽泻(三钱)、陈皮(三钱)、茯苓(四钱)、炒白术(五钱),每煎兑服黄酒五钱。

四诊 右侧膝关节肿胀已完全消失,屈伸活动正常。继服阳和丸、全鹿丸。

后随访时,半年多来未再肿胀,已恢复本职工作,基本上能够坚持,唯走路过多后,患肢有些发沉。

(《赵炳南临床经验集》)

【编按】

案按:以上两例是由于创伤所引起的膝关节部滑膜和滑囊炎。膝关节是全身关节中滑膜最多的关节之一。除髋上滑膜囊外,尚有腿前滑囊和髌腱下滑囊等。滑膜细胞分泌滑液,可以滑润和滋养关节软骨,关节或肌腱来回运动时,产生大量的热,全靠滑膜内丰富的血液循环,得以散发。膝关节的滑膜或滑囊常常因为受打击或跌倒、扭伤、过度运动,关节内游离体和关节附近手术或骨折而发生充血,大量渗出甚或出血。赵老医生认为本病从症状上看似中医的鹤膝风,但又与其不尽相同。例一病程较短,由于直接暴力所致,膝关节滑膜炎症渗出,表面灼热,功能障碍。证属外伤阻络,气血凝滞,郁而化热。方中金银花、连翘清热解毒;赤小豆、当归、鸡血藤、车前子行水消肿,活血通络;赤芍凉血活血;防己利水消肿,祛风止痛;牛膝引药下行,配合活血止痛散、云南白药,加强活血通络,解毒消肿止痛的功能。例二膝部掼伤为时已久,局部不灼热,肿胀,酸痛,遇冷则症状加重,证属寒湿阻络,所以法从温经通络、除湿散寒。用阳和汤为主方进行加减。虽为同病，由于病程、病情不同而治异。

余无言蝉衣酒治破伤风案

【案一】

刘绍初，以拉黄包车为业，于民国廿年(1931年)十一月间，在哈同路被卡车撞伤头骨、鼻梁等处，出血颇多，骨质已略损，经巡捕车送白克路某医院救治。次日，刘父以医院声称伤重危险，乃抬回家中。捕房查知，仍令转送海格路某医院，在该院三星期，伤口收敛出院。当未出院时，精神即觉不适。到家后，即发热不安。次日更甚，渐发痉挛、强直等现象，牙关拘紧，角弓反张，腹部陷若舟状，硬固如板，按之作痛，气急微喘，破伤风症状悉具，伤处复又破开，乃改延余诊。

余以蝉衣为末五钱，嘱令黄酒送服，促其出汗。服后，果腥臭之汗淋漓不已，约近二小时方止。病者即觉舒适，痉挛不作。次日，余复以巴豆二黄丸下之，与服十二粒，攻下之粪，腥臭异常，如胶而黑污，于是更觉爽快。不意其父即不再延余续诊。余心疑之，再经旬日，则报载刘绍初死矣，其父与开卡车者涉讼矣。又旬日，刘之戚告余云：刘绍初虽为车夫，但有一小星，久与刘父通。刘父因有次子在江北原籍，故其心中甚盼绍初之死，一则寡媳可为己有，再则有人命银子可用，故前台端治之有效，反为刘父所不满。为之治疗，实掩人耳目也。其后迁延反复，而至于死。惹起诉讼，不料法官斥其诈财，反具结领尸自殓、人财两空云。余闻之，甚愤此疗法之未竟全功，姑再试之异日。

【案二】

张姓妇，年六十余，住西门路西门里。于民国廿一年(1932年)四月间，由楼梯上跌下，头顶受伤，皮开肉绽，出血不少，经医生疗治，已将愈矣。一日，忽发破伤风症状，时轻时重，即送某大医院医治，数日无效，症且加剧，医院告以无法疗治，车接回家，复请中西医多人诊疗，皆称不治，已为之备衣冠矣。余戚韩某，与张子友好，介余往诊。余诊其伤处有脓，面部潮红浮肿，犹如丹毒之状，口舌不和，牙关紧急，项脊强直，痉挛时作，角弓反张，腹部如鼓，腹皮青黑，按之如板，呼吸喘促。余曰："证危矣，姑一试之。"乃以：

蝉蜕末五钱，使之用酒和服，牙关不开，慢慢灌下。

服后即汗出如洗，腥臭异常，以手扪之。黏如胶水，约近二时而汗止。额面肿消，唯颐下及口围未消，腹肿如鼓，乃继以巴豆二黄丸十二粒与服，攻下黏黑粪甚多，有如球状，有如胶状，有如鱼冻鱼肠，下五六次，以冷稀粥一碗服下止之。腹部肿硬消去大半，喘亦不作。次日又服蝉蜕末三钱，出汗如昨，面部红肿消清。

第三日，又与巴豆二黄丸九粒一服，续下胶黏腥黑之粪甚多，腹胀尽消，按之不痛矣。于

是起坐均佳,后再服调理之剂而痊愈。

(《余无言医案及医话》)

【编按】

余愚按:蝉衣酒治破伤风之来历余于医学书籍,素喜旁搜杂览,合理者悉志之以待试用。《傅青主男女科》中有“破伤”方一则,殊不令人注意。其原文如次:“蝉蜕去尽头足,为末五钱,用好酒一碗,煎滚入末,调匀,服之立生。”余审视者再,以为蝉蜕为散风清热之品,今“破伤”用之,殊属不当,且末云:“服之立生。”若谓破伤出血,迨至将死,服蝉蜕可以立生,尤为不合医理。反复思量,忽然悟曰:此必破伤风也。而印书者脱去一“风”字耳,故蒜之以待验证。

刘渡舟震颤(帕金森病)案

陈某,男,75岁。1995年10月18日。

初诊 全身震颤,不能自主,某医院诊断为帕金森病。服用左旋多巴、美多巴、安坦等药,症状未见好转,特请刘老诊治。症见全身颤抖,尤以上肢为重,手指节律性震颤,状如“搓丸样”,肌肉强直、面部表情呆板、双目直视、口角流涎、步履困难,伴头痛、口干渴,大便秘结、一周一行,小便色如浓茶、口噤齘齿,舌红、苔黄腻而燥,脉来滑大。证属三焦火盛动风,煎灼津液成痰,痰火阻塞经络则阳气化风而生颤动。治宜清热泻火,平肝熄风,化痰通络。治用黄连解毒汤和羚羊钩藤汤加减:

黄连10克、黄芩10克、羚羊角粉1.8克(分冲)、竹茹20克、黄柏10克、栀子10克、钩藤15克、天竹黄12克、龙胆草10克、菊花10克、桑叶10克、菖蒲10克、佩兰10克、半夏12克。

二诊 服药14剂后,两手震颤减轻,行走较前有力,口渴止,小便颜色变淡。大便仍秘结,头痛眩晕,言蹇不利,多痰少寐,舌苔白腻挟黄,脉滑数。针对以上脉证的反映:

上方加大黄4克,并加服局方至宝丹3丸,每晚睡前服1丸。

三诊 服药月余,头晕少寐多痰大为减轻,语言明显好转(能简单地陈述病情),但仍腹满便秘、齘齿、小便短赤、四肢及口唇颤抖。舌红苔黄而干,脉来滑数。治用通腑泄热,凉肝熄风之法,调胃承气汤和羚羊钩藤汤加减:

大黄4克、芒硝4克(后下)、炙甘草6克、羚羊角粉1.8克(分冲)、钩藤20克、白芍20克、木瓜10克、麦冬30克。

四诊 上方服7剂,大便通畅,粪便如串珠状。腹满顿除,齘齿大减,小便畅利,四肢有轻微颤抖。效不更方,仍用黄连解毒汤与羚羊钩藤汤加减。治疗三个月,肢体震颤消除,能自己行走,手指屈伸自如,握拳有力,言语流畅,面部表情自然,二便正常。唯偶有头晕、齘齿,继以芩连温胆汤加减进退而病愈。

(《刘渡舟医案》)

【编按】

案按：帕金森病又名震颤性麻痹，属中枢神经系统疾病，好发于中老年人。临床以肢体震颤、肌肉僵直和运动障碍为特征。西医对此病尚无特效疗法，多以左旋多巴等替代治疗，虽有一定疗效，但副作用大，病人难以承受而往往被迫停药。刘老认为，本病宜以心肝为核心，其病因多是火热动风生痰为患。《素问·至真要大论》说："诸风掉眩，皆属于肝。诸暴强直，皆属于风。"肝热动风，煎液成痰，痰热随肝风窜扰于筋脉，灼伤津液，发为肢体震颤。所见口干、便秘、小便短赤、龁齿、言语不利、舌红、苔黄腻、脉滑大诸症，皆心肝热盛，风动灼痰之变。故治疗首以清心泻火、熄风化痰为法。黄连解毒汤能泻三焦之火，配以羚羊钩藤汤则凉肝熄风化痰，屡建奇功。

刘渡舟半身不遂案

姜某，男，66岁。左身偏废，左手拘急难伸，不能活动。血压200/120毫米汞柱，头目眩晕、心烦、不寐、性情急躁易怒、大便秘结、小便色黄。舌体向左歪斜、舌质红绛少津、舌苔黄而干、脉来滑数。此火动伤阴，兼有动风之证。治当清热泻火，熄风活血。疏方：

大黄5克、黄芩10克、黄连10克。

服药5剂，大便畅通、头目清爽、心中烦乱顿释，血压降至170/100毫米汞柱。复诊时，不用家人搀扶，腿脚便利。然左手之挛急未解。转方用芍药甘草汤，加羚羊角粉1.8克冲服而瘥。

（《刘渡舟医案》）

【编按】

半身不遂的分类辨机是用药的指导基础，身体不遂应为麻木之属，如《丹台玉案》所言："麻木之属虽有风痰死血之分，然治疗之药，皆当以热药为引导。如生姜、附子、官桂、川乌之类，以引经药引至各经。如手臂用桑条，股足用牛膝、威灵仙之类，以行气药通其气。如乌药、木香、枳壳、青皮之类，以通窍药开其经络；如木通、穿山甲、牙皂之类，有痰则去痰、有风则去风、有血则行血，此其总纲也。"

案按：本案为火动伤阴、血不柔肝、动风伤筋之证。《素问·生气通天论》有"阳强不能密，阴气乃绝"之说。本证大便秘结、小便色黄、舌苔黄、脉来滑数，反映了阳热内盛；心烦不寐则为阴气内虚、水火不济之象。阴不胜阳，阳亢化风，故见血压升高、头目眩晕。火淫血脉，血被火煎耗，煽动内风，而见手挛舌歪、半身不遂。《素问·至真要大论》说："诸热瘛疭，皆属于火。"本证之半身不遂形似中风，其实为"火中"之证。若误用燥药祛风，则失之千里。刘老采用泻火清热、釜底抽薪之法，选用金匮三黄泻心汤苦寒之剂，用黄连泻心火，黄芩泻肺火。妙在大黄一味，既能通降胃中火热，又能活血逐瘀，推陈致新。若本证大便不燥而小便赤涩不

利者，则改用黄连解毒汤为好。目前临床，西医学所谓高脂血症、脑血栓、脑栓塞、脑出血等病，均可使人肢体偏废，手足不仁，甚则突然昏倒，不省人事。据刘老经验，大多为“火中”范围，治当通泻火热为主，用三黄泻心汤或黄连解毒汤为中肯。若滥用温燥祛风之品，则如火上浇油而越治越重。

参考文献

[1]丁甘仁.丁甘仁医案[M].北京:人民卫生出版社,2007.
[2]张锡纯.医学衷中参西录[M].北京:人民卫生出版社,2006.
[3]姚承济,姚克敏.姚贞白医案[M].北京:人民军医出版社,2013.
[4]许恩普.许氏医案[M].北京:人民卫生出版社,2006.
[5]蒲辅周.蒲辅周医案[M].北京:人民卫生出版社,1981.
[6]徐大椿.洄溪医案[M].北京:人民军医出版社,2011.
[7]叶天士.临证指南医案[M].北京:人民卫生出版社,2006.
[8]俞震.古今医案按[M].北京:中国中医药出版社,2008.
[9]尤怡.评选静香楼医案[M].北京:中国中医药出版社,1997.
[10]刘渡舟.刘渡舟医案[M].北京:学苑出版社,2007.
[11]赵绍琴.赵绍琴医案[M].北京:学苑出版社,2013.
[12]陈友芝.戴立三医案[M].北京:中国中医药出版社,2003.
[13]李小荣,薛蓓云.黄煌经方医案[M].北京:人民军医出版社,2013.
[14]徐振纲.何世英儿科医案[M].北京:人民军医出版社,2012.
[15]李用粹.旧德堂医案[M].北京:学苑出版社,2013.
[16]王肯堂.肯堂医论[M].北京:学苑出版社,2003.
[17]余无言.翼经经验录.出版社不详,1957.
[18]程杏轩.杏轩医案[M].北京:中国中医药出版社,2009.
[19]孙彩邻.竹亭医案[M].上海:上海科学技术出版社,2004.
[20]陈明.伤寒名医验案精选[M].北京:学苑出版社,2000.
[21]怀远.古今医彻.出版社不详,1808.
[22]北京中医医院.赵炳南临床经验集[M].北京:人民卫生出版社,2006.
[23]顾靖远.顾松园医镜[M].北京:中国医药科技出版社,2014.

后 记

在中医典籍中，医案占据了相当部分；凡医者，精于医必有精思蕴于案文。编辑医案，从中提炼一些指导临床的观点和理念，是沉浸其中应该获得的要旨。

案中所选，都是一些秉承了中医医学精髓思想的大家。唯其捉住了医学本相，深入于医学理论而浅出于医学实践，才能见症知机，处理病证有条不紊，对病象与疾病转归了然于胸。医学名家，总都有其深厚的渊源，在医学、诊疗实践、德行等方面都具备深厚的修养，为医者往往显露出为人处世的操守与模范，不仅感染着受医者，也为中医业者树立了学识与做人的榜样。编辑名家案言，要在展现其风采、提炼其精义；部分案后附以拙解，概难及其意，然医学欲精必诚意以究方可循迹而深入其间，获得真知灼解，故释义以求医学精义。拙学者可贻笑与大方，然料必不被嗤之，此诚意矣！

本书写作具体分工如下：朱建坤编写肝病篇（计60千字），杨维杰编写心病篇（计60千字），张元澧编写肺病、脾病篇（计120千字），张立环编写肾病、伤寒病篇（计120千字），顾秀琰编写妇科病、肢体病篇（计120千字）。

编者

2014年8月